陕西师范大学中国语言文学
"世界一流学科建设"成果

国家社科基金重点项目"中国孟学史"
（11ZDA056）结项成果之一

陕西师范大学优秀著作出版基金资助项目

"世界一流学科建设"成果

陕西师范大学中国语言文学

先秦汉唐孟学研究

周淑萍 ——————— 著

中华书局

图书在版编目(CIP)数据

先秦汉唐孟学研究/周淑萍著. —北京:中华书局,2020.10
(陕西师范大学中国语言文学"世界一流学科建设"成果)
ISBN 978-7-101-14770-4

Ⅰ.先… Ⅱ.周… Ⅲ.孟轲(约前 372~前 289)-哲学思想-
研究 Ⅳ.B222.55

中国版本图书馆 CIP 数据核字(2020)第 177532 号

书　　名	先秦汉唐孟学研究
著　　者	周淑萍
丛 书 名	陕西师范大学中国语言文学"世界一流学科建设"成果
责任编辑	葛洪春
出版发行	中华书局
	(北京市丰台区太平桥西里 38 号　100073)
	http://www.zhbc.com.cn
	E-mail:zhbc@zhbc.com.cn
印　　刷	北京市白帆印务有限公司
版　　次	2020 年 10 月北京第 1 版
	2020 年 10 月北京第 1 次印刷
规　　格	开本/920×1250 毫米　1/32
	印张 18¼　插页 2　字数 450 千字
国际书号	ISBN 978-7-101-14770-4
定　　价	98.00 元

总　序

陕西师范大学中国语言文学学科至今已经走过了70多年的发展历程。数代学人培桃育李、滋兰树蕙，在学科建设、人才培养、科学研究以及社会服务等方面取得了令人瞩目的成就，涌现出了一批蜚声海内外的硕学鸿儒，形成了"守正创新、严谨求实、尊重个性、兼容并包"的学术传统和"重基础训练、重理论素质、重学术规范、重人文教养、重社会实践、重能力提高"的人才培养特色，铸就了"扬葩振藻、绣虎雕龙"的学院精神。数十年来，全体师生筚路蓝缕、弦歌不辍，获得中国语言文学一级学科博士授予权，中国语言文学一级学科博士后科研流动站，中国古代文学学科也跻身于国家重点学科；建成"国家文科（中文）基础学科人才培养和科学研究基地"，教育部、国家外国专家局"长安与丝路文化传播学科创新引智基地"，教育部"2019年全国普通高校中华优秀传统文化传承基地"，"陕西师范大学语言资源开发研究中心"，"陕西文化资源开发协同创新中心"等多个省部级科学研究平台；汉语言文学专业为教育部特色建设专业、陕西省名牌专业，入选陕西省"一流专业"建设项目，秘书学专业和汉语国际教育专业也入选陕西省"一流专业"培育项目；形成了从本科、硕士、博士到博士后完整的人才培养和科学研究体系，中国语言文学学科走上了稳健、持续发展的道路。

　　2017 年,中国语言文学学科被教育部列入"世界一流学科"建设学科,迎来了难得的发展机遇。中国语言文学学科全体师生深知"一流学科"建设不仅决定着我校中国语言文学学科能否在新时代开创新局面、取得新成就、达到新高度,更关乎陕西师范大学的整体发展。在学校的正确领导下,各有关部门同心协力,兄弟院校及合作机构鼎力支持,文学院同仁更是呕心沥血、发愤图强,学科建设取得了显著成效。为了及时汇总建设成果,展示学术力量,扩大学术影响,更为了请益于大方之家,与学界同仁加强交流,实现自我提高,我们汇集本学科师生的学术著作(译作)、教材等,策划出版"陕西师范大学中国语言文学'世界一流学科建设'成果"丛书和"长安与丝路文化研究"丛书,从不同的方面体现我们的研究特色。

　　丛书的出版得到了陕西师范大学学科建设处、社会科学处以及有关出版机构的大力支持,在此一并致谢!

　　作为陆路丝绸之路的起点与丝路文化中心城市高校,我们既承载着历史文化的传统与重托,又承担着新时代的使命与责任。作为新时代的中国语言文学学科,既古老又年轻,既传统又现代,包容广博,涵盖古今中外的语言与文学之学。即使是传统的学术学科,也是一个当下命题,始终要融入时代的内涵。用一种人人参与、人人分享的形式,借助于具体可感的学术载体,传播中华优秀传统文化,发扬中华优秀传统文化,彰显中华现代文明,这是新时代人文社会科学工作者的重要使命。"士不可以不弘毅,任重而道远。""一流学科"建设永远在路上,中华优秀文化的发扬光大永远在路上。我们将不忘初心,不辱使命,努力前行!

陕西师范大学文学院院长　张新科

2019 年 10 月 30 日

目　录

下编　魏晋隋唐孟学

导　论

在有着数千年文明史的古老中国，孔子众多的追随者中，只有孟子被后人与孔子并提，合称孔孟。孔孟之道成为中国传统主流文化——儒家文化的代名词。《孟子》一书，家喻户晓，家诵户读；孟子本人也被冠以亚圣的封号。考察历史，无论是对中华民族民族性格的塑造，还是对中国思想学术的发展演变，孟子都有着至为深远的影响。

孟子"人皆四心"的人性论培养了中华民族的自信心；孟子倡导的"养吾浩然之气"，涵养了中华民族的民族气节；孟子推重的"大丈夫"人格，铸就了中华民族自尊独立、傲岸不屈的刚风傲骨；孟子提倡的"父子有亲"、爱亲敬长、"老吾老以及人之老，幼吾幼以及人之幼"等人伦观念，促进了中华民族尊老爱幼传统美德的形成；而孟子提出的"乐以天下，忧以天下"、与民同乐的主张，所高扬的淡泊物欲、以义为归、自贵其德、舍生取义的价值观，也成为中华民族共同的价值原则。孟子思想学说是我们民族宝贵的精神财富。

在儒学而言，孟子发展了儒学，构建了比较完善的儒学思想体系。其思想体系以"王天下"为最终目标，以"行仁政"为"王天下"的根本路径，以伦理道德为"行仁政"的前提，以性善论为道德实现的人性依据，以天道观为人性和道德的最终根据。经过孟子的精心构建,儒学在保持孔子基本精神的基础上,成为了体系化、理论化的思想学说。孟子构建的儒学思想体系,既是对孔子思想的深化,也是对孔子思想的推进。孟子关于天道、人性、人心的讨论,回答了孔子未曾明示的道德何以可能以及道德自由问题,使儒学学说初步哲学化,成为宋明理学的先声。孟子的仁政思想极大地丰富了儒家政治学说,虽然在当时不被统治者接受,却被后世儒者奉为理想政治,期望以此兴国福民。

　　由于孟子在中国历史上的重要地位,自汉代以来,人们对孟子的研究就从未停止,尤其是宋代孟子地位升格以后,孟子被尊为道统传人,孟子思想被视为孔子真意的表达,《孟子》其书被视作把握圣人之道、走向内圣的必由之途,人们纷纷把眼光投向《孟子》,进行研究和诠释。孟子研究队伍浩浩荡荡,《孟子》诠释著作大量涌现,由此形成了中国历史上堪与孔学、老学、易学等相媲美的孟学,形成了波澜壮阔的孟学发展史。各代学人,尤其是宋、元、明、清诸儒以及现代新儒家,推本《孟子》,从孟子思想中汲取营养,孟子思想的基本命题:四心、四端、仁义礼智、性善、诚、良心良能、尽心、存心、知性知天、养心寡欲、知言养气、义利、王霸等,成为他们讨论的重要对象;他们以孟子思想为理论基石和理论胚胎,或兼取佛老,或调融中西,构筑起不同于以往的新思想体系,发挥出不同的思想主张。程朱从中发展出更为精致完备的新儒学体系——理学,陆九渊、王守仁从中阐发出陆王心学,黄宗羲、戴震等从中找到批判朱子之学、反击宋学的理论依据,康有为、梁启超等人从中衍发出民主、自由、平等等改良救世之说,梁漱溟等从中寻找到与全盘西化文化思潮相抗衡的中国本土固有文化的永恒价值。即便是在清代乾嘉朴学的兴起和发展阶段,原本简明的《孟子》文本,也成为考据学家考据的对象,成果如雨后春笋。

在谨细的考据背后,其实隐含的是经历了明清之际"天崩地裂"的突变,学人以知识求道、以实学成圣的学术取向和人生追求。

纵观孟子地位在中国历史上的升降沉浮,以及孟学研究由寂寞走向繁荣的变化轨迹,非常清楚地显现出中国历史变化的脉动,因为孟子地位及孟学研究在中国历史上的升降沉浮,往往与其时代密切相关,是时代的变化和需要决定了人们对孟子的热情与冷漠,决定了他们对孟子思想的取舍与评判,也影响了他们对孟子思想的阐释和发挥,因而构成了具有浓厚时代印迹的孟学史。孟学史的演变,浓缩了我们民族文化思想演变的基本特质。

先秦汉唐既是孟子学说形成时期,也是孟学研究的发轫期和发展期。自20世纪80年代以来,随着儒家文化研究的步步深入,孟子成为学术界研究的重要对象,孟学研究繁荣兴盛,对先秦汉唐孟学的研究也取得了可喜的进步。

1. 先秦孟学研究

就先秦孟学而言,目前学界绝大部分的研究者将注意力集中于《孟子》文本、孟子本人及其伦理、哲学、政治、经济、教育、美学等思想的阐发以及文学语言现象的考察,问世的成果汗牛充栋。比较有代表性的研究成果有:曹尧德《孟子传》、翟廷晋《孟子思想评析与探源》、杨国荣《孟子评传》、杨泽波《孟子评传》和《孟子性善论研究》、刘鹗培《孟子大传》、张奇伟《亚圣精蕴》、王其俊《亚圣智慧——孟子新论》、张觉《孟子句式的转换释例》,等等。

对于孟子学说的形成,研究者们从孟子与"五经"、子思学说、郭店楚简、道家、墨家、齐文化等方面进行了探讨。如关于孟子学说对道家思想的吸收,孙以楷撰文指出:"孟子游学稷下,深受诸子尤其是道家的影响,使他深化和发展了孔子学说。……孟子的四端说、'诚者天之道'说、人性自然说、本心说、不动心、存心、养心说,均得益于道家的道论、心性论以及心气论。"(《孟子与道家》,《安徽大学学报》1998 年第 3 期)他还认为"孟子是一位严厉排墨的思想家",但是"孟子在其反墨的喧嚷声中也悄悄地进行着对墨子理论的改造与吸收。这并不是思想家的个人品质问题,而是学术思想发展的合乎逻辑的结果"(《孟子对墨子思想的吸收与改造》,《齐鲁学刊》1985 年第 2 期)。通过研究,研究者认为正因为孟子吸收了其他各家丰富的思想资源,所以他的思想才呈现出与孔子的种种不同而自成一格。

孟子一派在先秦时期是显学,但比较尴尬的是,社会对其学说的接受极其有限,相反质疑的声音却非常强烈,孟子与诸侯、告子、陈相的辩驳,孟子与学生万章、公孙丑等的辩疑,荀子对孟子的批判,就是很好的证明。对这一现象,学者们虽进行了研究,但关注最多的仍然是告子辩孟与荀子非孟,尤其是荀子非孟以及由此引出的思孟学派等问题,讨论更是热闹非凡。近年来学者们借助郭店楚简这一新材料又对思孟关系、思孟五行说、荀子批判孟子的原因等进行了更加深入的探讨,不过分歧仍然存在。而从孟子与诸侯、告子、陈相甚至学生万章、公孙丑等人的辩争中探讨先秦孟学的发展则十分有限。

总观目前先秦孟学研究状况,虽然研究者对孟子思想学说及其性质、思孟学派、荀子非孟等有深入研究,但由于随时代变化而采用不同方法切入研究,其见解往往附着强烈的时代印迹,至今对这一领域诸多命题的认识仍然存在严重分歧。而从孟子与诸侯、告子、陈相以及与学生万章、公孙丑、充虞等人的辩争中探讨先秦孟学的发展则是需要加强的领域。

2.汉唐孟学研究

汉唐孟学的发展经历了由显而隐、再由隐而显的过程,其原因非常复杂。目前汉唐孟学研究虽不及先秦孟学研究热烈，但其成果却不可小视，其研究成果既有专题性的个案研究，也有断代史研究。

汉唐孟学的个案研究主要围绕汉代《孟子》传记博士、赵岐《孟子章句》、孟子对汉代思想家的影响、孟子与汉代经学、孟子与汉代《诗经》学、韩愈与孟子、林慎思与孟子等论域展开。代表成果有：李华《以〈韩诗外传〉为例看孟子对汉诗的影响》（《华北水利水电学院学报》2010年第6期）、陈桐生《孟子是西汉今文经学的先驱》（《汕头大学学报》2000年第2期）、肖永明《汉唐〈论语〉〈孟子〉学流变及特点》（《湖南大学学报》2007年第2期）、杨逊《略论唐代孟学复兴的历史背景和封建统治思想的演变》（《湘潭大学学报》2001年第4期）、李峻岫《试论韩愈的道统说及其孟学思想》（《孔子研究》2004年第6期）等。

汉代孟学的断代研究成果主要有丁原明《两汉的孟学研究及其思想价值》（《文史哲》2000年第2期）、赵麦茹《汉唐孟子学研究》（硕士论文）（2004）、周淑萍《两宋孟学研究》（第一章的第二节、第三节、第四节）、李峻岫《汉唐〈孟子〉学述论》、张绪峰《两汉孟子学简史》、兰翠《唐代孟学探赜》等，这些研究成果在整合学界现有成果的基础上，大多从思想史、学术史、文献学的角度展开研究，同时又各有自己的特点。

赵麦茹《汉唐〈孟子〉学研究》侧重从思想史、诠释学的角度展开研究。从诠释学的角度展开研究是该文的亮点。文章认为从思想演进来看，"《孟子》对汉唐诸子的影响多是以潜移默化的形式进行的，这种方式使得这种影响几乎无处不在"；在诠释功能方面，"汉唐《孟子》诠释学有浓厚的致用色彩，这种色彩均匀地分布于汉唐诸子诠释《孟子》时的三个面向——个人心路历程、政治学、护教学——之中,但这种色彩在不同的时期有浓有淡、略有区别"。拙作《两宋孟学研究》(第一章的第二节、第三节、第四节)从思想史、学术史、文献学的角度考察了孟子在汉唐时期的升降沉浮及其历史影响,认为由汉至唐,孟子虽然只在汉初居有官方地位,后来随着传记博士的即立即废,孟学一直处于民间,但是孟子思想始终是汉唐文人士子的重要文化资源,且以潜隐的方式活跃于人们的思想世界,正因如此,才出现汉代盐铁会议孟子思想的崛起和唐代为其确立道统。李峻岫《汉唐〈孟子〉学述论》从思想史和学术史的角度探讨《孟子》在汉唐间的地位变化、思想影响以及流传情况,比较清晰地梳理了汉唐《孟子》学发展的脉络。张绪峰《两汉孟子学简史》从孟子学说与两汉诸子学说的关系和儒学在两汉时期的发展这两条线索描述了孟子学说在两汉的发展及其接受、传播、研究的轨迹。兰翠《唐代孟学探赜》从唐代学人对《孟子》的征引、对孟子思想的继承和发挥、韩愈等人对孟子的推举等方面探讨了唐代孟学的演进特点,内容丰富。

　　汉唐孟学是孟学的发展阶段,学界对这一阶段孟学的研究无疑取得了可喜的成就,然而仍有一些重要领域的研究有待加强,主要有四:其一,对这一时期的重要解孟之作的研究尚有不足,赵岐《孟子章句》是目前所见最早的《孟子》注本,后合于《十三经注疏》中,但学界主要关注其训诂学成就,而赵岐本人明言他作《孟子章句》是要寄志翰墨、发明用心,所以对孟子思想阐释是其着力和得意之处,然而学界在此方面的研究用力不深;王充《刺孟》是历史上第一篇专门非孟的文献,在后世引起很大影响,但学界多着眼于王充非孟的角度与批判精神,却较少关注王充非孟是否得孟子思想之实。其二,司马迁《孟子传》是历史上第一篇孟子传记,但司马迁写传主孟子的字数却少于附于《孟子传》中的邹衍、淳于髡等人，写法奇特，其原因和用意是什么？学界尚未就此作出全面回答。其三，魏晋南北朝是孟学潜隐期，但《孟子》依然是这一时期的重要文化资源，此间学人不仅博征《孟子》以言事，且对孟子其人其说也有论说，在评说中对孟子思想也在改造和吸收，由此可见魏晋南北朝时期思想观念的演进，但目前研究对此尚未有深度挖掘。其四，中唐以后，孟学崛起，学人对孟子思想不仅有继承，也有反思和质疑，他们的反思和质疑的原因何在？这都需要进一步研究。

鉴于目前先秦汉唐孟学研究还存在有待加强之处，我们将先秦汉唐孟学作为研究对象，希望在学界前辈、时贤拓荒性的研究已揭示了概貌，完成了体系的构建之后，整合现有孟学研究成果，清理和梳理先秦汉唐《孟子》诠释文献、征引文献，以现存的先秦汉唐《孟子》诠释文献为主要研究对象，通过个案分析，力求进行穷尽式、原创性研究，对先秦汉唐孟学的发展以及发展进程中出现的问题和争议进行提要钩玄与综合归纳，从而能够比较准确、全面地揭示出先秦汉唐孟学历史的和逻辑的发展进程。

中国传统思想文化发展的一个基本特征就是思想的发展依附于经典的诠释。这与中华民族尊崇文化传统、推重历史经验、信奉经典著作有很大关系。人们尊崇经典，是为了经世致用，利用经典为自己所在的时代服务。然而时代悬隔，时移势易，呈现在后人面前的经典，除了语言文字方面的疏隔之外，还存在思想观念与当时社会脱节的问题。于是根据时代需要重新诠释经典，就成为文化传承者的当务之急。在重新诠释经典的过程中，他们阐发自己的思想见解，构筑新的思想体系，以配合时代的发展。可是由于诠释者个人所在的时代、社会环境、文化背景、生活阅历、知识视野、人生感悟、思维方式不同，因此面对相同的经典，其理解、把握经典的角度、重点往往不同，因而作出的解释不仅与经典原意存在理论变异，而且互相之间也歧说迭出。这些理论变异和歧说不可小视，因为诠释者自己的理论创新和学术贡献往往就从这些理论变异和歧说中体现出来，人们由此可以触摸到中国思想发展和变化的一些脉络和轨迹。所以在中国，不同时代的诠释文献就是后人研究诠释者个人及其所在时代思想发展演变的至为重要的第一手材料，同时也是我们今天认识和理解祖国思想文化的最基本和最重要的途径。同样，先秦汉唐《孟子》诠释文献的价值就在于此。

需要指出的是，我们这里所说的先秦汉唐孟学诠释文献，从其形式来分，有三类：一是先秦汉唐诠释《孟子》的专著，二是先秦汉唐评论孟子其人其书的专论，三是散见于先秦汉唐学人论著中有关孟子思想观点的阐释。从其立场和态度来看，可分为非孟文献和尊孟文献。

研究历代《孟子》诠释文献，一般而言，可有两种方式，一是文献学整理模式，即从训诂、校勘、版本等方面对《孟子》诠释文献的正误及其所用方法、所用版本等加以分析和评说；二是思想史研究模式，即抛开诠释文献在字句正误与所用方法的得失，而着眼于诠释者在诠释文献中所体现出的思想和理论体系，本文研究的主旨在于先秦汉唐学者在《孟子》诠释文献中表现出的孟子观与思想理论体系，同时也关注其文字训诂的成就。

在研究过程中，我们把思想学术史研究与社会史相结合，注意先秦汉唐时期特殊文化背景对《孟子》诠释者的影响，以把握诠释者在对《孟子》的诠释中反映出的与其时代文化背景密切相关的思想特点，彰显先秦汉唐时期孟学自身特质；以助于更好地理解中国思想文化的走向，从中汲取在传统文化继承与创新过程中的经验和教训。

　　囿于学力，文中谬误难免，恳请专家、读者不吝赐教，以匡不逮。

　　在书稿修改过程中，本书编辑葛洪春老师提出了富贵的修改意见；博士生殷陆陆、高俊，硕士生彭琳、毕若玉、黄玉莹、郭丽茗、臧雪亮、李兴、孙东煜参与了文字校对，在此一并表示感谢。

上编　先秦孟学

第一章　孟子生平再考

关于孟子生平，原始资料并不多，《史记·孟子荀卿列传》有孟子传记，但只是寥寥数十字对孟子生平轮廓的勾勒，更详细的细节，则付诸阙如。此后很多学者，尤其是清代学者，多方钩沉考辨，已有比较全面的认识。近人杨伯峻、董洪利、杨国荣、杨泽波等也有详细的考证。现综合各家之说，参以己见，简述如下：

第一节　孟子生活的时代

孟子生活于战国中期。战国是中国历史上一个非常特殊的时期，始于周元王元年（前475）①，止于公元前221年秦灭齐而统

---

① 按：战国起始之年，历来有不同观点，主要有始于周敬王四十年（前480）、周元王元年（前475）、周贞定王元年（前468）、周贞定王十六年（前453）、周威烈王二十三年（前403）等说。司马迁《史记》以周元王元年作为战国起始年，郭沫若、翦伯赞等赞同此说；司马光编《资治通鉴》以周威烈王二十三年为战国起始年，范文澜等赞同此分法；吕祖谦《大事记》以公元前481年，即《春秋》讫年为战国始年，杨宽《战国史》亦持此论。详见杨宽《战国史》附录三《战国大事年表》，上海人民出版社2003年，第696页。笔者参考《中国历史年代简表》（文物出版社，1993年）以公元前475年为战国始年。

一中国,历时二百四十余年。以"战国"命名这段历史,缘自刘向整理编纂此间各国史事而成的《战国策》一书。不过"战国"二字确实精准反映了这段历史的根本特征,即战争频仍,军国代兴①。

战国时期兼并战争达到白热化,在强大诸侯的碾压下,战国版图已难觅弱小国家的影迹。春秋初年,尚有一百多个大小不等的诸侯国,虽历经相互攻伐、内部相残,至春秋末年,在秦、楚、齐、燕、韩、赵、魏、越等八大诸侯国之外,尚有周、宋、中山、郑、卫、曾、蔡、鲁、莒、邹、杞、郯、任、滕、蔡、薛、倪、费等小诸侯国,周边地区也存在着肃慎、东胡、林胡、楼烦、义渠、绵诸、獂、朐衍、乌氏、大荔、蜀、巴、滇、夜郎、百越等少数民族政权,然而进入战国,这些小的诸侯国大都消失无踪。有些弱小国家被灭,灭于何时,被谁所灭,历史还有确切记载,后人还能知其大概,如:

公元前 461 年,秦灭大荔国(陕西大荔)。

公元前 447 年,楚灭蔡国。

公元前 445 年,楚攻杞(山东安丘),杞国亡。

公元前 431 年,楚攻莒国,莒国亡。

---

① 杨宽指出:"'战国'这名词在战国时已经有了。例如《尉缭子·兵教下篇》说:'今战国相攻,大伐有德。'《兵令上篇》又说:'战国则以立威抗敌相图,而不能废兵也。'《战国策·秦策四》载顿弱说:'山东战国有六。'《楚策二》载昭常对楚顷襄王说:'今去东地五百里,是去战国之半也。'《赵策三》载赵奢说:'今取古之为万国者,分以为战国七。'《燕策一》载苏代说:'凡天下之战国七,而燕处弱焉。'可知当时七大强国都有'战国'的称呼。到汉代初年,'战国'这个名词的意义还没有变化,例如《史记·平准书》说:'自是之后,天下争于战国。'到西汉末期刘向编辑《战国策》一书时,才开始把'战国'作为特定的历史时代的名称。"详见杨宽《战国史》,上海人民出版社,2003 年,第 2 页。

公元前 413 年,越灭郯国(山东郯城)。

公元前 406 年,魏文侯任乐羊为元帅,灭中山国。

公元前 375 年,魏伐楚,韩灭郑国①。

公元前 296 年,赵武灵王灭中山。

公元前 286 年,齐灭宋国。

公元前 256 年,楚灭鲁国。

而有些弱小国家被灭,却连灭亡的时间,后人都已无从知晓。如:邹之灭于楚,滕之灭于宋,倪之灭于楚,曾之灭于楚,就不知这些国家灭亡的具体时间;而薛、费等小国,不仅不知其灭亡的时间,甚至为谁所灭,也难知其详。在强国消灭中原小国之时,周边少数民族政权也逐渐被吞并。弱小国家和政权陆续被灭,秦、楚、齐、燕、韩、赵、魏七雄并立局面形成。

在战国兼并战争中,无数百姓葬身沙场,成为牺牲品。孟子曾经斥责"春秋无义战",然而与春秋战争相比,战国战争则更为残酷,因为其使用的武器、战争的规模、时间、范围都远远超过春秋。战国时期发明了许多如机弩、云梯之类更为先进的武器。机弩,可以"发于肩膺(膺)之间,杀人百步之外",敌人却"不识其所道至"②,且可连射,"百发不暇止"。其他弓矢、戈矛等,经升级改造,更具杀伤力。每次战役作战投入的兵力,春秋至多也不过投入数万,春秋有名的大战,如晋楚城濮之战、齐晋鞌之战,投入兵力也就两万左右;而战国常是数十万人参战,魏齐马陵之战,参战

----

① 按:《古本竹书纪年·魏纪》:"(魏武侯二十一年)韩灭郑,哀侯入于郑。"(李民、杨择令、孙顺霖、史道祥编《古本竹书纪年译注》,中州古籍出版社,1990 年,第 146 页。)

② 傅振伦《孙膑兵法译注》,巴蜀书社,1986 年,第 57 页。

一方魏国，由太子申与庞涓统领的部队就有十万之众。秦赵长平之战，仅被白起坑杀的降卒就有"四十五万"，其参战人数之多可想而知。春秋战争多在一天或数日结束，至多也就数月，而战国往往旷日持久，可能会持续数年不止，如"齐以二十万之众攻荆，五年乃罢。赵以二十万之众攻中山，五年乃归"①。春秋作战的范围局限在狭小的区域，而战国的战场扩展至方圆数里、数十里，有的还是长途远距离跨国作战。战国战争之频繁也远超春秋，如以孟子生活的时期（前 372 年—前 289 年）统计，几乎每年都有大的战役发生②。在如此频繁、规模庞大、旷日持久、范围广阔的战争中，百姓成为最大的受害者，春秋兵士多由国都郊外的国人充当，战国则向从事农业劳作的农民征兵，且服兵役的年龄老幼不限，十五六岁的少年都成为征兵的对象，所以战国战争的作战主力其实主要是底层平民百姓。孟子说"争地以战，杀人盈野；争城以战，杀人盈城"，并非夸张之辞。试举例如下：

公元前 364 年，秦魏石门之战，斩首六万。

公元前 354 年，秦魏元里之战，杀魏军七千余人。

公元前 341 年，齐魏马陵之战，魏军十万被歼。

公元前 330 年，秦魏雕阴及河东之战，魏军伤亡四万五千余人。③

公元前 317 年，合纵攻秦修鱼之战，联军伤亡八万二千余人。

公元前 312 年，秦楚丹阳、蓝田之战，秦斩楚军八万余人。

公元前 308 年，秦破韩宜阳，斩首六万余人。

---

①（汉）刘向集录《战国策》，上海古籍出版社，1978 年，第 678 页。

②详见《中国军事史》编写组编《中国军事史》，解放军出版社，1985 年，第 27—31 页。

③按：《史记·秦本纪》载：斩首八万。此据《史记·魏世家》。

公元前 293 年,秦败韩魏于伊阙,斩首二十四万。

在这些惊心动魄、血淋淋的数字背后,堆砌的是百姓的累累白骨。当然,结束战争,天下归于一统的号角也就由此吹响。

战国,除了战争频仍,经济、政治、文化等也在发生巨大变革。王夫之说:“战国,古今一大变革之会也。”战国的思想不同于夏、商、周,孟子学《尚书》、尊孔子,然其思想学说却又与孔子、《尚书》有很大不同,其社会动因就在于战国这一特殊变革的时代。王夫之说:

> 《夏书》之有《禹贡》,实也,而系之以禹,则夏后一代之法,固不行于商、周;《周书》之有《周官》,实也,而系之以周,则成周一代之规,初不上因于商、夏。孔子曰:“足食、足兵,民信之矣。”何以足,何以信,岂斳言哉? 言所以足,而即启不足之阶;言所以信,而且致不信之咎也。
>
> 孟子之言异是,何也? 战国者,古今一大变革之会也。侯王分土,各自为政,而皆以放恣渔猎之情,听耕战刑名殃民之说,与《尚书》、孔子之言,背道而驰。勿暇论其存主之敬怠仁暴,而所行者,一令出而生民即趋入于死亡。三王之遗泽,存十一于千百,而可以稍苏,则抑不能预谋汉、唐已后之天下,势异局迁,而通变以使民不倦者奚若。盖救焚拯溺,一时之所迫,于是有“徒善不足为政”之说,而未成乎郡县之天下,犹有可遵先王之理势,所由与《尚书》、孔子之言异也。①

在王夫之看来,一代有一代之法,故夏、商、周三代各有其制;思想随时代而变,故《尚书》、孔子各有其说,战国思想更与此前大不同,王夫之此说确为至论。战国时代的巨大变革,无论是深度,还

---

① (清)王夫之著,舒士彦点校《读通鉴论》,中华书局,1975 年,第 2549—2550 页。

是广度,中国历史上其他朝代的变革都很少可与之相比。

这场变革,经济变革是基础,引起经济变革的则是生产力的变化。具体而言,就是铁器在社会生产和生活中的广泛使用。考古证明,战国时期铁制农具已大量运用于农业生产,目前考古出土的战国铁制农具有上千件之多,大大超过春秋时期,"战国中期以后,铁农具有很大的发展,在河北省石家庄市市庄村的战国遗址里,发现的铁农具占全部农业生产工具的65%,在许多战国墓里也发现一定数量的铁农具"①。铁农具有铧、锄、镰、五齿钯、镢等。铁农具的广泛使用,改变了农业耕作技术,提高了农业生产效率和农业收成,促使农业生产方式由集体生产向个体小农经济转变,相关土地制度也变为国家授田制。由于铁器为手工业工人提供了一种比石头等更加坚固和锐利的工具,农业发展又提供了足够的粮食和劳动力,所以手工业得到长足发展。考古发现,在战国都城宫殿附近以及城郭内都存在一些大小不一的手工作坊遗址,这些手工作坊有些属各国王室和地方政府,有些属私人作坊。私人经营的手工业作坊的出现,是战国时期新生事物,标志着"一些具有独立身份的手工业者从旧氏族结构中脱离出来,成为一支新的个体手工业生产者大军"②。农业及手工业的发展带动了商业繁荣。商业繁荣,造就了战国以宋国陶邑、齐国临淄、秦国咸阳、楚国郢都、魏国大梁、卫国濮阳等为代表的一批商业大都市,也造就了以吕不韦、白圭等为代表的一大批富商大贾,由于商人人数众多,所以管子将他们列为"四民"(士、农、工、商)之一。

---

① 宋治民《战国秦汉考古》,四川大学出版社,1993年,第50—51页。
② 沈长云、杨善群《战国史与战国文明》,上海科学技术文献出版社,2012年,第57页。

　　经济变革推动社会结构的变化。春秋时期,血缘宗族组织是社会基本构成,人们非常重视血缘姓氏,以"别婚姻"、"别贵贱",维系血缘社会的纯粹与贵贱有等。在政治领域中,世家大族具有举足轻重的地位,左右着各国政治格局;而进入战国时期,已很难见到世家大族的身影,因为血缘宗族组织已经解体。造成血缘宗族组织解体的原因,一是各国内部宗族兼并,导致一批宗族覆灭;二是获胜的世族不再进行新的分封,杜绝了新的氏族出现。在民间,宗族组织的解体表现为众多家长制家族的消亡,家长制家族是宗族下的一个层级血缘组织。家长制家族消亡的原因主要是小农经济的发展,因为小农经济的发展,使得"数口之家"的个体小家庭,不仅是一个生育单位,而且是一个独立的小型经济生产单位,成为社会的基本细胞。为了加强对民众以及个体小家庭的控制,也为了征派赋税有保障,出现了编户与户籍制度。编户制的实施,实质是将编户民捆绑在国家机器之上,使他们的人身紧紧依附于国家,不能自由迁徙。

　　在兼并战争中,财力、物力、人力是打赢战争的根本,而这些都依赖于国家的富强。为了富国强兵,各国陆续进行了变法,变法涉及经济、军事、政治等多方面。李悝在魏文侯的支持下率先进行变法和改革,其后,吴起在楚国变法,商鞅在秦国变法,公仲连在赵国改革,申不害在韩国改革。各国变法与改革的内容不尽相同,但废除世卿世禄的世袭特权、奖励耕战等则是共同选择。由于变法与改革的成功,实行改革的国家都从中获益,国力大大增强,秦国就是因为变法,才从被各国鄙视的蕞尔小国一跃成为最为强盛的大国,为后来统一天下铺平道路。与变法改革相应,国家政体也在发生变化,最为明显者是由于贵族世袭特权逐渐被取缔,"一套新的高效能的由国君直接控制的官僚机构,以及从中央到地方朝廷进行垂直管理的行政系统由此建立"①。国君完全掌握了官员任免的权力,可以通过"举贤""任能"延揽人才,为官僚队伍源源不断输送新鲜血液,从而保证政令能够有效实施。

战国变革在文化方面的表现就是:诸子蜂起,百家争鸣。班固《汉书·艺文志·诸子略》记录先秦诸子共"百八十九家",缕其统属,班固将其分为九流十家。九流,即儒、道、阴阳、法、名、墨、纵横、农、杂,外加"小说家",成"十家"。这十家的代表人物有许多都生活于战国。如儒家孟子、荀子,道家庄子,阴阳家邹衍,法家韩非子,名家公孙龙、惠施,纵横家张仪、苏秦,杂家吕不韦,农家许行,这些大名鼎鼎的思想巨子都在这个时代留下了他们浓墨重彩的印迹。针对战国时弊,诸子百家各有解决问题的方案。正如《尸子》所说:"墨子贵兼,孔子贵公,皇子贵衷,田子贵均,列子贵虚,料子贵别囿。其学之相非也数世矣而已,皆弇于私也。"②《吕氏春秋》也有相同之论:"老聃贵柔,孔子贵仁,墨翟贵廉,关尹贵清,子列子贵虚,陈骈贵齐,阳生贵己,孙膑贵势,王廖贵先,儿良贵后。"③毫无疑问,诸子大都怀抱着淑世救人的热情,匡救时弊,为生民请命,然而又往往未能摆脱各自立场、阶层的局限,"各为其所欲焉以自为方"④,各自按照自己的想法行事,并且认为只有自己的思想才是正道,于是诸子各执一端,互争雄长。诸子相争与相互诘难,造就了中国历史上最为璀璨夺目的文化现象,这

①沈长云、杨善群《战国史与战国文明》,上海科学技术文献出版社,2012年,第109页。

②(战国)尸佼著,(清)汪继培辑《尸子》,中华书局,1991年,第19页。

③(秦)吕不韦等编撰,张双棣等译注《吕氏春秋译注》,吉林文史出版社,1986年,第588页。

④(清)郭庆藩撰,王孝鱼点校《庄子集释》,中华书局,1961年,第1069页。

就是百家争鸣。百家争鸣中,以儒家与各家相争最为激烈。春秋末至战国初,儒墨相争;战国中期,儒与墨、道(杨朱)相争;战国晚期,儒法相争。战国稷下学宫,黄老为主,但也有各家的席位,稷下学宫成为各家当面相争的场所。百家争鸣,一方面促使各家更加深入地思考争议的问题,促进了认识的深化;另一方面也促使各家思考自身被诟病的原因,找到不足,取对方之长弥补自身认识的罅漏,促进了思想的大融合。百家争鸣,一方面成就了中国文化的辉煌与灿烂,昭示出中国文化的丰富性与多样性;另一方面,也反映出当时意识领域的混乱和无序。《庄子》对此有评:"百家往而不反,必不合矣! 后世之学者,不幸不见天地之纯,古人之大体,道术将为天下裂。"①

　　孟子敏锐地认识到了战国时的大变革,对变革当中的一些成果,他也张开双臂,积极拥抱,并将其作为构建思想体系的重要基础。孟子批驳农家学派代表许行,曾问许行的拥护者陈相:

　　　　许子以釜甑爨,以铁耕乎?②

向梁惠王宣扬仁政时,孟子说:

　　　　王如施仁政于民,省刑罚,薄税敛,深耕易耨;壮者以暇
　　　日修其孝悌忠信,入以事其父兄,出以事其长上,可使制梃以
　　　挞秦楚之坚甲利兵矣。③

在回答北宫锜关于周室爵禄制时,孟子说:

　　　　耕者之所获,一夫百亩;百亩之粪,上农夫食九人,上次

---

① (清)郭庆藩撰,王孝鱼点校《庄子集释》,中华书局,1961年,第1069页。
② 《孟子·滕文公上》5.4。(按:本文凡引《孟子》原文,只标注杨伯峻《孟子译注》中华书局1960年版所分篇次。)
③ 《孟子·梁惠王上》1.5。

食八人,中食七人,中次食六人,下食五人。①

在劝说齐宣王推行王道时,孟子说:

> 五亩之宅,树之以桑,五十者可以衣帛矣。鸡豚狗彘之
> 畜,无失其时,七十者可以食肉矣。百亩之田,勿夺其时,八
> 口之家可以无饥矣。②

在《公孙丑上》,孟子说:

> 尊贤使能,俊杰在位,则天下之士皆悦而愿立于其朝矣。

从上可见,孟子将铁耕与日用炊具釜甑并提,将"深耕易耨"作为仁政经济的得力措施,说明孟子非常清楚,铁农具的使用,已如日常炊具釜甑一般普遍,并且推动农业由粗放的耒耜农业向战国精细农业转变。孟子说"百亩之粪,上农夫食九人,上次食八人"等,证明他非常了解,在农业生力提高之后,农业收成亦有了大幅度的提高,所以"八口之家"的个体小农经济才成为可能。孟子还对梁惠王说过:"五亩之宅,树之以桑,五十者可以衣帛矣。鸡豚狗彘之畜,无失其时,七十者可以食肉矣。百亩之田,勿夺其时,数口之家可以无饥矣。"③这里提到"数口之家",就是"八口之家"的模糊语。其实,无论是孟子所说的"八口之家",还是"数口之家",都反映了另一个事实,那就是在宗法结构解体以后,孟子不仅认同个体小农经济成为社会的主体,而且也认同个体劳动的小家庭取代"公作"性质劳动的大家族,正因如此,他才屡屡以"八口之家"作为其王政实施的基本单位。而贵族世袭特权废除的变法改革,也为孟子力倡"尊贤使能,俊杰在位"提供了社会现实土壤。

---

①《孟子·万章下》10.2。
②《孟子·梁惠王上》1.7。
③《孟子·梁惠王上》1.3。

　　但是对战国巨变当中的一些现象,孟子持批判与否定态度。如对战国诸侯的兼并战争,孟子就大力鞭挞。他认为只有归于一统,天下才能安定,但是统一天下者只能是仁王,而非靠嗜杀立威的虎狼之君。他非常坚定地对梁襄王说:"不嗜杀人者能一之。""如有不嗜杀人者,则天下之民皆引领而望之矣。"①周游列国,孟子所见诸侯有邹穆公、梁惠王、梁襄王、滕文公、齐宣王,本欲见而未见到的诸侯有齐威王、宋王偃、鲁平公。这些诸侯有些是大国之王,有些是小国之君。无论是见到,还是未见到;无论是大国之王,还是小之君;也不管诸侯本想与孟子谈论的话题,是为政之道,还是鸿雁麋鹿、今乐古乐、雪宫之美、园囿游猎,孟子无一例外都通过各种方式向这些诸侯宣传仁政王道,力斥兼并征伐。能够见到的诸侯,孟子一定当面直陈仁政王道,即便如齐宣王以"寡人有疾"、"寡人好色"、"寡人好勇"、"寡人好货"为借口,拒绝接受,孟子也能晓以大义,使其明白仁政王道方是王天下的正途。未见到的诸侯,如宋王偃,孟子也设法通过其大臣戴不胜、戴盈之向其转告王道仁政。路遇宋轻,闻知秦楚构兵,孟子也欲借宋轻向秦楚之王宣扬其仁义之说。《孟子》全书中,孟子对这些君王的游说可谓苦口婆心,而他说的最多的就是:行仁政,"然而不王者,未之有也";"'仁者无敌',王请勿疑";"是心(仁心)足以王矣",等等。孟子全力以仁政王道抗衡战国诸侯兼并,因为他看到了兼并战争之下百姓的苦难。

　　而对于诸子百家争鸣,孟子对其中一部分人的言说争辩视之为"处士横议",给予了严厉批判。所谓横议,焦循注:"从则顺,横则逆,故政之不顺者为横政,行之不顺者为横行,则议之不

_____

① 《孟子·梁惠王上》1.6。

顺者为横议。"①孟子说过:"尧时洪水横流,泛滥于天下。"大水不循河道、冲出河道而泛滥即为横流。"横议"就是如同河流冲出河道,不循正道,无所顾忌,恣意议论。孟子认为战国诸子士人这些"横议"之说多为诐辞、淫辞、遁辞、邪辞,此类错误言论"生于其心,害于其政;发于其政,害于其事",任由肆意泛滥,必将荼毒人间,故必须遏止。因此他周游列国,既大力宣扬王道,还批判各类横议之说。《庄子·天下篇》《荀子·非十二子》是历史上较早对先秦诸子进行总体分析与评判的文章,其实在此之前,孟子也在不同场合也或明或暗地发表了对诸子的评价,而这些评价都批判了诸子之说的偏颇、偏狭之处。他直接批判了墨子代表的墨家、杨朱代表的道家、许行代表的农家,痛骂了公孙衍、张仪代表的纵横家以及杀人盈城、盈野的兵家,也暗批了小说家、法家。孟子对诸子百家争鸣持批判态度,既是为了维护儒家地位,也是为了结束思想纷争,为天下统一在思想领域铺平道路。在孟子看来,天下统一,思想统一至为重要。在当时,天下统一是大势所趋,思想统一也是大势所趋。诸子多有思想统一的观念,墨子说:

> 方今之时,复古之民始生,未有正长之时,盖其语曰,天下之人异义。是以一人一义,十人十义,百人百义。其人数兹众,其所谓义者亦兹众。是以人是其义,而非人之义,故相交非也。②

《庄子·天下》言:

---

① (清)焦循撰,沈文倬点校《孟子正义》,中华书局,2017年,第378页。
② (战国)墨翟著,(清)毕沅校注,吴旭民标点《墨子》,上海古籍出版社,1995年,第39页。

天下大乱，贤圣不明，道德不一，天下多得一察焉以自好。譬如耳目鼻口，皆有所明，不能相通。犹百家众技也，皆有所长，时有所用。虽然，不该不徧，一曲之士也。……是故内圣外王之道，暗而不明，郁而不发，天下之人各为其所欲焉以自为方。悲夫，百家往而不反，必不合矣！后世之学者，不幸不见天地之纯，古人之大体。道术将为天下裂。①

庄子为"道术为天下裂"的思想纷争悲叹。法家更为激烈地追求思想统一，他们"以法为教，以吏为师"，甚至还要"一风俗"。春秋战国诸子，周游四方，讲学天下，各持其说，其实无不是想以己说一统天下。孟子认为只有儒家才是天下思想正道，故而批诸子之论，而伸张儒家之说。

总之，在战国，诸侯兼并、硝烟弥漫是常态，在诸侯兼并的战火硝烟之下，政治、经济、军事、文化等在发生惊心动魄的巨大变革：宗法血缘组织变革为行政地缘组织，贵族政体变革为官僚体制，分封制向郡县制转变，井田制瓦解而按亩征税，小农经济的生产方式普遍推行，思想文化领域则诸子蜂起、百家争鸣，等等，不一而足。孟子的思想观念就深深植根于这一特殊时代。

第二节　孟子生卒再考

关于孟子的生卒年，前辈学者及时贤曾进行过种种推测，但苦于没有直接而确实的历史资料，因而得出的结论往往多是推测之词，因而无论哪种说法，都有质疑的声音。

---

① （清）郭庆藩撰，王孝鱼点校《庄子集释》，中华书局，1961年，第1069页。

目前为止，孟子的年寿有 74 岁、75 岁、81 岁、84 岁、94 岁、97 岁等说法，而人们普遍倾向于相信孟子享年 84 岁。孟子的生卒年月，有代表性的说法约有以下几种：

1. 生于周定王三十七年四月二日，卒于周赧王二十六年正月十五日，寿 84 岁。

此说见于《孟氏谱》，但是此说有两点不合理的地方：

其一，根据孟子生当战国这一事实，这里所说的周定王应当是战国时的周贞定王介，因为战国时期只有这一位定王。而周贞定王介在位时间只有二十八年，并没有三十七年，因此"生于周定王三十七年"之说显然与历史事实不符。

其二，即便是《孟氏谱》的作者因为笔误，误将定王二十七年写作三十七年，那么由此推算出来的孟子的生卒年月也同样令人难以置信。因为定王二十七年是公元前 442 年，依此而论，孟子生于定王二十七年，也就是生于公元前 442 年，但是《孟氏谱》的作者又明确说孟子卒于周赧王二十六年。根据历史记载，周赧王二十六年是公元前 289 年，依此而论，则孟子生于公元前 442 年，卒于公元前 289 年，可是从公元前 442 年至公元前 289 年，时间跨度为 154 年。孟子能活 154 年，简直是天方夜谭，且 154 岁与《孟氏谱》作者自己说孟子寿 84 岁又不相符。所以《孟氏谱》的说法显然不可靠。但是《孟氏谱》的说法却启发和影响了后人，如《孟氏谱》所说的孟子寿 84 岁就普遍被人接受，以至民间流传着"七十三"、"八十四"是人年寿坎儿的说法。

2. 生于周烈王四年，卒于周赧王二十六年。

周烈王四年为公元前 372 年，周赧王二十六年为公元前 289 年。依此而论，则孟子生于公元前 372 年，卒于公元前 289 年。

元程复心与清陈宝泉等人持此观点①。他们的依据主要来自《孟氏谱》。不过他们对《孟氏谱》说法中的错误进行了修正,从而推断出较为合理的说法,由于这一说法大体符合战国史实以及孟子游说诸侯的经历,所以相信此说者很多。

3.生于周安王十七年,卒于周赧王十二年或十三年。

周安王十七年为公元前 385 年,周赧王十二年为公元前 303 年,赧王十三年为公元前 302 年。依此而论,则孟子生于公元前 385 年,卒于公元前 303 年或公元前 302 年,享年 84 岁或 83 岁。明陈镐就持此观点②,陈镐是在《孟氏谱》的基础上,综合孟子一生活动经历以及战国历史事实而得出的这一结论,因而较为可信。

受这些说法的影响,杨伯峻认为:"用孟子原书来核对,我们认为他生于周安王十七年(公元前 385 年)前后一说比较合理。元程复心《孟子年谱》等书都说他'寿八十四'岁,如果可信,卒年当在周赧王十一年(公元前 304 年)前后。"③

钱穆综合南宋朱熹及清周广业、魏源等人的观点,在《孟子生年考》中提出,孟子生年,最早当在周安王十三年(前 389 年),最晚当在周安王二十年(前 382 年)④。钱穆的说法与陈镐、杨伯峻的说法大致相近,只不过,他将生年的时间没有说得那么确定。

以上三种说法,我们认为第三种说法更为可信,同时,我们赞

---

① 详见(元)程复心《孟子年谱》与(清)陈宝泉《孟子时事考征》。
② 详见(明)陈镐《阙里志》,《四库全书存目丛书》影印本,齐鲁书社,1997 年,史部,第 76 册,第 191 页。
③ 杨伯峻译注《孟子译注》,中华书局,1960 年,第 1 页。
④ 详见钱穆《先秦诸子系年》,商务印书馆,2001 年,第 216 页。

同钱穆的说法,即孟子生年的大致年代可以确定,但具体时间则不能说得太确定,因为目前而言,只有《孟子》一书能够提供孟子生年的直接证据,然而这些证据所指年代却比较模糊。《孟子》一书为推算孟子生卒年月提供了如下线索:

第一,孟子见梁惠王,梁惠王直呼孟子为"叟"。

第二,孟子自述,自己所处的时代距孔子之时已百有余岁。

第三,孟子在齐国自称"齿尊",且孟子在齐国有"几"。

从第一条证据来看,孟子见梁惠王,梁惠王直呼其为"叟",说明孟子见梁惠王时已非壮年,而是一老者。孟子见梁惠王时,梁惠王向孟子急切地提到梁国的处境:

> 晋国,天下莫强焉,叟之所知也。及寡人之身,东败于齐,长子死焉;西丧地于秦七百里;南辱于楚。寡人耻之,愿比死者一洒之。如之何则可?①

这段文字涉及三件让梁惠王不堪回首的大事:

第一件,"东败于齐,长子死焉",此指齐魏马陵之战,魏国被齐国孙膑打败,太子申死于此役。此战发生在公元前341年。

第二件,"西丧地于秦七百里",指马陵之战后,秦国屡次出兵攻打魏国,迫使其献出河西之地和上郡的十五座城池。

第三件,南辱于楚,据《竹书纪年》,此事当在梁惠王后元十一年,也即公元前325年。

这三件事都发生在孟子见梁惠王之前。三件事当中,有两件可以确知其发生的时间,即公元前341年马陵之战,公元前325年"南辱于楚"。在这两个时间节点中,公元前325年尤为重要,因为梁惠王去世是在公元前318年,据此我们可以推知,孟子见

---

① 《孟子·梁惠王上》1.5。

梁惠王一定是在公元前 325 年至公元前 318 年之间。而从《孟子》文本来看，孟子见梁惠王，与梁惠王相处的时间并不长，很可能也就在公元前 319 年至公元前 318 之间。由此推论，至少在公元前 318 年，孟子已为老叟，但到底多老，是五十岁，还是六十岁，"叟"这一词不能给出确定的时间范围。不过至少在公元前 318 年，孟子肯定已超过五十岁。因为孟子理想仁政王道社会达成的目标之一是：老者可以衣帛食肉，孟子所说的老者衣帛食肉，是指五十衣帛、七十食肉，显然五十岁已是老者无疑。

第二条证据，孟子自述，自己所处的时代距孔子之时已百有余岁矣。孔子卒年是公元前 479 年，由此推算，孟子生活的时代应在公元前 379 年前后，但据此我们只能推算出孟子至少在公元前 379 年前后几年出生，具体时间却不能确定。

第三条证据，据《公孙丑下》记载：孟子在解释自己不奉齐王之召的原因时说：

> 天下有达尊三：爵一，齿一，德一，朝廷莫如爵，乡党莫如齿，辅世长民莫如德。恶得有其一以慢其二哉？[①]

"齿"，即年龄。意思是：天下公认尊贵的东西有三：爵位、年龄、德行。孟子认为虽然自己没有显赫的爵位，但有"德"、"齿"二尊，而齐王只有"爵"一尊，齐王以爵位之尊轻慢有"德"、"齿"二尊的孟子，所以孟子不奉齐王之召。由此可见，孟子在齐国时，已是一位长者。

《公孙丑下》还有记载："孟子去齐，宿于昼。有欲为王留行者，坐而言，不应，隐几而卧。"[②]此事证明孟子在齐国时有"几"。

---

① 《孟子·公孙丑下》4.2。
② 《孟子·公孙丑下》4.11。

清代宋翔凤《过庭录·辨〈孟子谱〉之误》对这两处有精当考辨,兹引如下:

> 俗传《孟子谱》云:"孟子于周烈王四年四月二日生,赧王二十六年十一月十五冬至日卒。年八十四。"此言诞不足信。《公孙丑篇》,"孟子将朝王章"称:"恶得有其一以慢其二哉?"是盖在齐湣王十二年,燕人畔,孟子去齐之前,当赧王三年。孟子年宜过七十,故云"齿尊"。《曲礼》:"大夫七十而致事,若不得谢,则必赐之几杖,行役以妇人;适四方,乘安车;自称曰老夫,于其国则称名。"则五十、六十虽在养老之列,而尚无此隆礼。安得以尊齿自居?若孟子生于烈王四年,至赧王三年,仅六十一岁,不宜云尔矣。计孟子致为臣而归,时已合七十致事之礼。故云"致为臣",若曰不可更仕矣。"他日,王谓时子曰:'吾欲中国而授孟子室,养弟子以万钟,使诸大夫国人皆有所矜式。'"此亦养老优贤之义,不能更令孟子仕,但留其归也。"孟子去齐,宿于昼。有欲为王留行者,坐而言,不应,隐几而卧。"《曲礼》:"七十赐几杖。"孟子对客"隐几",正是年过七十之证。①

宋翔凤根据孟子在齐自称有"齿"尊,又依据《曲礼》七十岁长者"赐几杖"之制,而孟子有"几"之实,推算孟子在齐时,已有七十岁。这一推断言之有理。

孟子在齐时,齐国曾发生过"伐燕"之事。"齐伐燕,胜之。"②据考证,此事当在齐宣王五年前后③:

---

① (清)宋翔凤撰,梁运华点校《过庭录》,中华书局,1986 年,第 183—184 页。
②《孟子·梁惠王下》2.11。
③详见杨华《孟子与齐燕战争》,《中国哲学史》2001 年第 3 期。

事在齐宣王五年，燕王哙把燕国让给他的相国子之，可是国人不服，将军市被、太子平进攻子之，子之反攻，又杀了市被和太子平，齐宣王便派匡章趁机攻打燕国，很快取得胜利。[1]

1982年2月在江苏盱眙县南窑庄窖藏中发现一件具有燕文化特征的圆壶，上有铭文：

> 惟王五年，奠易陈得再立事岁，孟冬戊辰，齐臧钱孤，陈璋内伐匽亳邦之获。

李学勤将其与流入美国的传世《陈璋方壶》上的铭文比勘，证以《战国策》《竹书纪年》等传世文献，强调："破燕之年应以壶铭为准。"并断定"无论如何，齐伐燕应是公元前三一五年，不是三一四年"[2]。依此而论，公元前315年，孟子已近七十岁。因为孟子离开齐国，是在齐伐燕之后。由此上推，则孟子生年当为公元前385年。问题是，孟子在齐国有"几"，只能证明孟子已过七十岁，但不能证明孟子恰好七十岁，也有可能是七十余岁。

由此我们认为，因为史料有限，孟子的生卒年无法精确到具体年份，只能推断出在某一时段，但相对而言，判定孟子生于公元前385年前后，比较合理，但不能将其时间说得太确定，同理，孟子的卒年也就难以确定。

第三节　孟子之字再考

孟子，名轲，《孟子》有载，已是常识，无有异议。然而古人不

---

[1] 杨伯峻《孟子译注》，中华书局，1960年，第44—45页。
[2] 李学勤、祝敏申《盱眙壶铭与齐破燕年代》，《文物春秋》1989年第Z1期。

仅有名,还有字。古代男子成年要举行加冠礼,在加缁布冠、皮弁冠、爵弁冠之后,还有一项重要仪式,就是为加冠男子取字。《礼记·曲礼上》云:"男子二十,冠而字。"郑玄注曰:"成人矣,敬其名。"①孔颖达《正义》曰:"生若无名,不可分别,故始生三月而加名,故云幼名也。冠字者,人年二十,有为人父之道,朋友等类不可复呼其名,故冠而加字。"②字是名之表,尊长称其名;成年后,社交场合,同辈以及晚辈称其字,以示尊重。《仪礼·士冠礼》云:"冠而字之,敬其名也。"所以古代成人有字,是礼,也是身份的象征,我们所熟知的古人大多都有名、有字,如管仲字夷吾,孔丘字仲尼,宰予字子我,屈平字原。可是孟子之字,却疑云重重。

最早专门为孟子立传的司马迁并没有提及孟子的字,班固《汉书·艺文志》在介绍《孟子》一书时也没有提及孟子的字,东汉赵岐为《孟子》作注时明确说:"孟子,邹人也,名轲,字则未闻也。"③然而,后来却出现了孟子之字的不同说法。

目前为止,孟子之字有三种说法,即"子车"说,"子舆"说,"子居"说。

孟子字"子车"之说,见于《孔丛子》一书。《孔丛子·杂训第六》有这样一则故事:

　　孟子车尚幼,请见子思。子思见之,甚悦其志,命子上侍坐焉,礼敬子车甚崇。子上不愿也,客退,子上请曰:"白闻士

---

① (清)阮元校刻《十三经注疏·礼记正义》,中华书局,1980 年影印本,第 1241 页。

② (清)阮元校刻《十三经注疏·礼记正义》,中华书局,1980 年影印本,第 1286 页。

③ (清)阮元校刻《十三经注疏·孟子注疏》,中华书局,1980 年影印本,第 2661 页。

无介不见，女无媒不嫁，孟孺子无介而见，大人悦而敬之，白也未谕。敢问。"子思曰："然。吾昔从夫子于郯，遇程子于涂，倾盖而语，终日而别，命子路将束帛赠焉，以其道同于君子也。今孟子车，孺子也，言称尧舜，性乐仁义，世所希有也，事之犹可，况加敬乎？非尔所及也。"①

以上引文中两次提到的"孟子车"，人们认为就是指孟轲。

孟子字"子舆"之说，出自晋人傅玄《傅子》，《傅子》《附录》有言：

昔仲尼既没，仲弓之徒追论夫子之言，谓之《论语》。其后邹之君子孟子舆，拟其体，著七篇，谓之《孟子》。②

这里的"孟子舆"，就是指"孟子"。

孟子字"子居"的说法，也与《孔丛子·杂训篇》有关，南宋王应麟说："孟子字未闻。《孔丛子》云：'孟子车。'注：一作'子居'。"③

以上三种说法，由于没有充足证据，所以人们多不信其说。在三种说法中，"子车"说最为关键，因为"子舆"、"子居"说都衍生自"子车"说，"车"与"舆"义同，"车"与"居"音近。清梁玉绳说："古'车''舆'通用，如秦三良子车氏，《史》于《秦纪》《赵世家》、《扁鹊传》并作'子舆'可验。惟'居'字恐以音同而讹。颜师古《急就篇》注'孟子字子居'。《广韵》去声'轲'字注云'孟子居贫轗轲，故名轲字子居'，疑非。"④

----

① (汉)孔鲋《孔丛子》，中华书局，1985年，第34—35页。
② (晋)傅玄《傅子》，中华书局，1985年，第34页。
③ (宋)王应麟撰，栾保群、田松青校点《困学纪闻》，上海古籍出版社，2015年，第185页。
④ (清)梁玉绳《史记志疑》，中华书局，1981年，第1268页。

　　由于孟子字"子车"之说出自《孔丛子》,而学术界长期以来都认为此书是伪书,是晋人王肃及其门徒假托孔子后裔孔鲋之名所编造,因此人们对出自《孔丛子》的孟子之字不仅不信,还予以了毫不客气地批评。王应麟就说:"孟子字未闻。《孔丛子》云:'子车。'注:'一作子居。居贫坎轲,故名轲,字子居。亦称字子舆。疑皆附会。'"①焦循赞成王应麟的说法,他说:"按王肃、傅玄生赵氏后,赵氏所不知,肃何由知之?《孔丛》伪书,不足证也。王氏疑其傅会是矣。"②

　　近年来,根据一些新出简牍,如河北定县八角廊《儒家者言》、上海博物馆藏楚简等,学界认为不能一概否定《孔丛子》。李学勤研究《儒家者言》,指出《孔丛子》与《孔子家语》都应是汉魏时孔氏家学的产物,他说:"汉以后,孔子后裔中也有世守家学而成为一个学派的,自孔安国而至孔僖、孔季彦相承,《孔丛子》可说是孔氏家学的学案,故《家语》也属孔氏家学的产物。今本古文《尚书》、《孔丛子》、《孔子家语》很可能陆续成于孔安国、孔僖、孔季彦、孔猛等孔氏学者之手,有很长的编纂、改动、增补过程,它们是汉魏孔氏家学的产物。"③即便如此,学者认为此孟子车也非孟子,而是与孟子同名的子思弟子④。

　　不过我们认为,《孔丛子》中出现的孟子车应当就是孟轲,而不是同名造成的误会。因为《孔丛子》记载的孟子车"言称尧舜,

---

①（宋）王应麟撰,栾保群、田松青校点《困学纪闻》,上海古籍出版社,2015年,第185页。
②（清）焦循撰,沈文倬点校《孟子正义》,中华书局2017年,第4页。
③详见李学勤《竹简〈家语〉与汉魏孔氏家学》,《孔子研究》1987年第2期。
④详见郭沂《孟子车非孟子考:思孟关系考实》,《中国哲学史》2002年第3期。

性乐仁义",符合孟子思想个性。孟子确实"性乐仁义",仁义是其思想核心。众所周知,在儒学发展史上,孟子将孔子仁礼并举发展为仁义并举,《孟子》开篇,孟子见梁惠王,开门见山,第一句话就是"何必曰利,亦有仁义而已";孟子一生行事,面君进言,与时人辩争,与弟子论辩,都不离此二字。而"言称尧舜"就出自《孟子·滕文公上》:"孟子道性善,言必称尧舜。"所以《孔丛子》中的孟子车就是指孟子。只不过"子车"是汉魏时人为孟子杜撰的一个字。考诸汉魏史实,我们发现,为古人杜撰字号在魏晋确实不乏其例:"今天所见的先秦统治阶级中人物并非都是有字的。……魏晋以后,一些古籍及其注疏中出现了不少先秦人物的字,如后稷字度辰、殷王纣字受德之类,清人梁绍壬的《两般秋雨庵随笔》卷四《古人名字》搜集这方面材料近五十个之多,基本上都不可相信。"[1]

综上所述,孟子之名可以确知,孟子之字虽有三种说法,但因为没有确实证据,所以我们暂不能相信。先秦时期,成年取字虽是贵族礼法,但是今天所见先秦贵族并非都有字,"这一方面是由于当时命字之俗不如后世普遍,另一方面也可能是由于文献失载"[2]。当前,我们还是应该采用赵岐的说法:孟子,名轲,"字则未闻也"。

第四节　孟子师承再考

孟子早年教育多赖母亲严教,民间流传的孟母"三迁"、"断机"、"买东家豚肉"、"不敢去妻"等故事,都说明孟母对孟子教育

---

① 袁庭栋《古人称谓》,山东画报出版社,2007年,第53页。
② 袁庭栋《古人称谓》,山东画报出版社,2007年,第53页。

之严。毫无疑问,孟子能够在中国历史上大放异彩,孟母功不可没,张瓒《孟母墓碑》称"世之人知以教子责之父师,不察母教之犹近也";认为孟子"达于大圣大贤之域,繄母训是赖"①。但是作为一位人生范围辗转于家庭的女性,在战国百家争鸣、异说纷呈的文化环境下,选择哪家学说,这种学说的精髓与实质何在,要解答这一问题,孟母实无能为力,只有孟子师从的老师才能胜任。

一、孟子师承之争

历史上关于孟子师承有很大争议,主要有三种说法。

第一种说法,孟子受业于子思之门人。此说以司马迁为代表,司马迁在《史记·孟子荀卿列传》中明确说:"孟轲,邹人也。受业于子思之门人。"②

第二种说法,孟子受业于子思。此说以刘向、班固、赵岐等为代表。刘向《列女传》说:孟子"旦夕勤学不息,师事子思,遂成天下之名儒。"③班固在《汉书·艺文志》中介绍《孟子》一书说:"儒家《孟子》十一篇,名轲,邹人,子思弟子。"④赵岐《孟子题辞》说:"(孟轲)长师孔子之孙子思,治儒术之道,通五经,尤长于《诗》《书》。"他们肯定孟子的老师就是子思。这一说法,在中国古代学人中影响深远。如唐代韩愈即说:"孟轲师子思,子思之学盖出曾子。"⑤宋代程颐说:"颜子没后,终得圣人之道者,曾子也。观其

①刘培桂编《孟子林庙历代石刻集》,齐鲁书社,2005年,第36页。
②《史记》,中华书局,1982年,第2343页。
③(汉)刘向撰,张涛译注《列女传译注》,山东大学出版社,1990年,第38页。
④《汉书》,中华书局1962年,第1725页。
⑤(唐)韩愈著,马其昶校注,马茂元整理《韩昌黎文集校注》,上海古籍出版社,2014年,第293页。

启手足时之言,可以见矣。所传者子思、孟子,皆其学也。"①

第三种说法,孟子学于子思之子子上说。此说见于《孟子外书·性善辨》:

> 曼邱不择问于孟子曰:"夫子焉学?"孟子曰:"鲁有圣人曰孔子。曾子学于孔子,子思学于曾子。子思,孔子之孙,伯鱼之子也。子思之子曰子上,轲尝学焉,是以得圣人之传也。"②

以上三种说法,第三种"孟子学于子上"说,由于出自《孟子外书》,而赵岐早已指出此书是伪书,所以学界无人相信。学界主要的争议在于第一说与第二说孰是孰非,也就是孟子的老师到底是子思,还是子思的门人?清代以前,孟子师从子思说是学界主流观点;清代以后,学界基本放弃了这一观点,而认为孟子师从子思门人更为可信。

孟子师从子思一说之所以被否定,是因为孟子不可能拜子思为师,子思、孟子"时不相值",子思去世时,孟子尚未出生。这一点,清代学者有详实论证,已为定谳。

如梁玉绳据司马迁所说:孟子"受业于子思之门人",再加考证说:

> 然考伯鱼先夫子殁五载,子思当不甚幼。子思八十二(非六十二)卒,姑以夫子殁时年十岁计之,则卒于威烈王十八年。而赧王元年齐伐燕,孟子犹及见之,其去子思之卒九十五年,孟子寿百余岁方与子思相接,恐孟子未必如是长年,则安得登子思之门而亲为授受哉!且孟子自云私淑诸人,更

①(宋)朱熹《四书章句集注》,中华书局,2011年,第185页。
②(宋)刘歆注《孟子外书四篇》,中华书局,1991年,第2页。

是确证,《史》似得其实。①

梁氏认为子思、孟子因为年岁不相及,不可能亲见子思,拜其为师,所以司马迁所说"受业子思门人"说应该比较可信。

周广业《孟子四考·孟子出处时地考》引詹氏《小辨子思孟子考》:

> 伯鱼先孔子五年卒。孔子卒,子思为丧主,知其时年已长矣。《孟子》书论及张仪、公孙衍,当是赧王五年辛亥以后事。自辛亥逆推至敬王壬戌,孔子卒百七十年,去伯鱼卒百七十四年,以百八九十年间所生人物,而谓其共处函丈,何寿考至是?或谓安王二十五年甲辰,子思言苟变于卫,而孟子,魏惠王时已称叟,计其生,近安王即位时,谓孟子亲受业,奚不可?曰:安王甲辰,去伯鱼卒百有七年,孔子卒百有二年,可云子思尚存哉?孟子之少也,其母三迁而后知学,复为之断机;其娶也,见其妻踞而欲出之。其时吾不知其年,固知未从子思学也。过此,又可云子思尚存哉?且鲁缪公立,在威烈王十九年甲戌,而孟子书亟称缪公尊礼子思,时子思年已九十耄矣。其居卫,有齐寇,必少壮从仕时事;言苟变于卫,亦必在悼敬昭公时。②

周广业从时间推断子思、孟子生卒不相值,因而不可能成为亲相授受的师徒;又依据孟母三迁、断机教子、孟子休妻等事件,推断孟子未从子思学习,他的结论是:孟子"学于子思,其实非也"。

清人崔述《崔东壁遗书·孟子事实录卷上》也有相近的观点,他说:

---

① (清)梁玉绳《史记志疑》,中华书局,1981年,第1269页。

② (清)周广业《孟子四考》,《续修四库全书》,上海古籍出版社,1996年,158册,第124页。

孔子之卒，下至孟子游齐、燕人畔时，一百六十有六年矣。伯鱼之卒在颜渊前，则孔子卒时，子思当不下十岁。而孟子去齐后，居邹，之宋，之薛，之滕，为文公定井田，复游于鲁而后归老，则孟子在齐时亦不过六十岁耳。即令子思享年八十，距孟子之生尚三十余年，孟子何由受业于子思乎！孟子云："余未得为孔子徒也，予私淑诸人也。"若孟子亲受业于子思，则当明言其人，以见其传之有所自，何得但云"人"而已乎！由是言之，孟子必无受业于子思之事，《史记》之言是也。然孟子之学深远，恐不仅得之于一人，殆如孔子之无常师者然，故但云"私淑诸人"耳。①

崔述同样是依据子思生卒、孟子生年来推断。他以孟子游历诸侯的时间逆推孟子生年，指出即使子思年寿高至八十，距孟子出生也还有三十余年，所以孟子不可能师从子思。他认为孟子自述师承之言不应忽视，孟子自己曾说："余未得为孔子徒也，予私淑诸人也。"所谓"私淑诸人"，即私下向人学习，孟子其实学无常师。

二、孟子师承考略

从生卒来看，子思、孟子确实时不相值，思孟不相及，所以孟子不可能拜子思为师。我们不妨在此将前人所论再作推演。据《史记》载，子思享年六十二。这里的关键就是子思卒年的确定。我们知道孔子卒于公元前 479 年，子思的父亲孔鲤比孔子早逝五年，由此推算，则子思的父亲之卒当在公元前 483 年，则子思应当生于公元前 483 年前后；假设子思是遗腹子，那么子思也应当在公元前 482 年出生。因为子思是六十二岁而死，所以由公元前

---

① （清）崔述《孟子事实录》，中华书局，1985 年，第 3 页。

482 年或公元前 481 年往下推六十二年就是子思的卒年,这一年是公元前 420 年或公元前 419 年。而从前面孟子的生卒介绍可知,孟子约生于公元前 385 年。也就是说,孟子是在子思死后三十多年才出生,因此,孟子不可能拜子思为师。即便子思年寿八十,子思卒年在公元前 400 年左右,此据孟子出生之时依然相差近二十年,孟子还是无法拜子思为师。

孟子虽不能拜子思为师,但孟子为人与为学都与子思有着至为密切的关系,却是毫无疑问的。孟子一生所愿,是学孔子;毕生所重,是辟异端而捍卫孔子之道。奈何孔子已故去一百多年,孟子无法亲炙圣人教诲,所幸孔子门人众多,号称三千弟子、七十二贤人,其中传其学者为数不少,孔子流风余韵,世间可见可闻。司马迁有言:

> 自孔子卒后,七十子之徒散游诸侯,大者为师傅卿相,小者友教士大夫,或隐而不见。故子路居卫,子张居陈,澹台子羽居楚,子夏居西河,子贡终于齐。如田子方、段干木、吴起、禽滑厘之属,皆受业于子夏之伦,为王者师。①

然而孔子门人资质各异,孔子又因材施教,随机应教,因而众门人对孔子学说的领悟和理解并不完全相同,孔子死后,又各守一说,各执一端,不能举一隅而以三隅反,导致儒家出现分化,韩非子有"儒分为八"之说:

> 自孔子之死也,有子张之儒,有子思之儒,有颜氏之儒,有孟氏之儒,有漆雕氏之儒,有仲良氏之儒,有孙氏之儒,有乐正氏之儒。②

---

①《史记》,中华书局,1959 年,第 3116 页。
②张觉校注《韩非子校注》,岳麓书社,2006 年,第 671 页。

庞朴认为:"韩非此言多有夸张,我们不必过于认真,真的以为孔子以后,儒学便八瓣开荷花了;其实并没有那么多,逻辑地说来,也不可能有那么多。"①虽然韩非子之言或许有夸大的成分,儒家在孔子之后分化不一定如此巨大,但分化则是不可否认的事实。荀子就已以批判的口吻道出孔门弟子之不同:

> 弟佗其冠,神禫其辞,禹行而舜趋,是子张氏之贱儒也。
> 正其衣冠,齐其颜色,嗛然而终日不言,是子夏氏之贱儒也。
> 偷儒惮事,无廉耻而耆饮食,必曰君子固不用力,是子游氏之贱儒也。②

孔门后学分化,各自成派,在这些派别中,子思氏之儒赫然在其列,而且位列第二,仅在子张氏之儒之后,说明其子思氏之儒力量之大。孔门后学解说孔子学说各有所见,愿学孔子的孟子当何去何从? 从孟子言行及思想构建可以明显看出,他主要选择了子思一系。

孟子行事多从子思,子思是孟子的精神偶像。孔门后学中的颜子、子夏、子游、子张、有若、曾子、子思等人,孟子都曾论及,但论说却以子思与曾子的频率为高。列表如下:

孔子后学见于《孟子》频次表(以频次为序)

人名	曾子	子思	子贡	颜子	子路	有若	子夏	宰我	子张	子游	冉耕	闵子	冉求
频次	22	16	7	7	6	3	3	3	2	2	2	2	1

---

①庞朴《孔孟之间——郭店楚简中的儒家心性说》,姜广辉主编《郭店楚简研究》,《中国哲学》第二十辑,辽宁教育出版社,2000 年,第 22 页。

②(战国)荀况撰,廖名春、邹新明校点《荀子》,辽宁教育出版社,1997 年,第21 页。

　　就出现频次而言，显然孟子对曾子、子思远比对孔子其他弟子更感兴趣。从评论言辞来看，孟子对子夏、子游等人稍有微辞，如说"宰我、子贡、有若智足以知圣人，汙不至阿其所好"；而于曾子、子思，都是正面肯定性论述。在孔门后学中，曾子、子思二人对孟子确有至深影响，而子思对孟子精神品格的形成更非他人可比。孟子所引子思言行可以为证：

　　　　孟子去齐，宿于昼。有欲为王留行者，坐而言。不应，隐几而卧。客不悦曰："弟子齐宿而后敢言，夫子卧而不听，请勿复敢见矣。"曰："坐！我明语子。昔者鲁缪公无人乎子思之侧，则不能安子思；泄柳、申详无人乎缪公之侧，则不能安其身。子为长者虑，而不及子思；子绝长者乎？长者绝子乎？"①

　　　　缪公之于子思也，亟问，亟馈鼎肉。子思不悦。于卒也，摽使者出诸大门之外，北面稽首再拜而不受，曰："今而后知君之犬马畜伋。盖自是台无馈也，悦贤不能举，又不能养也，可谓悦贤乎？"曰："敢问国君欲养君子，如何斯可谓养矣？"曰："以君命将之，再拜稽首而受。其后廪人继粟，庖人继肉，不以君命将之。子思以为鼎肉使己仆仆尔亟拜也，非养君子之道也。"②

　　　　缪公亟见于子思，曰："古千乘之国以友士，何如？"子思不悦，曰："古之人有言曰，事之云乎，岂曰友之云乎？"子思之不悦也，岂不曰："以位，则子，君也；我，臣也；何敢与君友也？

────────────

①《孟子·公孙丑下》4.11。
②《孟子·万章下》10.6。

以德,则子事我者也,奚可以与我友?"①

以上三段言辞,都反映出子思"不事王侯,高尚其事"的刚风傲骨,子思在鲁缪公面前不是以臣自居,而是以师自居,而鲁缪公也确实对子思尊礼有加。孟子非常推崇子思在威权面前的傲然独立,服膺子思的君臣观以及处理君臣关系的方式,因而论及君臣关系,他认为君主对待有德望之臣,不能以一般的大臣视之,而应以之为师。作帝王之师,也是孟子处理自己与君王关系的原则,他从来没有把将自己降格为一般大臣,从不曾在君王面前俯首低眉,总是以君王之师的姿态出现,只要有机会,他都要对君王施以教诲。当有人质疑孟子在君王面前的耿介傲岸时,子思就是他反击对手的有力武器。显然孟子为帝王之师的思想和行为就是师承子思而来,子思是孟子的精神导师。

心性论是孟子完善和发展孔子理论的新创见,也是孟子思想体系的主干。从理论渊源来看,孟子心性论与子思之说有血脉相传的关系。以前,学术界对《中庸》是否为子思所作存在争议,1993 年郭店楚简出土以后,将楚简《缁衣》《五行》等与《中庸》进行比较后,学界认为,可以肯定《中庸》为子思所作。《中庸》的中心论题是"天命之谓性"。子思所说之性,涵摄天地万物之性,既指人性,亦指物性。所谓"天命之谓性",即万物之性皆为天所命,万物之性都为天所予,肯定了性乃与生俱来。"天命"二字,昭示了人性、物性的不可抗拒性。循着这一思路,孟子进一步提出仁义礼智之"四端"也是天命,是人与生俱来的本性,他说:仁义礼智,"天之尊爵也";"仁义礼智,非由外铄我也,我固有之也。"②孟子

---

①《孟子·万章下》10.7。
②《孟子·告子上》11.6。

心性论的基本观点是天赋人性、人性在心，此说正是对子思"天命之谓性"的发挥。

孟子不仅在言行、思想上承袭子思，有时直接搬用子思原话。如子思说：

> 在下位不获乎上，民不可得而治矣。获乎上有道：不信乎朋友，不获乎上矣。信乎朋友有道：不顺乎亲，不信乎朋友矣。顺乎亲有道：反诸身不诚，不顺乎亲矣。诚身有道：不明乎善，不诚乎身矣。

> 诚者，天之道也；诚之者，人之道也。诚者，不勉而中，不思而得，从容中道，圣人也。诚之者，择善而固执之者也。①

《孟子·离娄上》有几乎完全一致的话语：

> 孟子曰："居下位而不获于上，民不可得而治也。获于上有道：不信于友，弗获于上矣。信于友有道：事亲弗悦，弗信于友矣。悦亲有道：反身不诚，不悦于亲矣。诚身有道：不明乎善，不诚其身矣。是故诚者，天之道也；思诚者，人之道也。至诚而不动者，未之有也。不诚，未有能动者也。"②

这两段话，除了有虚词"乎"与"于"、"不"与"弗"不同外，还其他几处不同。列表如下：

出处 句序	《中庸》	《孟子》
1	在下位。	居下位。
2	不信乎朋友。	不信于友。

---

① （宋）朱熹《四书章句集注·中庸章句》，中华书局，2011 年，第 32 页。
② 《孟子·离娄上》7.12。

续表

出处 句序	《中庸》	《孟子》
3	信乎朋友有道。	信于友有道。
4	不顺乎亲,不信乎朋友矣	事亲弗悦,弗信于友矣
5	顺乎亲有道:反诸身不诚,不顺乎亲矣。	悦亲有道:反身不诚,不悦于亲矣。
6	诚者,不勉而中,不思而得,从容中道,圣人也。诚之者,择善而固执之者也。	至诚而不动者,未之有也;不诚,未有能动者也。

省览此表,可以看出这两段非常相似的文字,《孟子》与《中庸》不同之处只在以下四端:

其一,同义词置换。《中庸》原文"在",《孟子》置换为"居"。

其二,词语精减。《中庸》原文复音词"朋友",《孟子》换为单音词"友";《中庸》原文"反诸身",《孟子》精减为"反身"。

其三,思想完善。《中庸》认为对父母要"顺乎亲",所倡孝道偏狭粗陋,《孟子》改为"事亲"和"悦亲",不仅符合孔孟孝道以"养志"为上的思想,也符合孔孟执守中道、反对极端的观念。

其四,文脉走向不同。表中第六处,《中庸》文脉在论"诚"之境界与"诚之"功夫,达"诚"即为圣人,"诚之"功夫为"择善固执",朱熹说:"择善,学知以下之事。固执,利行以下之事也。"[1]《孟子》文脉在论"诚"之发用。

由此可见,《中庸》《孟子》这两段文字虽有不同,但都不是关键性的差异。而根据这四点不同,我们认为恰恰可以证明:《中

---

[1] (宋)朱熹《四书章句集注·中庸章句》,中华书局,2011年,第32页。

庸》写作在先,《孟子》成书在后。因为比较这两段大同小异之文,《孟子》之文弥补了《中庸》原文的疏漏,更为完善;古籍有"由繁删简易,由简增繁难的通例"①,显然《孟子》此处文字是对《中庸》原文删繁为简、合并改造而成,因而更为精炼。

孟子不仅学子思之行事,承子思之说,而且直接搬用子思话语,显然孟子跨越时空,师承子思,是无可辩驳的事实。正因为如此,《荀子·非十二子》把子思与孟子合在一起批评,而且明确说"子思唱之,孟轲和之",孟子之说是对子思之说的唱和。

我们认为,判定一个人的师承渊源,不能拘泥亲相授受才为师,而应该承认,仰慕贤哲,自学其说,所学之人也是其师。分析孟子师承,应当跳出面授者为师的窠臼,否则当发现孟子与子思年不相及,不可能直接师从子思,只能勉为其难地相信司马迁所说孟子老师是子思门人。因为如果孟子以子思门人为师,既可以解释孟子思想与子思之说血脉相承的关系,也可以化解孟子与其师年不相及的问题。这就拘泥于亲入其门、亲炙其教,方能成才、方为门徒。这些说法不仅忽略了这样的事实:有些人不能及门受教,自学亦可成才;还低估了孟子的学习选择能力。关于君子教学,孟子有一段名言:

> 君子之所以教者五:有如时雨化之者,有成德者,有达财者,有答问者,有私淑艾者。此五者,君子之所以教也。②

朱熹注曰:

> 私,窃也。淑,善也。艾,治也。人或不能及门受业,但闻君子之道于人,而窃以善治其身,是亦君子教诲之所及,若

---

① 详见郑良树《诸子著作年代考》,北京图书馆出版社,2001年,第16页。
② 《孟子·尽心上》13.40。

孔、孟之于陈亢、夷之是也。①

"私淑诸人",即私下向人学习。也就是说,君子教学,除了耳提面命、当面指点外,还有一种方式,就是以自己德业风操影响社会,使不能及门受教者受其影响而自学成才。私淑贤人,自学成才,这既是孟子对君子施教方法的总结,也是孟子自己的学习经验。孟子学问就是自学而成。孟子自述学源,有明确解释。他说:

> 君子之泽五世而斩,小人之泽五世而斩。予未得为孔子
> 徒也,予私淑诸人也。②

孟子非常遗憾不能亲承孔子教诲,他的学问来自"私淑诸人"。"私淑",非常清楚地说明孟子乃自学其说。虽不能亲见孔子,但"君子之泽五世而斩",孔子的流风余韵仍在世间流传。孔子之泽存于何处? 在典策,也在时贤,所以他的学问来自"私淑诸人"。而"私淑诸人",说明孟子所学者并非一人,而是众人。

孟子私淑众人,说明孟子学无常师。这一点,孟子拒收曹交为徒时也有提示。孟子拒绝曹交来学的原因,是因为曹交"挟贵而问",曹交是曹国君主的弟弟,身份本就非庶民可比,可是他又搬出与邹君的交情向孟子炫耀,说:"交得见于邹君,可以假馆,愿留而受业于门。"③所以孟子断然拒绝了曹交来学的请求,但又为曹交指了另一条路:

> 夫道若大路然,岂难知哉? 人病不求耳。子归而求之,
> 有余师。④

---

① (宋)朱熹《四书章句集注·孟子集注》,中华书局,2011年,第339页。
②《孟子·离娄下》8.22。
③《孟子·告子下》12.2。
④《孟子·告子下》12.2。

孟子告诉曹交,回去自学,天下可学者皆可为师,如此,老师就不只有一位,而是很多。孟子为曹交指出的路,也是他自己的亲身经验,因为他的学问也是归求大道,"有余师",私淑众人而来。所以,在师承问题上,孟子很诚实,虽然他愿学孔子,为圣人之徒是他一生的追求,但是他的学问确实来自"众人"、"余师"。正因为私淑众人,学源多途,所以孟子思想才呈现出与孔子学说的种种不同。

综合上述,依据前人及时贤的观点,我们认为,孟子师从子思,亲承教诲虽无可能,但不能把孟子之学与子思之学剥离;至于孟子师从子思之门人之说,虽然解决了子思与孟子时不相值的漏洞,但却把孟子学说来源狭隘化。依据孟子思想体系,以及孟子自述学源,考其师承,更为接近史实的是:孟子学宗孔子,直承子思,又学无常师。恰如周广业所说:

> 孔孟之师皆不传,《淮南子》有项托七岁之说,《吕氏春秋》称学于老聃、孟苏、夔靖叔,要皆三人之师而已。孟子本传称受业子思之门人,本无定名,犹孔子之焉不学也。[①]

而在孟子学无常师的众人之中,极有可能包括管子、墨子、杨朱等人的门人后学,因为孟子思想中确实有管子、墨子、杨朱等人思想痕迹,只不过孟子对他们的思想更多的是扬弃而非完全继承。

附论:孟子气象

孟子是一位伟大的思想家、教育家,后世尊为亚圣,那么,生

---

① (清)周广业《孟子四考》,《续修四库全书》,上海古籍出版社,1996年,158册,第124页。

活中的孟子,其品格形象、气度风采又是怎样的呢?《孟子》一书
为我们提供了最为原始的资料和信息。

　　与语录体散文《论语》相同,《孟子》也主要是孟子与弟子、诸
侯、时人的谈话记录。语录体散文,既不叙事,也不着意人物形象
塑造,然而由于《孟子》是早期语录体散文,所以与后世成熟的语
录体散文有别,不仅记录了孟子谈话的场合、对象,更详尽地记录
了孟子与他人的谈话内容,间或亦描写谈话双方往来争辩的过程
和情态心理,还披露了孟子辗转各国颇具戏剧色彩的一些细节,
孟子个人形象、气度因之鲜活立体地呈现出来。与《论语》不同的
是,《论语》再现的是孔子及弟子的群像,而《孟子》的中心则是孟
子个人的滔滔雄辩、情感心理,于弟子言语、情态着墨不多,所以
相比之下,孟子形象风采、精神气度更为鲜明。

一、胸怀天下

　　如前所述,孟子所处时代,礼崩乐坏,世衰道微,社会动荡。
周天子的权威极度衰落,诸侯为扩张领土,争夺财富,动辄兵戎相
见,干戈相侵;为增强实力,为发动战争做准备,又横征暴敛,生民
如倒悬。孟子深切同情百姓的苦难,在《公孙丑上》,他说:"百姓
憔悴于虐政未有甚于此时者也。"孟子认为"解民于倒悬",这是时
代赋予他必须承担的历史使命。

　　孟子认为人有先知、先觉与后知、后觉之分,先知、先觉对于
社会有义不容辞的责任。他借伊尹之口说:"天之生此民也,使先
知觉后知,使先觉觉后觉也。予,天民之先觉者也。予将以斯道
觉斯民也。"①他认为:"待文王而后兴者,凡民也。若夫豪杰之

———————

①《孟子·万章上》9.7。

士,虽无文王犹兴。"①孟子仰慕大禹、后稷的功业,盛赞他们对社会的崇高责任感:"禹思天下有溺者,由己溺之也;稷思天下有饥者,由己饥之也,是以如是其急也。"②孟子以先知、先觉自任,愿做主动进取的豪杰,不做望时等待的凡民,以大禹、后稷为楷模,欲救天下万民于陷溺,他义气豪迈地说:"五百年必有王者兴,其间必有名世者。……如欲平治天下,当今之世,舍我其谁也?"③这是何等的气魄与胆略? 又是何等的担当?

　　孟子不是空发豪言,言如此,行亦如此;既如此说,也如此做。为解民倒悬,救民水火,孟子走上了一条与他尊奉的先师孔子相同的道路,带领学生,辗转各国,宣传仁政王道。出游路上,关山阻隔,交通不便,路途凶险,前途不测,虽到处碰壁,却永不放弃。

　　孟子出游的国家有齐、宋、鲁、滕、梁等国。值得注意的是,当时周天子尚在,孟子却没有前往周室,匡扶周天子;来到宋国,周王室近在咫尺,也未前去拜谒周天子。而孟子鼓励诸侯实现仁政、推行王道,为他们描绘的宏伟蓝图多是:"保民而王,莫之能御也","然而不王者,未之有也";"夫谁与王敌","仁者无敌";"今王与百姓同乐,则王矣"。周天子尚在,孟子许诺诸侯,行仁政,则可王天下,岂不是鼓励诸侯取天子而代之,置周天子于何地? 似乎也违背孔子尊君的教诲,所以孟子此举在后世备受诟病④。然而我们认为,孟子之所以不去拜谒周天子,匡扶周室,是因为孟子哀生民之多艰,要救民于水火,而周王室实已无力扶保天下万民。

---

①《孟子·尽心上》13.10。
②《孟子·离娄下》8.29。
③《孟子·公孙丑下》4.13。
④详见周淑萍《两宋孟学研究》第四章,人民出版社,2007年。

观察孟子游历诸国,他不只对齐宣王说行仁政,则可王天下,对其他诸侯也是如此之言。可见孟子出游,不是为了扶保特定的一姓一家为王,而是寻找真正能够救民之主。把平定天下的希望寄托于君王,这是古代知识分子的通例。只要能够救民、保民,至于是齐国之君、梁国之君,还是宋国之君,在孟子都无分别,因为在他心中,"民为贵,社稷次之,君为轻"。

　　孟子出游各国的遭遇不尽相同,面对的对象也有别,但孟子的救世情怀始终如一。孟子不远千里来到梁国。当时的梁国,与强国齐国、秦国、楚国进行过三次大战,均以失败告终,不仅损兵折将,割让国土,而且太子也被掳走。此时梁国之君梁惠王满腔都是复仇的怒火,因而一见孟子,劈头就问:"叟! 不远千里而来,亦将有以利吾国乎?"[①]希望孟子能有立竿见影的计策帮助自己复仇雪耻,可是孟子的回答是:"王! 何必曰利? 亦有仁义而已矣。"[②]孟子从百姓的立场出发,劝告梁惠王行仁义,行仁政,省刑薄赋。这种回答自然不能让梁惠王满意,孟子自然也就被冷落。离开梁国,来到齐宣王主政的齐国。此时的齐国,土地广袤,人口众多,经济发达,实力雄厚;不仅如此,齐国稷下学宫,还聚集了天下文化精英。在孟子眼中,齐国无疑是实现自己理想的最佳之选。而齐宣王确实也给予了孟子礼遇,真诚表示愿奉孟子为师,也曾拜孟子为卿相,奉以厚禄。然而孟子不是为一己之富贵而来,而是为天下苍生而来,所以他想方设法,努力劝导齐宣王实行仁政,爱民、保民,以德王天下。告诫齐宣王:"乐民之乐者,民亦乐其乐;忧民之忧者,民亦忧其忧。乐以天下,忧以天下,然而不

---

① 《孟子·梁惠王上》1.1。
② 《孟子·梁惠王上》1.1。

王者,未之有也。"①劝说齐宣王,君王之怒应当是为安天下而怒,
而不是逞一己之快的个人意气,要学习文王与武王,"一怒而安天
下之民"。然而孟子的苦口婆心,齐宣王找各种借口推托。当孟
子明白齐宣王终究不会采纳自己的主张,厚遇自己,不过是博尊
贤之名,吸引天下人才而已,于是他毅然舍弃齐国的荣华,返回邹
国,授徒著书,淡泊度日。他曾明言:"天下有道,以道殉身;天下
无道,以身殉道。"②君子不因物质浮华而背离人生大义。

总观孟子在诸侯面前的表现,时而热诚,时而傲慢,时而尖
刻,时而耐心;来时抱着热切的期望,去时又满怀抑郁;孟子的表
现多样,有时甚至矛盾,而其中始终未变的是孟子炽热的救世胸
怀与平治天下的用世精神。

孟子有宏大的理想,并为实现理想而坚持不懈。在整个游历
过程中,孟子的思想言论每每与君主的期望相反,因而总是碰壁,
但是孟子始终不放弃自己的主张而去迎合君主,在当时人看来,
未免迂腐而不识时务。然而在孟子始终不渝的坚持中,我们看到
了他宽广的胸怀和气魄,看到了他炽热的淑世情怀、以天下为己
任的担当。

二、自信乐观

孟子是一个理想主义者,历经坎坷,心中也会有一丝怨天尤
人的情绪掠过,但却从不悲观消沉,总是斗志昂扬,一往无前。

战国大争之世,人们以逐利为荣,以言利为高,"上下交征
利"。士人往来各国游说,纵横捭阖,翻云覆雨,勾心斗角,多因利

①《孟子·梁惠王下》2.4。
②《孟子·尽心上》13.42。

而发。为了攫取更大利益,哪怕杀人盈城、杀人盈野,也在所不惜,血腥和争夺是这个社会的常态。然而孟子并未因此对人类失去信心,因为他相信人性。春秋战国时期人性大讨论,孔子说"性相近",荀子认为人性恶,其他各家都认为人性先天与善无关,只有孟子认为人性善,他相信每一个人生来便有良知、善端,"仁义礼智根于心",如水无有不下,人亦无有不善。

孟子相信,只要善加培养,每一个人都可以成仁、成圣。他说:"麒麟之于走兽,凤凰之于飞鸟,太山之于丘垤,河海之于行潦,类也。圣人之于民,亦类也。"①在孟子看来,就人性而言,圣凡无别,圣人之所以能够超凡为圣,是因其后天孜孜不懈的努力。这一点,孟子与孔子不同,因为孔子说:"若圣与仁,则吾岂敢!"②显然孔子赋予了仁圣神秘色彩,置之于高不可攀之境,而孟子剥落圣人的神秘面纱,还原其为人的本色,肯定"圣人,与我同类者"③,斩钉截铁地说:"人皆可以为尧舜。"这在当时无疑是惊世骇俗之论,足以使凡夫俗子奋发有为。孟子相信人性,所以他相信人皆可成圣,相信人类终将会变好。这是孟子自信而乐观的深刻表现。

孟子相信仁政王道也有实现的可能,只要君主能将仁心发于政,施于行,就是仁政。他真诚地以为,君主好乐,可以与民同乐;君主好色,可以"与民同之,使天下无旷男怨女";君主好货财,也"可以与民同之",使天下之民富足;君主好勇,可以效法商汤、周文武,"一怒而安天下之民"。在仁政王道社会,"颁白者不负戴于

---

①《孟子·公孙丑上》3.2。

②《论语·述而》7.34。(按:本文《论语》引文所用序次依据杨伯峻《论语译注》,古籍出版社,1958年。)

③《孟子·告子上》11.7。

道路","老者衣帛食肉,黎民不饥不寒",人人衣食无忧,老有所养,幼有所归,"出入相友,守望相助,疾病相扶持"。孟子为诸侯画出了一幅美丽的蓝图。在诸侯称雄、兵燹不断的乱世,孟子坚信只有仁政王道才是拯救乱世的唯一正确之道,"如欲平治天下,当今之世,舍我其谁也"①。

　　正是因为孟子高度自信,因而尽管一再碰壁,也从不放弃仁政王道的政治主张,总是以乐天知命的态度豁达应对。孟子非常明白,现实变幻难测,有些事情是成之在我者,这叫做"力";而有些事情则成之在天,这叫做"命"。他认为对于成之在我者,应当努力争取;对于成之在天者,只要尽力而为,其实现与否,是否成功,则付之于天了。他曾对滕文公说:

　　　　君子创业垂统,为可继也。若夫成功,则天也。君如彼何哉? 强为善而已矣。②

但是"苟为善,后世子孙必有王者矣",孟子坚信自己的理想,认为即使在当时遭遇挫折,但是从人类长远发展来看,却是人间不灭的真理。孟子不以一时的成败看待自己的理想和主张实现与否,始终乐观、豁达。

三、刚直狷介

　　孟子曾对弟子说:"我知言,我善养吾浩然之气。"③他告诉弟子,真正的大丈夫,当"富贵不能淫,贫贱不能移,威武不能屈"④。

---

①《孟子·公孙丑下》4.13。
②《孟子·梁惠王下》2.14。
③《孟子·公孙丑上》3.2。
④《孟子·滕文公下》6.2。

孟子就是一位典型的具有浩然气节的大丈夫。

　　孟子不媚世俗。他非常讨厌到处讨好、八面逢迎的人，称那些"同乎流俗，合乎污世"的人为乡愿，为"德之贼"，"阉然媚于世也者，是乡原也"。这些人"同乎流俗，合乎污世，居之似忠信，行之似廉洁，众皆悦之，自以为是，而不可与入尧舜之道，故曰'德之贼'也"①。匡章，齐国著名将领，曾在齐威王、齐宣王时为臣，当时被齐国上下斥为不孝之人。匡章背负不孝的恶名，主要有两个原因：一是没有将母亲的灵柩从马棚迁出，改葬其母；二是用朋友之道处理与父亲的关系，对父亲的错误毫不留情，父子疏远。然而匡章不改葬母亲，有其迫不得已的苦衷，因为是父亲杀害母亲并将母亲埋于马棚，如果没有父命，就改葬母亲，于母虽孝，于父却又不孝，实为两难。匡章指责父亲的错误，开罪父亲，于是他"出妻屏子，终身不养"，以此惩罚自己。齐人不明白匡章的苦衷，所以都斥责匡章不孝。孟子没有迎合世俗的看法，不仅与匡章同游，还尽力为匡章辩解。孟子不媚世俗，并非故作清高，而是以道义为标尺评判世俗之见，这正是孟子大丈夫人格中特立独行的一面。

　　孟子不媚权贵。在权贵面前，孟子始终挺直腰杆，绝不俯首低眉。王欢本是盖地大夫，善于逢迎，很得齐王宠信；做事独断专行，飞扬跋扈，目空一切。升为右师，权势更盛。朝廷上下，对他莫不毕恭毕敬。公行子丧子，王欢前去吊唁，刚一进门，人们纷纷上前，"有进而与右师言者，有就右师之位而与右师言者"②；唯有孟子独坐一隅，"不与右师言"。王欢甚为不快，说："诸君子皆与

①《孟子·尽心下》14.37。
②《孟子·离娄下》8.27。

欢言,孟子独不与欢言,是简欢也。"①认为孟子简慢自己。孟子所以不理会王欢,并非个人意气或成见,而是依礼而行,他说:"礼,朝廷不历位而相与言,不踰阶而相揖也。"②坚守正道,不以正道俯就权贵,这就是孟子的卓尔风骨。

　　孟子不媚君王。孟子率众弟子,奔波四方,目的是向各国君王宣扬仁政王道。事实上,在当时仁政王道能否实行,完全取决于君王们的意愿与取向,所以不仅孟子本人的前途,而且孟子思想的命运,实际都攥在这些君王手中。然而面对君王,孟子刚正傲岸、凌然不可犯。他曾明言:"说大人,则藐之,勿视其巍巍然。"③在君主面前,不能丧失人格。孟子从不主动谒见诸侯,弟子认为这是拘泥小节。他们劝说孟子暂时委屈自己,主动谒见诸侯,如此,大可以王天下,小可以称霸诸侯,定会大有作为。孟子坚定地回答道:"志士不忘在沟壑,勇士不忘丧其元","枉己者,焉能正人?"绝不枉己见君。如果君王没有诚意,孟子还会拒奉君王之召。宣王借口生病,"有寒疾,不可以风",单方面取消与孟子的约见,又召孟子次日清晨来见。孟子看出齐宣王的虚伪,也即推托有病,表示不能奉召。他以曾子之语明志,曾子曰:"晋楚之富,不可及也;彼以其富,我以吾仁;彼以其爵,我以吾义,吾何慊乎哉?"④又说:

　　　　天下有达尊三:爵一,齿一,德一。朝廷莫如爵,乡党莫
　　如齿,辅世长民莫如德。恶得有其一以慢其二哉? 故将大有

---

①《孟子·离娄下》8.27。
②《孟子·离娄下》8.27。
③《孟子·尽心下》14.34。
④《孟子·公孙丑下》4.2。

为之君,必有所不召之臣;欲有谋焉,则就之。其尊德乐道,
不如是,不足与有为也。故汤之于伊尹,学焉而后臣之,故不
劳而王;桓公之于管仲,学焉而后臣之,故不劳而霸。①

孟子认为德性与权势,德性为重,有德者毋需向权势低头;历史上
大有作为的君主,"必有所不召之臣",对于有德之臣,不能随便召
唤和驱遣,有事相商,当虚心前往求教,所以商汤求教于伊尹、齐
桓公求教于管仲;齐宣王如果想大有作为,就应首先求教于自己。
孟子不奉齐王之召,既表现出其人格的强大与独立,也彰显出孟
子思想中以德抗势的一面,同时反映出孟子为帝王之师的情结。

　　以有德之臣为帝王之师是孟子理想的君臣相处之道。其后,
荀子把君臣关系视为主仆关系,提出所谓:"持宠处位终身不厌之
术:主尊贵之,则恭敬而僔;主信爱之,则谨慎而嗛;主专任之,则
拘守而详;主安近之,则慎比而不邪;主疏远之,则全一而不倍;主
损绌之,则恐惧而不怨。"②还说:"迫胁于乱时,穷居于暴国,而无
所避之,则崇其美,扬其善,违其恶,隐其败,言其所长,不称其所
短,以为成俗。"③在荀子这里,君的至尊地位不容触犯,尊君是臣
子的不二法门,君臣关系不能相互对等。与荀子所言相比,孟子
强调为人之臣人格的独立,尤为可贵。

四、率真机智

　　孟子自尊独立,傲然不屈,表现在他为人的另一方面,就是他

---

① 《孟子·公孙丑下》4.2。
② (战国)荀况撰,廖名春、邹新明校点《荀子》,辽宁教育出版社,1997 年,第
　　23 页。
③ (战国)荀况撰,廖名春、邹新明校点《荀子》,辽宁教育出版社,1997 年,第
　　62 页。

咄咄逼人,坦率耿直,有时甚至表现出情绪化的率真。

孟子在齐国多年,与齐宣王接触较多,有过多次正面交锋。齐宣王曾任命孟子为卿相,然而数年来的努力无果,让孟子清醒地意识到,齐宣王根本无意采纳自己的主张,在齐宣王那里,自己不过是装饰门面的幌子而已。这时,孟子对齐宣王就不再客气,也不留情面。他对齐宣王说:

> "王之臣有托其妻子于其友而之楚游者,比其反也,则冻馁其妻子,则如之何?"王曰:"弃之。"曰:"士师不能治士,则如之何?"王曰:"已之。"曰:"四境之内不治,则如之何?"王顾左右而言他。①

在孟子看来,齐宣王不实行仁政,不能使齐国"王天下",就是没有把国家治理好,与失信于朋友,士师不能管理下属,没有区别。孟子虽为客卿,终属齐王之臣,然而竟然把齐宣王比做负友之托的无信之徒,不能管理下属的无能之辈,齐宣王虽然尴尬,却又不好发作,逼得他只好"顾左右而言他"。齐王的尴尬,衬托出孟子率真的个性和凌人的气概。

孟子离开齐国,中途宿于画县,齐国有位大臣前来挽留孟子。据这位大臣说,出于尊重,在来前曾虔诚地斋戒沐浴。然而,孟子对这位大臣不仅不理不睬,反而"隐几而卧"。孟子的傲慢无礼让齐臣非常生气,说:"弟子斋宿而后敢言,夫子卧而不听,请勿复敢见矣。"②孟子之所以如此对待这位热心挽留自己的齐臣,是因为他认为这位齐臣不明白问题的症结所在,自己离开齐国,是因为齐王不用王道之说,不行仁政,如果真心挽留,首先要解决的问题

---

① 《孟子·梁惠王下》2.6。
② 《孟子·公孙丑下》4.11。

是改变齐王,这位齐臣连问题的关节所在都不清楚,当然没有必要与之徒费口舌。不管怎样,孟子如此对待前来挽留自己的客人,实属无礼,而孟子率真、情绪化的一面也跃然而出了,他不会为了世俗礼节勉强自己。

乐正子是孟子比较喜欢的弟子,闻听鲁国欲让乐正子为政,孟子"喜而不寐",因为乐正子"好善","好善优于天下,而况鲁国乎?"①自己奔波辗转而无所收获,弟子能够实现一二,亦是快事,所以孟子为乐正子而喜,甚至喜形于色。同样是对乐正子,孟子也曾经怒形于色。因为乐正子曾陪同孟子鄙夷的齐王宠臣王欢出使鲁国,回到齐国,也未立即前去拜见孟子,于是第二天,乐正子来见时,孟子没有好气地说:"子亦来见我乎?"乐正子只好赔罪解释。孟子生气之下,甚至斥责乐正子跟着王欢只是为了吃喝、满足口腹之欲。

　　　孟子谓乐正子曰:"子之从于子敖来,徒餔啜也。我不意子学古之道而以餔啜也。"②

这番指责近于气急之下的父母对孩子不择言词的责骂,但深藏的是孟子对学生的关心与深爱,"孟子重爱乐正子,欲亟见之,深思望重也"③。无论是喜爱,还是不满,孟子都没有刻意对自己的情绪加以掩饰。这就是生活中真实的孟子非常率真可爱的一面。

总之,孟子既是一位热心于济世救民的儒家学者,又是一位性格刚直、情感丰富、个性鲜明的普通人。孟子个性鲜明,刚正而

---

①《孟子·告子下》12.13。
②《孟子·离娄上》7.25。
③(清)阮元校刻《十三经注疏·孟子注疏》,中华书局,1980年影印本,第2723页。

近于狷介,是其根本特征。就此而言,孟子性格并不符合儒家的"中庸之道",不仅与"温而厉,威而不猛"的孔子有所不同,也与《荀子·不苟》篇中标举的君子人格有很大不同,《荀子·不苟》言:"君子宽而不慢,廉而不刿,辩而不争,察而不激,寡立而不胜,坚强而不暴。"孟子在理论上坚持儒家立场,在实践中有时又突破了儒家的中庸处世准则,刚直、狷介、迂阔而远于事情。

当然孟子也有量事取宜、机智灵活的一面。孟子主张"执中有权"。在生活中既要知礼义法度,而又不拘泥于礼义法度,进退有经有权,不苟求,不极端,从容中道。淳于髡曾问难孟子,依礼制,"男女授受不亲",可是如果嫂子掉落水中,可以伸手去拉嫂子救她上来吗?孟子的回答是:嫂子掉落水中,不伸手拉嫂子,救她上来,那就是豺狼。男女授受不亲,是礼制;但在特殊情况下可以变通处理,伸手将溺于水中的嫂子救上来,这是以权通变,与守礼之常并不矛盾。这是孟子在处世方式上的灵活与变通。

孟子生活的战国中期,遭遇社会巨变,时局动荡不安。急剧变化的社会,涌现出了各种类型的知识分子,有苏秦、张仪之类,工于揣摩,取悦人主,以谋求富贵利达的纵横策士;有吴起、商鞅之类,力主耕战,明法任术,以建立新秩序、树立统治者绝对权威的法家之士;有杨朱之类,拔一毛利天下而不为的"为我"之士;有庄周之类,对现实失望,追求精神逍遥的自由之士;还有墨子一系力主兼爱天下、舍己为人的侠义之士。

与他们相比,孟子既有平治天下、泽加于民的远大抱负,有藐视富贵权势、傲岸不屈的精神,也有面对挫折而永不言悔、乐观豁达的态度,还有机智灵活的处世智慧,而这些集中升华为刚正的品格、傲岸的气质。在孟子身上,我们看不到他为了个人荣华而追逐权力,也看不到他因理想无法实现而悲观失望,更看不到因政治失意而绝望,孟子言:"穷则独善其身,达则兼善天下。"①孟子有刚强的意志,乐观而理性,如果兼济天下的路被切断,在政治上不能有所作为,处处不遇,他不会像庄子那样失望,也不会像屈原那样绝望而情感崩溃。孟子的气象品格对后世知识分子产生了重大影响,无论是穷通不遇,还是仕途通达,大都能沿着孟子所指示的兼济与独善之路应对人生遭际。在由皇帝一人掌握天下万民生死命运的古代中国,孟子刚正的品格,以及面对皇权的傲然不屈,则使"中国的儒者能够在与封建王权贴得很紧的漫长时期始终保持某种张力和离心倾向,从而没有被封建政体所完全同化而成为被御用的工具,避免了走向自身的消亡"②。

梁启超对青年学子论及读《孟子》的方法时说:

> 读《论语》《孟子》一类书,当分两种目的:其一为修养受用,其一为学术的研究。为修养受用起见,《论语》如饭,最宜滋养;《孟子》如药,最宜祓除及兴奋。读《孟子》,第一,宜观其砥砺廉隅,崇尚名节,进退辞受取与之间竣立防闲,如此然后可以自守而不至堕落。第二,宜观其气象博大,独往独来,光明俊伟,绝无藏闪。能常常诵习体会,人格自然扩大。第三,宜观其意志坚强,百折不回。服膺书中语,对于环境之压迫,可以增加抵抗力。第四,宜观其修养下手工夫简易直捷,无后儒所言支离、玄渺之二病。要之《孟子》为修养最适当之书,于今日青年尤为相宜。学者宜摘取其中精要语熟诵,或钞出常常阅览,使其精神深入我之"下意识"中,则一生做人

---

① 《孟子·尽心上》13.9。
② 张节末《论孟子的情感理论与狂者气质》,《哲学研究》1997年第5期。

基础可以稳固，而且日日向上，至老不衰矣。①

梁启超此论至为精辟。他在民国乱世对青年学子发此语，无疑是警醒青年学子，学习《孟子》，不止要学习和了解其思想学说，还应从"修养受用"去学习孟子为人之博大气象。

本章结语

关于孟子生平，根据目前文献，孟子的生卒年无法精确到具体年份，只能推断出在某一时段，但相对而言，我们认为判定孟子生于公元前 385 年前后比较合理。孟子师承之争是孟学史上的重要问题之一，我们认为，孟子师从子思，亲承教诲，虽无可能，但孟子之学与子思之说无疑有着血脉相传的关系，依据孟子思想体系，以及孟子自述学源，考其师承，更为接近史实的是：孟子学宗孔子，直承子思，又学无常师。在孟子学无常师的众人之中，极有可能包括管子、墨子、杨朱等人的门人后学，因为孟子思想中确实有管子、墨子、杨朱等人思想痕迹，只不过孟子对他们的思想更多的是扬弃。

孟子为人，气象博大，卓尔不群。他有平治天下、泽加于民的远大抱负，有藐视富贵权势、傲岸不屈的精神，也有面对挫折而永不言悔、乐观豁达的态度，还有机智灵活的处世智慧。而这些集中升华为刚正的品格、傲岸的气质。作为封建时代的知识分子，孟子的气象品格可谓卓绝一世。

---

① (清)梁启超《梁启超讲国学》，凤凰出版社，2008 年，第 40 页。

第二章　孟子思想(上)

孟子思想丰富多彩,前贤时哲多有论断。

东汉赵岐说:孟子"著书七篇,二百六十一章,三万四千六百八十五字。包罗天地,揆叙万类。仁义道德、性命祸福粲然靡所不载"①。宋人认为孟子最杰出的贡献就是发孔子所未言,谈心性、辨王道、论浩然之气、辟异端,二程说:"孟子有功于圣门不可胜言,仲尼只说一个仁字,孟子开口便说仁义;仲尼只说一个志,孟子便说许多养气出来,只此二字其功甚多。"②朱熹更以杨氏之语表达自己的心声:

> 杨氏曰:"《孟子》一书,只是要正人心,教人存心养性,收其放心。至论仁、义、礼、智,则以恻隐、羞恶、辞让、是非之心为之端。论邪说之害,则曰:'生于其心,害于其政。'论事君,则曰:'格君心之非','一正君而国定'。千变万化,只说从心上来。人能正心,则事无足为者矣。《大学》之修身、齐家、治国、平天下,其本只是正心、诚意而已。心得其正,然后知性之善。故孟子遇人便道性善。欧阳永叔却言'圣人之教人,

---

① (清)阮元校刻《十三经注疏·孟子注疏》,中华书局,1980年影印本,第2662页。
② (宋)朱熹《四书章句集注·孟子集注》,中华书局,2011年,第186页。

性非所先',可谓误矣。人性上不可添一物,尧、舜所以为万世法,亦是率性而已。所谓率性,循天理是也。外边用计用数,假饶立得功业,只是人欲之私。与圣贤作处,天地悬隔。"①

宋人认为正是因为孟子谈心性、道性善、论养气,才为儒学开出新天地。甚至连清代的乾隆皇帝都说:

> 战国春秋,又异其世。陷溺人心,岂惟功利。时君争雄,处士横议。为我兼爱,簧鼓树帜。鲁连高风,陈仲廉士。所谓英贤,不过若是。于此有人,入孝出弟。一发千钧,道脉永系。能不动心,知言养气。治世之略,尧舜仁义。爱君泽民,惓惓余意。欲入孔门,非孟何自?孟丁其难,颜丁其易。语默故殊,道无二致。卓哉亚圣,功在天地!②

乾隆认为孟子于战国乱世,倡仁义,正人心,拒邪说,续道脉,远非鲁仲连、陈仲这些所谓的高风清廉之士可比,其功在天地。

近代以来,研究孟子的学者众多,其论述的言辞多有不同,但对孟子基本思想的把握却基本一致。如:胡适《中国哲学史大纲》从性善、个人人格、带有民权的政治学说论说孟子思想;梁启超从性善、民本政治、自尊修养、对他派之辩争评价孟子之学③,认为孟子对中国文化特别贡献有两端,一是高唱性善主义,二是排斥功利主义;侯外庐、赵纪彬、杜国庠《中国思想通史》从孟子的社会观、阶级论、进贤说、政治思想、天道论、性善论等阐述孟子思想④;冯友兰

---

①（宋）朱熹《四书章句集注·孟子集注》,中华书局,2011年,第186页。

②刘培桂编《孟子林庙历代石刻集》,齐鲁书社,2005年,第363页。

③详见《梁启超讲国学》,凤凰出版社,2008年,第38—42页。

④详见侯外庐、赵纪彬、杜国庠《中国思想通史》,人民出版社,1957年,第382—413页。

在 1962 年出版的《中国哲学史新编》以及 1984 年出版的《三松堂学术文集·孟子哲学》，主要从社会思想、政治思想、人性论、仁的理论、主观唯心主义、时中等方面评说孟子①，而在 2008 年出版的《冯友兰自选集·孔孟》一文中则主要从仁义、义利之辨、养浩然之气合论孔孟②；蒙培元《蒙培元讲孟子》③从政治思想、社会经济思想、天人学说、生态学说、人性论、人格修养与境界等评讲孟子；杨国荣《孟子评传——走向内圣之境》④共有十一章，内容涉及孟子生平、思想及其历史地位，就孟子思想而言，他主要论及了孟子之天人之辨、义利之辨、权变与独断、人格境界、人性论等；劳思光《新编中国哲学史》从政治思想、心性论、其他思想三个方面评介孟子学说⑤；黄俊杰《孟子》讨论了孟子理想中的生命形态、政治思想、社会思想以及教育思想⑥。吴乃恭《孟子》⑦从天道观、人性论、心学、人伦道德、修身、仁政、王道与霸道等方面论述孟子学说，认为孟子在宇宙论上，阐发了天人合一之说；人性论是孟子具有特色的学说，性善论是孟子对儒学的新贡献；孟子仁政思想的精华是民贵君轻；孟子重视修身，但孟子修身不是"独善"，而是

① 详见冯友兰《中国哲学史新编》第 1 册，人民出版社，1962 年，第 202—235 页；《三松堂学术文集·孟子哲学》，北京大学出版社，1984 年，第 167—179 页。
② 详见冯友兰《冯友兰自选集·孔孟》，首都师范大学出版社，2008 年，第 269—283 页。
③ 详见蒙培元《蒙培元讲孟子》，北京大学出版社，2006 年。
④ 杨国荣《孟子评传——走向内圣之境》，广西教育出版社，1994 年。
⑤ 详见劳思光《新编中国哲学史》，广西师范大学出版社，2005 年，第 153—194 页。
⑥ 黄俊杰《孟子》，生活·读书·新知三联书店，2013 年，第 217 页。
⑦ 详见吴乃恭《孟子》，吉林文史出版社，1997 年。

"与人为善",进而兼善天下;孟子思想中还有"执中"用权的朴素辩证法等。

以上所列,有些是精深的学术专著,有些是深入浅出的通论性讲述;其研究者,有远离我们的汉唐宋元明学人,也有距离我们并不遥远的清朝、民国学者,还有与我们同在当下的时贤,他们对孟子思想的解说可谓见仁见智,当然囿于时代或立场,往往不可避免地点染有各自时代观念的痕迹,但是关于孟子学说的主体思想的解说,大都围绕天人关系、心性之学、治国理念、人格修养等展开。

细考《孟子》其书,毫无疑问,天人关系、心性之学、治国理念、人格修养等确实是孟子思想的基本着力点,所以前贤时哲所论不虚。当然在中国历史上,天人关系、心性之学、治国理念、人格修养的追问并非孟子所独有,诸子百家、骚客文人也在追问同样的问题,而孟子的思考,也有他自己的答案。下面简述之。

第一节　天道观

天道观是孟子思想的重要组成部分,是其思想体系的逻辑起点。孟子构建其性善论、伦理思想、政治思想的哲学依据就是其天道观。《孟子》全书,"天"字共出现 181 次,孟子所论之"天"有四种意义:一指有意志的主宰之天;二指命运之天;三指道德、义理之天;四指自然之天。孟子的天道观,既有天人相合的一面,也有天人相分的思想因素。

一、主宰之天

至孟子之时,宗教有神论经过西周末期、春秋先贤以及孔子的怀疑,虽然其神圣光彩、权威性受到了一定削弱,但是在社会意识形态中的主导地位并没有改变。孟子所在的时代仍然是一个神灵意识环绕、神权天道笼罩的社会。

受此影响,孟子相信在人世之外存在着对人世具有主宰作用的上帝和天神,通过祭祀可以实现人神沟通,他说"虽有恶人,斋戒沐浴,则可以祀上帝"①;又说"使之主祭,而百神享之"②,这里的"神",就是指具有人格意志且能够主宰人世的天神。

孟子认为是上天降生了人,他援引《尚书》之语加以阐明:

> 《书》曰:"天降下民,作之君,作之师,惟曰其助上帝宠之。四方有罪无罪惟我在,天下曷敢有越厥志?"一人衡行于天下,武王耻之。此武王之勇也。而武王亦一怒而安天下之民。③

> 天之生斯民也,使先知觉后知,使先觉觉后觉也。④

天生众民,并为民立君、择师,以协助上天保护众民,还派先知、先觉教育民众,开启民智。武王就是上天特别为民众挑选出来的君师和先知先觉,武王也果然不负上天所望,保民安民。

"天降下民"、"天生蒸民",所以天对人世就有至高无上的权威,可以主宰人世。孟子认为人间的帝位传承就由天决定,"天与贤,则与贤;天与子,则与子"⑤。同样,国家的兴亡,亦由天决定。夏亡殷兴,殷亡周兴,都是天意使然。夏桀荒淫残民,上天将其废

---

① 《孟子·离娄下》8.25。
② 《孟子·万章上》9.5。
③ 《孟子·梁惠王下》2.3。
④ 《孟子·万章下》10.1。
⑤ 《孟子·万章上》9.6。

除,而代之以有德之商汤。殷纣无道害民,上天收回成命,而改授有
道之周武王。在《离娄上》他援引《诗经》说:"商之孙子,其丽不亿;
上帝既命,侯于周服。侯服于周,天命靡常。"一个人遭受心志之苦、
筋骨之劳、体肤之饿、身心之空乏,所作所为遭到"拂乱",实际是上
天对将承担重任者的磨炼和淬砺,意在"动心忍性,曾益其所不
能"①;所以人们如身处逆境,切不可自堕其志,当积极有为,奋发
向上。

　　对于至高无上的天命,孟子认为必须服从,所谓天与不取,
"必有天殃"②,人们应当以"乐天"、"畏天"的态度面对主宰之天
对人间的安排。"乐天者保天下,畏天者保其国。《诗》云:'畏天
之威,于时保之。'"③违逆天命,必然遭到天的惩罚。

　　虽然孟子肯定天对人世间帝位的传承、国家的兴亡、个人的
命运有主宰作用,也要求人们"乐天"、"畏天",然而孟子并没有因
此忽视人自身力量,反而更重视人事和人为的作用。这一点在孟
子与万章论尧、舜、禹帝位传承时有明显表现。

　　孟子认为舜有天下,并不是尧所与,因为"天子不能以天下与
人",在天子之上还有一个更高的权威——主宰之天,人间政权的
传承实由上天决定。一个人能践天子之位,乃是天所与。天子在
帝位传承中的作用只是"荐人于天",即向上天推荐继承者,而不
能擅自将天下交与他人。所以舜有天下,并非尧所与,尧只是荐
舜于天;同样禹有天下,也非舜所与,舜只是"荐禹于天"。当然,
天与人天下,并非直接向人间下令,"天不言,以行与事示之而已

---

　①《孟子·告子下》12.15。
　②《孟子·梁惠王下》2.10。
　③《孟子·梁惠王下》2.3。

矣",是以"天受"表示对被荐者的接受与否。所谓"天受",即上天满意从而接受被荐者。只有被推荐之人德配上天,上天满意,才能获得上天的授权,拥有天下。如何得知上天满意?"使之主祭,而百神享之,是天受之;使之主事,而事治,百姓安之,是民受之也。"①令被荐者主持祭祀,百神都来享用,说明上天接受他;令被荐者处理政事,百姓满意,证明百姓接受他。在正式授权之前,天还要考察被推荐者的德行。如何考察?"天视自我民视,天听自我民听。"天通过百姓的所见所闻来证实被荐者的德行。"使之主祭",百神是否享之,其实不可得知;但"使之主事,而事治",百姓满意,则昭然可见;天是否能听到和看见,不得而知,但百姓的所见所闻却是真真切切。由此可见,孟子所说的"天受",实际是百姓满意而接受;"天与"实为"民与","天听"实为"民听","天视"实为"民视"。因此,所谓天意,实际表现于人愿、民意;民心所向,就是天意的象征。由此,孟子在无形之中以民意对至高无上的主宰之天的权力进行了限制。天的主宰作用被淡化,民的作用被重视和加强。因而所谓服从天命,"乐天"、"畏天",其实是服从民意,畏惧民意。这是孟子对殷周以来传统神权天道观的突破和修正。

　　孟子认为对于最高主宰的天,虽然无法改立或废除它,但是在主宰之天的面前,人并不是毫无作为,不但民意是天意的根据,顺从天意,其实就顺应民意;而且人也可以发挥主观能动性,以"自求多福",避免天降之灾。他援引《尚书·太甲》之语说:"天作孽,犹可违;自作孽,不可活。"②天降之灾尚可躲避,人为之祸则无可逃脱。孟子还说:

---

①《孟子·万章上》9.5。
②《孟子·公孙丑上》3.4。

夫人必自侮，然后人侮之；家必自毁，而后人毁之；国必
自伐，而后人伐之。①

祸福无不自己求之者。②

祸福都是自己造成的，小至个人荣辱，大至国家兴亡，都不例外。
可见，孟子不再把命运付之于天，也不再盲目地祈求天的佑护与赐
福，而是将国家命运和个人幸福建立在人类自身的行为之上，人类
的努力决定了人类的未来。于是天的主宰作用再次被削弱，近至于
无。在这里，天近乎一个虚名，而人的决定作用被凸现出来。

对主宰之天，孟子要求人们要"乐天"、"畏天"，表现出孟子天
道观中天人相合的一面；而"天与"实为"民与"，"祸福无不自己求
之者"，对人类主体性的张扬，则充分表现出孟子天道观中天人相
分的一面。

二、命运之天

所谓命运之天，具有客观必然性的含义。指不以个人意志
为转移的必然之势，是存在于人力之外的一种无形而巨大的异
己力量，是各种客观和主观条件的总和，人力对此往往无可奈
何。孟子说："莫之为而为者，天也。"③也就是说，没有想到要这
样做，而竟这样做了的，便是天。赵岐解释说："人无所欲为而横
为之者，天使为也。"④张岱年解释："非人力所为而结果如此，这是

---

①《孟子·离娄上》7.8。
②《孟子·公孙丑上》3.4。
③《孟子·万章上》9.6。
④（清）阮元校刻《十三经注疏·孟子注疏》，中华书局，1980年影印本，第
　2738页。

天。"①命运之天之"为"，呈现出无意志性、无目的性，具有不可捉摸性，人对之难以知晓。

　　孟子认为命运之天对人世具有决定作用，左右、决定着天下治乱。春秋战国时期，战争迭起，天下大乱。考察历史，孟子认为每"五百年必有王者兴"，"起而平治天下"，"其间必有名世者"辅佐"王者"；但从周武王至今已"七百有余岁矣"，论时间，该当是"王者"、"名世者"兴起平治天下之时，然而天下动荡不定，百姓陷于水火，自己的仁政主张不为所用；究其原因，是"天未欲平治天下也"②，平治天下之时势尚未形成。按照以往历史规律，虽然平治天下的时间已到，但平治天下的时势却未成，如果时势已成，那么"平治天下，当今之世，舍我其谁也"③。孟子还把"天下有道，小德役大德，小贤役大贤；天下无道，小役大，弱役强"④，归之于命运之天。在"有道"的社会，"大德"之人役使"小德"之人，"大贤"役使"小贤"；在"无道"的社会，力量小的被力量大的支配，弱者为强者所役使，都是一种非人力所能及的必然之势所决定。"天下有道"，政治清明，尊德尚贤，大德和大贤因其德高贤明，故能役使小德、小贤；天下无道，政治黑暗，道德沦丧，推崇强权和武力，力大者、势强者因其力大势强取得役使小者、弱者的地位。"有道"和"无道"，德、贤、强、力都是客观存在，不以个人的意志为转移，这就是"莫之为而为者"之天。

---

① 张岱年《中国古典哲学概念范畴要论》，中国社会科学出版社，1989 年，第121 页。
② 《孟子·公孙丑下》4.13。
③ 《孟子·公孙丑下》4.13。
④ 《孟子·离娄上》7.7。

　　孟子认为命运之天也决定了个人人生轨迹以及朝代更替。孟子在与弟子万章探讨帝位传承的问题时，阐述了这一观点。万章请教孟子：尧舜之时，帝位传承是以贤让贤的禅让制，可是至禹时，禹却传位于子，开启了父子相传的权力转移制度，禹将帝位传给儿子启，是否是因为"禹德衰"；如果主宰之天为民立君，是以贤德为标尺，所以禹之子启因为贤能而被上天选中，那么同样是贤者，以益、周公、孔子、伊尹之大贤，却为何没有登上天子之位？为什么以尧舜之贤，而尧舜的儿子却都不肖？孟子的回答是："天也"，"非人之所能为也"。

　　在孟子看来，尧、舜、禹之所以能成功地递相禅让，除了有前代天子推荐、本人贤能这两种重要因素之外，还有两个非常重要的因素，就是执政资本与时机。舜、禹在正式继位之前经过了长时间的政治实践考验，积累了充足的执政资本。如禹就经过了十七年政治实践的考验期。在十七年的政治实践考验中，禹的执政能力获得了天下百姓的认可，也就是"民受"，"民受"则"天受"。而益，本是禹推荐的帝位继承人，可是七年之后，禹死，益在正式继位之前的政治考验期只有短短七年，"施泽于民未久"，百姓对益的德与才没有充分的认识，因而没有得到百姓的认可，民不受，则天也不受。孔子固然大德，但是他没有受到天子的赏识和推荐，所以不可能继位而为君。益、周公、伊尹固然大贤，但是他们的君主并非是遭到上天厌弃而要废黜的桀纣之类的昏君，也就是他们所处的不是一个改朝换代的时代，所以他们不可能废置现任的君主，取而代之。

　　无论是禅让，还是传子，取决于各种客观条件的总和，这一点，往往非人力所能及。匹夫若要成功地登上天子之位，以下四个条件不能忽视：其一，本人贤德；其二，有当朝天子的推荐；其三,有执政资本,有机会获得较长时间的政治实践考验,执政能力获得百姓的认可;其四,时势,当政的君主是桀纣之类的昏君,为天所唾弃。以上条件和时机,一生当中能否遇到,非个人所能决定,也难以知晓和把握;自己贤能,但不能保证儿子也贤能,生出怎样的儿子,遇到怎样的子孙,不是个人所能决定的,所以尧舜虽贤,而二人的儿子却不肖。这就是命运之天。

孟子还提出了与此意义的天有紧密联系的另一个概念"命"。他说:"莫之致而至者,命也。"①即人力未曾招致而结果如此,就是"命"。孟子所说的"命"实质也是一种客观存在的异己力量。孟子将"命"与命运之"天"作了细致的区分,二者从本质上都是指人力之外不可捉摸、难以知晓和难以把握的异己力量。不过"莫之为而为者"的命运之天强调的是事物出现了未曾想到的发展过程,而"莫之致而至者"是强调事物发展过程中出现了未曾想到的结果,前者强调的是过程,后者强调的是结果。

孟子认为命运的力量到处存在,"莫非命也"②。人生的许多遭遇,诸如生死寿夭,都是命运使然,但又认为"命"有"正命"与"非正命"之分。能够尽力行道、寿终正寝者为"正命";任意妄为而招致意外丧生者为"非正命",如故意立于危墙之下,遭"覆压之祸"而亡者,为非作歹、触犯刑法"桎梏而死"者,即属"非正命"。"正命"受客观必然性的支配,非人力能及;"非正命"则是人为所致,可以认识和避免。孟子主张应当"知命"而"顺受其正",即认识和尊重其客观必然性,尽力修身行道,避免"非正命",以求"正命",强调人们要发挥自己主观能动性的作用。

---

①《孟子·万章上》9.6。
②《孟子·尽心上》13.2。

　　孟子认为富贵利达、声色货利的获取与否也为"命"。他说："口之于味也，目之于色也，耳之于声也，鼻之于臭也，四肢之于安佚也，性也，有命焉，君子不谓性也。"①满足耳目鼻口的物质欲求，追求富贵利达，是人的自然天性，合乎情理；但这些追求和愿望能否得到满足和实现，则是"得之有命"。他还认为富贵利达是"在外者"，乃身外之物，即便"求之有道"，也不一定能得到，"是求无益于得也"②，因此主张人们对于富贵利达可以积极争取，但不能违仁背义强求妄取，应内修己身、外修法度，即"行法以俟命"。孟子这种"有命"论，在一定程度上起到了为富贵者开脱、令贫贱者安于自己命运的消极作用。

　　孟子还将人生而具有仁义礼智之四心归之于命，把仁义礼智能否在现实社会实现也归之于命。他说："仁之于父子也，义之于君臣也，礼之于宾主也，知之于贤者也，圣人之于天道也，命也，有性焉，君子不谓命也。"③不过又认为与富贵利达、声色货利不同，仁义礼智本是人与生俱有，是"在我者"；"求则得之，舍则失之，是求有益于得也"④，只要努力"反求诸己"就可得到。也就是说，人们的社会理想能否实现取决于命，但个人的德行完善取决于自己；在非道德领域，人是不自由的；但在道德领域，人是自由的，因此主张人们应孜孜不倦、持之以恒致力于道德修养，以保全仁义礼智。孟子肯定仁义礼智等道德意识为命，也就将他所提倡的道德规范客观化和神圣化。

---

①《孟子·尽心下》14.24。
②《孟子·尽心上》13.3。
③《孟子·尽心下》14.24。
④《孟子·尽心上》13.3。

对待命运之天,孟子提出要"顺天"。"顺天"分为两种不同情况。其一,顺在我之善性,因为孟子认为人生而俱有"恻隐"、"羞恶"、"辞让"、"是非"四心,是天所命,非人力所及,这是在我之命,对此,要顺之而不违。其二,顺在他之命,也就是时代、社会、机遇、吉凶祸福、生死寿夭等。不过,对在他之命,他又提出要"顺受其正","行法以俟命",也就是要"顺""正命",而不是"非正命"。"俟命"不是消极地听从命运的安排,而是努力发挥与生俱有的善性,致力于内在的道德修养,持之以恒,永不放弃,这才是安身立命的正确态度。无论命运如何,不能失去人之为人之本色。

孟子提出"顺天",当然是与命运之天相合,"顺天"之下潜藏的是孟子无力主宰和改变现实的无奈和苦涩,也是智者不得已的一种处世求生之道。值得注意的是,虽然孟子认为仁义礼智、圣人天道能否在现实社会实现,也取决于命运之天,但是他很郑重地说:"不谓命。"这是孟子天道观中与命运之天相分一面。孟子的"正命"、"行法以俟命"、"不谓命",就是要与命抗争,要以坚定的持之以恒的道德修养实现对"命"的超越。

孟子对命运之天的认识和主张,既来自他个人的生命体验,也有对历史的分析和总结,还有对前人思想的继承。郭店楚简中的《穷达以时》有言:

> 有天有人,天人有分。察天人之分,而知所行矣。有其人,无其世,虽贤弗行矣。苟有其世,何难之有哉?舜耕于厉山,陶拍于河固,立而为天子,遇尧也。邵繇……遇武丁也。吕望……遇周文也。管夷吾……遇齐桓也。百里奚……遇秦穆。孙叔……遇楚庄也。初韬酭,后名扬,非其德加。子疋(胥)前多(功),后(戮)死,非其智(衰)也。……(遇)不(遇),天也。动非为达也,故穷而不怨;隐非为名也,故莫之

知而不吝。……穷达以时，德行一也。誉毁在旁，听之弋母，缁白不厘。穷达以时，幽明不再。故君子敦于反己。①

郭店楚简中的《唐虞之道》有言：

古者尧生于天子而有天下，圣以遇命，仁以逢时，未尝遇
□□并于大时，神明均从，天地佑之。纵仁圣可与，时弗可
及嘻。②

简文非常明确地提出了天与人之分。世事复杂，一个人一生的穷或达，不完全取决于其贤德，有时取决于所遇的时世。舜、皋陶、吕望、管仲、百里奚、孙叔敖之所以前穷而后达，是因为他们在后来都遇到了好的时机，遇到了有识人之能的明君，尧、武丁、周文王、齐桓公、秦穆公、楚庄王就是他们分别遇到的明君。如果不逢其时、不遇明主，即使德智卓绝，风华绝代，也难有作为，当然也就不能达了。伍子胥前达而后被戮，不是因为他的德智衰减，是因为他所逢遇的时世、境遇发生了变化。时机、时世外在于人，能否遇到好的时机，个人主观愿望无法决定，人对此无能为力。简文将人无能为力的时世、时机归之于天、归之于命，把德行归之于人。简文提出的"天人之分"，实质就是将命与贤德相分。命是天之分，德是人之本分，无论穷达，君子应"德行一也"。不论何种境遇，君子都坚守内在之德。

简文的这些思想，孟子的表述更为深刻，充分说明孟子思想与前人思想的继承发展关系。

---

① 详见湖北省荆门市博物馆编《郭店楚墓竹简》，文物出版社，1998年，第145页。
② 详见湖北省荆门市博物馆编《郭店楚墓竹简》，文物出版社，1998年，第157—158页。

三、义理之天

孟子天道观，更强调道德、义理之天。受孔子"天生德于予"和子思"天命之谓性"思想的影响，孟子亦认为天具有道德属性。他说："有天爵者，有人爵者。仁义忠信，乐善不倦，此天爵也。"①又说："夫仁，天之尊爵也。"②认为仁义忠信诸德就是"天爵"，而仁是"天爵"中最为宝贵者。他还说："是故诚者，天之道也。"③也就是说，天道即诚。戴震《孟子字义疏证》："诚，实也。据《中庸》言之，所实者，知、仁、勇也；实之者，仁也，义也，礼也。"④换言之，诚就是仁义礼智的概括，仁义礼智就是天的本质。这样孟子就把天道德化，天具有了道德属性。

他援引《诗经》之语说："天生蒸民，有物有则。民之秉彝，好是懿德。"认为上天造物，必然赋予物所遵循的内在规范；天生众民，自然也赋予众民必须遵循的内心规范。众民的内心规范就是"恻隐之心"、"羞恶之心"、"辞让之心"、"是非之心"。此"四心"即是人之本质所在，是仁义礼智四德的萌芽，经过扩充、完善即为仁义礼智四德。孟子以天为道德义理的最终根源，也就将道德意识权威化、神圣化。杜维明在《论孟子道德自我完善的观念》中曾有论定：

　　就孟子来说，在最终意义上，在每一个人心中——他不可能受到外在控制的——存在着某种东西。这种东西既不

①《孟子·告子上》11.16。
②《孟子·公孙丑上》3.7。
③《孟子·离娄上》7.12。
④（清）戴震著，何文光整理《孟子字义疏证》，中华书局，1982年，第50页。

是后天的,也不是经过训练获得的;它是一种天赋的现实,作为人的限定特征由天所赐予。①

那么这个道德义理之天在何处,又如何赋予人"四心"、"良知"、"良能"之道德意识? 有学者认为孟子的道德义理之天是脱离人的主观意识而独立存在的精神本体。我们认为,道德义理之天不是脱离人的主观意识而独立存在的精神本体,因为在孟子的思想中还没有后世哲学家津津乐道的本体论;蒙培元说:"本体论可以成为一个普遍性的问题,但是,却不能将西方的本体论硬套在孟子的身上进行解释。西方的本体论就是实体论,本体就是实体。实体是单一的、不可分的、不可人的、静止的、不变的、始终如一的。在孟子和中国哲学中却找不到这样的实体。"②孟子的道德义理之天,"应以《万章上》的定义为准,即,'莫之为而为者',人性中那些不用人为就自然而然地具有的东西便是'天爵'"③。

从"自然而然具有"而言,孟子所论义理之天也可称之为"自然",当然此"自然"不是日月运行、四时交替、万物生长的自然界,而是自己如此之意,近于老子所说"人法地,地法天,天法[道],[道]法自然"④的"自然"。人具有仁义礼智的道德意识,是人自然具有,没有外在力量的授予,有人这个生命形式,就有仁义礼智的道德意识,本然如此,这不以人的意志为转移,也不可抗拒。它并非独存于人类世界之外,而是内在于人自身。就像我们今天所

---

① 转引自[美]安乐哲《孟子的人性概念:它意味着人的本性吗?》,见[美]安乐哲、[美]江文思《孟子心性之学》,社会科学文献出版社,2005年,第106页。
② 蒙培元《蒙培元讲孟子》,北京大学出版社,2006年,第93页。
③ 向世陵、冯禹《儒家的天论》,齐鲁书社,1991年,第49页。
④ 陈鼓应《老子注译及评介》,中华书局,1984年,第163页。

说，人类的身体结构之所以不同于其他生物，是由人的基因所决定，而人的基因是在人的生命形成之时就自然具有，并没有外在力量的授予，遗传基因是人成为人这种生命形式的根据，它存在于人类自身；而道德义理之天就是人异于禽兽而成为人这一特别生物的价值之源，它天然内在于人自身。

由此我们也就明白《中庸》所说，"诚者，天之道"，"不诚，无物"。天道就是真实不妄，自然不虚，不造作，无计度，本然如此。如果万物没有它真实不虚的内在法则，就不会成为它自身。如同一株小草，种子、土壤、阳光、雨水就是它生长的真实不虚的法则，也就是小草的"诚"道。万事万物都有各自的诚道，具体内涵不同，但是都真实不妄，自然不虚，不造作，是其共同特性。在孟子看来，人之诚，就是"四心"、"良知"、"良能"，这是人真实不虚的法则。

孟子将"四心"、"良知"、"良能"归诸人自然具有，而且是生而自然具有，又以"天"称之，不仅把道德意识权威化，而且强调了道德意识的不可抗拒性。对于"四心"、"良知"、"良能"，人不具备选择权，因为它天然与每个人的生命相伴相随，直至生命终结。对于仁义礼智的道德意识，人只有认识权和保养权。

仁义礼智诸德既为天的本质，又是人之为人之所在，表明天道与人性相通，天和人在道德的基础上没有差别。由此孟子认为人们只要在主观认识上"尽心"、"知性"就可以"知天"，在道德实践上"存心"、"养性"就可以"事天"。他说："尽其心者，知其性也。知其性，则知天矣。存其心，养其性，所以事天也。"[①]进而达到"上下与天地同流"、"天人合一"的神秘境界。

---

①《孟子·尽心上》13.1。

对待道德、义理之天,孟子的态度是:与道德之天相合,而不能与之相分。

四、自然之天

孟子所说的天,有时指日月运行、四时轮转、寒暑交替、万物生长的自然界。他说:"天油然作云,沛然下雨,则苗浡然兴之矣。"①又在《公孙丑上》援引《诗经》之语说:"迨天之未阴雨,彻彼桑土,绸缪牖户,今此下民,或敢侮予?"肯定了天是"作云"、"下雨"的自然。他还说:"天之高也,星辰之远也,苟求其故,千岁之日至,可坐而致也。"②认为人们只要掌握了天体、星辰运行的规律,即使是一千年以后的冬至,亦能推知出来。在此,天的神秘性已完全失去。

对待自然之天,孟子认为要顺应和服从其规律。孟子发展孔子思想,提出了"亲亲而仁民,仁民而爱物"③的主张,把"爱物"扩充为仁的内涵,认为仁者之爱不应局限于人,还应推而广之,"爱物"。"爱物",即关爱自然,顺应自然之道。"由仁民而爱物,将仁爱观念扩展至无限广大的宇宙万物,是孟子对孔子仁学的一个突出贡献。《论语·述而》说:'子钓而不纲,弋不射宿。'生动地表明了孔子对自然生命的爱惜之心和怜悯之情,但孔子关于仁的论述基本上未超出'人'的范围,并没有将仁爱的原则推及于'物'的明确论述。"④孟子如下之语可见其"爱物"之意:

---

①《孟子·梁惠王上》1.6。
②《孟子·离娄下》8.26。
③《孟子·尽心上》13.45。
④白奚《孟子对孔子仁学的推进及其思想史意义》,《哲学研究》2005年第3期。

　　不违农时,谷不可胜食也;数罟不入洿池,鱼鳖不可胜食也;斧斤以时入山林,材木不可胜用也。……是使民养生丧死无憾也。①

　　五亩之宅,树墙下以桑,匹妇蚕之,则老者足以衣帛矣。五母鸡,二母彘,无失其时,老者足以无失肉矣。百亩之田,匹夫耕之,八口之家足以无饥矣。②

　　牛山之木尝美矣,以其郊于大国也,斧斤伐之,可以为美乎? 是其日夜之所息,雨露之所润,非无萌蘖之生焉,牛羊又从而牧之,是以若彼濯濯也。人见其濯濯也,以为未尝有材焉,此岂山之性也哉?③

依孟子之见,五谷、树木、鱼鳖、鸡彘等自然物的繁殖、生长和成熟都有一定的时节和规律,所以播种五谷,植桑养蚕,畜养家畜,必须尊重和顺从其生长、繁殖的规律;下网捕鱼,砍伐森林,也必须取之以时,用之以节,不妨碍它们的生长。也就是说,人类对自然的取用不具有随时性和随意性,必须节制人类的物欲,能取的时候再取,确实需取的时候再取。因为即便"天下易生之物也,一日暴之,十日寒之,未有能生者也"④。即使是天下最易生长的生物,如果不能按照它的生长规律去养护,一曝十寒,也不能生长。自然界是人自然生命的唯一来源,因此还要予以保护,不能肆意掠夺。"故苟得其养,无物不长;苟失其养,无物不消。"⑤万物的

①《孟子·梁惠王上》1.3。
②《孟子·尽心上》13.22。
③《孟子·告子上》11.8。
④《孟子·告子上》11.9。
⑤《孟子·告子上》11.8。

生长都需要合适的滋养,如果不善加养护,任何物种都会消亡。

由此可见,孟子主张"爱物",就是要求人们尊重自然外物的生长规律,爱惜、保护、帮助促进自然外物生长和发展,倘若人类无视自然外物的生长繁殖规律,"违其时"、"夺其时",又放纵自己的物欲,取之无度,用之无节,终会导致自然外物的短缺以至枯竭,人类将无以为食,无以为生,最终的受害者将是人类自己。可见,孟子的"爱物"观,就是提醒人们要正确处理人与自然的关系,保护人类赖以生存的自然外物,保持人与自然之间的和谐,以维护人类自身生存、繁衍和发展为旨归。

当然,孟子"爱物",并不认为人与自然之间存在类似处理人间关系的道德义务,所以他说:"亲亲而仁民,仁民而爱物。"①分别用"亲"、"仁"、"爱"三个词,表示因对象亲疏远近的差异而关心方式也须相应有别。程子曰:"仁,推己及人,如老吾老以及人之老,于民则可,于物则不可。统而言之则皆仁,分而言之则有序。"②孟子还说:"君子之于物也,爱之而弗仁。"君子对于自然万物,爱惜它,但毋须用仁德对待它,这与后来张载"民胞物与"的思想有着明显差别。

孟子主张关爱自然,还应执守中道。当自然发展破坏了人与自然和谐共生的关系,有碍人类的正常生活,已成危及人类生存的灾难,就应当采取合理措施遏制其发展,积极治理人类面临的自然灾害。

> 当尧之时,天下犹未平,洪水横流,泛滥于天下,草木畅茂,禽兽繁殖,五谷不登,禽兽逼人,兽蹄鸟迹之道交于中国。

①《孟子·尽心上》13.45。
②(宋)朱熹《四书章句集注·孟子集注》,中华书局,2011年,第340页。

尧独忧之,举舜而敷治焉。舜使益掌火,益烈山泽而焚之,禽
兽逃匿。禹疏九河,瀹济漯而注诸海,决汝汉,排淮泗而注之
江,然后中国可得而食也。①

尧、舜、禹时代,洪水泛滥,荒草遍地,野兽出没,人类无处安身,
尧、舜、禹三代圣君付出艰辛努力,终于平息水患。他们的方法有
这样两点:其一,治理洪水,采用疏导的方法,顺应水性,疏通九
河,引流入海,而不是违背水性,强行筑坝;其二,对于龙蛇、虎豹、
犀象等危及人类生命安全的野兽,采用"驱"和"放"的办法,放火
烧山,把它们驱赶到其本来的生息之地,而不是将其赶尽杀绝。
这其中反映出古人深刻的生态智慧,在治理自然灾害的同时,要
注意对自然生态平衡的保护。

　　顺应自然规律,"爱物",保护自然,这是与自然之天相合。孟
子又认为,固然自然界有其不可违背、必须遵循的规律,违背自然
界的规律,必然会受到自然界的惩罚,但是并不意味着人在自然
面前无所作为,人可以认识其规律,利用其规律,而面对自然灾
害,人类更要勇于抗争,积极治理,把灾难降到最低,这又是与自
然之天相分。

　　孟子天道观,内涵有多重,因其所指不同,孟子态度不一,但不
是单一的与天相合,其中也有与天相抗争、与天相分的思想因素。

第二节　心性论

　　心性论是孟子伦理道德和仁政学说的理论依据,是他对孔门
儒学的创造性贡献,孟子以心性论弥补了孔子思想的不足,使儒

---

① 《孟子·滕文公上》5.4。

学在百家争鸣中巍然屹立,最终超越众家之说,成为中国思想文化的主流。

一、孟子心性论的思想语境

　　孟子对心性问题的探讨,有其深刻的社会和思想历史背景。春秋战国时期,随着生产技术的提高,人们对世界的认识也在进步;而巨大的社会变革,贵族、士阶层和平民处境的急剧变化,使人们对所崇拜的神灵产生怀疑,转而审视人自身的地位,于是天和上帝的权威开始动摇,轻神论兴起,春秋时期,季梁就说:"夫民,神之主也,是以圣王先成民而后致力于神。故奉牲以告曰:'博硕肥腯。'谓民力之普存也"。①伴随轻神论的兴起,人的意识在觉醒,人的生命价值受到重视,人不再是神灵祭坛上任人宰割的祭品,僖公十九年,宋襄公令邾文公用鄫子祭祀次雎的社神,以此让东夷归附。司马子鱼站出来反对,他说:"祭祀以为人也。民,神之主也。用人,其谁飨之?"②祭祀的目的,是为了人,民是神的主人,杀人祭神,神不会享用。不仅人的生命价值受到重视和珍惜,而且人的本质成为人们思考和探讨的重要对象,这就是对人性的观照。在人类历史上,人性问题的提出,是人类认识的一大进步,标志着神的权威在下降,而人的力量在上升。

1.春秋战国人性大讨论

　　从目前所见上古文献来看,春秋战国,人性问题已成为人们

---

① (清)阮元校刻《十三经注疏·春秋左传正义》,中华书局,1980 年影印本,第 1750 页。
② (清)阮元校刻《十三经注疏·春秋左传正义》,中华书局,1980 年影印本,第 1810 页。

关注的热点,孟子之前,已有五种明确的人性论。

第一种人性论,即春秋时孔子提出的"性相近也,习相远也"①。孔子认为正因为"性相近",所以人人都能成就理想人格,而最终是否能实现,则取决于"习",所以他要求人们要"据于德,依于仁"②,如果所"习"远离仁德,人们也就远离君子之道。孔子看到了人性的普遍性,只是他没有对相近之性的内涵作详细说明,即没有指出人性相近于哪一方面。

第二种人性论,是战国时告子主张的性无善无不善说。告子立论的依据是:"生之谓性。"③"生"指天生的才质或资质。依告子之见,人性就是人与生俱来、生命本然固有的特质;而人与生俱来、生命本然固有的特质,就是"食色"。他说:"食色,性也。"④食色之性,饮食男女,是人的生理本能,生存需要,与道德无关,无所谓善与不善。

第三种人性论,是世硕、宓子贱、漆雕开等主张的"性可以为善,可以为不善"说。这一观点的关键词是"为"字,强调了人性的本质就是其可塑、可变性,既可以为善,也可以为恶。他们的依据是:"性可以为善,可以为不善;是故文、武兴,则民好善;幽、厉兴,则民好暴。"⑤文王、武王之时,政治清明,社会安定,故民向善;幽王、厉王之时,政治黑暗,社会动荡,故百姓趋向横暴。这种观点没有断定先天人性有无善恶,只肯定人性决定了人随环境而变化,认为人性决定了人的可变性。

----

①《论语·阳货》17.2。
②《论语·述而》7.6。
③《孟子·告子上》11.3。
④《孟子·告子上》11.4。
⑤《孟子·告子上》11.6。

　　第四种人性论,是"有性善,有性不善"论。提出这种观点的人不详。按照这种观点,人性天生不同,有人生来即善,有人生来就不善。他们举出的例证是:"有性善,有性不善;是故以尧为君而有象;以瞽瞍为父而有舜;以纣为兄之子,且以为君,而有微子启、王子比干。"①正因为有些人本性善,有些人本性不善,所以,以尧这样的圣人为君,却有象这样的谋杀兄长的臣民;以瞽瞍这样的不慈之父,却有舜这样的至孝之子;以纣这样的恶侄和暴君,却有微子启、王子比干这样仁德的叔叔和忠臣。这种观点明确以善恶判定人性,但否定了人性的普遍性。

　　第五种人性论,见于郭店楚简《性自命出》,陈来认为:"本篇并不是性善论。……性就是天生的好恶,就是人的内在的喜怒哀乐之气,喜怒哀乐之气表现于外,便是情,情合于中节便是道。所以这种看法还是接近于自然人性论,以生之自然者为性。"②并且本篇探讨了性与情的关系、性的来源等问题,提出命自天降、性自命出、情出于性、道始于情,从天——命——性——情——道的逻辑来探讨人性的本质与作用。

　　以上几种人性论,其观点有异,探讨的角度不同,但无疑都是孟子心性论的先导,其基本主张,诸如:人性的先天性,人性的普遍性,人性的生物属性,人性的可变性,性情关系,人性与善恶,人性与环境,等等,都在孟子心性思想中都得到了很好的融合和转换。

2.孔子仁学理论的缺陷

　　孔子是儒学的奠基者,他提出了儒学的基本范畴,构建了儒

---

①《孟子·告子上》11.6。
②陈来《荆门竹简之〈性自命出〉篇初探》,姜广辉主编《郭店楚简研究》,辽宁教育出版社,2000年,第304页。

学的基本构架,然而没有充分论证,其体系也并不完善,这为后来儒家学者进行体系的完善和建构留下了很大的空间。

孔子生活在春秋末期,社会正处于空前激烈的大变革时期,"王权衰落,礼坏乐崩"是当时政治的基本特征。当时总的政治形势演变为:在天下,礼乐征伐不自天子出而自诸侯出;在诸侯国,礼乐征伐不自诸侯出而自大夫出。周天子的权威与威严已不复存在,诸侯国内权臣擅权、私室凌驾公门的事件屡见不鲜,贵族大家庭成员之间争权夺利的事件层出不穷。"臣弑君,子弑父",兄弟相残,夫妻陌路,这种人间惨剧、闹剧时常在上演,社会陷于极度无序和混乱之中。

极度无序和混乱的社会,不断上演的人间惨剧、闹剧,激发了孔子的救世情怀,他开出的救世药方是"仁"和"复礼"。孔子试图以"复礼"使社会摆脱混乱无序,并以仁作为"复礼"的内在道德支撑。孔子认为当时社会"臣弑君,子弑父"、兄弟相残、社会失序,不仅是因为礼乐失去管束力,更重要的是人与人之间失落仁爱之心。因此他以仁为立人之道,号召人们爱人,意图在森严而冷冰冰的等级缝隙里涂抹一层温情的润滑剂,以此缓解社会冲突和矛盾。

仁是儒学思想的核心,孔子对仁有多种论说,形成孔子的仁学。统言之,孔子所言仁,有多层内涵,包括"爱人"、"克己复礼"、恭、宽、信、敏、惠、不忧、刚毅木讷、先难而后获,等等,其中,"爱人"是基本内涵。仁爱的对象为"众",即天下众人。孔子说:"泛爱众。"[1]又说:"博施于民而能济众。"[2]孔子以孝悌为实行仁的起

①《论语·学而》1.6。
②《论语·雍也》6.30。

点,所谓"孝弟也者,其为仁之本与"①。以父子亲情、家庭伦理为仁的情感理论基础,由此推衍,关爱其他人,因此孔子的仁爱具有差等性。孔子以忠恕为实行仁的方法。所谓忠恕,即"己欲立而立人,己欲达而达人"②,即将心比心,推己及人。忠是尽心竭力,尽己之心以助人;恕是将心比心,不强加于人。仁的实质是推己及人、将心比心的真挚情感,是立人、达人的爱心。

　　孔子构建了仁学,提出以仁道立身,以仁为理想人格和人生最高境界。他把仁作为教育学生的根本,陈淳说:"孔门教人,求仁为大。"③打开《论语》,"仁"字扑面而来,孔子与学生谈得最多的就是仁,要求学生"不违仁"、"仁以为己任"④,以追求仁、践行仁为人生目标,如果"朝闻道,夕死可矣"⑤。并且说,"为仁由己",一个人能否成为仁人,取决于自己是否努力,"仁远乎哉?我欲仁,斯仁至矣"⑥。强调了个体自身的主动性和自觉性。

　　然而孔子提出仁学,只是他对道德理想人格的主观设定,为人们提出了应然的要求,但没有从理论上解释为什么人们必须选择仁,没有解释行仁的必然性。他虽然说"为仁由己"、"我欲仁,斯仁至矣",但也没有从理论上解释为什么"欲仁",就会"仁至"。由于孔子的很多论断都停留在主观论断层面,没有从理论上详尽解释道德选择的可能性与必然性,因而也就未能解释清楚道德自由的可能,这是孔子仁学体系的理论缺陷。孔子学说理论上的缺

---

①《论语·学而》1.2。

②《论语·雍也》6.30。

③(宋)陈淳《北溪字义》,中华书局,1983年,第25页。

④《论语·泰伯》8.7。

⑤《论语·里仁》4.8。

⑥《论语·述而》7.30。

陷,成为其他学派非难和攻击的重要原因。于孟子而言,孔子的理论缺陷为其心性学说的构建提供了契机,当时其他学派对孔子仁学的非难和攻击,则成为孟子深化和完善孔子理论体系的内在动力。

正是在这样复杂的社会和思想语境下,孟子的心性论问世了。

二、人性为善

滕文公是诸侯国君中最为尊重孟子的君主,在他还是世子时,与孟子有过一次短暂会面,双方交谈,滕文公印象最深的是:"孟子道性善,言必称尧舜。"①观诸《孟子》全书,考察战国诸子之说,孟子性善之说确实是其有别于各家之说的创建。

孟子主张人性为善,是因为他相信人有"四心",他在《告子上》说:"恻隐之心,人皆有之;羞恶之心,人皆有之;辞让之心,人皆有之;是非之心,人皆有之。"四心之中,"恻隐之心"是基础,羞恶、辞让、是非之心都由此生发而来。

"恻隐之心",即同情怜悯之心,萌发于子女对父母生命给予和养护的血缘亲情,"孩提之童无不知爱其亲者"②。它是仁的发端,所以孟子又说"恻隐之心,仁也"③;"仁之实,事亲是也"④。孝敬父母,是基于血缘亲情的天然义务,是仁的精神内核,也是仁的起点。

"羞恶之心",即羞耻之心,萌生于弟弟对兄长因为来自相同

①《孟子·滕文公上》5.1。
②《孟子·尽心》13.15。
③《孟子·告子上》11.6。
④《孟子·离娄上》7.27。

血缘和同生共长的理性情感,"孩提之童……及其长也,无不知敬其兄也。"①它是义的发端,孟子说:"义之实,从兄是也。"②孟子强调人应知耻,说:"人不可以无耻,无耻之耻,无耻矣。"③又说:"耻之于人大矣,……不耻不若人,何若人有?"④人会感到羞耻厌恶,是因为所做之事不合宜、不合道德法度。"中国没有西方式的'罪感'文化,但是有'耻感'文化,'羞恶之心'就是中国的耻感文化。"⑤

"辞让之心",即辞谢、谦让之心。孟子又称之为"恭敬之心"。孟子继承孔子之说,以礼为社会规范和道德规范的标准。遵守社会道德要从辞谢、谦让开始,"辞让"即为礼的发端,孟子说:"恭敬之心,礼也。"⑥

"是非之心","是"是正确,"非"是错误。"是非之心",即辨别正确与错误的能力。"是非之心"主要是指道德判断,判断人们的行为是否符合道德,其行为"应当",还是"不应当";另外还包括事实判断、逻辑判断,需对事件真假作出判断。"是非之心"表现了人的聪明才智,是"智"的发端,所以孟子说:"是非之心,智也。"⑦

"四心"其实就是道德心。"恻隐之心"是人们在特定境遇下产生的同情心、怜悯心,以及由此而产生的救助动机等;"羞恶之心"是人们面对非正义的、违背基本道德的人和事而产生的厌恶、

---

①《孟子·尽心上》13.15。

②《孟子·离娄上》7.27。

③《孟子·尽心上》13.6。

④《孟子·尽心上》13.7。

⑤蒙培元《蒙培元讲孟子》,北京大学出版社,2006年,第145页。

⑥《孟子·告子上》11.6。

⑦《孟子·告子上》11.6。

内疚、不安等心理活动；"恭敬之心"，是人们在认同既有社会人伦秩序过程中形成的相互尊重的动机和心理活动；"是非之心"，是人们从既有道德观念出发，对事物作出道德判断和选择的能力。所以孟子所谓人性善其实是以道德之心论人性。然而"四心"不只是道德心，其实还是心理情感，孟子说："乃若其情，则可以为善矣，乃所谓善也。"①朱熹说："恻隐、羞恶、辞让、是非，情也。"②"恻隐、羞恶、辞让、是非等心，既是理，又是情。这种'四端之心'本身即涵有道德价值感，同时又是道德判断的能力和道德践履的驱动力，成为现实的道德主体自我实现的一种力量。没有这些东西，人就会成为非人。"③所以孟子人性论并没有脱离人的心理情感立论。情感是具体的、活生生的，而人性是抽象的、形而上的形式。抽象的、形而上的形式的人性蕴含于具体的、活生生的情感之中。二者一体不可分，离情就无从察性，性情为一。孟子这一

———————

① 《孟子·告子上》11.6。按：戴震《孟子字义疏证》："情犹素也，质也。"然据郭店楚简《性自命出》，当代学者认为孟子此语之"情"当指情感。蒙培元说："《性自命出》被认为是孔子以后孟子以前的重要文献，其中说道：'性自命出，命自天降，道始于情，情生于性。'这是最典型的儒家天人合一之说，与《中庸》很一致，只是《中庸》未讲'情'，而《性自命出》突出了'情'字。《性自命出》又说：'凡人情为可悦也。苟以其情，虽过不恶；不以其情，虽难不贵。''悦'者喜、好之义，这是说，凡人之情，是令人喜悦的；如果出于真情，虽有过失，却不是恶行；如果不出于真情，虽然可以作很难的事，却并不可贵。这里隐含着的意思，人的情感是善的或可善的，正是这点，与孟子之说十分相似。这同时也就证明，孟子所说的'情'，是情感无疑。"（蒙培元《蒙培元讲孟子》，北京大学出版社，2006年，第158页。）

② （宋）黎靖德编，王星贤点校《朱子语类》，中华书局，1986年，第1285页。

③ 郭齐勇编著《中国哲学史》，高等教育出版社，2006年，第74页。

观念与郭店楚简《性自命出》一致,简文有言:

> 性自命出,命自天降,道始于情,情生于性。

认为"天所赋予的就是性,性就是天生的好恶,就是人的内在的喜怒哀乐,喜怒哀乐之气表现于外,就是情。"①肯定情与性一体。《语丛二》还有如下之言:

> 爱生于性,亲生于爱……欲生于性,虑生于欲……智生于性,卯生于智……子生于性,易生于子……恶生于性,怒生于恶……喜生于性,乐生于喜……愠生于性,忧生于愠……瞿生于性,监生于瞿……强生于性,立生于强……弱生于性,疑生于弱。②

在简文作者看来,爱、欲、恶、喜、愠等情感都生于性,有性而后有情,情由性生。可见,在孟子之前,思想家已经对情性关系进行了细致的探讨,这些无疑是孟子人性论中情性合一思想的先声,也是孟子人性论的思想基础。当然孟子"四心""不是一般心理学所说情绪情感,或纯粹'自然情感',但它又是出于自然,不能说只是社会经验中形成的。我们可以说,这四种情感是心理的,但又是先天的或先验的,是在经验中表现出来的,却不完全是经验的、实然的"③。

三、性善逻辑:类、才、情

孟子主张人性为善,并非是主观预设和臆断,而是基于他对

---

① 陈来《荆门郭竹之〈性自命出〉篇初探》,姜广辉主编《郭店楚简研究》,辽宁教育出版社,2000年,第304页。
② 详见荆门市博物馆编《郭店楚墓竹简》,文物出版社,1998年,第203—204页。
③ 蒙培元《蒙培元讲孟子》,北京大学出版社,2006年,第143—144页。

人类社会的深刻分析和当时人性论说的思考,他对人性为善的论证有其完整的逻辑。

1. 以"类"论性

孟子提出了类的概念,他说:"凡同类者,举相似也。"①凡属同类事物,大抵都有其相似的基本品性,所以只有"知类",才能对事物获得正确认识,否则就会在重大问题上犯非常严重的错误,他指出,那些"指不若人,则知恶之;心不若人,则不知恶"②的人,就是因为"不知类"。

孟子对人性的考察和分析,就是从人类共性论证。从人类共性出发,孟子非常重视人与禽兽之分,因为与自然界其他事物相比,人兽相似度最高,孟子说:"人之所以异于禽兽者几希。"③人兽都有相同的生物属性,因而有相同的自然欲望,"口之于味也,目之于色也,耳之于声也,鼻之于臭也,四肢之于安佚也,性也"④。然而人兽终非同类,人禽毕竟有别,"犬马之与我不同类也",尽管人与禽兽相异者"几希",但正是这一"几希"的差异决定了人为人而非禽兽,所以"人之性",非"牛之性",也非"犬之性"。

> 舜之居深山之中,与木石居,与鹿豕游,其所以异于深山之野人者几希;及其闻一善言,见一善行,若决江河,沛然莫之能御也。⑤

舜居深山,远离人世,与木石为伴,与鹿豕同游,其行为与深山野

---

① 《孟子·告子上》11.7。
② 《孟子·告子上》11.12。
③ 《孟子·离娄下》8.19。
④ 《孟子·尽心下》14.24。
⑤ 《孟子·尽心上》13.16。

人无别,但一旦有善言、善行触动,心中立即就会产生强烈共鸣,迸发出向善、为善的情感意识,而禽兽、野人对此却浑然无觉,其原因就在于舜是人而非兽,人类特有的共性决定了舜即便是僻居深山,也能表现出人特有的本质。孟子认为人类共性主要表现在两方面:

> 口之于味也,有同耆焉;耳之于声也,有同听焉;目之于色也,有同美焉。至于心,独无所同然乎? 心之所同然者何也? 谓理也,义也。①

> 恻隐之心,人皆有之;羞恶之心,人皆有之;恭敬之心,人皆有之;是非之心,人皆有之。②

人类共性一方面表现在感官对味、声、色的自然欲求;另一方面表现在心理情感对理义的追求,人有"恻隐"、"羞恶"、"辞让"、"是非"四种善心。感官欲望,是人兽无别的生物自然属性,只有对理义的追求、"四心"才是人类所独有,是人能与禽兽区别开来的唯一特质。可见孟子所谓人性善,就是"人性善于兽性,人善于禽兽"。天地之间,唯我人类是最为高尚的存在。孟子的人性论高扬了人的价值,是对人类自身存在的肯定,而他肯定人有同类意识,则是对人类自身认识的深化,也是其贡献所在。肯定"四心""人皆有之",实质肯定了道德意识的普遍性。

从类的共性出发,孟子不以人的生物性判定人性,因为人的生物性与动物的生物性没有本质区别,能将人与动物截然相分的是"四心"。所以孟子人性论,不是以人的生物性为人性,而以人的道德性——"四心"为人性。人所以为人,在于人有道德理性。

---

① 《孟子·告子上》11.7。
② 《孟子·告子上》11.6。

"孟子在中国哲学史上第一次明确揭示了关于人性的新的观念：人具有不同于动物或他物的特殊性，这就是道德性。……只有道德本性才是人最根本、最重要的特性，是人之所以为人的标尺。"①

2.以才论性

孟子主张人性善，然而历史事实以及当时现实，又以无数残酷的真实案例反证孟子所论不真，因为有太多的血腥和丑恶，而且多数人都有各种各样的缺点甚至不善之行。对此当如何解释？孟子说："非天之降才尔殊也，其所以陷溺其心者然也。"②所谓才，即材质、资质，"天之降才"，天生资质，天生本性，人性本然。也就是说，在孟子看来，评判人性，应当立足其人性本然，即与生本有之"才"，人们实际言行中的种种不善无非都是后天外在"陷溺"其心的结果，并非其人性本然，不能以后天言行之恶推断先天人性不善。

王阳明"致良知"之说曾让明代士人如梦初醒，举世痴迷若狂"致良知"，而其出处，却在孟子。孟子有言：

> 人之所不学而能者，其良能也；所不虑而知者，其良知也。孩提之童无不知爱其亲者，及其长也，无不知敬其兄也。③

两三岁的孩童，不待习染，毋需教化，无不知爱其父母；年龄稍长，无不知敬其兄长。因为其本性中潜藏有爱亲、敬长的意识和行为，这就是其"不学而能"的"良能"，"不虑而知"的"良知"。孟子认为人有"四心"，就如人有四肢，是天然如此。他说："人之有是

①郭齐勇编著《中国哲学史》，高等教育出版社，2006年，第74页。
②《孟子·告子上》11.7。
③《孟子·尽心上》13.15。

四端也,犹其有四体也。"①又非常肯定地说:"仁义礼智非由外铄我也,我固有之也。"②爱亲、敬长的意识、仁义礼智四德之端就是"天之降才",是人生来即有的天然属性,而非后天强加。"孩提之童"就有此"良知"、"良能",可见人性为善。

孟子认为孩童有"良知"、"良能",成人后,其本有之"良知"、"良能"也会在其不经意之间顿现。比如看到他人受难,在无功利、无计较的前提下,人们都会油然而生一种恐惧、怜悯甚至出手相救的心理悸动,这种心理悸动是当下呈现,自然而然。他说:

> 今人乍见孺子将入于井,皆有怵惕恻隐之心——非所以内交于孺子之父母也,非所以要誉于乡党朋友也,非恶其声而然也。③

这段文字中,"乍见"二字至为关键,因为"乍见"之下,人们的本能反应就是人性的真实。"乍见孺子将入于井",人们本能反应出恐惧、怜悯,说明人确有"怵惕、恻隐之心","恻隐之心"会生发出羞恶、辞让、是非的意识,所以孟子很笃定地说:"无恻隐之心,非人也;无羞恶之心,非人也;无辞让之心,非人也;无是非之心,非人也。"④

孟子以"才"论性,其实就是从善性来源探寻人性,以"四心"为"天之降才",就是肯定善性为天赋,与生固有。"因此,孟子所说的性善,实际是说的'天之所与我者'的'心善'。"⑤

---

①《孟子·公孙丑上》3.6。
②《孟子·告子上》11.6。
③《孟子·公孙丑上》3.6。
④《孟子·公孙丑上》3.6
⑤徐复观《中国人性论史》,华东师范大学出版社,2005年,第104页。

3.以情实论性

孟子主张认识事物的本质,应当观察事物在自然状态下的反映,外力干扰下的表现反映不了事物的本性。

> 人性之善也,犹水之就下也。人无有不善,水无有不下。今夫水,搏而跃之,可使过颡;激而行之,可使在山。是岂水之性哉? 其势则然也。人之可使为不善,其性亦犹是也。①

孟子认为,水虽不能决定自己流向东或流向西,但是无论流向哪个方向,有一点是不能改变的,就是在自然状态下,水都向下流,"水无有不下";在自然状态、无外力干扰的情况下,水的流向才是其本性的表现。水跳起向上、倒流上山,这是人用手拍打、外力阻遏的结果,是对水性扭曲的结果。人性亦如此,在自然状态下,没有外力的干扰,人会自然向善,向善是必然。人为恶,不是人的本性。

孟子"牛山之木"说颇具生态智慧,然而其本意却是谈人性:

> 牛山之木尝美矣,以其郊于大国也,斧斤伐之,可以为美乎? 是其日夜之所息,雨露之所润,非无萌蘖之生焉,牛羊又从而牧之,是以若彼濯濯也。人见其濯濯也,以为未尝有材焉,此岂山之性也哉? 虽存乎人者,岂无仁义之心哉? 其所以放其良心者,亦犹斧斤之于木也,旦旦而伐之,可以为美乎? 其日夜之所息,平旦之气,其好恶与人相近也者几希,则其旦昼之所为,有梏亡之矣。梏之反覆,则其夜气不足以存;夜气不足以存,则其违禽兽不远矣。人见其禽兽也,而以为未尝有才焉者,是岂人之情也哉? 故苟得其养,无物不长;苟失其养,无物不消。②

---

① 《孟子·告子上》11.2。
② 《孟子·告子上》11.8。

牛山上的树木原本十分茂盛,郁郁葱葱,可是由于地处城郊,人们在这里砍柴伐木,放牧牛羊,日复一日,年复一年,最后成为濯濯荒山。后人看到光秃秃的牛山,以为它本就是一座荒山,其实这并不是牛山的本来面目。社会上那些不善之人,其实也是在极端环境的反复"梏亡"之下,人心受其侵蚀,人性扭曲所致,并不是他们生来如此,"是岂人之情",这不是人之情实。

综上,孟子从同类共性、才之本然、自然本真之情实之性等方面,对性善论进行了论证。以类论性,强调的是人"类"独有特性;以"才"论性,关注的是人性天生资质,也即其与生俱有;以情实论性,强调的是人性的自然呈现,而非后天"梏亡"、"陷溺"下的人性扭曲。三者层层相因,形成比较严密的逻辑链条。说明孟子追问和评判人性,不是率性妄断,而是经过理性思考而作出的理性判断,具有思想理性。

四、"四心"是端

孟子主张人性善,也不否认现实社会存在不善之行和不善之人,他认为人为不善,非天生如此,原因虽很复杂,但主要有以下四方面:

首先,人为不善,是因人性脆弱。虽然孟子认为"四心"是人与生俱有,但"四心"只是四德之端,他说:"恻隐之心,仁之端也;羞恶之心,义之端也;辞让之心,礼之端也;是非之心,智之端也。"①"端"本作"耑"。许慎《说文解字》:"耑,物初生之题也,上象生形,下象其根也。"②字源学告诉我们,"端"就是萌芽。"四

---

① 《孟子·公孙丑上》3.6。
② （汉）许慎《说文解字》,中华书局,1963年,第149页。

心"为四德之端,就意味着"四心"只是道德的萌芽、端倪,并不是道德的现实,所以孟子的"性善",是指人与生俱有善的萌芽,具有为善的潜能,并不是说人生来就性至善。"端"为萌芽,萌芽的特点是既有生长性,也有脆弱性。由于善端的生长性,所以只要善加培养,"熟之",由"四心"就有可能完善而为"四德"。就如由禾苗至扬花结实、长出稻米一样,之所以能长出稻米,是因为禾苗中本有成为稻米的潜质,经过农夫辛勤培育,禾苗中就长出稻米。同样,"四心"是"四德"潜在的可能性,而非现实,但只要主体后天努力扩充善端,潜在的善端就可能成为道德现实。反之,由于善性萌芽的脆弱性,如果不善加培养,就会丢失,"操则存,舍则亡;出入无时,莫知其乡。"①精心保养,则善性存;放弃,则善性迷失。

其次,人为不善,是因人们主观放弃,也就是"放其良心"、"放心"。"放其良心",就是不存养善心,以至良心迷失。孟子说:"仁义礼智,非由外铄我也,我固有之也,弗思耳矣。故曰:'求则得之,舍则失之。'或相倍蓰而无算者,不能尽其才者也。"②善性泯灭,人与人相差霄壤,就是因为他们"弗思"、"不尽其才",自暴自弃。孟子无疑看到了太多"放其良心"的人和事,所以他慨叹:

> 仁,人心也;义,人路也。舍其路而弗由,放其心而不知求,哀哉! 人有鸡犬放,则知求之;有放心而不知求。学问之道无他,求其放心而已矣。③

家里的鸡和狗丢失了,人们都会设法找回来,可是很多人良心迷失了,却不知道去找寻,这正是社会当中有一些不善之人存在的

①《孟子·告子上》11.8。
②《孟子·告子上》11.6。
③《孟子·告子上》11.11。

原因。

　　其三,人为不善,是因人所处环境的影响。他说:

　　　　富岁,子弟多赖;凶岁,子弟多暴,非天之降才尔殊也,其
　　所以陷溺其心者然也。今夫麰麦,播种而耰之,其地同,树之
　　时又同,浡然而生,至于日至之时,皆熟矣。虽有不同,则地
　　有肥硗,雨露之养、人事之不齐也。①

丰收年景,少年子弟由于衣食无忧而好吃懒做;灾荒年头,少年子
弟又由于缺吃少穿而胡作非为,并不是上天赋予这些少年子弟的
情性不同,而是因为环境的影响使然,就如农夫种麦,所用的种子
和播种的时间相同,但由于土质肥瘠、雨水多寡、管理的差异造成
各处麦子生长不同,收获自然不同。人性一定会受到外部环境的
影响,这影响既有积极的,也有消极的。积极的影响是会促进人
性的完善,消极的影响是会破坏人性的健康成长和发展,导致善
性的迷失。

　　其四,人为不善,是因为人有欲望。既然人与生俱有善性,那
么为何人会自我放弃,为什么后天环境会令人迷失善性呢? 孟子
的回答是:因为人除了生而俱有善性外,还与生俱有生理欲望。
人的生理欲望,也即人的生物性。他说:

　　　　口之于味也,目之于色也,耳之于声也,鼻之于臭也,四
　　肢之于安佚也,性也,有命焉,君子不谓性也。②

孟子并不排斥人的生理欲望,因为这些生理欲望是维持人的身体
机能正常的欲求,是人的生物性,它是保证人的生命形式存在的
唯一,人性不可能离开它而独存;但是生理欲望的满足总是以占

────────

①《孟子·告子上》11.7。
②《孟子·尽心下》14.24。

有、享受等方式实现，如果不加控制，就会做出错误的判断和选择，一旦得不到满足，不只心生恶念，而且会付诸恶行。

> 饥者甘食，渴者甘饮，是未得饮食之正也，饥渴害之也。岂惟口腹有饥渴之害？人心亦皆有害。人能无以饥渴之害为心害，则不及人不为忧矣。①

人在极度饥渴的状态下，会饥不择食，渴不择饮；如果只有"绐（扭折）兄之臂而夺之食"，才能饱腹而活命，那么人们就会"绐兄之臂而夺之食"；如果只有"逾东家墙而搂其处子"，才能得妻，那么人们就会"逾东家墙而搂其处子"。同样，人心如果不善加保养，处于饥渴的状态，也会饥不择食，渴不择饮，误入歧途。

正是人的生物性，会使人从主观上放弃善心，在外部环境的影响下迷失善性。因此人们应发挥其主观能动性，加强自身的道德修养，涤除心中之害，经受住后天环境等各种外在因素的考验，免使自己沦为不善。

根据孟子人性论，人人都可以成就为四德兼备的君子人格，所谓"人皆可以为尧舜"，而现实社会，道德完人总是凤毛麟角，不善之人却屡屡常见，大多数人也都是善恶兼有，之所以如此，孟子认为就是人们未能"尽其才"，致使其潜在之善未能成为现实。

五、养心养气

人生而有欲，欲望常使人不能经受来自外界的诱惑而为非作恶，那么如何保全人的善性，完善人的善性，从而成为一个内外交辉、顶天立地的大丈夫呢？孟子的回答是：必须借助"心"。

孟子在《告子上》有言：

---

①《孟子·尽心上》13.27。

　　　　口之于味也,有同耆焉;耳之于声也,有同听焉;目之于
　　　　色也,有同美焉。至于心,独无所同然乎?

又说:"故理义之悦我心,犹刍豢之悦我口。"这里,孟子将心与口、耳、目等人体感官并列,视其为人体生理器官,他还明确称其为"心之官"。

　　然而,孟子又强调心与耳、目、口、鼻虽同属人体生理器官,但不能相提并论,"心之官"具有耳、目、鼻、口等感官不具备的特殊功能。它是负载人们喜、怒、忧、怨等思想感情的方所。"于我心有戚戚焉"①,"行有不慊于心"②,"君子以仁存心,以礼存心"③,"忧心悄悄,愠于群小"④,戚戚、慊、忧、愠、仁、礼等心理感情和思想都以"心之官"为承载物。孟子肯定"心之官"具有承担主体思想感情的功能,也就承认"心之官"是人们主体思想感情的物质载体。

　　更重要的是,"心之官则思",心有最重要的"思"的功能。正是因为"心之官"能思,所以人们才能用理性的眼光观察认识世界,掌控现实社会。而"耳目之官不思,而蔽于物。物交物,则引之而已矣"⑤。耳目之类的器官,没有思考功能,容易为外物蒙蔽,因此一旦与外物接触,易被引向迷途。而"心"努力的程度不同,其收获亦不同。他以两人学弈为例,形象、生动地证明了这一点:

　　　　今夫弈之为数,小数也;不专心致志,则不得也。弈秋,

---

① 《孟子·梁惠王上》1.7。
② 《孟子·公孙丑上》3.2。
③ 《孟子·离娄下》8.28。
④ 《孟子·尽心下》14.19。
⑤ 《孟子·告子上》11.15。

通国之善弈者也。使弈秋诲二人弈，其一人专心致志，惟弈秋之为听。一人虽听之，一心以为有鸿鹄将至，思援弓缴而射之，虽与之俱学，弗若之矣。为是其智弗若与？曰：非然也。①

下棋虽是小技，但是不专心学，也不可能学会。两人同时向同一位棋艺高超的老师学棋，一人用心专一，聚精会神；另一人三心二意，身在课堂，心却在窗外飞翔的鸿鹄。一堂课下来，专心听讲的学生，其棋艺远远超过三心二意的学生。虽然二人学弈的外部客观条件相同：时间、地点、老师都一样，然而由于用心程度不同，学习效果大异。所以，"心"之所向不可小视。

孟子认为正是因为"心之官"具有理性思辨的特殊功能，所以人有别于其他动物，不仅在于人有"四心"之道德理性，而且还在于人具有思辨理性，人以己之思辨理性反省己之道德理性，就可以实现自我完善，完成内圣，超凡入圣。基于此，孟子提出了具体的道德修养方法。

1.思诚

所谓诚，即真实、不妄。在孟子看来，人的真实就是生而具有"四心"。"四心"是仁义礼智之端，所以"诚"的内涵就是仁义礼智。孟子认为虽然人们生而具有"四心"，并且就存在于人们心中；但是在人们从主观上自觉地意识到它的存在，并牢牢地把握住之前，"四心"其实只是一种盲目的主观精神。要使人们从主观上自觉地意识到和把握住自身具有的善性，人们需要发挥"心之官"思的功能，认真"思诚"，"思则得之，不思则不得也"。心既是天赋善性所在，同时又是思维器官，本身具有认识事物的能力，所

---

①《孟子·告子上》11.9。

以人们不须外求,只要发挥心的能动作用,向内心世界下功夫,认真思考,就能认识和把握先天具有的善性。这样,孟子不仅为儒家反躬内省、自我省察的思想提供了理论依据,而且使其更加完善和哲理化了。

2.存心、求其放心

所谓"存心",即保存天赋善心。因为人们固有的天赋善性具有"操则存,舍则亡"的特点,容易受外物蒙蔽而"放失"。倘若善性天天放失,则"违禽兽不远矣";君子之所以与一般人不同,就在于君子能"以仁存心,以礼存心"。所以保存天赋善性对于每个人来说至关重要。

如若善心放失,那么要积极"求其放心",使已放失的善性复归。孟子说:"学问之道无他,求其放心而已矣。"①通过为学和受教育,认识和了解人的心性,知道人心本善,懂得人之"良贵"所在,弃恶迁善,找回放失的善性。

3.养心

善心虽存,但仍需善加养护,也就是要"养心",因为它只是四德之萌芽,极其脆弱。孟子认为"养心"最好的方法就是寡欲,他说:"养心莫善于寡欲。其为人也寡欲。虽有不存焉者,寡矣;其为人也多欲,虽有存焉者,寡矣。"②物欲是使人善性迷失的罪魁,物欲越少,则为善之心越大;物欲越多,则为善之心越小。物欲少,善心纵有丧失,也不会很多;物欲多,善心纵有保存,也很少,因此孟子主张人们应尽心竭力克制、减少物欲,以确保善心不致丧失。

---

①《孟子·告子上》11.11。
②《孟子·尽心下》14.35。

善心未失,并不意味着就已成道德完人,因为这些天赋的善端必须经过扩充,熟之而后方成仁义礼智四德。他说:"五谷者,种之美者也。苟为不熟,不如荑稗。夫仁,亦在乎熟之而已矣。"①纵有美质,也需后天完善,善心也如此。完善善心,使其达到"熟之"境地,其功夫就是"扩而充之","凡有四端于我者,知皆扩而充之矣,若火之始然,泉之始达"②。"四端"经过扩充,便会如始燃之火,终必燃成熊熊烈焰;如始达之泉,终必汇成滔滔江河。而且"苟能充之,足以保四海;苟不充之,不足以事父母"③。

4.反求诸己、舍己从人

反求诸己,即自我反省、内省。孟子认为人与人的关系是相互的,"爱人者,人恒爱之;敬人者,人恒敬之"④。当行动没有取得预期的效果,先要"自反",反省自己的所作所为和思想是否正确。"爱人不亲,反其仁;治人不治,反其智;礼人不答,反其敬——行有不得者,皆反求诸己。"⑤就像学习射箭,"射者正己而后发;发而不中,不怨胜己者,反求诸己而已矣"⑥。如果自己射箭没有射中,不应埋怨胜过自己的人,而应反省自己的姿势、动作是否正确。假如发现自己确有不足,当改过迁善;如若"内省不疚",也无须与人较量,只求俯仰无愧,身正德修。立身处世,凡事都能"反求诸己",并且能"反身而诚",则不仅能正人正己,而且可使"天下归之"。

在主张"反求诸己"的同时,孟子还提倡"舍己从人,乐取于人

---

①《孟子·告子上》11.19。
②《孟子·公孙丑上》3.6。
③《孟子·公孙丑上》3.6。
④《孟子·离娄下》8.28。
⑤《孟子·离娄上》7.4。
⑥《孟子·公孙丑上》3.7。

以为善"。即舍己之非,从人之是;取人之长,补己之短。舜的伟大之处,就在于他能虚心学习和吸取别人之长以补己之所短。"大舜有大焉,善与人同,舍己从人,乐取于人以为善。自耕稼、陶、渔以至为帝,无非取于人者。"①只有善于向别人学习,才能完善自身而成为出类拔萃的圣贤。孟子非常赞赏"禹闻善言则拜"和子路闻过则喜的做法,谴责当时有些人知错不改、反而千方百计为之辩解和开脱的行为。他说:"且古之君子,过则改之;今之君子,过则顺之。古之君子,其过也,如日月之食,民皆见之;及其更也,民皆仰之。今之君子,岂徒顺之,又从为之辞。"②孟子主张"舍己从人",强调了向外界学习的重要性,弥补了"内省"、"反求诸己"的不足。

5. 养浩然之气

养浩然之气是孟子非常自得的修养方法。然而养浩然之气之说却是在一次特殊的对话中以一种特殊的方式提出来的。

据《公孙丑章上》记载,孟子的高足公孙丑曾问孟子:如果老师能够担任齐国卿相,由此得以行道,成就王霸之业,在这种情况下,老师您"动心否乎"? 孟子的回答是:"否;我四十不动心。"在这里,师徒二人涉及到了一个重要概念:"不动心"。

何谓"不动心"? 赵岐的解释是:"丑问孟子,如使夫子得居齐卿相之位,行其道德,虽用此臣位辅君,行之亦不异于古霸、王之君矣。如是,宁动心畏难自恐不能行否耶? 丑以此为大道不易,人当畏惧之,不敢欲行也。"③赵岐将"动心"释为畏难、恐惧。考

---

① 《孟子·公孙丑上》3.8。
② 《孟子·公孙丑下》4.9。
③ (清)阮元校刻《十三经注疏·孟子注疏》,中华书局,1980年影印本,第2685页。

察上下文,赵岐的解释较为切合孟子原意。①"不动心"就是不畏惧、不畏难,属于勇的范畴。一个人的修养达到了"不动心"的境界,就能遇事无所畏惧、勇于担当、毫不退缩。

孟子指出养浩然之气就是他达到"不动心"的方法。何谓"浩然之气"?

在正式推出"浩然之气"之前,孟子先分析和比较了北宫黝、孟施舍、曾子三人养勇守气之法,以说明和凸显"浩然之气"的与众不同。三人养勇守气之法如下:

> 北宫黝之养勇也:不肤桡,不目逃,思以一豪挫于人,若挞之于市朝;不受于褐宽博,亦不受于万乘之君;视刺万乘之君,若刺褐夫;无严诸侯,恶声至,必反之。孟施舍之所养勇也,曰:"视不胜犹胜也;量敌而后进,虑胜而后会,是畏三军者也。舍岂能为必胜哉?能无惧而已矣。"孟施舍似曾子,北宫黝似子夏。夫二子之勇,未知其孰贤,然而孟施舍守约也。昔者曾子谓子襄曰:"子好勇乎?吾尝闻大勇于夫子矣:自反而不缩,虽褐宽博,吾不惴焉;自反而缩,虽千万人,吾往矣。"孟施舍之守气,又不如曾子之守约也。②

北宫黝、孟施舍各自都以不同形式的血气之勇达到不动心的境界。其中,北宫黝"养勇"不问是非,不受纤芥之辱,遇事以必胜为主,孟子认为这只是匹夫之勇;孟施舍"养勇",则注意内心的支持,遇事不求必胜,只求无惧。孟子认为两人"养勇"之法,难分高下,而孟施舍做到内心无所畏惧,则比较简易可行。曾子与两人不同,曾子所养为"大勇",具体做法是:反躬自问,正义不在我,对

---

① 按:详见"第十章"。
②《孟子·公孙丑上》3.2。

方纵是卑贱之人,我也不去恐吓他;反躬自问,正义确在我,对方纵是千军万马,我也勇往直前。也就是说,曾子所养之大勇,是以理义为标尺,以正义为支撑的无所畏惧、勇往直前的气魄和精神。相比之下,北宫黝养勇只求必胜,孟施舍养勇但求无惧,藐视敌人,所守之气,道义缺位,只是一种无所畏惧的盛气。

那么,"浩然之气"到底何所指?孟子说:

> 其为气也,至大至刚,以直养而无害,则塞于天地之间。其为气也,配义与道;无是,馁也。是集义所生者,非义袭而取之也。行有不慊于心,则馁矣。……必有事焉,而勿正,心勿忘,勿助长也。①

显然,孟子对这个自己独得的道德体验感到难以言说,所以他只能尽力进行形容和描绘。

首先,"'浩然之气'之'气',与孟施舍等'守气'之'气',在性质上是相同底"②,都是一种主观精神状态和外显心理意志气象,与孟施舍之"守气"之"气"所不同的是其"浩然"。

其次,"浩然之气"之"浩然"的养成,是"集义"培养所得。"集义",即"常行义",一点一滴,长期积累正义,持之以恒,"集义"既久,"浩然之气"就会自然而然地由内心生出,不会有丝毫的勉强,偶然的正义行为不可能使人获得"浩然之气"。"集义"在孟子"养浩然之气"中至为关键,因为"集义"强调了践行,既要心思不忘,还需要日用行事、时时处处,都依义而行,而"集义"养气,也让孟子"养浩然之气"与曾子养勇守气区别开来,因为曾子是以"自反"不曲而养勇守气。

---

① 《孟子·公孙丑上》3.2。
② 冯友兰《三松堂学术文集》,北京大学出版社,1984年,第446页。

其三，"浩然之气"的培养，既不能助长而强求速成，也不能认为无益而放弃不为。

其四，人有"浩然之气"，则可以立于天地之间而无惧、无愧，因此，"浩然之气"关乎个体与群体以及个体与社会关系的处理。

概而言之，"浩然之气"就是以道德之善为基础，处于高尚道德境界所具有的大义凛然、无所畏惧的主观精神状态和外显心理意志气象。换言之，"浩然之气"是"以内在道德之善作支撑而表现出的一种精神力量"，由"集义"而来，人心自然生发出的正气，它"既不是自然界的天地之气，也不是人体内的阴阳之气，而是一种道德精神"①。

孟子认为"养浩然之气"是实现人生价值必需的修养，后来在孟子养浩然之气的基础上，中华民族逐渐形成了气节观念，鼓舞着许多仁人志士在生死关头能够临危不惧，视死如归，表现出崇高的道德情操和人格尊严。

综上，按照孟子的心性论，心既是天赋善性所在，同时又具理性思维能力，所以人们只要发挥"心之官"的思维作用，在内心世界下功夫，反省思诚，就能认识和把握先天本有而存在于心的"四心"。也就是说，每一个人都可以实现自我完善，因为每一个人都与生固有善性，也与生俱有认知之能的心之官，善性就在心中，发挥心的作用，充实善性，就可以洗尽尘污，完成内圣。如果为恶为非，一旦醒悟，回归内心，也可凤凰涅槃，浴火重生。

人性应是人的自然性和社会性的统一。孟子的性善论把人具有仁义礼智"四端"作为人与非人区别开来的本质特征，表明孟

---

① 张立文《气》，人民出版社，1990年，第28页。

子是以伦理道德的自觉能动性为人性,说明孟子已认识到人的本质在于人的社会性。这是孟子对人的本质的认识深化,是他对人类自身认识的一大贡献,也是其人性论的深刻性所在。然而孟子人性论也有其缺陷。如前所言,孟子承认人的生理属性的合理性,但是他并不视之为人性。这一点,他说得很明确:

> 口之于味也,目之于色也,耳之于声也,鼻之于臭也,四肢之于安佚也,性也,有命焉,君子不谓性也。①

生理欲望既是人的天性,也是人类的共性,孟子将生理欲望排除在人性之外,那么他所谓性善并不是就人的全部天性立论,不是肯定人的全部天性都是善,而是从道德性来判定人性,这就使道德性在人类生活中占据了绝对不可逾越的崇高地位,使人的生理欲望永远卑怯地匍匐在道德性之下,因而孟子所说的人其实是只有道德理性、片面、抽象的人,而不是活生生的、感性的人。另一方面,仁义礼智四德是人们在社会实践中发展起来的,是人的社会性的体现,可是孟子将仁义礼智四德概括为人性的全部,并且说"仁义礼智根于心"②;这样,孟子就是单纯强调人的社会性为人性,不仅显示出其性善论的片面性和局限性,而且陷入了道德先验论的泥潭。

　　孟子的"性善"论在理论上解决了孔子仁学对君子人格的一般设定和主观论断,回答了道德的起源,为中国古代伦理道德提供了内在依据。从孟子的性善论出发,对于道德规范,人们不仅应该遵循,而且必须遵循,只有在遵循道德规范中,才能成就为一个真正意义的人,否则就会沦为禽兽;人的价值在自我完善中实

①《孟子·尽心下》14.24。
②《孟子·尽心上》13.21。

现。孟子的性善论回答了人"为什么要遵循道德规范"的问题。而孟子人性说的缺陷并不妨碍由其性善论生发出一种积极的人生哲学。

由于孟子人性论肯定了人人生而俱有"四心","四心"又是仁义礼智的发端,仁义礼智是儒家理想人格的基本规定,循此逻辑发展,就意味着每一个主体先天内在具有理想人格规定的萌芽,它是主体自我实现的内在根据与出发点,为主体成就理想人格提供了可能,主体实现理想人格的过程就是先天潜能展开、完善的过程。只要人们持之以恒,努力完善自身固有的善心,"人皆可以为尧舜",这样孟子为人们开拓出了内圣之路。更为重要的是,孟子的人性论还肯定了人在先天道德上的平等。人们出生、生存的外在环境固然有高下之分,决定了人们的身份地位相应有贵贱之别,但是在孟子看来,这并不重要,因为在决定人之为人的道德性天平上,人们先天站在同一平台上,人人平等。孟子肯定了人性平等,是后世人性平等思想的先声。孟子这一思想给后世许多身处贫寒的仁人志士以极大的精神鼓舞,他们孜孜不倦、恒心向善,面对权势与富贵,敢于挺起脊梁而毫无愧色,因为在人的规定性的道德性上,他们并不输于任何人。这是孟子人性论的魅力所在,也是几千年来孟子性善论能够独领风骚、为人们情所独钟的重要原因。"因为孟子实证了人性之善,实证了人格的尊严,同时即是建立了人与人的互相信赖的根据,亦即是提供了人类向前向上的发展以无穷希望的根据。"①

人其实是人性与兽性的混合体。孟子不将兽性视为人性,而独以"四心"为人性,认为人性为善,兽性为恶之源,因而孟子所谓

---

① 徐复观《中国人性论史》华东师范大学出版社,2005年,第114页。

人性善，就是"人性善于兽性，人善于禽兽"。天地之间。唯我人类是最为高尚的存在。孟子的人性论高扬了人的价值，是对人类自身存在的肯定，孟子将"人性"与"兽性"相对举，既是当时中国知识分子社会意识的加强，也是他们不满足于人的物质本能欲望的获得，超越物我，而追求人的终极价值的表现。

"心"范畴代表人的主体性，孟子对心的言说，解决了孔子所提出的一个哲学的基本问题：即人是否可以认识以及如何认识的问题。孟子认为人可以认知自身，认知的主要途径，就是内心直觉的反思，这是人类认识史上的一个进步，虽然孟子的反思仅限于伦理性。

从思想史发展来看，孟子主张通过"心之官"体认"四心"，与"四心"融会贯通，从而把握"四心"的思想，不仅对儒家学说的推广普及、深入人心起到了重要作用，对后来理学的直觉思维，尤其是陆王心学的悟性思维也产生了深切而直接的影响。宋时张载的"大心体悟"、二程的"心知天"、陆九渊的"自存本心"，明朝王守仁的"致吾心之良知"等思想，无不源于对孟子直觉体悟思维的演绎和发挥。

然而孟子认为耳目之官，没有思考的功能，容易为外物蒙蔽，一旦与外物接触，便引向迷途，"耳目之官不思，而蔽于物。物交物，则引之而已矣"①，所以强调"四心"不能依靠耳目之官来把握。这样，孟子就否定了感官认识的可靠性，只承认理性思维认识的可靠性，视理性思维认识为脱离感官认识的主观自生之物，把理性思维认识与感官认识的对立绝对化，片面夸大了理性思维认识的作用。"理性思维被规定为获得正确认识的唯一条件……

①《孟子·告子上》11.15。

于是，理性似乎成为整个认识过程的决定因素，而感性知觉则基本上被排斥在正确认识的过程之外。相对于孔子之兼容感性，孟子的理性主义原则似乎更为'纯化'"。①

本章结语

孟子天道观，内涵有多重，主要有四种意义：一指有意志的主宰之天，二指命运之天，三指道德、义理之天，四指自然之天。因其所指不同，孟子态度不一，但不是单一的与天相合，其中也主张与天相抗争，所以孟子天道观中也有与天相分的思想因素。

春秋战国时期，人性问题成为关注的热点，出现了多种言说不一的观点，孟子心性思想是对当时心性论的融合和转换而成。他主张人性为善，因为他相信人人都有善的萌芽，也即"四心"。"四心"既是道德心，还是心理情感，所以孟子所谓人性善，既是以道德之心论人性，也没有脱离人的心理情感，性情合而为一。孟子主张人性为善，不是主观预设和臆断，而是有其完整的逻辑论证，他从同类共性、才之本然、自然本真之情实之性等方面对性善论进行了论证。三者层层相因，形成比较严密的逻辑链条。根据孟子人性论，人人都可以成就"四德"兼备的君子人格，所谓"人皆可以为尧舜"，而现实社会，圣贤少见，常见的却是不善之人，大多数人也都是善恶兼有，孟子认为原因在于人们未能"尽其才"，致使其潜在之善未能成为现实，所以需要尽心知性、存养其心；而要尽心知性、存养其心，需通过"心之官"体认"四心"，与"四心"融通，

---

① 杨国荣《孟子评传——走向内圣之境》，广西教育出版社 1994 年，第 46—47 页。

从而把握"四心"。从思想史发展来看,孟子这一思想不仅完善了孔子学说,对儒家学说的推广普及、深入人心起到了重要作用,而且对后来理学的直觉思维,尤其是陆王心学的悟性思维也产生了深切而直接的影响。

第三章　孟子思想(下)

第一节　伦理思想

养心养气,是人的自我成全,而每个人都是社会人群中的一分子,所以"人还需要在与人的关系中才能成全自己"①,于是孟子提出了人与人相处的伦理思想。张岱年指出:"伦理学又称人生哲学,即关于人生意义、人生理想、人类生活的基本准则的学说。伦理学亦可称为道德学,即研究道德原则、道德规范的学说。"②何光群、谭斌也说:"'伦理'一词,原指人与人之间微妙复杂而又和谐有序的辈分关系,后来经发展演化,泛指人与人之间以道德手段调节的种种关系,以及处理人与人之间相互关系应当遵循的道理和规范。……无论在中国还是在西方,'道德'与'伦理'两个概念的基本意义是相似的,都是指通过一定原则和规范的治理、协调,使社会生活和人际关系符合一定的准则和秩序,在一定意义上可以相互替代。"③由此观照,无疑孟子有着丰富而杰

---

① 韦政通《伦理思想的突破》,水牛出版社,1987年,第15页。
② 张岱年《中国伦理思想研究》,上海人民出版社,1989年,第2页。
③ 何光群、谭斌编著《伦理学教程》,西南交通大学出版社,2015年,第3页。

出的伦理思想,伦理思想是孟子思想学说的重要组成部分,天道观、性善论是其伦理思想的哲学基础和理论依据。在继承和发展前人伦理思想的基础上,孟子在伦理规范、伦理价值等方面完善了先秦伦理学说,构筑了比较完整的伦理思想体系。

孟子主要提出了三个序列的伦理规范:一、孝悌;二、五伦;三、四德。孝悌是孟子伦理思想的基础;"五伦"是其处理人际关系的伦理准则和规范;四德是其伦理思想的最高原则。

一、孝悌

孝悌,孝为事亲,悌为从兄敬长,是家庭伦理规范。孟子推崇尧舜,他认为"尧舜之道,孝弟而已矣"[1]。孟子以孝悌二字概括尧舜之道,足见孝悌在孟子思想中的重要地位。

孟子把子女对父母尽孝视为人生最重要的事。他说:"事,孰为大? 事亲为大;……事亲,事之本也。"[2]每个人一生都会事奉很多人,但只有事奉父母最为重要,也只有爱父母者,才有可能真正关爱他人,孟子把"事亲"与人生最高理想"仁"相联系,认为"事亲"是仁之出发点,他说:"仁之实,事亲是也。"[3]孟子这一思想与孔子思想一脉相承,孔子说:"弟子,入则孝,出则悌,谨而信,泛爱众,而亲仁。"[4]孔子弟子有子说:"孝弟也者,其为仁之本与!"[5]孔子明确以孝悌为仁爱之本,认为仁者之爱,当遍及天下众人,但也

---

① 《孟子·告子下》12.2。
② 《孟子·离娄上》7.19。
③ 《孟子·离娄上》7.27。
④ 《论语·学而》1.6。
⑤ 《论语·学而》1.2。

须由近及远,由父母血亲始,再推及他人,孔子"把孝作为仁的根本还有一个重大意义,那就是把社会伦理和个性道德品质修养这两个方面紧密地结合起来,把社会伦理的实现和个人道德修养的完成完全地统一起来,深化和提高了西周传统孝道的实践意义"①。孟子在继承孔子孝道思想的基础上,作了进一步发挥,他认为"孩提之童无不知爱其亲",人性为善,爱亲之情乃天赋,孝亲本于天然爱亲之情,所以孝道实是植根于人性本然之善的美德,孟子以其人性论解释了孝道的人性根源。

孟子所提倡的孝道主要包括三个方面:即生前孝养,死后丧祭,下继后世。

1. 生前孝养

孟子认为,父母在世,要事之以礼,孝养终生。对父母生前的孝养,既要保证生活之养,更要重视精神之养。对父母的生活之养,就是对父母衣食住行等生活起居的奉养,要做到使父母衣食无忧。精神之养,就是对父母精神需要的奉养,要做到使父母心情怡悦。他认为只重生活之养而忽视父母精神需要,即使是一日三餐美味佳肴,亦是不孝。相比之下,精神之养比生活之养更重要。他把生活之养称为"养口体",把精神之养称为"养志"。孟子指出,奉养父母,"养志"还是"养口体",一餐饭即可见分晓,曾子父子就是典型。曾子奉养其父曾皙,每餐定有酒肉,吃罢撤席时,必要请示父亲,剩下的食物给谁。曾皙如问是否还有剩余,曾子必答"还有"。曾子奉养曾皙,就是"养志"。因为曾子满足了父亲将食物赠与他人的心愿。曾元奉养曾子,每餐虽也必有酒肉;但吃罢撤席时,却不请示曾子把剩余的食物给谁。曾子如问是否还有剩余,曾元便说"没有",目的

---

① 康学伟《先秦孝道研究》,吉林人民出版社,2000年,第164页。

是留下以备以后进用。曾元奉养曾子，只是满足曾子口腹之需，没有考虑曾子是否还有其他意愿。这就是"养口体"。

孟子提倡效法曾子，以"养志"事父母。他说："事亲若曾子者，可也。"①以养志奉养父母，至为重要者当是爱敬父母。孟子认为爱敬父母之心，每个人都生而有之，"孩提之童无不知爱其亲者"；关键在于能否将其"扩而充之"，并持之以恒，始终不渝。他批评有些人，年少时依恋父母；长大成人，知道了异性的可爱，就思慕年轻漂亮的女子；娶妻生子，就一心只爱妻子儿女；出仕为官，则只知博取君上的欢心，至于父母如何，早已抛诸脑后，不管不顾。孟子批评的这些现象，生活中屡见不鲜，所以他强调"大孝"应"终身慕父母"。

孟子提出了以"养志"孝养父母的具体原则：即尊亲、得亲、顺亲、悦亲。他说："不得乎亲，不可以为人；不顺乎亲，不可以为子。"②他认为舜就是尊亲、得亲、顺亲、悦亲的楷模。相传舜的父母不喜欢舜，多次设计谋杀舜；尽管如此，舜仍"尽事亲之道"，尽心孝养父母，终于感动父亲，父子和乐相处，天下百姓受到感化，明白子孝、父慈是父子应守的本分，所以孟子称赞舜为"大孝"之人。

值得注意的是，孟子虽然提倡尊亲、得亲、顺亲、悦亲，但是如果父母有严重过失，孟子并不认为可以听之任之，而主张要敢于谏诤。他认为父母有大过而做儿女的不怨、不谏、不诤，就是不孝。他说："亲之过大而不怨，是愈疏也；……愈疏，不孝也。"③父母犯法，子女不能包庇；即使是天子，亦不例外。假如舜父瞽瞍杀

①《孟子·离娄上》7.19。
②《孟子·离娄上》7.28。
③《孟子·告子下》12.3。

了人,舜为天子,也不能徇私阻止皋陶秉公执法逮捕瞽瞍;唯一的选择是放弃天子之位,带上父亲逃到蛮荒之地,以此赎罪。可见孟子虽强调要尊亲、得亲、顺亲、悦亲,但并不是要子女不顾公理、不分是非,而对父母盲目顺从和绝对服从。孟子的孝道观没有后世统治者所宣扬的愚孝盲从的观念。

2.死后丧祭

孟子认为父母死后的丧祭比生前的孝养更为重要,他说:"养生者不足以当大事,惟送死可以当大事。"①父母死后的丧葬,不能稍有疏忽。他主张厚葬,反对墨家推崇的薄葬,要求子女根据经济能力,尽量使用上好的棺椁,采用精美的寿衣。他不赞成在父母身上省钱,他说:"君子不以天下俭其亲。"②除此而外,还要为父母选择合适的坟墓,守孝三年,并"祭祀以时","永言孝思"。丧葬祭祀,本是先民风俗,儒家将之纳入孝道的基本规范,要求慎守勿忘。孔子曾批评建议缩短守丧期限的宰我,指出守丧三年既是对父母养育之恩的回馈,"子生三年,然后免于父母之怀"③,更是在于只有如此做,方能心安。"事生固当爱敬,然亦人道之常耳;至于送死,则人道之大变。孝子之事亲,舍是无以用其力矣。故尤以为大事,而必诚必信,不使少有后日之悔也。"④孟子批评墨家夷之主张薄葬,却又"葬其亲厚"。追溯丧葬产生的来源,他指出"上世"并不掩埋逝去的亲人,所以没有葬埋之礼。

盖上世尝有不葬其亲者,其亲死,则举而委之于壑。他

---

① 《孟子·离娄下》8.13。
② 《孟子·公孙丑下》4.7。
③ 《论语·阳货》17·21。
④ (宋)朱熹《四书章句集注·孟子集注》,中华书局,2011年,第273页。

日过之,狐狸食之,蝇蚋姑嘬之。其颡有泚,睨而不视。夫泚
也,非为人泚,中心达于面目。①

人们后来之所以开始葬埋逝去的父母,是因为看到父母的骸骨裸
露、散落荒野,虫咬兽食,心中不忍,于是"归反蘽梩而掩之。掩之
诚是也,则孝子仁人之掩其亲,亦必有道矣"②。所以葬埋之礼实
是出于为人子者之心安,而非外在强制。而墨家夷之在丧葬上的
言行不一,正说明尽其所能为逝去的父母送葬,符合人心人情。
行孝当有始有终,生时之养固然重要,死后葬埋也当依礼而行,只
有生前之养,而无死后丧祭,有始而无终,亦非孝子,以礼葬亲是
践行孝道必守之规。

3.下继后世

在孟子孝道思想中,还强调娶妻生子以延续香火、下继后世
为孝子必尽的职责,视"无后"为最大的不孝,他引用当时俗语说:
"不孝有三,无后为大。"③赵岐注:"于礼有不孝者三事,谓阿意曲
从,陷亲不义,一不孝也;家穷亲老,不为禄仕,二不孝也;不娶无
子,绝先祖祀,三不孝也。三者之中,无后为大。"④也就是说,三
者之中,最大的不孝,是不娶,以致无子,使家族香火无继,祖先无
人祭祀。因此,孟子主张尽可能避免无后,为了有后,迫不得已,
权宜之计,可以不必囿于礼的限制。依据礼制,娶妻必须事先禀
告父母,征得父母的同意,然而如果"告则不得娶",为了有后,可

---

①《孟子·滕文公上》5.5。
②《孟子·滕文公上》5.5。
③《孟子·离娄上》7.26。
④(清)阮元校刻《十三经注疏·孟子注疏》,中华书局,1980年影印本,第
　　2723页。

以"不告而娶",舜娶妻就是"不告而娶"。因为舜的父母不喜欢舜,如告,必不得娶,不得娶,必然无后,故"不告而娶"。孟子进一步解释说:"男女居室,人之大伦也。"①男婚女嫁,天经地义,如告父母,反不能娶妻成婚,则"废人之大伦也",必然对父母心生怨恨,舜不告而娶,不仅避免了无后,而且维护了人之大伦,可以说从另外一个角度维护了孝道。

孟子视无后为最大的不孝,有其深刻的历史背景。

首先,这是小农经济在道德上的要求。如前所言,孟子生活的战国时代,中原诸国居民的主要生计是农业,此时铁器已运用于农业生产,牛耕也已出现,生产力的发展和提高,使生产关系发生了重大变化,一家一户的小农经济逐渐取代了大规模的奴隶集体劳动的组织形式。在一家一户的小农经济形式中,男子是家庭的主要支撑,无子,就意味着没有经济支撑和经济来源,年老后生活就会无所依靠。其次,是宗法制度在道德上的要求。无子,就意味着家族血脉不能延续,家业无人继承,祖先无人祭祀。再次,也是维系人类自身生存、延续种族的需要。在孟子时代,并没有今天人口大爆炸的威胁,人在当时是立国之宝。孟子曾意味深长地说:"诸侯之宝三:土地,人民,政事。"②他分析齐国之所以成为当时强国,不仅在于齐国土地广阔,还由于人口众多:"夏后、殷、周之盛,地未有过千里者也,而齐有其地矣;鸡鸣狗吠相闻,而达乎四境,而齐有其民矣。"③人口众多成为国力强盛的标志之一,所以"广

---

①《孟子·万章上》9.2。
②《孟子·尽心下》14.28。
③《孟子·公孙丑上》3.1。

土众民,君子欲之"①,国君为政,一般都会采取积极措施,吸引他国之人来归。可是当时诸侯为争夺土地不断发动兼并战争,往往"争地以战,杀人盈野;争城以战,杀人盈城"②,身强力壮者丧身沙场;虐政和自然灾害又使体弱年迈者弃尸荒野。这些都造成了当时人口锐减。处身此种历史时代和历史氛围,孟子深感爱惜生命、提高人口数量、维护人类自身生存和延续的重要性。这也是孟子把娶妻生子作为其孝道思想重要内涵、视无后为大不孝的重要原因。

冯友兰曾经说:"任何民族或任何时代的哲学,总是有一部分只相对那个民族或那个时代的经济条件具有价值。"③这一精辟见解对于我们正确理解和评价"不孝有三,无后为大"这一观念无疑是有帮助的。孟子基于其所处的特定历史时期提出这一观念,不仅契合当时生产力发展的需要,也有利于人类自身的繁衍生息。实际上,人类自身的繁衍生息,既是自然的法则,也是社会发展、社会伦理道德赖以实现的前提。就此而言,可以肯定这一观念是有其合理因素的,然而由于"后",主要指能继承家业、延续香火的男子,有非常明显的重男轻女倾向,加之后代统治者的宣扬和极端化,这一观念又对中国两千年漫长的古代社会产生了极其沉重的消极影响,其余孽至今犹存,害人不浅,因此,其局限性又是显而易见的。

悌,就是尊敬兄长。敬长、从兄的道德意识,孟子认为也是人人生而俱有的,实际行动中,简而易行,如"徐行后长者谓之弟,疾行先长者谓之不弟。夫徐行者,岂人所不能哉? 所不为也"④。敬长、从

---

① 《孟子·尽心上》13.21。
② 《孟子·离娄上》7.14。
③ 冯友兰《中国哲学简史》,北京大学出版社,1985年,第35—36页。
④ 《孟子·告子下》12.2。

兄,只要人们愿为,人人都可以做到。与孝敬父母的天然亲情相比,敬长、从兄具有后天理性的因素,是为人之弟应守之宜。孟子说:"义之实,从兄是也。"①朱熹说:"义者,心之制、事之宜也。"②

　　孟子思想核心是仁义,而孝为仁之本,悌为义之本,所以孝悌实是孟子思想的伦理基础。孟子如此重视孝悌,是因为在他看来,孝悌可以向外延展,推及社会,"老吾老,以及人之老;幼吾幼,以及人之幼"③,"未有仁而遗其亲者,未有义而后其君者"④。孝悌不仅是齐家之道,也是平治天下的伦理基石,是家庭伦理与政治伦理的合一。

　　事实上,孔孟儒家最为核心的伦理范畴就是孝悌,他们将其扩展成为家庭生活之外各个领域的伦理基础,以至产生"泛孝主义",在儒家"泛孝主义的影响下,孝乃成为传统中国人在家庭生活、社会生活、政治生活及宗教生活中最核心的伦理基础。根据此一事实,我们不仅可说传统中国是以农立国,而且可说是以孝立国"⑤。

二、五伦

　　"五伦"是孟子处理人际关系的伦理原则,春秋时期有"五教",即"父义,母慈,兄友,弟恭,子孝",是调整家庭成员关系的道德原则和道德规范。孟子将"五教"发展成为"父子有亲,君臣有

---

①《孟子·离娄下》7.27。

②(宋)朱熹《四书章句集注·孟子集注》,中华书局,2011年,第187页。

③《孟子·梁惠王上》1.7。

④《孟子·梁惠王上》1.1。

⑤叶光辉、杨国枢《中国人的孝道:心理学的分析》,重庆大学出版社,2009
　　年,第2—3页。

义,夫妇有别,长幼有叙,朋友有信"①。这样,就把"五教"所指纯粹的家庭关系与社会政治相联系,将属于社会政治关系的君臣、朋友关系,纳入伦常范围。

"**父子有亲**"　　即父子之间有骨肉亲情。"父子有亲"是家庭伦理,强调了父子之间基于血缘关系而产生的"亲亲"之情,确定了父子之间各自的地位及其应承担的权利和义务。父有抚养子的义务,亦有要求子奉养的权利;子有要求父抚养的权利,亦有奉养父的义务。与此相联系,父有教育、支配子的权利,子有孝敬、服从的义务。孟子提出"父子有亲",是以父子为代表,涵盖父母与所有子女的关系。而他将原来五教的"父义、母慈"发展为"父子有亲",实是以父母、子女双向的亲情构筑家庭的温馨。孟子"五伦",首重"父子有亲",是因为他所在的社会是血缘父权制社会。

君臣有义　　即君臣有礼义之道。"君臣有义"是社会政治伦理。要求君尽君道,臣尽臣道,君和臣都应遵循符合自己名分的礼和道。君有挑选、擢升、罢免、教育、使用臣的权利,亦有予臣俸禄、爱护、保障臣民生活和利益的义务。臣有尊重君主、服从君主、事奉君主、为君主服丧的义务,亦有要求君主"使臣以礼"、保护臣的利益、允许臣自由选择君主的权利。孟子说:"君之视臣如手足,则臣视君如腹心;君之视臣如犬马,则臣视君如国人;君之视臣如土芥,则臣视君如寇仇。"②君臣相互对等,臣敬君,不是无条件的。君应善待臣以换取臣心,臣对君的态度,以君对臣的态度为转移。孟子虽强调臣要服从君主,但并不主张盲目绝对的服

---

①《孟子·滕文公上》5.4。
②《孟子·离娄下》8.3。

从；君有大过，臣应进谏以"格君心之非"，引导君主行善为仁，他说："责难于君谓之恭，陈善闭邪谓之敬，吾君不能谓之贼。"①倘若君始终不听劝谏，与国君同姓的"贵戚之卿"可以将其废除，改立贤君；"异姓之卿"则应挂冠离职，或另事新主；至于像殷纣之类践踏仁义的"独夫"暴君，虽诛之亦不为过。孟子这一观念显然与古代专制社会绝对君权论不同。古代专制君权论认为，天下国家是君主的私有财产，君叫臣死，臣不得不死；君可以无视臣民利益，肆意放纵而不受惩罚。而在孟子的君臣之伦中，君臣有相互对等的权利和义务，臣不是君主可以任意驱遣的附属物，臣对君的态度取决于君对臣的态度，臣的尊严也不可践踏。事实上"君臣有义"，也是孟子举君臣以说明社会所有政治等级关系。

　　夫妇有别　即夫妻之间挚爱而又有内外之别。夫妇是家庭婚姻关系，"夫妇有别"是家庭伦理。关于"夫妇有别"有多种解说。其中一种很有影响的说法，认为"夫妇有别"就是"男女有别"，指夫妇有交别，是防止男女任意交合。② 我们认为孟子所论"夫妇有别"，不完全是"男女有别"之下的"夫妻有交别"，主要是

①《孟子·离娄上》7.1。

②金景芳撰文质疑孟子"夫妇有别"，认为孟子"五伦"是对儒家"五教"的改动，这种改动"基本上是对的"，原因是孟子生在战国，文明社会已有相当长的历史，文明社会的标志就是有了国家，使社会人际关系更加复杂，因此孟子改用父子、君臣、夫妇、长幼、朋友五种关系来说明，"是对的"，但并不"完全对"，错在把"夫妇有别"当作"男女有别"，依据《礼记·郊特牲》与《礼记·婚义》，所谓"'男女有别'的真实意义说穿了就是严防异性之间发生性行为。如果说上述规定也包括夫妇在内，岂不是笑话"。依据《仪礼·丧服传》所说："父子一体也，夫妻一体也，昆弟一体也。父子首足也，夫妻牉合也，昆弟四体也。'怎能说'夫妇有别'？"（金景芳《古籍（转下页注）

对夫妇在家庭当中不同的角色身份与职责义务的规定。因为孟子"五伦"都是对双方责任义务的规定,《礼记·内则》历数了夫妇晨起事奉父母时的不同妆扮与举止,明人邵宝于此解释说:"夫妇有别,谨夫妇,谨其别也,内外之辨,出入之严,凡以此耳。"①在解释孟子所论"夫妇有别"时,邵宝又说:"夫夫妇妇,偶而定,定而恒,是谓有别,内外之辨,亦其事也。"②元人胡炳文也说:"所以教以人伦,使之君与臣自相亲,父与子自相亲,长与幼自相亲,非尊君亲上之亲。或问夫妇有别,如何相亲,曰:夫妇无别,则相渎,渎便相离了。"③清人继承前人之说,也认为"使契为司徒,教以人伦。使天下之人,父止于慈,子止于孝,而有亲;君使臣以礼,臣事君以忠,而有义;夫正位乎外,妇正位乎内,而有别。"④夫妻和睦而有内外之别的主张,早在孟子之前,晏子就有此论,他说:"君令臣忠,父慈子孝,兄爱弟敬,夫和妻柔,姑慈妇听,礼之经也。君令

（接上页注）考辨四题》,《历史研究》1994 年第 1 期)本此,梁韦弦认为:"孟子讲的'夫妇有别',实际说的就是《周易传》讲的'有夫妇','有夫妇'就是讲谁是谁的夫谁是谁的妇,这种关系的确定性。孔颖达对孟子所讲的'夫妇有别'一语的疏云:'夫妇有交别'这个'交'当然不必狭义理解为男女交合,但这个'交别'其意义却正在于防止男女间的任意交合,即在于巩固文明社会的夫妇关系。……因为在两性关系上儒家反对的只是男女之间的任意配合。总之,孟子所讲的夫妇有别,说的不是男尊女卑的问题。"(梁韦弦《儒家伦理学说研究》,吉林人民出版社,1994 年,第 80 页。)

① (明)邵宝《简端录》,文渊阁《四库全书》影印本,184 册,第 658 页。

② (明)邵宝《简端录》,文渊阁《四库全书》影印本,184 册,676 页。

③ (元)胡炳文《四书通·孟子通》,文渊阁《四库全书》影印本,203 册,第 461 页。

④ (清)喇沙里、(清)陈廷敬等编《日讲四书解义》,文渊阁《四库全书》影印本,208 册,第 429 页。

而不违,臣忠而不二,父慈而教,子孝而箴,兄爱而友,弟敬而顺,夫和而义,妻柔而贞,姑慈而从,妇听而婉,礼之质也。"①我们认为,"夫妇有别"孟子是处理夫妻双方关系的伦理准则。夫妇之别体现在三个方面:一是男女之别,夫妻是特殊关系的男女,既是相伴一生的伴侣,也是家庭责任的共同承担者,关系极为密切,因此相处需有分寸和分别,依礼而行,守夫妻之礼。其二,职责之别,在家庭事务上,夫妻须有分工,男主外,女主内,为家庭各尽应尽之责;当然在情感上,夫妻要相濡以沫,患难与共。其三,等级之别,夫主妇顺。孟子在描述当时婚嫁礼俗时说:"女子之嫁也,母命之,往送之门,戒之曰:'往之女家,必敬必戒,无违夫子!'以顺为正者,妾妇之道也。"②夫妻相处,夫主妇顺,夫占据主导地位。孟子把"无违"、"顺"作为妇女立身处事的基本道德,否认了妇女有独立的人格和自主的权利。"'夫妇有别'论的实质就是宣扬夫妻有分别,提倡夫妻相处要符合礼;同时宣扬夫尊妻卑,明确家庭分工,建立家庭内部的等级制,建立稳定的家庭秩序,以适应社会的要求,起到稳定社会秩序的重要作用。"③

长幼有叙　这既是家庭伦理,也是社会政治伦理。强调年长者与年幼者之间有序次,即:长者为先,幼者为后;长者为上,幼者为下。孟子认为年龄是天下公认的宝贵东西,"天下有达尊三:爵一,齿一,德一。朝廷莫如爵,乡党莫如齿,辅世长民莫如德"④。

---

① (战国)晏婴著,陈涛译注《晏子春秋译注》,天津古籍出版社,1996年,第347页。

② 《孟子·滕文公下》6.2。

③ 刘文刚《孟子"夫妇有别"论小议》,《历史研究》2000年第3期。

④ 《孟子·公孙丑下》4.2。

"乡党莫如齿",乡党邻里相处,不看爵位,以长者为尊。当时的礼仪也是如此而行,如孟季子曾问公都子:

> (孟季子)"乡人长于伯兄一岁,则谁敬?"(公都子)曰:"敬兄。"

> (孟季子)"酌则谁先?"(公都子)曰:"先酌乡人。"①

说明当时乡党之间举行饮酒礼仪,不以血缘关系上的亲疏远近为标准,而是以年龄大小定敬酒先后次序。孟子把"长幼有叙"作为"五伦"之一,既强调幼者尊长敬老,同时也强调老者要爱护幼小,尊老慈幼双向互动,从而淳化社会风尚,维护血缘宗法等级社会的稳定。

朋友有信 这是社会伦理,强调朋友之间有诚信之德。与"五伦"中的父子、君臣、夫妇、长幼相比,朋友是自由平等的社会关系,既不受血缘、家庭、地位、阶层、年龄、职业等相对固定的自然与社会条件的限制,又没有任何强制性的权利和义务,彼此的联系只是情感和道义上的联系,这就是友谊。相互坦诚,诚信不欺,友谊才能加强而不中断;有丝毫欺诈和不实,友谊就会随之葬送,所以孟子以"信"为交友之本。当然"信"也须有价值尺度作为杠杆,这就是"义",他说:"大人者,言不必信,行不必果,惟义所在。"②

孟子"五伦"思想的中心在于人与人之间的伦理关系,而非人与神的关系;强调了每一个人的责任和义务,只要处在此种伦理关系中,就有相应的责任和义务,"因此人不应规避政治的责任,放弃君臣一伦;不应脱离社会,不尽对朋友的义务;不应抛弃家

---

① 《孟子·告子上》11.5。
② 《孟子·离娄下》8.11。

庭,不尽父子兄弟夫妇应尽之道"①。孟子要求人们以尧舜为榜样,按照"五伦"处理与他人、国家、社会的关系;主张设"庠序学校"教民人伦,让百姓明白"五伦"的道理。孟子希望借助道德的力量,保护和维护各个伦理层级人们的权利,稳定社会秩序,达成社会的和谐稳定。

三、四德

四德,即仁义礼智。仁礼是孔子思想的核心,孟子承孔子之说,将其发展为仁义礼智四德,并以此为最高伦理原则。在儒家历史上,是孟子首次将仁义礼智并列一处,并为之确立了人性根源,他说:"君子所性,仁义礼智根于心,其生色也睟然,见于面,盎于背,施于四体,四体不言而喻。"②四德植根于每个人内心,与生固有,"仁义礼智,非由外铄我也,我固有之也"③。

《孟子》全书,"仁"字出现 158 次,其核心思想从以下几个命题可以充分体现出来:

> 恻隐之心,仁之端也。(《孟子·公孙丑上》)
> 仁之实,事亲是也。(《孟子·离娄上》)
> 仁者爱人。(《孟子·离娄下》)
> 恻隐之心,仁也。(《孟子·告子上》)
> 亲亲而仁民,仁民而爱物。(《孟子·尽心上》)。

由上可见,孟子之仁,爱人是基本内涵,但首先要爱自己家族的亲人,即"亲亲""事亲"。在此基础上,推而广之,达于社会,"老吾

①韦政通《伦理思想的突破》,水牛出版社,1987 年,第 11 页。
②《孟子·尽心上》13.21。
③《孟子·告子上》11.6。

老,以及人之老;幼吾幼,以及人之幼",此即"仁民";"爱物"即关爱自然,顺应自然之道。所以孟子的仁爱,是人对人的同情心,是对他人发自内心的关爱,而这种爱又受礼的节制和规约,是有差等之爱,有亲疏远近之别,有厚薄轻重之分。依其关爱对象的不同,分为亲亲、爱人、爱物三个层次①,始于事亲、中于爱人、终于爱物。为仁需经过由亲亲而爱人,由爱人而及物的步骤来完成。三者缺一,不可称之为仁;三者又是一个由近及远、由己及人、由小及大的依次扩充和推衍的过程,不能脱节,否则亦不可称之为仁。这是一个非常清晰、有条理、完整的仁学系统。孟子把儒家学说核心范围和最高道德理想的仁,以一种平实简易的样态呈现于世人,使人们相信只要从我做起,扩充"仁之端",拓展"亲亲"之情,专心致志,持之以恒,"盈科而后进",则人人都能达于仁,成为仁人。孟子强调仁者爱人,这是他对人自身的重视和肯定;提倡"亲亲"而后"仁民",反映出其仁爱思想对于庶民百姓的重视,而将"爱物"扩充为仁的内涵,将仁爱观念扩展至无限广大的宇宙万物,既是孟子对孔子仁学的重要突破,也是孟子对孔子学说的丰富和发展,表明战国时期人们对自身力量的自信,以及人在自然面前主体意识的觉醒。

关于义,《孟子》全书"义"字出现 108 次,共有三义:

(1)名词。为孟子伦理道德规范。计有 80 次。如:《公孙丑上》所言"羞恶之心,义之端也";《离娄上》所言"义之实,从兄是也";《尽心上》所言"敬长,义也",等等。

(2)动词。指思想行为合乎义。计有 18 次。如:《离娄上》所说"君义,莫不义";《尽心下》所说"春秋无义战",等等。

(3)名词。意思,道理。计有 10 次。如:《梁惠王上》所说"谨

①详见周淑萍《论孟子仁学的内涵与实质》,《兰州大学学报》1998 年第 3 期。

庠序之教,申之以孝悌之义";《万章下》所言"贵贵,尊贤,其义一也";等等。析言之,孟子所谓义,具有从兄、敬长、敬君、尊重和保护私有财产、反对兼并战争诸内涵。除去第(3)项,根据(1)(2)两项,浑言之,孟子所谓义,就是要求人们的思想行为适宜、正当、公正。朱熹《四书集注》云:"义者,心之制,事之宜也。"①又说:"宜者,分别事理,各有所宜也。"②也就是说要行事合宜。宜的标准是仁。因此所谓义,是合于仁的行为。具体而言,要求人们,既要维护自身人格尊严,不做有损"羞恶之心"、受"尔汝之实"被人轻贱之事;也要尊重他人,在家"从兄"、"敬长",推广至社会,要敬老、敬贤、敬上、敬君;此外还须扩充"无穿窬之心",尊重他人的私有财产所有权,不侵犯、不掠夺他人财物,"不取非其所有",因此要反对为扩充领土掠夺他国宝重之物而互相攻伐、残民以逞的不义之战,从而维护社会伦理秩序,避免"无礼义而上下乱",使天下安定。

礼在儒家思想中占有非常重要的地位。上古时代,由于政教不分,礼是一个政治伦理观念,泛指政治、伦理的各种规定。孔子很重视礼,不仅将礼作为思想的核心,而且一生念兹在兹者就是复礼。孔子所复之礼,主要是祭神仪式、仪节、典章制度等礼制。孟子深谙古礼,熟悉祭礼、冠礼、婚礼、丧礼、朝觐之礼等礼制具体仪节,故而在其言说中能够随手拈来作为论说依据。孟子也很重视礼,把礼作为必须遵循的基本道德规范,主张"非仁无为也,非礼无行也"③;认为礼对于维系国家安定具有重要作用,"无礼义,

---

① (宋)朱熹《四书章句集注》,中华书局,2011年,第187页。
② (宋)朱熹《四书章句集注》,中华书局,2011年,第30页。
③《孟子·离娄上》8.28。

则上下乱"①,"上无礼,下无学,贼民兴,丧无日矣"②。礼既是治国之大本,也是人立身之本,如若"言非礼义",就是"自暴",自我放逐,"自暴者,不可与有言也"③。为人之臣,不可"事君无义,进退无礼";与人相处,"不仁,不智,无礼,无义",必将陷入"人役"的悲惨境地。心存礼敬,守礼而行,方可成为君子大人,"君子所以异于人者,以其存心也。君子以仁存心,以礼存心"④。但是与孔子相比,孟子主要从伦理角度肯定礼,他所说的礼,如"其接也以礼","其馈也以礼","辞让之心,礼之端也"⑤,等等,都是指朝聘、辞受、馈赠时互敬互让的礼仪。在《离娄上》他又说:"礼之实,节文斯二者是也。""斯二者",指仁与义。也就是说,礼的作用在于对仁义的节制与文饰。随着时代的发展,政教逐渐分离,"于是礼成为一个专门的伦理范畴。孟子的观点逐渐取得主导地位"⑥。

　　智,既是一个认识论的知性范畴,也是伦理学的范畴。"学不厌,智也;教不倦,仁也。仁且智,夫子既圣矣?"⑦这里的"智"是知性范畴。但与仁义礼并列之"智",则是伦理德性范畴,因为孟子对智的界定是:"是非之心,智之端也"⑧,"是非之心,智也"⑨;

①《孟子·尽心下》14.12。
②《孟子·离娄上》7.1。
③《孟子·离娄上》7.10。
④《孟子·离娄下》8.28。
⑤《孟子·公孙丑上》3.6。
⑥张岱年《中国伦理思想研究》,上海人民出版社,1989年,第160页。
⑦《孟子·公孙丑上》3.2。
⑧《孟子·公孙丑上》3.6。
⑨《孟子·告子上》11.6。

又说:"智之实,知斯二者弗去是也。"①智就是明辨是非善恶的德性与能力,是人的道德自觉,其作用在于正确把握仁义之道,而能慎守勿失,并努力将其付诸实践。孟子把孔子以前属于知性范畴的"智"转化成为德性范畴,开出了道德意义的"智"。

> 孔子之谓集大成。集大成也者,金声而玉振之也。金声也者,始条理也;玉振之也者,终条理也。始条理者,智之事也;终条理者,圣之事也。智,譬则巧也;圣,譬则力也。由射于百步之外也,其至,尔力也;其中,非尔力也。②

在孟子"智,譬则巧也"的立论中,百步之外射箭,能否使箭至靶,要靠力,但力度虽够,能否射中靶心,却要靠巧智。成圣亦如此,成圣是因内心本有其善(力),但能否真正成圣,则要借助"智",使其不背离与生之善,"熟之"而为全善,在此,"智"不是对规矩知识的掌握,而是对主体道德践履的扶持,所以孟子这一比喻被陆九渊断为"归重于智",并且认为"智圣并无优劣",但却有先后,因为欲成圣,须先有智。③

由上可见,在孟子伦理思想中,作为最高道德原则的仁义礼智,四者并不是平行而互不交涉,而是具有辩证联系。总体而言,仁义是核心,礼智从属于仁义,是辅德。礼从外在形式节制、文饰仁义,智从道德理性上达成对仁义的价值认知与自觉守护,礼智二者是正确践行仁义的保障。再深究之,仁义礼智四者又有更加细致的层次之分。仁义之间,仁始于孝亲,义始于敬长,二者道德情感之源已有高下之别。孟子还形象地揭示了仁义的层次关系,

---

①《孟子·离娄上》7.27。
②《孟子·万章下》10.1。
③详见(宋)陆九渊《陆九渊集》卷三十四,《象山语录》卷二。

他说:"仁,人之安宅也;义,人之正路也。旷安宅而弗居,舍正路而不由,哀哉!"①人的自我完善其实是非常艰辛的道德旅程。在这一旅程中,仁是最终目标,达于仁,就如同长途跋涉的旅人抵达目的地,住进舒适的馆舍,身心有了栖息之所;而义则是抵达仁宅的必由之路。仁义之间,孟子以"安宅"喻仁,以"正路"喻义,说明在孟子看来,"义"是仁德在日用生活中落实的必经之途。换言之,仁须借助"义"实现与现实道德实践的对接。"路"表示长期持续的过程,说明仁德的落实也是长期持续的过程。孟子说:"夫义,路也;礼,门也。"②礼为仁门,义为正路。人生之路千万条,但抵达仁宅的路只有一条,那就是通向礼门的义路。所以仁义礼智四德,仁为本,义是对仁的践行,礼是对义之行的节制和规约,智是对仁义礼的认知和守护,四者各有其特定的内涵而又紧密相连。

自此,仁义礼智结合成为古代中国最基本道德准则,对中国社会的演变发展产生了深远影响。既有积极作用,也有负面效应。由于"四德"以仁义为中心,就强化了儒家道德理性和道德优先的原则;肯定与生即有"是非之心",每个人具有辨是非、明善恶的道德自觉的能力,对于个体道德境界的提升,以及培养良好社会风尚,无疑具有积极作用。然而负面影响也很明显,孟子之仁爱,由亲亲始,强调亲亲为大,强化了血缘关系的重要地位,带有浓厚的氏族宗法意识。由于过于注重道德伦理价值,而忽视认知理性,就减弱了人们探索客观世界的兴趣;又由于孟子认为明是非、体认自我,主要依靠"思诚"、"尽心"、"反求诸己",而这些

①《孟子·离娄上》7.10。
②《孟子·万章下》10.7。

其实都是一种直觉思维。"这种直觉思维的直接影响就是使逻辑思维没有得到充分的发展，从而也影响到中国科技理性的发展。"①

四、居仁由义

孟子推崇道德价值，认为人之所以异于禽兽，就在于人具有天赋善性，即生而俱有仁义礼智之端，倘若人们自暴自弃，丧失了天赋善性，也就与禽兽无异。所以道德价值实质就是人生价值所在，"夫仁，天之尊爵也，人之安宅也"②，因此人们应当志于仁义，居仁由义，自动奋发，加强自身的道德修养，实现人的价值。

孟子肯定道德的力量，认为德性修养决定着人们的荣辱与生死。"仁则荣，不仁则辱"③，仁人无敌于天下；反之，"不仁、不智、无礼、无义，人役也"④；"士庶人不仁，不保四体"。就是说，一个人能居仁由义，依仁义而行，就能荣耀，不然就会被人奴役，遭人污辱，甚至"四体"不保。

孟子认为道德还关系着国家的安危与得失，因为"得道者多助"，倘若人人都能加强道德修养，做到"亲其亲，长其长"，则国家安定，天下太平。而天子、诸侯、卿大夫等在上位者的道德修养对国家命运有着更为直接的影响。"君仁，莫不仁；君义，莫不义；君正，莫不正。一正君而国定矣"⑤；国君好仁，天下无敌，反之，"天

---

① 刘学智《思孟学派"智"的德性化及其影响》，《哲学研究》2012 年第 9 期。
② 《孟子·公孙丑上》3.7。
③ 《孟子·公孙丑上》3.4。
④ 《孟子·公孙丑上》3.7。
⑤ 《孟子·离娄上》7.20。

子不仁,不保四海;诸侯不仁,不保社稷;卿大夫不仁,不保宗庙"①。只要在上位者努力行仁,则所向无敌,统一天下,安定天下,治理天下,易如反掌;否则则终身忧辱,甚至陷于死亡。总结夏、商、周三代兴亡的教训,孟子说:"三代之得天下以仁,其失天下以不仁。"历史的经验和教训都一再证明天下兴亡、国家安定,都与执政者的道德修养密切相关。

孟子认为良好的道德修养是快乐的源泉。他说:

仁之实,事亲是也;义之实,从兄是也;智之实,知斯二者弗去是也;礼之实,节文斯二者是也;乐之实,乐斯二者,乐则生矣;生则恶可已也,恶可已,则不知足之蹈之手之舞之。②

又说:

万物皆备于我矣,反身而诚,乐莫大焉。③

还说:

君子有三乐,而王天下不与存焉。父母俱存,兄弟无故,一乐也;仰不愧于天,俯不怍于人,二乐也;得天下英才而教育之,三乐也④。

人生的快乐来自于事亲孝、事兄悌,而且孝亲敬长,只要符合中道,无过无不及,始终如一,就没有缺憾。无论经历了怎样的人生,反省一生种种过往,自己没有"放心",依然善心"有诸己",怀有赤子之心,人生之乐莫过于此。求福避祸是人们的普遍心理,然而现实生活中,有德者未必有福,有福者未必有德。但是在孟

---

① 《孟子·离娄上》7.3。

② 《孟子·离娄上》7.27。

③ 《孟子·尽心上》13.4。

④ 《孟子·尽心上》13.20。

子看来,德福是一致的,因为真正的幸福是心灵安适和精神愉悦,是扩充四心,完善自身,超越生理层次的物我,成就具有四德的自我。君子"三乐"之说,表明孟子认识到德福之间确有着某种一致,"这三者其实都涉及道德问题,尤其是第二乐,就是说具有良好的道德修养本身就是一种快乐,就是一种福,这其实是为德福一致开辟了一条重要的主体连接通道"①。

从其道德价值观出发,孟子提出了他的人生价值观。他认为人活着不仅仅是为了满足自己的物质欲求,所以声色货利、高官显爵,并不是人生价值所在;人的真正价值在于完善和实现自身固有的善性,成为仁义礼智四德兼备的贤德之士;生命的价值要以是否符合仁义礼智四德的要求来衡量。

由此孟子主张人们要居仁由义守礼,时刻保持自己的道德情操和人格尊严。"居天下之广居,立天下之正位,行天下之大道;得志,与民由之;不得志,独行其道。富贵不能淫,贫贱不能移,威武不能屈。"②这里,孟子以"广居"喻仁,以"正位"喻礼,以"大道"喻义。要求人们加强自身的道德修养,务求一言一行与仁、义、礼相符。出仕为政,显达得志时,"以道殉身",积极行仁弘道,泽加于民;穷困失意时,"以身殉道",坚持原则;既不因富贵而荡其心、背离仁道,也不因贫贱而消沉,甚或变其节,改变操守、放弃信仰;更不为强权、威势所逼而枉道从人、屈服退缩。唯其如此,才真正实现了人生价值,堪称大丈夫。

---

① 易小明《德福一致的内在通道及其文化扩展》,《道德与文明》2012 年第
　 4 期。
②《孟子·滕文公下》6.2。

五、义利之辨

人是有血有肉的生命体，既有生理欲求，也有精神需要，所以人原本就是利益的综合体。利有多种，有个人之利，有家庭之利，有团体之利，有民族之利，有国家之利，有社会之利，有天下之利；有整体之利，有局部之利；有长远之利，有眼前之利；有统治者之利，有百姓之利；有私利，有公利。这种种之利，如一致，则利而无害；如冲突，则必有利害得失。利害得失或轻或重，当如何取舍和选择，一直是困扰人们心灵和行为价值取向的一大问题。

如前所述，梁启超认为孟子对中国文化的特别贡献有两端，其中一端就是排斥功利主义。不仅梁启超如此评价孟子，其实很多人都持相同看法。人们普遍认为孟子排斥功利、重义轻利，比孔子"罕言利"更甚，中国几千年的古代社会最终未能发展出西方那样发达的商业社会和科技文明，都要归咎于孔孟"轻利"。我们认为，这一认识有失偏颇。

《孟子》一书，"利"字共出现 39 次，计有五义。分别为：

（1）利益、好处。计有 24 次。如：《梁惠王上》之"上下交征利而国危矣"；《告子下》之"先生以利说秦楚之王，秦楚之王悦于利以罢三军之士"；《尽心下》之"周于利者，凶年不能杀"等等。

（2）对……有利，使获利。计有 8 次。如：《梁惠王上》之"叟！不远千里而来，亦将有以利吾国乎"，《滕文公下》之"如以利，则枉寻直尺而利，亦可为与"等等。

（3）以为利。计有 1 次。如：《离娄上》之"不仁者可与言哉？安其危而利其菑，乐其所以亡者"。

（4）锋利，锐利。计有 4 次。如：《梁惠王上》之"壮者以暇日修其孝悌忠信，入以事其父兄，出以事其长上，可使制梃以挞秦楚之坚甲利兵矣"。

(5)顺应。计有1次。如:《离娄下》之"故者,以利为本"。

除去(4)(5)两项,根据(1)(2)(3)项,在《孟子》一书中,孟子所言之"利"主要指个人、家庭以及小集体的私利,或者是局部利益以及眼前利益。而利的核心则是物质财富、功名富贵等。

综观《孟子》全书,孟子的义利观体现在以下几方面:

1.求利是天性,正当之利不可非

孟子认为人类要生存繁衍,就离不开物质之利。他说:"五谷熟而民人育。"①五谷成熟,人们才能得以养育。又说:"民非水火不生活。"②人类没有"水火"之类的基本物质资料,就不可能生存。年老体衰,由于生理机能退化,人们的物质需求更为特殊,"五十非帛不暖,七十非肉不饱"③。物质之利是生命延续的凭借和依托,没有物质之利,人类将不复存在,因此追求物质之利是人的基本生存需要。基于这种认识,孟子主张采取妥善有力的措施发展生产,创造丰富的物质财富。孟子的王道理想就以物质财富的极大丰富为基础。他说:

> 谷与鱼鳖不可胜食,材木不可胜用,是使民养生丧死无憾也。养生丧死无憾,王道之始也。④

王道社会,物质财富充裕,无论"养生",还是"丧死",人们都无所憾恨。所以孟子的王道社会,不是没有物质保障,却只有精神道德的乌托邦。因为孟子深切地认识到人的道德品性同其物质生

---

①《孟子·滕文公上》5.4。
②《孟子·尽心上》13.23。
③《孟子·尽心上》13.22。
④《孟子·梁惠王上》1.3。

活状况的好坏紧密相关,尤其是处于底层的百姓:"民之为道也,有恒产者有恒心,无恒产者无恒心。苟无恒心,放辟邪侈,无不为已。"①物质生活状况好,衣食无忧,就能恒心向善;物质生活状况差,"仰不足以事父母,俯不足以蓄妻子"②,就容易胡作非为,走上犯罪的道路。道德与物质生活,道德是物质生活的引导,物质生活是道德价值得以实现和道德作用赖以发挥的基础。道德与物质生活二者相辅相成,不可偏废。

事实上,孟子本人也不完全拒绝利。他曾先后接受宋王馈赠的"七十镒"金、薛国赠送的"五十镒"金;游说诸侯时,"有从者数百人、后车数十乘"相随,"转食于诸侯",声势煊赫,他并不以为泰。母亲去世时,他为母亲置办了华美的棺椁衣衾以表达其孝思。

孟子承认每个人都有求利的欲望,或追求功名利禄,或追求物欲满足。肯定"富,人之所欲"③,"贵,人之所欲"④。人都希望能居高官、受厚禄、衣文绣、食膏粱、听美妙的音乐、拥有豪华的住宅和娇妻美妾,而广袤的土地、众多的人口,同样也是"君子欲之"。人们对财利的欲求是与生俱来的,是人之天性。"口之于味也,目之于色也,耳之于声也,鼻之于臭也,四肢之于安佚也,性也。"⑤

孟子认为求利既然是天性,因此人们为满足正当的物质需要

①《孟子·滕文公上》5.3。
②《孟子·梁惠王上》1.7。
③《孟子·万章上》9.1。
④《孟子·万章上》9.1。
⑤《孟子·尽心下》14.24。

而谋求正当之利,获得应得之利,无可厚非,所以他不反对人们求利。他认为没有足够的财富,自不令人称心,"无财,不可以为悦"[1];贫穷也非正常现象,"饿其体肤"、"空乏其身",只是上天历练人才的手段。他赞成人们积累财富,平时"周于利",积蓄财富,则"凶年不能杀",灾年也不会有饥荒之困。士人如果窘困,可以为贫而仕,接受一定的俸禄以养家糊口;即使不是为贫而出仕,也应该得到相应的俸禄,这种俸禄是其出仕辅君治民应得的社会和国家的回馈。"仕而不受禄",不合乎"古之道"。贤者也可以修筑亭台楼阁、苑囿池塘,罗致奇禽异兽,享受苑囿之乐,放松身心。圣君周文王就曾修筑灵台、灵沼,作为休憩、游玩的场所,由于周文王宽厚爱民,深受百姓爱戴,所以百姓踊跃前往为文王修建灵台、灵沼,灵台、灵沼不日而成。

可见孟子并非一概排斥利。

2.以义取利,轻私利而重民利

虽然孟子肯定了人们求利的合理性,不反对人们求利,但是又把利与义联系在一起,认为利与义是生命延续的两个不可或缺的方面。利为物质、功名,是维护物质生命和身份地位、声誉的凭借;义为道德伦理,是人的精神生命的依托。二者相比,义为人之"良贵",精神生活才是人的真正价值所在。人之所以为人,是因为人有仁义之心,有精神生活和道义原则;"食色"等物欲的享受,是人同于禽兽的自然本能,不能视为人的本质规定性。人若只追求物质享受,而忽视精神追求,则与禽兽无异。精神生活高于物质利益,义比利更重要。

由此孟子主张应当协调好义利二者的关系,以义取利,不背

---

[1]《孟子·公孙丑下》4.7。

义取利、趋利舍义。所谓以义取利，即取利要受义的规约。在孟子看来，无论是摆脱贫困，还是获取高官厚禄，都必须遵守义。就士人而言，如果家贫，为养家之计，可以为贫而仕，但要"辞尊居卑，辞富居贫"。即拒绝高官，只做小吏；拒受厚禄，只领薄俸，维持起码的生活，"免死而已矣"。追求富贵利达，当由正道。具体而言，就是"修其天爵，而人爵从之"①。"天爵"，指仁义忠信。"人爵"，指公卿大夫。他认为若能重视道德修养，并"成章"而"达"，公卿大夫等爵位会不求而至。正如舜耕于历山，"善与人同，舍己从人，乐取于人以为善"②，为"盛德之士"，尧自然将帝位禅让与他。实际上，也只有贤德之士居于高位，才有可能济世安民、淑世救人。国君喜好园囿、鸟兽、鼓乐、田猎、美色、财货，无可厚非，但要学习周文王与民同乐；取法周始祖公刘，好财货，"与民同之"，"使居者有积仓，行者有裹囊"；仿效文王祖父古公亶父，好美色，"与民同之"，使"内无怨女，外无旷夫"③。也就是说，国君取利，要协调好君之利与民之利的关系，将君之利与民之利统一起来，因民之所利而利之。概而言之，就是行仁政，使民富足。百姓富足，自不会拖欠国家的税收，甚至"多取之不为虐"④，国君的私利也就能得到充分满足，正所谓"百姓足，君孰与不足"⑤？

《孟子》开篇，孟子对开口便谈利的梁惠王说："王！何必曰利？亦有仁义而已矣。"⑥此语通常被作为孟子不言利、耻于言利

①《孟子·告子上》11.16。
②《孟子·公孙丑上》3.8。
③《孟子·梁惠王下》2.5。
④《孟子·滕文公上》5.3。
⑤《论语·颜渊》12·9。
⑥《孟子·梁惠王上》1.1。

的铁证。其实,孟子在这一篇着重分析了只讲利而不讲义的严重危害,提出了以义为先、义利结合的方式来解决义利之间矛盾和冲突的主张。比较而言,北宋程颐、南宋朱熹对此的解释较合孟子原意。程颐说:"君子未尝不欲利,但专以利为心则有害,惟仁义则不求利而未尝不利。"①朱熹说:"言仁者必爱其亲,义者必急其君。故人君躬行仁义而无求利之心,则其下化之,自亲戴于己也。"②就是说,只要国君能以仁义为先,以身作则,躬行仁义,在富民的基础上,教民孝悌仁义之道,则百姓受其熏陶、感染,亦会"亲其亲,长其长",而使天下太平。这就是行仁义"不求利而未尝不利";相反,如果不行仁义,只求利,不仅得不到利,反而会招致亡国败家之祸,所以孟子极力强调:"何必曰利?"主张通过义求利,认为以义取得的利,哪怕是整个天下,亦不过分,"如其道,则舜受尧之天下,不以为泰"③。

　　孟子坚决反对背义取利、趋利舍义,尤其不能为个人之利而损害百姓之利。他认为日常生活中,哪怕微薄小利,也要得来不违义,"非其道,则一箪食不可受于人"④。即便是为小集团求利也不能背义。在他看来,当时那些所谓的"能为君辟土地、充府库"、"约与国、战必克"的"良臣",实为"民贼"。他认为臣子之责在于引导君主行仁为善,君"不向道,不志于仁",臣不"格君心之非",只一味满足君对财利的欲求,竭力为其聚敛,损害百姓的利益,实际是在"辅桀"、"富纣",此等臣子只可称其为"民贼",应不

①(宋)朱熹《四书章句集注·孟子集注》,中华书局,2011年,第188页。
②(宋)朱熹《四书章句集注·孟子集注》,中华书局,2011年,第188页。
③《孟子·滕文公下》6.4。
④《孟子·滕文公下》6.4。

遗余力予以鞭挞。孔子弟子冉求为季氏邑宰(总管)时,不仅没有谏阻季康子增加田赋,反而使田赋增加了一倍。孔子对此极为不满,宣称"求,非我徒也",号召其他弟子"鸣鼓而攻之"。孟子非常赞同孔子的做法,认为冉求此举是"夺民之财"以"富其君",为了少数人的私利而损害了广大庶民百姓的利益,是趋利舍义的表现,所以该当"声其罪而责之"。

孟子认为人们往往都是因为不能挣脱物欲的羁绊而背义逐利,所以他提出"寡欲",淡泊物欲,追求精神的升华。只要淡泊物欲,无论是穷居,还是富处,都能处之泰然。尤其国君,如若能"寡欲"而"俭",就不会滥征赋役,盘剥百姓;也不会发动战争,掠夺他国财物,致使百姓惨遭兵燹之祸。他主张人们应以追求高尚道德、实现人生价值为旨归,鄙弃以追求世俗豪华生活、满足感官物欲为终极目的的行为。他说:"堂高数仞,榱题数尺,我得志,弗为也。……般乐饮酒,驱骋田猎,后车千乘,我得志,弗为也。"①得志、显达的目的,不是为奢侈豪华的生活,而是为行道济民。

3. 义利难全,舍利取义

孟子清楚地看到,义利之间的关系有时可以通过协调而达到和谐有机的统一,有时二者的冲突则非常尖锐,不可能兼顾。在这种情况下,孟子主张取义舍利。士人出仕,行道济世和求取富贵有时会发生根本的抵触,那么,是迎合时世以谋取富贵呢,还是坚守仁义而安于贫贱呢?他认为应当安于贫贱而坚守仁义。他非常推崇颜回"当乱世,居于陋巷,一箪食,一瓢饮;人不堪其忧,颜子不改其乐"②的安贫乐道精神。士人出仕,居于显位

---

① 《孟子·尽心下》14.34。
② 《孟子·离娄上》8.29。

而不能行道济民,当挂冠而去,"立乎人之本朝,而道不行,耻也"①。天下黑暗,当守道不仕,不可牺牲道来迁就王侯。国君欲得之利若与民之利严重抵牾,则先民之利而后君之利,甚至放弃君之利。唯其如此,才能消除掠夺与不公,赢得民心,安定社会。因为对于一个国家来说,"民为贵,社稷次之,君为轻"②。民是立国之宝,是关乎国家生死存亡的主要力量,载舟覆舟,取决于民心的向背。

　　孟子提出了"惟义所在"、"舍生取义"的价值选择原则。他说:"大人者,言不必信,行不必果,惟义所在。"③虽然他也提倡"言必信,行必果",但认为在特殊情况下,可灵活变通,一切以义来衡量。倘若所行所言符合义,则不必泥守小信而失大义。面对现实生活中各种各样的矛盾,难以取舍之际,应以义为最高原则,惟义是从,惟义是取;即使是生死关头亦应如此。孟子还主张,如果义利不能两全,为了捍卫义,牺牲生命也在所不惜。他说:

　　　　鱼,我所欲也,熊掌亦我所欲也;二者不可得兼,舍鱼而取熊掌者也。生亦我所欲也,义亦我所欲也;二者不可得兼,舍生而取义者也。生亦我所欲,所欲有甚于生者,故不为苟得也;死亦我所恶,所恶有甚于死者,故患有所不辟也。④

生命诚然可贵,但还有比生命更可贵的。死亡,固然令人厌恶,但还有比死亡更令人厌恶的。比生命更可贵的是义,比死亡更令人厌恶的是不义。生、义不能两全,难以兼顾,则当"舍生而取义",

①《孟子·万章下》10.5。
②《孟子·尽心下》14.14。
③《孟子·离娄下》8.11。
④《孟子·告子上》11.10。

不为贪生而害义。在此,孟子所高扬的是人的尊严,所鄙视的是权势富贵,肯定的是为坚持理想和道义而忠贞不渝、宁死不屈。

综上所述,孟子没有忽视人们物质欲望的正当性,承认生活中不可能完全抛弃利,肯定对财利的欲望是人的基本欲求,所以他不反对求利。但是,他又把义引入了求利活动,认为义才是人的价值的集中体现,因此他提出了求利须受义的规约,义利不能兼顾时,应舍利取义,必要时,当舍生取义;而且要保护平民百姓之利。所以,笼统地断定孟子重义轻利或重义而不轻利,都失于片面。实际上,孟子只是轻个人私利,轻小集体之利,轻局部利益,轻眼前利益,在义利可以两全时,则义利并重。

第二节　政治思想

一、民贵君轻

先秦诸子,其思想言说有种种不同,但重民、爱民、保民却是其共识,而孟子的重民思想在先秦思想家中尤为突出。其实早在孟子之前,重民思想已有萌芽和发展。《尚书》有"民惟邦本,本固邦宁"的记载。春秋时期,随着庶民身份地位的提高,重民思想意识更加浓厚,出现了这样的观点:"民,神之主也","先成民而后致力于神"①,"天之爱民甚矣,岂其使一人肆于民上"②,这些都反映

---

① (清)阮元校刻《十三经注疏・春秋左传正义》,中华书局,1980 年影印本,第 1750 页。
② (清)阮元校刻《十三经注疏・春秋左传正义》,中华书局,1980 年影印本,第 1958 页。

出春秋时期人们虽没有摆脱天命神权观念,但重民轻神的思想已经出现,而且对君主的绝对权威也产生了怀疑,有轻君的倾向。

在前人重民思想的影响下,孟子总结以往历代各朝各国治乱兴亡的规律和教训,结合当时实际,更深切地认识到民的巨大力量及其在社会政治生活中的重要作用,清醒地意识到民心向背是天下得失的关键所在,"得天下有道:得其民,斯得天下矣;得其民有道:得其心,斯得民矣。"①夏桀、殷纣之所以亡失天下,根本原因在于他们不务修德、荒淫残民。他说:"桀纣之失天下也,失其民也;失其民者,失其心也。……为汤武驱民者,桀与纣也。"②同样,周朝的"幽"、"厉"二王亦是因为"暴其民",导致"身危国削"、"身弑国亡"。所以只有得民心者才能得天下,他说:"是故得乎丘民而为天子。"③民是国家的根本,得到民的支持和拥护,国家才能稳定和发展,反之则不能逃脱覆灭的命运。

孟子还有三个著名命题也非常鲜明地凸现出他的民本思想,其一,"天时不如地利,地利不如人和"④;其二,"诸侯之宝三:土地、人民、政事;宝珠玉者,殃必及身"⑤;其三,"民为贵,社稷次之,君为轻"⑥。孟子在每一个命题中都列举了两种在政治生活中极为关键和重要的事物与民进行比较,最后得出的结论是民为本、民为贵。

在孟子看来,战争中,天时、地利是攻伐取胜的重要客观条

①《孟子·离娄上》7.9。
②《孟子·离娄上》7.9。
③《孟子·尽心下》14.14
④《孟子·公孙丑下》4.1。
⑤《孟子·尽心下》14.28。
⑥《孟子·尽心下》14.14。

件,人和则是战争取胜的主观因素,与天时、地利相比,人和尤为重要。所谓人和,即得到广大百姓的爱戴和拥护,同心同德、团结一致。在上位者得民心,则人和、多助;不得民心,则不和、"寡助"。以人和、多助攻不和、寡助,必胜无疑。商汤"十一征而无敌于天下",就在于他吊民伐罪,救民于水火,使"民大悦",得到了广大百姓的广泛支持和拥护,有人和、多助的优势。孟子甚至认为只要万众一心,即使手持木棒,亦能打败"坚甲利兵"。

　　依孟子之见,对于一个国家来说,土地、人民、政事是国之为国必备的也是缺一不可的基本要素,因此,土地、人民、政事是诸侯之三宝,但在这三者之中,百姓依然是最为宝贵者。孟子反对君主为扩张领土而挑起战争,他曾愤然斥责梁惠王"不仁",指责梁惠王为"土地之故,糜烂其民而战之",土地和百姓相比,百姓最为宝贵。而国之政事实亦为民而发。孟子曾与齐宣王讨论进贤。

　　　　王曰:"吾何以识其不才而舍之?"(孟子)曰:"国君进贤,如不得已,将使卑逾尊,疏逾戚,可不慎与? 左右皆曰贤,未可也;诸大夫皆曰贤,未可也;国人皆曰贤,然后察之;见贤焉,然后用之。左右皆曰不可,勿听;诸大夫皆曰不可,勿听;国人皆曰不可,然后察之;见不可焉,然后去之。左右皆曰可杀,勿听;诸大夫皆曰可杀,勿听;国人皆曰可杀,然后察之;见可杀焉,然后杀之。故曰,国人杀之也。如此,然后可以为民父母。"①

齐宣王与孟子谈到了治政过程中三类非常重要的政事:一是选拔贤才,二是罢免不贤之官,三是诛杀罪犯。这三类政事的处理,孟子都主张要听取"国人"的意见,即听取民意。在政事与民之中,

---

① 《孟子·梁惠王下》2.7。

民为重。在孟子的民本思想中,不只是要求在上者要心系百姓,关心百姓,更重要的是要求为政者要倾听民意,顺应民意。

与一国之首的君主、万民崇奉的社稷之神相比,孟子认为民的重要性远远超过君与社稷之神。

> 得乎丘民而为天子,得乎天子为诸侯,得乎诸侯为大夫。诸侯危社稷,则变置。牺牲既成,粢盛既洁,祭祀以时,然而旱干水溢,则变置社稷。①

社稷,即土神和谷神。土谷之神有保障天下风调雨顺、为民御灾去患之责;国君对其已祭祀尽礼,仍旱涝不止,那么就是社稷之神失职,就应另立新的社稷之神。深得民心者才能一统天下而为天子;一国之君的诸侯虽为天子所赐封,但不是一劳永逸能够永世为君,一旦暴虐无道,危及国家存亡,就有可能被废黜或被放逐。总之,国君可免,社稷之神可换,唯有人民不可去,所以民是立国之本,民贵而君轻。

民本观念在春秋时期只是零散、笼统的语言片断,而在孟子这里已成为较为完整的思想。其民贵君轻思想,反映了广大人民渴望土地、渴望和平的呼声,肯定了人民的巨大作用和历史地位,张扬了人民的主体性,明确了君民二者的关系,是对前人重民思想的重大突破,在历史上闪烁着真理和智慧的光辉,对后世有着深远的影响,开反君主专制的先河;也正是在这一点上,孟子超越同时代的其他思想家,在先秦诸子百家中居于先进的地位。

当然我们不能因为孟子重视百姓,提出民贵君轻,就认为孟子有民主思想,其实孟子的重民思想只是民本思想,而非民主。因为民主至少包括此三义:一是指公民享有管理国家的权利,以

---

① 《孟子·尽心下》14.14。

主人身份主动发表对国家或社区事务的看法、主张；二是指政权的组织形式，亦即国家最高权力机关由大多数有公民权的人选举产生并有一定任免权的民主制；三是指国家决策的原则，即少数服从多数。在孟子民本思想中，他并没有赋予民以选举权、管理权，更没有赋予百姓以决策权。民意只是供执政者处理政事时取舍的一种意见，是否听取和采纳则在于国君自身，实际决策权还是握在国君之手，因此不能将孟子的民本思想与今天的民主思想等同视之。正如萧公权所说："孟子民贵之说，与近代之民权有别，未可混同。简言之，民权思想必含民享、民有、民治之三观念。故人民不只为政治之目的，国家之主体，必须具有自动参预国政之权利。以此衡之，则孟子贵民，不过由民享以达于民有。民治之原则与制度皆为其所未闻。故在孟子之思想中民意仅能作被动之表现，治权专操于'劳心'之阶级。"[1]

二、王霸之辨

孟子谈天道，论心性，主张居仁由义，其重要目的就是推行理想的政治主张——王道。

战国大争之世，天下纷争，兵燹不止，百姓如倒悬。乱极思治，分久求合，天下统一已是大势所趋，而战国诸侯也多有成就王业、一统天下的梦想，然而用何种方式统一天下，却众说纷纭，但最主要者无非两途，即霸道与王道。

霸道是春秋政治模式。春秋时，王室衰微，篡弑频仍，征伐不已；戎狄入侵，中原动荡；诸国争胜，大国争霸，先后出现了齐桓公、晋文公、楚庄王、吴王夫差、越王勾践等大国霸主。春秋霸主

① 萧公权《中国政治思想史》，新星出版社，2005 年，第 62—63 页。

凭借强大实力,以尊王攘夷相标榜,挟天子以令诸侯。一方面联合诸侯抗击夷狄;另一方面又与一些诸侯结成联盟,挥师征服其他诸侯;甚至连周王室内乱的解决都要取决春秋霸主的意愿。孔子认为春秋霸主的所作所为,是"天下无道,礼乐征伐自诸侯出"。然而不可否认的是,在周王无力羁縻天下之时,春秋霸主"禁抑篡弑,裁制兼并",抵御夷狄,确实在一定程度上平息了社会的动荡不安,使饱经战乱的百姓有了难得喘息的机会,"盖霸政之作用在当封建制度已衰未溃之际,挟天子以令诸侯,于紊乱中维秩序"①。春秋五霸仗恃经济实力、军事实力,在不断征伐中完成了各自的霸业。"自从西周灭亡,王纲解纽,封建制度开始摇动。诸侯互相联合,互相兼并,列国间盟会朝聘和征伐的事天天不绝。"②晋、楚是春秋时南北两大霸主,他们能够雄霸天下,就在于有强大的经济、军事实力,因为"综观大国争霸的过程,一个国家能否长期称霸,必须要有雄厚的经济实力作其后盾,单靠军事力量维持不了长久的霸主地位。晋、楚……均统治地域广阔,有强大的人力、物力作依靠,这就是晋、楚成为春秋时代南北两大霸主的主要原因"③。

　　战国时期,七雄争锋,以求统一天下,此时周天子权威尽失,挟天子以令诸侯虽已不可能,但是在他们看来,春秋霸主的方式依然有效。秦惠王时,张仪、司马错二人有一场伐韩与伐蜀之争。张仪主张伐韩,司马错主张伐蜀,两人各陈其辞,但都向秦惠王保证,如此即可成就王业。张仪说:

　　　　秦攻新城、宜阳,以临二周之郊,诛周主之罪,侵楚、魏之

①萧公权《中国政治思想史》,新星出版社,2005年,第66页。
②童书业《春秋史》,山东大学出版社,1987年,第238页。
③顾德融、朱顺龙《春秋史》,上海人民出版社,2003年,第163页。

地。周自知不救，九鼎宝器必出。据九鼎，按图籍，挟天子以令天下，天下莫敢不听，此王业也。今夫蜀，西辟之国，而戎狄之长也。弊兵劳众不足以成名，得其地不足以为利。臣闻："争名者于朝，争利者于市。"今三川、周室，天下之市朝也，而王不争焉，顾争于戎狄，去王业远矣。[1]

张仪认为韩国新城、宜阳临近周室，攻打新城、宜阳，一石二鸟，可以震慑周室，"挟天子以令诸侯"，成就王业，指日可待，而蜀国不过是夷狄，且是蛮荒之地，伐之无任何收益，"去王业远矣"。司马错反驳张仪说：

> 不然。臣闻之，欲富国者，务广其地；欲强兵者，务富其民；欲王者，务博其德。三资者备，而王随之矣。今王之地小民贫，故臣愿从事于易。夫蜀，西辟之国也，而戎狄之长也，而有桀、纣之乱。以秦攻之，譬如使豺狼逐群羊也。取其地，足以广国也；得其财，足以富民；缮兵不伤众，而彼已服矣。故拔一国，而天下不以为暴；利尽西海，诸侯不以为贪。是我一举而名实两附，而又有禁暴正乱之名。[2]

司马错认为要成就王业，富国、强兵、博德是基础，那么就需开疆拓土，取他国财富充实自身，伐蜀，可以很容易达到这一目的，既可取其地以扩大秦国版图，也可以取其财以富秦国之民；而且蜀主暴虐，因此伐蜀还可以收到惩暴正乱之名，可谓一战而得地、财、名三利。张仪、司马错的分歧只在向哪个国家发兵，但向秦惠王宣扬的成就王业的方式并无实质不同，都是富国强兵，开疆拓土，武力兼并。在当时，这类观点很有市场，其他士人也多以此向

---

[1]（汉）刘向集录《战国策》，上海古籍出版社，1978年，第116页。
[2]（汉）刘向集录《战国策》，上海古籍出版社，1978年，第117页。

诸侯进言。而在诸侯看来，这些主张也最切近现实，所以都愿意接受和采纳，秦惠王最终采用了司马错的主张，"卒起兵伐蜀，十月取之"①。张仪、司马错的"王业"实际是以霸道的方式完成天下统一。

孟子反对以霸道统一天下，认为统一天下当以王道：他周游列国，游说诸侯，与人论辩，自我独白，中心议题之一就是：辨王霸之别，说王霸优劣。就《孟子》所见，孟子所论王霸之别主要有以下几端：

首先，王霸之别，别在尊崇之法。孟子所谓王道，是圣王之道，也就是圣王尧、舜、禹、汤、文、武之道。孟子认为治国须有规矩法度，尧舜治天下的规矩法度就是仁政，"尧舜之道，不以仁政，不能平治天下"②。而霸道推崇的则是以齐桓公、晋文公为代表的春秋霸主争霸之道，所以梁惠王对自己未能重现晋国昔日辉煌而苦恼，希望孟子能为他指点迷津；齐宣王则非常诚恳地要求孟子谈谈"齐桓、晋文之事"。

其次，王霸之别，别在平治方略。王道"以德"，霸道"以力"。王道之君，以德平治天下，所以天下人欣欣然归往。

> 伯夷辟纣，居北海之滨，闻文王作，兴曰："盍归乎来，吾闻西伯善养老者。"太公辟纣，居东海之滨，闻文王作，兴曰："盍归乎来，吾闻西伯善养老者。"天下有善养老，则仁人以为己归矣。③

文王治国以德，厚待孤老，所以连伯夷、姜太公这些为躲避殷纣王

---

① （汉）刘向集录《战国策》，上海古籍出版社，1978年，第119页。
② 《孟子·离娄上》7.1。
③ 《孟子·尽心上》13.22。

而僻居荒野的隐逸之士都自动归往。当梁襄王问孟子:"天下恶乎定?"孟子斩钉截铁地回答:"定于一。"①只有统一才能结束动荡与混乱,但要统一,却只有"不嗜杀人者能一之"。"不嗜杀人"就是以德行仁。五霸则不同,他们完全是以力震慑,孟子说:

> 五霸者,三王之罪人也;今之诸侯,五霸之罪人也;今之大夫,今之诸侯之罪人也。……五霸者,搂诸侯以伐诸侯者也,故曰,五霸者,三王之罪人也。②

五霸令天下诸侯唯其马首是瞻,就是凭借其强大的军事实力,而且还拉拢、裹胁一部分诸侯讨伐另一些诸侯,弱小诸侯因为力小国弱,不得不屈服于五霸。童书业总结春秋第一位霸主齐桓公创霸的经过,指出齐桓公的"政策是先想征服鲁国:不成,便联结宋国;用了两个大国的声威,团结陈、蔡、邾诸小国成一个集团,又灭了遂国做榜样,硬把鲁国逼服。鲁国归服以后,宋国背叛齐国,桓公又邀合诸小国,假借了王命,把宋国打服,鲁、宋两大国既服。郑本是齐党,卫本是宋党,自然都来归向了。这可见齐桓公创霸时的对象是鲁、宋两国,只要征服了鲁和宋,霸业的基础便建筑完成了"③。齐桓公创霸,就是典型的"搂诸侯以伐诸侯"。王道以德,霸道以力,这是王霸相别的根本特征。

其三,王霸之别,别在执政方式。孟子认为王道执政,爱民,保民,养民以惠,所以治政措施都为解决民生疾苦,文王治政即是以仁政推恩于民。

> 昔者文王之治岐也,耕者九一,仕者世禄,关市讥而不

---

① 《孟子·梁惠王上》1.6。
② 《孟子·告子下》12.7。
③ 童书业《春秋史》,山东大学出版社,1987年,第134页。

征,泽梁无禁,罪人不孥。老而无妻曰鳏,老而无夫曰寡,老
而无子曰独,幼而无父曰孤。此四者,天下之穷民而无告者。
文王发政施仁,必先斯四者。①

文王治理岐山,不仅力保农民、官员、商人、渔民的利益,对于鳏寡
孤独等弱势群体,更给予了特殊关怀和照顾,所以才引得天下万
民欣然归往。而战国诸侯尊崇霸道,执政漠视百姓苦难,"狗彘食
人食而不知检,涂有饿莩而不知发;人死,则曰,'非我也,岁
也'"②;又横征暴敛,以虐政害民,"民之憔悴于虐政,未有甚于此
时者也。"③百姓生活于水深火热之中,"乐岁终身苦,凶年不免于
死亡"④。邹国与鲁国发生冲突,邹国官员死了三十三人,可是邹
国百姓没有一个为他们死难,甚至都无人出手相救,邹穆公非常
气愤,然而"诛之,则不可胜诛"。孟子解释其中原因,说:

> 凶年饥岁,君之民老弱转乎沟壑,壮者散而之四方者,几
> 千人矣;而君之仓廪实,府库充,有司莫以告,是上慢而残
> 下也。⑤

百姓之所以眼见自己的长官战死而无动于衷,实因为这些长官平
时苛待于民,民不"亲其长",自然不会"死其上"。王道是民本德
政,霸道是强权力政。

　　其四,王霸之别,还别在战争出发点。孟子认为王道之战,是
为解救百姓于危难,是救民的义战、仁战,就如商汤伐葛:

---

①《孟子·梁惠王下》2.5。
②《孟子·梁惠王上》1.3。
③《孟子·公孙丑上》3.1。
④《孟子·梁惠王上》1.7。
⑤《孟子·梁惠王下》2.12。

　　　　《书》曰:"汤一征,自葛始。"天下信之,东面而征,西夷
　　怨;南面而征,北狄怨,曰:"奚为后我?"民望之,若大旱之望
　　云霓也。归市者不止,耕者不变,诛其君而吊其民,若时雨
　　降。民大悦。《书》曰:"徯我后,后来其苏。"①

商汤以仁义之师诛伐暴君,使百姓重获新生,因此百姓无不翘首
以盼。霸道之战,则是以力威服天下,春秋五霸"搂诸侯以伐诸
侯",被讨伐的诸侯不一定有罪,也并非全都与这些霸主作对,只
因不幸成为霸主创霸路上碍眼的绊脚石而必须搬走,有时可能完
全就是霸主借打击他们以向天下立威而已,孟子对春秋战争的评
价是"春秋无义战"。与春秋争霸相比,战国战争更重在兼并,"春
秋时代战争的主要目的在于争霸,战国时代战争的主要目的在于
兼并"②,其战争也更为残酷。当时齐国伐燕国,就是为了兼并燕
国,而非拯救燕民。

　　　　今燕虐其民,王往而征之,民以为将拯己于水火之中也,
　　箪食壶浆以迎王师。若杀其父兄,系累其子弟,毁其宗庙,迁
　　其重器,如之何其可也? 天下固畏齐之强也,今又倍地而不
　　行仁政,是动天下之兵也。③

齐国此举不仅遭到燕国人群起反抗,而且招来其他诸侯国联合反
击,最后齐宣王只能说"吾甚惭于孟子",悔不听孟子的建议。梁
惠王为了争夺土地城池,不仅"糜烂其民而战",惨败之后,不知
止,又"驱其所爱子弟以殉之"④,"长子死焉",所以孟子痛斥梁惠

---

①《孟子·梁惠王下》2.11。
②杨宽《战国史》,上海人民出版社,2003年,第2页。
③《孟子·梁惠王下》2.11。
④《孟子·尽心下》14.1。

王"不仁"。在孟子看来,王道之战是为民而战,所以得民心;霸道之战为争霸而战,不顾百姓生死,故而失民意。

其五,王霸殊异,别在最终结局。孟子多次说:仁者无敌,自信以仁政平治天下,治天下易如反掌,甚至可以"制梃以挞秦楚之坚甲利兵",即便是小国,也能由此一统天下,他说:"以力假仁者霸,霸必有大国;以德行仁者王,王不待大——汤以七十里,文王以百里。以力服人者,非心服也,力不赡也;以德服人者,中心悦而诚服也,如七十子之服孔子也。"①王道以德平治天下,人们心悦诚服,就会踊跃前来,欣然归顺,"沛然莫之能御也"。孟子甚至给出了推行王道、统一天下的时间表,他说:

> 师文王,大国五年,小国七年,必为政于天下矣。②

王道不仅可以统一天下,而且可以长治久安,江山永固,三代圣王之政就是很好的证明;反之,霸道以力威慑天下,只能控御天下于一时,却不能统一天下至长久。他说:"由今之道,无变今之俗,虽与之天下,不能一朝居也。"③依照战国时诸侯国君以武力杀伐为事的做法,即使把整个天下交给他们,江山易主必然会是转瞬之间的事情。后来的事实也证明孟子所言绝非夸大其辞,耸人听闻,秦国虽然仗恃强大的军事实力,横扫六国,混一海内,然而短短二十多年间,秦王朝就灰飞烟灭。由此可见,霸道可以得天下,却绝对不能守天下而至长久。

其六,王霸之别,还别在政道是顺从兽性,还是依从人性。如前所述,孟子论人性是将人与禽兽比较而言,认为人与禽兽有相

---

①《孟子·公孙丑上》3.3。
②《孟子·离娄上》7.7。
③《孟子·告子下》12.9。

同的特性,即食色之欲,这就是兽性;然而人还有与禽兽不同的独有特质,即"恻隐之心"、"羞恶之心"、"辞让之心"、"是非之心",这就是人性。人其实就人性与兽性的混合体。依据孟子思想,执政者无非只有两种主要的选择形式,一种是顺从物欲,依从兽性,实行"率兽食人"的"暴政";一种是顺从"四心",本诸人性,实行"保民而王"的"仁政"。"他的'人性'与'兽性'的对立,实际上暗示的是'仁政'与'暴政'的对立,'王道'与'霸道'的对立。我认为,假若我们不把孟子的人性论视为一般的人性论,而具体地视为政治人性论,我们就会看到,正是在这里,孟子才开始了自己真正意义上的文化创造,才真正开拓出了一片属于自己的文化领地。"①

　　经过孟子对王霸的深入辨析,王霸成为两种截然对立的政治路线,王道是统一天下的理想模式,王道是善政,霸道是恶政。孟子立场鲜明,尊王黜霸。"王、霸早在春秋时期已提出来了,其后孔、墨也都使用过王、霸概念。在孟子之前,王与霸并没有明显的对立,只是在政治上有所区分,王指统一的君主,霸指诸侯扮演了王的角色。王与霸都是被肯定的。王与霸没有政治路线的含义。在中国历史上,最先把王与霸作为不同的政治路线概念而使用的是孟子。"②而孟子崇王弃霸,实因周天子既无力约束诸侯,且自身已如强弩之末,而秦、魏、齐、楚等诸侯则有席卷天下之势,故审时度势,主张"以德行仁者王"。这是孟子在政治上不同于孔子之处,因为孔子尊崇姬周,故而致力于"正名从周",孟子则要为天下寻找一位真正的新王,"五百年必有王者兴",不论姓氏,只要能救

---

① 王富仁《孟子国家学说的逻辑构成:从孔子到孟子》(二),《西南民族大学学报》(人文社科版)2006 年第 6 期。
② 刘泽华《中国政治思想史(先秦卷)》,浙江人民出版社,1996 年,第 198 页。

民于水火,就是统一天下之王。孟子希望未来的新王以德王天下,而不是以力霸天下,因为以力霸天下,江山不会长久,百姓又会重陷战火之苦,再遭兵燹之灾。"孟子深察世变,急思拯民,其所想望者非周室之复兴,乃新王之崛起。"①孟子希望以良善的政治引得天下归往,而不是以暴力威慑天下屈服。

三、井田主张

推行井田是孟子王道论中一个非常重要的部分,也是其学说中的一个闪光点。孟子笔下的井田社会,往往成为那些忧国忧民之士改革田地不均,抑制土地兼并的神往之境。学术界一般认为我国夏、商、周三代曾经实行过井田制,但是目前所见最早、较为详细的记载则见于《孟子·滕文公上》。在孟子游说的国君中,唯有滕文公倾意孟子的仁政主张,他特意派使臣毕战向孟子请教井田制。孟子的回答是:

> 请野九一而助,国中什一使自赋。卿以下必有圭田,圭田五十亩;余夫二十五亩。死徙无出乡,乡田同井,出入相友,守望相助,疾病相扶持,则百姓亲睦。方里而井,井九百亩,其中为公田。八家皆私百亩,同养公田;公事毕,然后敢治私事,所以别野人也。此其大略也;若夫润泽之,则在君与子矣。②

从上可见,孟子井田制的具体规划是:把每平方里的土地按"井"字形均分为九块,每块一百亩,中心一块为公田,周围八块为朝廷分给八家农民的私田。每平方里按"井"字形划分出来的九块农

---

① 萧公权《中国政治思想史》,新星出版社,2005年,第65页。
② 《孟子·滕文公上》5.3。

田为一井之田,共九百亩。公田由八家农民共同耕种,八家农民必须在共同种完公田之后,才能去种自己的私田,公田的收入作为八家农户缴纳的田赋。

孟子坚信夏、商、周三代曾实行过井田制,他引《诗》为证:"雨我公田,遂及我私。"并且肯定"惟助为有公田",只有助法才有公田。所谓助法,就是政府借助农民的劳动力来耕种公家的田地以代赋税。商朝曾实行"七十而助"之法,即每家授田七十亩,同时同井农民助耕公田七十亩,不再另外纳税;周朝则实行"百亩而彻"之法,每家授田百亩,同井农民助耕公田百亩以代赋税,所以商周两朝都曾实行过井田制,但是商周两朝井田制的田亩数量并不完全相同,说明井田制也并非一成不变。

孟子认为采用井田制是适应社会发展的必然选择。其合理性有以下五点:

其一,可使国家"取于民有制","易于分田制禄"。随着社会的发展,物质文化生活的多样化,不仅出现了国家的各种职能部门,也产生了适应人们精神文化需要的不同机构,这些因素直接刺激和催生了社会分工的出现。社会越发展,分工愈精细,而各种各样的社会分工其实又可归为两大类,即劳心、劳力的分工。劳心者与劳力者各有其职。孟子的著名观点是:国家"无君子,莫治野人;无野人,莫养君子"[1];"劳心者治人,劳力者治于人;治于人者食人,治人者食于人"[2]。劳心者之职在于治国安民,负责和承担国家的政事政务,保障劳力者有安定、有序的生产、生活环境。每个人的时间精力有限,劳心者既然以治国安民为事,自然

---

[1]《孟子·滕文公上》5.3。
[2]《孟子·滕文公上》5.4。

无暇自耕以食,但又不能枵腹从公。为了维持国家的正常运转,就必须满足各级政府机构的从政人员的物质生活需求,也就只有向劳力者征收赋税,而劳力者也只有以自己劳动所得的一部分上缴政府供养劳心者,才能换取劳心者全力尽心国事,所以劳心者与劳力者之间的养与被养其实就是一种"通功易事",即劳动交换,赋税是实现二者"通功易事"的一种必然方式。但是征收赋税必须有制,既不能滥取,也不能不取。孟子认为,从历史经验考察,只有井田制才能保证真正做到"取于民有制"。因为在井田制下,公田、私田的划分严格分明,公田、私田收入的所有权也非常清楚,如此就能有效地防止滥取滥征。孟子理想的赋税制是:在农村采用九分取一赋率的助法;在城市采用十分取一赋率的贡法。

其二,使民有恒产,使民有均产,令民安心向善。孟子指出,王道之本在"养生丧死无憾"。治国安民,当务之急是保障百姓有足以维持生计的恒产,从而使他们上足以赡养老人,下足以抚养妻子儿女;而在井田制下,相同情况的家庭拥有相同的土地,不存在土地不均、贫富不齐的情况,百姓心态平和稳定,如此社会必定安定祥和。

其三,杜绝贪官污吏从中取利、兼并土地。在理想的井田制下,"仁政必自经界始",井田中彼此的经界准确无误,井田划分平均合理,每块田地的面积都为百亩,贪官污吏无机可乘。

其四,百姓之间关系和睦。共居一井的八户人家,由于同耕一井之公田,又由于私田相邻,出入劳作,相伴相随;保卫家园,抵御盗贼,互相帮助;疾病意外,互相照顾。由此促成他们之间友爱和睦,进而淳化民风民俗。

其五,便于有效的行政管理。在井田制下,生前的迁徙和死后的丧葬都在本乡完成。也就是说,如想变换居处,只能在本乡进行而不能迁往他乡;死后也只能埋葬在本乡。如此,每乡便成一固定的行政单位，为朝廷管理提供了方便。

以上五点，至为重要的有两点，一是制民之产，保证民有恒产；二是正经界，行助法，既可保证民有均产，也可保证"取于民有制"，更可防止土地兼并。这是孟子主张实行井田制的基本出发点。

然而，孟子的井田制只是一个笼统的大纲，在细节上有三处模糊不清，甚至混乱：

其一，孟子理想中的井田制与古代井田制不完全一致。根据孟子自己推断，商周两朝曾实行井田制，并且确定殷周的赋率都是十分取一，但是他又说："殷人七十而助，周人百亩而彻。"那么，按照十分抽一的赋率计算，"殷人七十而助"，就必须九家共一井，每家授田七十亩，助耕公田七十田，一井之田为七百亩，才能实现十分抽一的赋率；同样，周人也必须九家共一井，一家授田一百亩，一井之田共为一千亩，才能达到十分抽一的赋率。由此推理，不难看出，殷周两代即使实行"助法"助耕公田，但其田地形制，与孟子的八家共一井的"九一而助"的"井"字形井田制并不完全吻合。换言之，孟子向滕文公使臣描述的井田制并不一定就是古代井田制的原貌。

从孟子与毕战的谈话语气和用词也可以证明这一点。孟子在谈到井田制的赋率时，曾用了一个"请"字。说："请野九一而助，国家什一使自赋。"对此，清人任启运说："言'请'者，孟子就滕言滕；言为滕计，当如此耳；非周原有是定法也。"[1]"九一而助"的井田制是孟子根据前代井田制修改润色之后的一种田制，并不是商周原来的田制。孟子自己也说："此其大略也；若夫润泽之，则

①（清）任启运《四书约旨》，《四库全书存目丛书》影印本，178 册，齐鲁书社，1997 年，第 225 页。

在君与子矣。"①意思是，自己所说只是井田制的大概情况，具体细节还需采用井田制的人进行修饰和调度。

　　由此可见，孟子盛情、郑重推出的井田制其实只是一个大致轮廓而已。孟子之所以不能确知古代井田制的原貌，有两点原因：一是当时的井田制已遭到严重的破坏。商鞅"废井田，开阡陌"就是很好的旁证。据《战国策·秦策三》记载："商君决裂阡陌"。"阡陌"就是井田之内纵横向的小道。"决裂阡陌"无疑就是废除"井田"。《汉书·食货志》的记载更加明白："(秦)用商鞅之法，改帝王之制，除井田，民得买卖。"②《孟子》中没有言及商鞅，或许商鞅"废井田"所在的秦国与孟子所在的邹国相隔甚远，孟子未能亲眼目睹商鞅对田制的改革，但是他曾愤然斥责那些"辟草莱，任土地"之人，极力主张对这些人处以刑罚，因为这些人为了增加赋税，驱使百姓开垦草莽，极尽地力，破坏了古代田制。说明孟子周围的田制显然已非三代旧制，所以孟子不能从当时的现实田制获知古代田制的确切样貌。二是记载古代田制的文献已遭毁灭。孟子曾谈到自己对周朝的爵位、俸禄等级制度知之不详，其原因就是有关文献已被毁灭。"北宫锜问曰：'周室班爵禄也，如之何？'孟子曰：'其详不可得闻也，诸侯恶其害己也，而皆去其籍；然而轲也尝闻其略。'"③诸侯认为周朝制定的爵位和俸禄等级制度对己不利，遂将有关文献毁灭，而周朝的俸禄制与田制密切相关，事关俸禄制的文献被毁，自然有关田制的文献也不能幸免，因此孟子很难从历史文献中获知井田制的原始样貌，那么孟

---

①《孟子·滕文公上》5.3。
②《汉书》，中华书局，1962年，第1137页。
③《孟子·万章下》10.2。

子所谈的井田制在一定程度上就不可能是古制的原始样貌,而是他"根据有限的历史资料重新构建的一种理想"①。

其二,"暴君污吏必慢其经界"中的"经界"所指不明。孟子认为暴君污吏贪得无厌,为了征取更多赋税,必然打乱正确的经界划分,但是暴君污吏所"慢"的经界,指的是公田与私田之间的经界,还是私田与私田之间的经界,或者是整个井田中的经界,抑或是国与国之界,孟子没有明确的交代,以致后人在此问题上聚讼纷纭。

其三,没有考虑到如何应对井田制下的人口变化。按照孟子的设想,"死徙无出乡",同居一乡之人,其生前的迁徙和死后的丧葬都在本乡完成,那就意味着人口的流动都局限于本乡,本乡之人不得迁往他乡,他乡之人不能迁入本乡。依此而论,如果本乡之人减少,就不能依靠他乡之人来补充,那么势必造成本乡人少地多;而一乡之人增多,也不能迁往他乡,则会出现人多地少。这样,孟子所谓井田制下土地均平的理想必然被打破。如何应对必然出现的人口变化,孟子未置一词。

由上可见,孟子热情高扬的井田制,事实上存在着一些内在的矛盾和混乱。这也许是孟子未曾虑及的。所以孟子的井田制,虽然在解决土地兼并、土地不均方面有一定作用,但由于其内在缺陷,使得后人多将井田说视为田地规划的一种理想,鲜有人将其付诸具体实施。不仅如此,千百年来,孟子井田论也因此而成为一大历史公案,古今学者都纷纷发表意见,然而依然众说纷纭。

20世纪以来,围绕井田以及井田制是否存在的问题,学者们的看法莫衷一是。归纳起来,主要有三种。

一是肯定历史上确有井田制度,胡汉民、吕思勉、廖仲恺、朱

①杨泽波《孟子评传》,南京大学出版社,1998年,第167页。

执信、胡范若、稽文甫、朱契、徐士圭、周谷城、邱运喜、吴慧、金景芳、徐喜辰等均主此说。胡汉民甚至认为"井田是计口授田、土地公有、古代相沿的一个共产制度"①。徐喜辰以金文、甲骨文以及先秦文献中有关井田的相关记载为依据,肯定存在井田制,认为"井田是古代普遍存在的制度"②。

二是否定历史上存在井田制度,认为这是孟子凭空虚造,是孟子的乌托邦理想。胡适、范文澜、季融五、吴其昌、齐思和、胡寄窗、高光晶、钱玄、赵世超等持此说,胡适在《井田辨》中指出,"井田的均产制乃是战国时代的乌托邦。战国以前从来没有人提及古代的井田制"③;"井田制是孟子凭空虚造出来的,孟子自己未曾说得明白,后人一步一步越说越周密,其实都是演述《孟子》的,不可用来证孟子。"④钱玄在《井田制考辨》指出,实行井田制必须具有受田、井田、助法三个条件,周代并不具备受田、井田的基本条件;虽实行过助法,但与井田、受田制无关,所以井田制只是孟子的设想。

三是中间派,承认有井田,但不承认是一种制度,或者认为是孟子在原来田制上的想象与附会。祝百英、梁园东、童书业、郭沫若、张博泉、傅筑夫、张传玺、陈昌远、李则鸣、李根蟠等持此立场。童书业认为"农村公社的'井田'制度,当然是古代存在过的,不过孟子把它理想化了,孟子按照他的'制民之产'的理想来确定'井田'制度"⑤。

①胡汉民《唯物史观与伦理之研究》,民智书局,1927年,第73页。
②徐喜辰《井田制度研究》,吉林人民出版社,1984年,第7页。
③《民国丛书》编辑委员会编《胡适文存》(卷2),上海书店出版社,1989年,第249页。
④《民国丛书》编辑委员会编《胡适文存》(卷2),上海书店出版社,1989年,第283页。
⑤童书业《先秦七子思想研究》,齐鲁书社,1982年,第90页。

关于学者对井田的争论①,详见王和《近年来井田制研究综述》、周新芳《本世纪以来井田制有无之争述略》、周书灿《民国以来井田有无之辨综论》等,此不再赘述。

四、仁政举措

孟子王道的落实,在于实现仁政。从现存《论语》来看,孔子对学生谈得最多的是个人的为学修身,成仁成贤,虽主张德政,但却未见有详细构划。相较于孔子德政的疏略,孟子的仁政,却有涵盖经济举措、军事举措、教育文化举措、人才举措等较为全面的设想、构划。

1.经济举措

孟子以"养生丧死无憾"为"王道之始",所以在其王道举措中首重经济。

首先要"制民之产"。所谓"制民之产",即给民制定产业,予民恒产。恒产,指足以维持生计的固定私有产业。在分析百姓的实际情况后,孟子指出:"若民,则无恒产,因无恒心。苟无恒心,放辟邪侈,无不为已。"②民没有固定的谋生产业,就不会安心向善守法,容易违法乱纪,胡作非为,走上犯罪的道路,因此孟子极力主张予民恒产。古代社会,农民是社会的主要力量;土地是农民赖以生存的根本所在。孟子看到当时社会最严重的问题就是土地问题,认为解决了土地问题,其他政治、社会问题等都会迎刃而解,因此他强调予民恒产,主要在于解决农民的土地问题,保证

---

①按:参见朱执信、胡汉民、吕思勉、胡适、季融五、廖仲恺《井田制度有无之研究》,华通书局,1930年。
②《孟子·梁惠王上》1.7。

农民拥有一定数量的土地作为固定的私有产业。他主张"八口之家"当分给"百亩粮田"和"五亩园宅"。孟子向齐宣王描绘了百姓取得恒产后的美好前景。

> 五亩之宅,树之以桑,五十者可以衣帛矣。鸡豚狗彘之畜,无失其时,七十者可以食肉矣。百亩之田,勿夺其时,数口之家可以无饥矣。谨庠序之教,申之以孝悌之义,颁白者不负戴于道路矣。①

这是一幅充满理想色彩的图画。百姓有此恒产,就可衣食无忧,"仰足以事父母,俯足以蓄妻子";"养生丧死无憾",自然安心向善守法,所谓"衣食足则知荣辱",对于促进社会安定和发展起着决定性作用。

其次,要"不违农时",保护农耕,促进生产发展。他说:"不违农时,谷不可胜食也。"②朱熹《四书集注》云:"农时,谓春耕夏耘秋收之时。凡有兴作,不违此时,至冬乃役之也。"③本着以"佚道使民"的原则,在征役民力时,要避开农事节令,不妨碍农耕,这样才能保证粮食收成,使谷粟食用有余。"谷不可胜食",百姓没有饥饿之苦、无所憾恨,这就是实行王道的开始。

第三,"薄税敛"以减轻百姓的负担。孟子认为向民征收一定的赋税以维持国家正常开支是非常必要的,但要"取于民有制",不能多取滥征。他反对当时的繁赋苛敛,对"憔悴于虐政"的百姓深为同情。他主张对乡野农民实行九分之一赋率的助法,对城市商人、手工业者实行十分之一赋率的贡法。对乡野农民的九一赋

---

①《孟子·梁惠王上》1.3。
②《孟子·梁惠王上》1.3。
③(宋)朱熹《四书章句集注·孟子集注》,中华书局,2011年,第189页。

率可以通过推行井田制的方式实现。需要注意的是,孟子虽然主张"薄税敛",但并不提倡无限制的削减。他不同意过轻的税收,认为白圭提出的"二十取一"的赋率根本无法满足国家的各项开支,所以不仅极力反对,且斥之为"大貉小貉"。

另外,孟子还特别对商人有所关注。重农抑商是中国古代社会的传统观念,但是处在中国古代社会早期的孟子,虽重农,却并不抑商。他认为商人"通功易事"、"以羡补不足",对于社会经济发展起着非常重要的作用,而其本身在互通有无的交换活动中并没有得到多少实际利益,所以他提出了保护商人的具体办法。

> 市,廛而不征,法而不廛,则天下之商皆悦,而愿藏于其市矣;关,讥而不征,则天下之旅皆悦,而愿出于其路矣。①

在市场上给商人提供储存货物的场所,但不征税;当商人货物积压,政府不能无所作为,可以依法征购,免使商人血本无归;商旅过往关卡,只稽查违法行为,不向商旅征税。孟子这些对商人免税、为商人解困的举措,虽是为了招徕商旅,其实也是为了保护商人。而且为了保护更多的商人,孟子反对独占和垄断市场利润,批判那些独占和垄断市场利润的人是"贱丈夫"。孟子保护商人的思想,为儒家经济思想注入了新鲜血液。

2.军事举措

孟子王霸之辨的根本特征就是以德王天下,反对兼并战争,所以在军事上,孟子反对一切罔顾百姓生死、只为兼并的战争。所有与推动兼并战争相关之事,孟子都一概予以批判。他斥责当时那些"良臣"为"民贼",因为他认为为臣之责在于引君向道和志于仁,而当时那些"良臣",将百姓生死抛诸脑后,迎合君主称霸的

---

①《孟子·公孙丑上》3.5。

野心，或者积极为君"辟土地，充府库"，以求富国强兵、加强军备，为兼并战争做准备；或者鼓动如簧之舌，煽风点火，以合纵连横之术游说诸侯，挑起战争；或者逞其善战之能，扬威沙场，奋勇作战以为君开疆扩土。他认为这些所谓"良臣"的所作所为，是"率土地而食人肉"，与"民贼"无异，其"罪不容于死"，应当分别处以与其罪行相当的刑罚。他主张："善战者服上刑，连诸侯者次之，辟草莱、任土地者次之。"①

当然，孟子并非反对一切战争。他认为解民倒悬，救民于水火，"以至仁伐至不仁"的战争仍非常必要，并且因为这样的战争深得民心，所以也战必胜。他说："仁人无敌于天下"，"君子有不战，战必胜矣。"②孟子甚至认为，如若君王不仁，残暴虐民，荼毒百姓，那么就失去了为人君王的资格，就是独夫民贼，对于独夫民贼，人人可得而诛之；兴兵讨伐暴君，就是正义之战，所以孟子赞成"汤伐夏桀"、"周文武伐殷纣王"，他们取旧君而代之，不是"弑"，而是为民伸张正义。

在崇尚武力、兵连祸结的乱世，孟子反对兼并战争，主张以德统一天下，确实"迂远而阔于事情"，自然不会被统治者接受。但是他强调统一天下，必须修德行仁、解决百姓的痛苦，争取百姓的支持和归附，则表现了一个政治家的远见卓识。

3.教育文化举措

孟子重视教育，认为良好的道德教育对改变人的思想、淳化社会风尚具有重要作用，所以他主张在百姓饱食暖衣的基础上，在农民闲暇之时，设庠、序、学、校以教民孝悌，使民"明人伦"，懂

---

① 《孟子·离娄上》7.14。
② 《孟子·公孙丑上》4.1。

得"父子有亲,君臣有义,夫妇有别,长幼有叙,朋友有信"①的道理;做到立身行事不违人伦。使老有所养、幼有所归,君臣上下各安其位、各尽其责;乡党邻里"出入相友,守望相助,疾病相扶持"②。如此则社会安定,天下太平;倘若强敌来犯,"可使制梃以挞"其"坚甲利兵矣"。

虽然孟子提倡对民教育,其目的在于使"人伦明于上,小民亲于下",进而巩固统治者的统治地位,但仅就把民作为受教育的对象这一点而言,孟子这一主张在当时社会无疑具有其积极意义,因为孟子肯定了百姓也有受教育的权利,把教育的大门向百姓敞开。

在文化娱乐上,孟子主张与民同乐。在与齐宣王论"好乐"时,二人有这样一段对话:

> (孟子)曰:"独乐乐,与人乐乐,孰乐?"(齐宣王)曰:"不若与人。"

> (孟子)曰:"与少乐乐,与众乐乐,孰乐?"(齐宣王)曰:"不若与众。"③

在此,孟子引导齐宣王认识到,与大家一起欣赏音乐,比一个人或与少数人一起欣赏音乐更快乐。孟子进一步向齐宣王指出,王如"好鼓乐"、"好田猎",却不"与民同乐",就不可能享受到真正的快乐,因为这些活动为百姓所厌弃和憎恶;反之,"与民同乐",就可以王天下。由此,孟子主张在上位者应当与民同欢乐、共忧患。他说:"为民上而不与民同乐者,亦非也。乐民之乐者,民亦乐其

---

① 《孟子·滕文公上》5.4。
② 《孟子·滕文公上》5.3。
③ 《孟子·梁惠王下》2.1。

乐；忧民之忧者，民亦忧其忧。乐以天下，忧以天下，然而不王者，未之有也。"①孟子此说被范仲淹凝练为"先天下之忧而忧，后天下之乐而乐"，而传诵久远。

4. 人才举措

孟子主张任用官员，要尊贤使能，使俊杰在位。总结以往国家兴盛衰亡的历史经验教训，孟子看到了重用人才的重要性，汤用伊尹，故"不劳而王"；桓公用管仲，"故不劳而霸"；秦穆公亦因"用百里奚而霸"；反之，"不信仁贤，则国空虚"②，"不用贤则亡"，所以孟子主张"尊贤"和"用贤"。

任用贤人，还要突破血缘的限制，打破亲者、尊者的局限，任用身份卑微或者关系疏远的贤德之士。他指出历史上有些杰出人物，他们建立了不朽功勋，但是却出身卑微，如："舜发于畎亩之中，傅说举于版筑之间，胶鬲举于鱼盐之中，管夷吾举于士，孙叔敖举于海，百里奚举于市。"③国君只要能不拘一格，举拔贤才，就可使天下贤士"皆悦，而愿立于其朝矣"。天下贤士纷纷来归，人才济济，则国家兴旺发达易如反掌。值得注意的是，孟子提倡选用身份卑微的贤士，只不过是在亲者、尊者无贤可进时的弥补措施，因为他对齐宣王说："国君进贤，如不得已，将使卑逾尊，疏逾戚，可不慎与？"④在孟子思想中，血缘氏族宗法观念依然根深蒂固，所以他的人才主张也就未能摆脱周朝世卿世禄的固有模式。孟子依然怀恋有"世臣"的"故国"。

①《孟子·梁惠王下》2.4。
②《孟子·尽心下》14.12。
③《孟子·告子下》12.15。
④《孟子·梁惠王下》2.7。

　　孟子这一套仁政举措,在列国纷争、天下扰攘的乱世,无疑超越了时代现实,没有能够植根的现实土壤,具有浓厚的理想主义色彩,在当时自然不可能被统治者欣赏和接受,因此也不可能付诸实施;然而从人类长远发展来看,孟子以民为本的仁政主张却又是具有远见卓识的政治思想,故而一直为后世儒者奉为理想政治。受其影响,两汉以后,一些开国之初的有道明君也能在一定程度上重视民生疾苦,在发展生产的同时,注意减轻百姓的负担,与民休息,使民能够安居乐业,促进了社会的安定。

　　孟子的王道理想政治,表达了孟子良善的政治愿望,体现了儒家的君子人格政治,实质是一种"理想化的君本论"政治,其"主旨是在君本论的前提下建立一种'理想政治'"①。其本质是德治主义。孟子主张从道德入手解决社会问题,政治问题依赖于道德问题的解决,政治实为道德的延伸和外化。其具体特点是:肯定庶民的作用,重视民心的向背,强调保障庶民的利益,君主修德行仁,君主的权力要受到适当的限制。

　　需要注意的是,在孟子的王道政治观中,虽然提出过"民为贵,社稷次之,君为轻"②这样惊世骇俗、振聋发聩的民本观念;也赞赏汤、武放伐桀、纣,称许这是诛杀"一夫"而解民倒悬的正义之举,但孟子也提出过如下之说:

　　　　或劳心,或劳力;劳心者治人,劳力者治于人;治于人者食人,治人者食于人,天下之通义也。③

────────────

① 杨泽波《西方学术背景下的孟子王道主义——对有关孟子王道主义一种通行理解的批评》,《华东师范大学学报》2005年第4期。
②《孟子·尽心下》14.14。
③《孟子·滕文公上》5.4。

孟子肯定了社会上有劳心与劳力的分工,劳心者代表的是统治阶层、权力集团以及我们现在所说的知识分子;劳力者代表的是被统治阶层,相当于我们现在所说的劳动人民。孟子对劳心与劳力分工的肯定,实际是承认了在社会发展过程中统治阶层掌控被统治阶层的必然性和必要性。综合孟子这两方面思想来看,孟子的王道政治就不仅仅代表统治阶层的利益,也不仅仅代表广大百姓利益,而是从国家的整体构成及其内部关系的角度对国家发展的重新思考,重视的是国家结构的完整性与有效性,反对用任何单独一方的利益取代整个国家的利益,主张双方都要在国家利益中发挥自己能够发挥的作用,从而也使双方能在国家的安定和发展中获得各自应该得到的利益。

所以孟子的王道政治,虽然强调要重民、爱民、保民,要限制君权,但是其政治目的,却并不是以强民而弱化君主的地位和利益,而是要使君保民而王,最后获得的是上下和睦,百姓安宁,君权稳固,国家强大,是孟子强国、福民而"无敌于天下"的理想政治。

本章结语

在继承和发展前人伦理道德思想的基础上,孟子在伦理规范、伦理价值等方面完善了先秦伦理学说,构筑了比较完整的伦理思想体系。孟子主要提出了三个序列的伦理规范:一、孝悌;二、五伦;三、四德。孝悌是孟子伦理思想的基础,孟子所提倡的孝道主要包括生前孝养、死后丧祭、下继后世三个方面。孟子将春秋"五教"发展成为"父子有亲,君臣有义,夫妇有别,长幼有叙,朋友有信""五伦",把"五教"所指纯粹的家庭关系与社会政治相联系,将属于社会政治关系的君臣、朋友关系纳入伦常范围,其

"五伦"思想的核心在于人与人之间的伦理关系,而非人与神的关系;强调了每一个人的责任和义务,只要处在此种伦理关系中,就有相应的责任和义务。四德,即仁义礼智,孟子以此为最高伦理原则,以仁义为"四德"之中心,更加强化了儒家道德理性和道德优先的原则。

心性论是孟子王道论的基础,孟子反复辩说心性,目的是为其王道仁政论寻找人性根据。就此而言,孟子的人性论可以说是政治人性论。孟子建构自己独立的国家观念和政治理想的基石正是他的政治人性论。而孟子依据其人性论,在国家政治与王道理想领域的探索,构建了中国人、特别是中国知识分子的国家观念及其政治理想,"在两千余年间的各种不同的严峻政治环境里,我们中国人,特别是中国知识分子,尽管成效甚微,但却始终没有完全放弃过这种政治理想。……这与孟子为我们建构起来的国家观念以及政治理想是有莫大关系的"①。

孟子辨王霸,别义利,体现了中国古代文人士大夫阶层所特有的社会批判精神,表达了他们对善的追求,以及使社会政治最大限度地与道德相吻合的政治理想,以道德净化社会纷争;在客观上则促进了中国传统政治哲学的发展。围绕这一问题,秦汉以后的思想家展开了精彩的讨论,深化了人们关于政治的本质、目的、原则及其评价标准的认识,丰富了中国传统政治哲学的内容。"如果没有王霸义利之辨,就不会有中国传统政治哲学的发展。"②

---

① 王富仁《孟子国家学说的逻辑构成:从孔子到孟子》,《西南民族大学学报》2006 年第 6 期。
② 孙晓春《王霸义利之辩述论》,《吉林大学社会科学学报》1992 年第 3 期。

第四章　弟子疑孟①与时人责孟

　　《孟子》一书，除了记录一些孟子个人独白式语录外，主要记录了孟子与弟子、诸侯、时人的问答之辞，这些与孟子相与问答者，是孟学史上最早认识孟子其人和接触孟子思想的人。由于《孟子》一书特殊的记录视角，所以在《孟子》中，他们主要是以提问者的身份出现，孟子对他们的问题作出了回答，但很少看到他们对孟子答问的回应，即便如此，从他们的发问以及很少的回应中，也能大略看出他们对孟子其人其说的态度。

第一节　弟子疑孟

　　在孟子未出游之前，就已开始收徒教学，孟子收徒原则是"往者不追，来者不拒"②，因此虽不及孔子有三千弟子之众，但是门下弟子至少也在数百人之上，因为他出游时，就已有"后车数十乘，从者数百人"③相随；七十返邹以后，仍在收徒讲学，所以孟子

---

①按：在此特别强调，孟子弟子"疑孟"不同于宋代李觏等人"疑孟"，因为孟子弟子之疑，是弟子因困惑而疑，而非李觏等人进行的学术批判。
②《孟子·尽心下》14.30。
③《孟子·滕文公下》6.4。

门下弟子人数当颇为可观。

　　不过见于《孟子》一书的孟子弟子，依据赵岐之见，只有乐正子、公孙丑、万章、陈臻、公都子、充虞、季孙、子叔（疑）、高子、徐辟、咸丘蒙、陈代、彭更、屋庐子、桃应等十五人，孟仲子、告子、滕更、盆成括等四人则是学于孟子者。可是宋人认为《孟子》所载的孟子弟子不止十五人，当是十八位，所以他们将孟庙从祀孟子的弟子确定为十八人。《宋史·礼志》对此有详细记载：

　　　　五年，太常寺言："兖州邹县孟子庙，诏以乐正子配享，公孙丑以下从祀，皆拟定其封爵：乐正子克利国侯，公孙丑寿光伯，万章博兴伯，告子不害东阿伯，孟仲子新泰伯，陈臻蓬莱伯，充虞昌乐伯，屋庐连奉符伯，徐辟仙源伯，陈代沂水伯，彭更雷泽伯，公都子平阴伯，咸丘蒙须城伯，高子泗水伯，桃应胶水伯，盆成括莱阳伯，季孙丰城伯，子叔承阳伯。"[①]

其后清人全祖望《经史问答》、崔述《孟子事实录》、周广业《孟子四考·孟子出处时地考》以及今人杨泽波[②]等都对孟子弟子有考辨。结合《孟子》文本，参考前人时贤之论，笔者认为乐正子、公孙丑、万章、公都子、陈臻、充虞、咸丘蒙、陈代、彭更、屋庐子、桃应、徐辟、孟仲子等十三人可以确定为孟子弟子。

　　这十三人都对孟子提出过问题，他们提出的问题主要有两大类：

　　第一类是针对历史以及当时社会现象的提问。在孟子弟子的提问中，这类提问最多。如万章问孟子关于尧、舜、禹帝位传承以及夏启家天下的建立等，万章问孟子："象日以杀舜为事，立为

————————

① 《宋史》，中华书局，1977年，第2551页。
② 杨泽波《孟子弟子考辨》，《孔子研究》1998年第1期。

天子则放之,何也?"①咸丘蒙问孟子:"《诗》云:'普天之下,莫非王土;率土之滨,莫非王臣。'而舜既为天子矣,敢问瞽瞍之非臣,如何?"②等等,这类问题都非针对孟子思想,孟子回答之后,未见他们对孟子答问的回应,所以看不到他们对孟子思想的态度和评判。

第二类是明确针对孟子思想以及孟子本人出处进退的提问。这类提问表明孟子弟子并非只是被动受教,其实他们也在以自己的视角审视老师的言与行,因为对老师的一些行为和思想感到困惑,所以发问。其中充虞、陈臻、公孙丑、陈代、彭更、屋庐子等人都有类似发问。在其发问中,他们对孟子出处进退及学说的态度也就显露无遗。综合这类提问,我们看到众弟子对老师孟子有诸多疑虑。

一、疑孟子其说

孟子弟子中,针对孟子思想的提问,只有公孙丑、公都子所问较多。

比较而言,在众弟子中,公孙丑对孟子王道政治思想有比较深入的思考。公孙丑是齐国人,非常推崇春秋时齐国名相管仲与晏婴,认为"管仲以其君霸,晏子以其君显"③,管仲、晏子之功,鲜有人能与之匹敌,如果孟子能在齐国执政,是否也能复兴管、晏之功? 他问孟子:"夫子当路于齐,管仲、晏子之功,可复许乎?"④可

---

①《孟子·万章上》9.3。
②《孟子·万章上》9.4。
③《孟子·公孙丑上》3.1。
④《孟子·公孙丑上》3.1。

是孟子断然否定了管仲、晏子之功,鄙视他们"得君如彼其专也,行乎国政如彼其久也,功烈如彼其卑也"①。孟子认为以齐国当时之势,如果辅助齐王实行王道,"以齐王,若反手也",王天下易如反掌,可管、晏二人却未能使齐国王天下,不过以霸道耀威天下而已。公孙丑不同意孟子的观点。他说:

> 若是,则弟子之惑滋甚。且以文王之德,百年而后崩,犹未洽于天下;武王、周公继之,然后大行。今言王若易然,则文王不足法与?②

公孙丑以历史事实反问孟子,指出以文王之大德,且年寿一百,统领周族的时间也很长,而终其一生,都未能王天下,后来还是赖武王、周公二人不懈努力,周朝才最终统一天下,圣德如周文王都未能王天下,足证王天下并非易事。公孙丑认为孟子的王道主张固然美好,但是脱离现实,没有可以植根的土壤,很难实现,他说:"道则高矣,美矣,宜若登天然,似不可及也;何不使彼为几及而日孳孳也?"③公孙丑建议孟子降低王道标准,使人们能够看到努力的希望,否则标准太高,难若登天,人们就会望而却步。鲁国打算让孟子弟子乐正克治理国政,孟子闻听,"喜而不寐",公孙丑对此大感不解,乐正克既不"强",也非"有知虑"、"多闻识",孟子为何"喜而不寐"? 孟子答:"乐正子好善。"即乐正克喜听善言。公孙丑立即追问:"好善足乎?"④在公孙丑看来,国家治理恐怕不是仅凭"好善"就能解决一切问题。可见,公孙丑本人更推崇管仲、晏

---

① 《孟子·公孙丑上》3.1。
② 《孟子·公孙丑上》3.1。
③ 《孟子·尽心上》13.41。
④ 《孟子·告子下》12.13。

婴的霸道政治,孟子的王道为政思想只能是美好的理想,没有实现的可能性,更不可能如孟子所说能够"运于掌"、"由反手";而国家治理也不能仅凭"好善"。

公孙丑对孟了的重要思想"不动心"和养气论有思考,也有疑问。孟子自称"四十不动心",告子也能不动心,那么老师孟子的"不动心"与告子"不动心"有何区别?且"不动心有道乎?"孟子称自己所长在知言养气,那么孟子养气论所言:"既曰:'志至焉,气次焉。'又曰:'持其志,无暴其气'者,何也?"[1]公孙丑此问,其实已经触及孟子养气论的关键,因为志气关系实为孟子养气论的命脉所在。可惜,他未能对此有更加深入的探究。

公都子对孟子思想的发问主要针对孟子人性论。他问孟子:

> 告子曰:"性无善无不善也。"或曰:"性可以为善,可以为不善;是故文武兴,则民好善;幽厉兴,则民好暴。"或曰:"有性善,有性不善;是故以尧为君而有象;以瞽瞍为父而有舜;以纣为兄之子,且以为君,而有微子启、王子比干。"今曰"性善",然则彼皆非与?[2]

又问:

> 钧是人也,或为大人,或为小人,何也? ……钧是人也,或从其大体,或从其小体,何也?[3]

从公都子这两问来看,显然他非常熟悉当时关于人性之说讨论的状况,他列出了与孟子人性论不同的三种人性论观,并且认为其中有的人性论也有其合理性,因为他的疑问是:孟子说"性善",那

---

① 《孟子·公孙丑上》3.2。
② 《孟子·告子上》11.6。
③ 《孟子·告子上》11.15。

么这四种人性论是否都有错误？如果人性为善，那么为什么有大人、小人之分，为什么有的人只知"从其小体"，从欲而行，有的人则能"从其大体"，从心而为。公都子其实是在怀疑孟子人性论能否解释现实社会当中人的复杂性。然而公都子的疑是一种犹疑，是不确定性的疑。《孟子》没有介绍孟子答疑之后公都子的态度，所以我们无从知道公都子是否最终被孟子说服而同意孟子人性论。

二、疑孟子出处进退

对孟子出处进退的疑问，在孟子弟子对孟子的提问中占有很大比重。

个别弟子对孟子不能管控自己情绪变化表示不解。在齐国多年，孟子最终认识到齐王不可能推行王道，所以毅然决定离齐返邹。此时他已是七十老翁，无力再去周游天下、宣扬王道，理想无法实现的失落也就自然写在脸上。然而弟子们似乎不理解，充虞站出来问："夫子若有不豫色然。前日虞闻诸夫子曰：'君子不怨天，不尤人。'"①充虞此问，自有排解孟子心中烦恼之意，实也暗含批评孟子之意，批评孟子教人"不怨天，不尤人"，自己却未能言出必行，逼得孟子只好说："彼一时也，此一时也。"

一些弟子对孟子的待物接人方式表示不解，陈臻、屋庐子、公都子三人于此有疑。

陈臻之疑是：

> 前日于齐，王馈兼金一百，而不受；于宋，馈七十镒而受；于薛，馈五十镒而受。前日之不受是，则今日之受非也；今日

①《孟子·公孙丑下》4.13。

之受是,则前日之不受非也。夫子必居一于此矣。①

陈臻很不解,因为在齐,临行,齐王所送一百金,孟子断然拒绝了;可是后来在宋、在薛,临行,宋王所送七十金,薛王所送五十金,孟子却悉数接受;同是诸侯馈赠钱物,或拒绝,或接受,二者不可能都正确,总有一者为非。他请孟子为其开解。孟子的回答是:"皆是也。"因为所处情形不同。因为齐王赠送孟子钱物,没有正当理由,没有正当理由,却赠送孟子财物,就是用金钱收买,而君子"焉可以货取"?

屋庐子所疑是:孟子居邹,接受了任国执政者季任的交友礼物,当时没有回报;孟子居平陆,接受了齐国卿相储子的交友礼物,当时也没有回报;可是后来,孟子从邹国到任国,专程回访季任;到齐都时,却不回访储子。依屋庐子之见,季任、储子都是送来礼物交友,孟子对二人都应回访,而孟子只回访季任,不回访储子,难道是因为二人身份有别,储子只是卿相之职,而季任是执政大臣,孟子才如此行事?屋庐子认为孟子此行"有间",也就是有错误。在孟子解释后,屋庐子明白:"季子不得之邹,储子得之平陆。"②孟子是否回访对方,不是看对方身份,而是看对方是否真诚有礼。

公都子所疑是:

滕更之在门也,若在所礼,而不答,何也?③

公都子的不解是:孟子收徒教学,从不拒绝学生来学,然而滕更来学,孟子不仅不以礼相待,且拒绝回答滕更的问题。公都子显然

①《孟子·公孙丑下》4.3。

②《孟子·告子下》12.5。

③《孟子·尽心上》13.43。

有为滕更抱不平之意。孟子答曰：

> 挟贵而问，挟贤而问，挟长而问，挟有勋劳而问，挟故而
> 问，皆所不答也。滕更有二焉。①

孟子虽然对来学者"来者不拒"，但是求学者必须谦虚真诚，师生之间应当是纯粹的教与学的关系，学生不能有"挟"而问，求学者要摆对自己的位置。

　　一些弟子对孟子出游、游说的方式表示不解，彭更、陈代等人于此就有疑。彭更认为孟子的出游方式失于"泰"，他曾问孟子："后车数十乘，从者数百人，以传食于诸侯，不亦泰乎?"②彭更认为孟子周游列国的方式，不仅招摇，而且是"无事而食"，无功食禄，违背士人之道，此种行为非常过分。显然他不赞成孟子的出游方式。他甚至还很尖锐地询问孟子："梓匠轮舆，其志将以求食也；君子之为道也，其志亦将以求食与?"③难道老师推行王道，就是为了混口饭吃吗？陈代则认为老师游说方式失于"小"，即拘泥小节，离邹出游，目的就是游说诸侯，可是孟子却从不主动谒见诸侯。在陈代看来，孟子"宜若小然"，只要主动谒见诸侯，"大则以王，小则以霸"④，他希望孟子能够"枉尺直寻"，为推行王道稍加变通。彭更、陈代都不赞成孟子出游和游说的方式。

　　还有弟子对孟子出仕为政表示困惑，公孙丑对此有较多不解，举其要者，他主要有三大困惑。一是：孟子身居齐卿之高位，奉命前往滕国吊丧，身为主使，往返齐、滕之间，却不与副使王欢

---

①《孟子·尽心上》13.43。
②《孟子·滕文公下》6.4。
③《孟子·滕文公下》6.4。
④《孟子·滕文公下》6.1。

商谈吊丧事宜,任由王欢独断独行,在公孙丑看来,老师此举实为失职。公孙丑对孟子出仕的困惑之二是:出仕受禄,天经地义,可是孟子在齐后期,却拒绝接受齐国俸禄,道理何在? 公孙丑对孟子出仕的第三大困惑是:如果孟子能"加齐卿相,得行道焉",由此成就霸王之业,孟子是否为此而"动心"? 在他看来,一般人处此之境可能都会"动心"。三大困惑中,前两者是已经发生之事,第三者则是公孙丑的假设。

三、疑孟子自我定位

除了以上问题,公孙丑还十分关心孟子的自我评价。孟子告诉公孙丑自己四十已不惑,所以即便"加齐卿相,得行道",由此成就霸王之业,也不会为之"动心"。公孙丑认为若如此,那么老师孟子远远超过以勇闻名的孟贲,并追问孟子"恶乎长"。闻听孟子自称所长在养气、知言,公孙丑认为孔子都称"我于辞命,则不能也"①,孟子既有德,又知言,"然则夫子既圣矣乎"? 那么孟子是否自认为已达圣境,可称为"圣人"。孟子的回答是:"夫圣,孔子不居。"②孔子都不敢自居为圣,自己更不敢妄称为圣。于是公孙丑又问:在孔子弟子中,子夏、子游、子张"皆有圣人之一体",即各有孔子一部分长处;冉牛、闵子、颜渊"具体而微",即大体近于孔子,那么老师孟子于孔子弟子更愿意选择哪类弟子自处? 在公孙丑这类发问中,他将孟子与孟贲、告子、孔子以及孔子弟子相比较,实质是想借此了解孟子的自我定位与自我期许。

---

① 《孟子·公孙丑上》3.2。
② 《孟子·公孙丑上》3.2。

四、疑孟母丧事

据《孟子》载,孟母当逝于孟子二次游齐之时。孟母的棺椁由孟子弟子充虞负责监制,然而在监制孟母棺椁过程中,充虞心中始终横亘着一个疑虑,因为丧事很紧,他不好向孟子请教。当孟子在鲁国葬完母亲,返回齐国时,充虞立即前来请教孟子,他说:

> 前日不知虞之不肖,使虞敦匠事。严,虞不敢请。今愿窃有请也:木若以美然。①

充虞认为孟母的棺木太过精美。从孟子以"君子不以天下俭其亲"②的辩解来看,孟子显然没有在母亲丧事上节俭,可能还很铺张。充虞并不完全赞同孟子办理母亲的丧事如此铺张,所以他虽然认真完成了老师交给的任务,但是他不能不向孟子表明自己的看法。而充虞此疑,也并不是他一个人有此见,应当是当时很多人的看法,因为后来鲁平公取消与孟子的约见,找到的一个借口就是:孟母的"棺椁衣衾之美"超过了应有的规格。

综上可见,于孟子其人其说,即使是弟子,也有怀疑。毫无疑问,孟子弟子是孟学史上最早接触孟子、最早对孟子其人其说发表看法的一部分人,从《孟子》所见,他们对孟子的审视和评判有三点值得注意:

其一,他们对孟子的审视,只是学生对老师因为相处日久、或因近距离相处有所思之后的直觉反映,而非研究者从研究的角度进行的深度发掘。

---

① 《孟子·公孙丑下》4.7。
② 《孟子·公孙丑下》4.7。

　　其二,他们的主要关注点在于孟子个人的出处进退。孟子对母亲丧事的处理,孟子个人心理情感的变化,孟子出仕为政,孟子对待君王、权贵的态度和方式,孟子收徒教学,孟子自我定位以及自我期许,等等,是他们关注的热点。在孟子众弟子中,公孙丑、公都子对孟子思想有较多关注。公孙丑认为孟子王道思想"道则高矣,美矣",敏锐地看到孟子王道思想与社会现实之间存在的距离;他对孟子"不动心"与"养气论"的发问,也触及到了孟子思想的关键,然而没有进一步再作深入探究。公都子举出三种不同人性论与孟子的人性善相比较,流露出对孟子人性善的怀疑。整体而言,孟子弟子对孟子思想的把握既不全面,也不深入,多是浅层追问。

　　其三,他们以常情常理审视孟子,于是对孟子的出处进退、思想主张产生疑问。孟子出行,已有数百弟子相随,年老返邹,仍在收徒讲学,所以孟子弟子人数一定在数百人之上,然而在《孟子》中出场的却只有公孙丑、万章等十三位弟子,而这些弟子大多不是以孟子赞美者的姿态出现,多是以孟子问疑者的面貌出现。个别弟子甚至因为找到孟子的岔子而兴奋不已。在孟子答疑后,只有"屋庐子悦",表示理解孟子所行,其他弟子在孟子释疑之后,是否认可孟子之说,我们不得而知,所知者,如公都子、公孙丑等,也多是怀疑,如公都子对孟子出游方式的怀疑,公孙丑对孟子的行王道如"运于手"的怀疑,等等。

　　一千年之后的宋朝,在孟子地位升格之时,怀疑孟子的声音也夹杂其间,所以如果混言之,孟子弟子对孟子之疑,可谓孟学史上疑孟者之先声。当然必须明确指出的是,孟子弟子于孟子其人其说的疑,与后来疑孟、非孟者不同,他们对孟子其人其说的疑,多是因不解、困惑而疑,是出于尊孟,而后来疑孟、非孟者对孟子的疑，则是出于批孟，消解孟子在儒家的地位。

第二节　时人责孟

在中国孟学史上，孟子弟子之外，最先接触孟子的无疑是与孟子同时之人，也就是公都子所说的"外人"。见于《孟子》的"外人"，人数有限，有当时君王，有君王身边的大臣，还有几位，不知其姓名，如那位为齐王挽留孟子的客人，《孟子》就没有告知其姓甚名谁。

当时诸侯，孟子所见者不过梁惠王、梁襄王、齐宣王、滕文公而已，其中只有滕文公尝试接受孟子之说，并付诸实践，但也无疾而终。梁惠王、齐宣王等只是厚待和礼遇孟子，对孟子宣扬的王道主张虽称其"大哉"、"善哉"，实际并不以为然，齐宣王甚至以"寡人有疾"、"寡人好货"、"寡人好勇"、"寡人好色"等为借口推托，令孟子失望而归。

诸侯礼遇孟子而不真用孟子，而诸侯身边的大臣以及当时其他人对孟子的评价也并不高，公都子曾对孟子说："外人皆称夫子好辩。"①说明当时很多人认为孟子不过就是一辩士而已，除此而外，他们对孟子多是批评和责备，责备的名实理由还各不相同。

一、责孟子非贤

臧仓是鲁平公宠幸的嬖臣，曾指责孟子非贤。臧仓指责孟子的理由是："礼义由贤者出；而孟子之后丧逾前丧。"②臧仓认为按

---

①《孟子·滕文公下》6.9。
②《孟子·梁惠王下》2.16。

照礼制，父尊于母，可是孟子办理父母丧事时，却把母亲的丧事办得比父亲丧事隆重许多，母丧重于父丧，就是尊母重于尊父，这是背礼之行，所以孟子不是贤德之人，因此他极力阻挠鲁平公与孟子见面。鲁平公听信臧仓之说，果真取消与孟子的约见。后来孟子学生乐正克，要求鲁平公解释"孟子之后丧逾前丧"，是否是"前以士，后以大夫；前以三鼎，而后以五鼎与"①？经乐正克提醒，鲁平公明白孟子办理父母丧事并非违礼，因为孟子父丧时，身份是士，所以用士"三鼎"之礼办理父亲丧事；孟子母丧时，身份是大夫，所以用大夫"五鼎"之礼办理母亲丧事，从形式上看，母丧规格高于父丧，但其实都是循礼而为，并非违礼。即便如此，鲁平公依然没有改变对孟子的看法，还辩称他所说的"后丧逾前丧"，是指孟子将母亲的棺椁衣衾置办太过精美。臧仓与鲁平公抓住孟子母亲丧事大做文章，指责孟子非贤。

无独有偶，齐国淳于髡也指责孟子非贤。淳于髡是齐国稷下学宫著名学者，以博学善辩著称，长期活跃于齐国政治学术领域，上说下教，对齐国的强盛和稷下学术的发展都有重要贡献。淳于髡以自己的眼光审视孟子，认为孟子有诸多不是。他与孟子之间有一段著名对话：

淳于髡曰："男女授受不亲，礼与？"

孟子曰："礼也。"

曰："嫂溺，则援之以手乎？"

曰："嫂溺不援，是豺狼也。男女授受不亲，礼也；嫂溺，援之以手者，权也。"

曰："今天下溺矣，夫子之不援，何也？"

①《孟子·梁惠王下》2.16。

　　　　孟子曰：“天下溺，援之以道；嫂溺，援之以手——子欲手
　　援天下乎？”①

淳于髡指责孟子在天下动荡之际，固守脱离现实的政治理念，眼
见天下水深火热，却不知变通，积极挽救，孟子此种行为与“嫂溺
不援”无别，进而讥讽孟子非贤。他说：

　　　　先名实者，为人也；后名实者，自为也。夫子在三卿之
　　中，名实未加于上下而去之，仁者固如此乎？……鲁缪公之
　　时，公仪子为政，子柳、子思为臣，鲁之削也滋甚；若是乎，贤
　　者之无益于国也！……昔者王豹处于淇，而河西善讴；绵驹
　　处于高唐，而齐右善歌；华周、杞梁之妻善哭其夫而变国俗。
　　有诸内，必形诸外。为其事而无其功者，髡未尝睹之也。是
　　故无贤者也；有则髡必识之。②

淳于髡讥讽孟子官居齐国三卿之一，却“名实未加于上下”，上未
能辅君，下未能济民，对齐国政治没有任何有益的作为，“为其事
而无其功”。淳于髡毫不留情地批评孟子宣扬的仁贤治政观于时
无补，指出鲁缪公时，公仪子、子柳、子思都是当时所谓大贤，可是
在他们执政时，鲁国却反而更加衰弱，所以不仅孟子推崇的仁贤
治国理论于治国无益，孟子自己本人也未能于此有所建树，孟子
并非真贤。

　　臧仓是鲁平公的一介嬖臣，鲁平公是一国君主，淳于髡是齐
国有声望的学者、政治家，三人地位不同，可是却都指责孟子非
贤，足见孟子在当时处境之尴尬。

---

① 《孟子·离娄上》7.16。
② 《孟子·告子下》12.6。

二、责孟子不尊君

如前所言,为帝王之师是孟子处理与君王关系的原则,他从来没有将自己等同为一般大臣,总是以君王之师的姿态出现,绝不在君王面前俯首低眉,绝不做被人随意驱遣的奴仆,君主的要求如果有失敬意,必断然拒绝。齐王以"有寒疾,不可以风"为由,取消与孟子事先定好的约见,让孟子第二天来朝。孟子闻言,也以"不幸而有疾,不能造朝"为辞,拒绝第二天上朝觐见,可是第二天却"出吊于东郭氏"。孟子这一行为,遭到齐人景丑氏的批评。

景丑氏指责孟子这一行为违背君臣之道。他说:

> 内则父子,外则君臣,人之大伦也。父子主恩,君臣主敬。丑见王之敬子也,未见所以敬王也。①

景丑氏认为父子、君臣,都是世间最重要的关系,是"人之大伦",君臣之间以敬为主,齐王对孟子礼貌周全,非常尊敬,可是孟子却并不尊齐王,居然拒绝奉诏,孟子此举实是违背君臣伦理。景丑氏还认为,孟子拒绝王命,不上朝见君,不仅不敬王,而且也是悖礼之行。他说:

> 礼曰,"父召,无诺;君命召,不俟驾。"固将朝也,闻王命而遂不果,宜与夫礼若不相似然。②

按照礼规,听到父亲召唤,儿子连"诺"都不及说,就要立即起身;听到君主召唤,不等车驾好,臣就要立即起身前往。孟子本来已准备上朝见齐王,可是一听王命召唤,反而找借口推辞,拒不奉召,明显违礼。

———————

① 《孟子·公孙丑下》4.2。
② 《孟子·公孙丑下》4.2。

　　景丑氏以礼制审视孟子对待齐王的方式,认为孟子所行不仅违背君臣大伦,实质也是违背君臣礼规。

三、责孟子进退失据

　　孟子周游列国,总是忍不住要发表自己的观点,哪怕所见者为一小吏,也会有所建言。齐大夫蚔蛙辞去灵丘邑宰之职,请调做了士师,士师有进言之责,可是蚔蛙上任数月并未向齐王进一言。孟子为此询问蚔蛙:"今既数月矣,未可以言与?"①蚔蛙只好向齐王进言,可是进言遭到齐王拒绝,无奈蚔蛙只得辞职离去。齐国有人为蚔蛙鸣不平,说:"所以为蚔蛙则善矣;所以自为,则吾不知也。"②言下之意,实是指责孟子催促别人进言,自己却不发一言,出处进退,责他人严,责己宽。孟子只得辩解,自己之所以不进言,是因为自己无官守,又无言责,所以"进退,岂不绰绰然有余裕哉"?

　　孟子离齐返邹,齐人尹士责备孟子说:

> 不识王之不可以为汤武,则是不明也;识其不可,然且至,则是干泽也。千里而见王,不遇故去,三宿而后出昼,是何濡滞也? 士则兹不悦。③

孟子离开齐国,结束数十年游说诸侯的生活。齐人尹士对孟子这场游历的评价是否定的。认为孟子如果不知道齐王不可能成为商汤、周武那样的圣君,那么就是孟子对当时社会以及齐王没有清醒和准确的认识;如果明知齐王成不了商汤、周武王那样的圣

---

①《孟子·公孙丑下》4.5。
②《孟子·公孙丑下》4.5。
③《孟子·公孙丑下》4.12。

君,依然还来齐国,那么就是贪求富贵;与齐王不相遇合,关系不融洽,决定离开齐国,却又走走停停,没有毅然决然的果断。尹士这番指责,应该在当时具有代表性,所以当高子将尹士这番话转告给孟子后,孟子进行了详细的辩白。虽然在听到孟子辩白,明白了其中原委,尹士自称"士诚小人",但是他对孟子的指责,其实孟子已经听到,并且将其郑重写进书中。后人从中可以看到孟子在当时的处境。

综上可见,当时人从为人德行、君臣大伦、礼制规范、出处进退审视孟子,审视的结果,对孟子多是指责和批评。但这些人根本没有论及孟子思想的核心,由此可证孟子思想在当时确实处境尴尬。

本章结语

在中国孟学史上,孟子弟子及时人是最早接触孟子的人,也是最早对孟子其人其说发表看法的人。从《孟子》所见,不仅时人对孟子言行有责备,即便是孟子弟子,也对孟子言行有疑问。但他们所疑、所责的主要关注点在于孟子的出处进退,而不在孟子思想。整体而言,孟子弟子以及时人对孟子思想的把握既不全面,也不深入,多是浅层次的疑和责。孟子弟子以及时人对孟子言行的疑问和责备,昭示出孟子思想在当时处境的尴尬,不仅君王不接受他的思想,其行、其说还被弟子怀疑、时人责难。当然在回答这些弟子、时人的质疑中,孟子特立独行的个性、卓然不凡的思想也就由此清晰地呈现出来。孟子实质也是藉释弟子之疑、答时人责难,阐明自己的思想观点。

第五章　告子驳孟

弟子疑孟，时人责孟，孟子都可以轻松应答，因为他们的疑与责并没有触及孟子思想要害。真正让孟子觉得如临大敌的是告子。

第一节　告子身份考

关于告子的身份，学界存在争议。争议缘于东汉赵岐《孟子章句》对告子的简短注解：

> 告子者，告，姓也。子，男子之通称也。名不害。兼治儒、墨之道者。尝学于孟子，而不能纯彻性命之理。①

在这里，赵岐告诉人们三个信息：一，告子之名是"不害"；二，告子之学，"兼治儒、墨之道"；三，告子"尝学于孟子"。赵岐告知的这三个信息，引起人们对告子真实身份认识的纷争。据告子之"名不害"，后人将告子与《孟子》文中提到的浩生不害相混，认为告子就是浩生不害；据告子"兼治儒、墨之道"，人们认为《孟子》中的告子与《墨子》中的告子，是同一人；据告子"尝学于孟子"，人们认为告子是孟子的学生，甚至还有人认为告子先学于墨子，后又学于

---

① （清）阮元校刻《十三经注疏・孟子注疏》，中华书局，1980 年影印本，第2747 页。

孟子。

目前学界一致认为告子与浩生不害并非一人,将告子与浩生不害当作一人,是对赵岐注解的误解。学界主要的争议在于:《孟子》中的告子与《墨子》中的告子是否是同一人,又是否是孟子的学生。

孙诒让明确否定《孟子》中的告子与《墨子》中的告子是同一人。在为《墨子》作注时,他引苏时学之语:"然此告子自与墨子同时,后与孟子问答者,当另为一人。"①孙诒让分析赵岐之所以说《孟子》中的告子"兼治儒、墨之道",或许是受了《墨子·公孟》墨子师徒谈论告子之语的影响,误认《墨子》中的告子与《孟子》中的告子为同一人。为《墨子·公孟篇》作注时,孙诒让说:"《孟子·告子篇》赵注云:'告,姓也。子,男子之通称也。名不害。兼治儒、墨之道者。尝学于孟子。'赵氏疑亦隐据此书,以此告子与彼为一人。王应麟、洪熙煊说并同,然以年代校之,苏说为是。"②今人陆建华认为孙诒让所引苏氏的论据不充分,他从思想言论考察,认为《孟子》中的告子主张"仁内义外","《墨子》中的告子自以为能'治国为政',《孟子》中的告子则自始至终不言'为政'。此外,告子成名于人性论的研究,《墨子》中的告子未言及人性。两个告子既然无丝毫相同甚至相似的思想,他们应是没有学术联系的两个人。"③

反之,梁启超、钱穆、郭沫若、庞朴④、杨泽波⑤等认为:《孟子》

---

① (清)孙诒让《墨子间诂》,中华书局,1954年,第281页。
② (清)孙诒让《墨子间诂》,中华书局,1954年,第281页。
③ 陆建华《告子辨析》,《孔子研究》2008年第2期。
④ 详见庞朴《告子小探》,载《庞朴文集》第一卷《六家浅说》,山东大学出版社,2005年,第152—160页。
⑤ 详见杨泽波《孟子弟子考辨》,《孔子研究》1998年第1期。

中的告子与《墨子》中的告子实为同一人。梁启超说:"《公孟篇》记墨子与告子语,而告子又曾与孟子论性,参合两书言论,其为一人无疑。孙氏据赵岐《注》谓告子曾学于孟子,疑其年代不相及,因谓当是两人。……依孙氏所推定谓墨子及见齐康公之卒,则下距孟子生不过三年,告子得并见二人,殊不为奇。即如吾所推定,墨子卒下距孟子生不过十余年,则以弱冠的告子得上见晚年的墨子,以老宿的告子得下见中年的孟子,年代并非不相及。"①梁启超肯定两个告子为同一人,还从年代上考证告子可以与孟子相见,破除孙诒让的二人年代不相及之说。钱穆同意梁氏的主张,说:"余考墨子卒在安王十年左右,而孟子生在安王十三四年以下。或孟子之生,竟及墨子之未死,则《墨》《孟》书中告子之为一人,尤无可疑。"②目前,学界多认为《墨子》中的告子与《孟子》中的告子就是同一人。

　　至于告子与孟子是否是学生与老师的关系,学界多不认同孟、告有师生关系。梁启超说:"案《孟子》本文,无以证明告子为孟子弟子,非惟不是弟子,恐直是孟子前辈耳。"③梁启超没有说明《孟子》本文哪些证据证明告子不是孟子弟子。孙世扬弥补了这一缺憾,他从称谓、年龄两方面论证告子非孟子弟子。孙世扬指出,《孟子》中的《公孙丑》篇、《万章》篇均以弟子之名命名,而《告子》篇却以"告子"名篇,未用告子之名;且孟子与告子相与问

---

① 梁启超《饮冰室专集之三十九》,见《饮冰室合集》第八册,中华书局,1989年,第82页。
② 钱穆《先秦诸子系年考辨》,商务印书馆,2001年,第215页。
③ 梁启超《饮冰室专集之三十九》,见《饮冰室合集》第八册,中华书局,1989年,第82页。

答,以及应答弟子有关告子之问,都不称告子之名,均以"子"相称,"称子而不名,盖尊之亦远之尔"①。孙世扬还以孟子所说"告子先我不动心"为据,证明告子比孟子年长,其"先我者,盖谓其年齿长于我也,非必如赵注所谓未四十也"②。孙世扬以孟子对告子的尊称以及告子比孟子年长,否定告子不可能是孟子的学生。根据孟子尊称告子为"子",排除孟、告有师生关系,"颇为精彩",但是以告子比孟子年长,否定孟、告有师生关系,"就不可取",因为年长者也有可能拜年幼者为师。

我们认为从《孟子》文本来看,梁启超等人关于告、孟无师生关系比较可信。最重要的理由有两条,一是称谓,二是告子与孟子问答的方式。

从称谓来看,正如学者所言,《孟子》中的《公孙丑》篇、《万章》篇均以弟子之名命名,独《告子》篇以"告子"名篇,未用告子之名;且孟子应答弟子有关告子之问,不称告子之名,而是以"子"相称。除此而外,我们还注意到,在《孟子》中,孟子弟子确也有称子者,如公都子、乐正子(乐正克)、屋庐子、徐子(徐辟)、孟仲子、陈子(陈臻)等人,但这些多是孟子其他弟子对他们的称呼,并不是孟子对他们的称呼。孟子直接称其为"子"的人,有许子(许行)、陈仲子(陈仲)、墨子(墨翟)、夷子(夷之)、"时子"、"孔子"等,而这些人都非孟子弟子,所以孟子不称告子之名,只称"告子",说明"告子"与"许子"等人同类,而非孟子弟子。

从告子与孟子论辩方式来看,与公都子、屋庐子等人对孟子的问疑不同,告子完全是站在自己思想的立场,与孟子据理力

---

①孙世扬《告子辩》,《制言》1935 年第 2 期。
②孙世扬《告子辩》,《制言》1935 年第 2 期。

争，二人之间是平等的论辩，毫无学生在老师面前谦逊向学之意。

综上，我们认为，告子与孟子确无师生关系。

至于《孟子》中的告子与《墨子》中的告子是否为同一人，目前在尚无确切文献资料可资证明的情况下，暂可存疑。不过，我们更赞同告子与墨子无师生关系。因为依据《孟子》文本成例，墨家后学夷之、神农学者许行，文本都明确告知此二人的学习师承、学源归属，《滕文公上》介绍许行、夷之出场之言是："有为神农之言者许行"，"墨者夷之因徐辟而求见孟子"①，如果告子就是墨子弟子，为什么《孟子》不像许行、夷之一样介绍告子的学派归属呢？何况孟子视墨子之学为异端，与异端学者辩论，只要说明其所学为异端，不也可以成为批判和战胜对方的理由吗？孟子与陈相、夷之辩论时，就是如此套路。孟子指责陈相学于许行是"下乔木而入于幽谷者"，亦为"不善变矣"；与夷之相辩时，也是从夷之自己信从墨家薄葬却又厚葬其亲，说明墨家之说背离人性。可是在与告子辩论时，孟子无一字言及告子与墨家的关系，而且赵岐作注时，虽然指出告子"兼治儒、墨之道"，却并没有点出他曾经师从墨子。这些信息都表明告子与墨子有师承关系的可能性不大。

第二节　驳孟子性善论

告子不同意孟子的人性论，他当面予以反驳。其反驳孟子人性论的主要言论如下：

---

① 《孟子·滕文公上》5.5。

性犹杞柳也,义犹桮棬也;以人性为仁义,犹以杞柳为桮棬。①

性犹湍水也,决诸东方则东流,决诸西方则西流。人性之无分于善不善也,犹水之无分于东西也。②

生之谓性。③

食色,性也。④

性无善无不善也。⑤

从以上言论可以看出,告子对人性问题有非常深入的思考,而且他的思考形成了自成体系的逻辑链条。他在尝试从多种角度阐述和说明人性,也在努力为人性确定准确的内涵。

告子以杞柳为喻驳孟子人性论。告子指出,杞柳可以加工成杯盘,但杞柳本身并不是杯盘;杯盘是杞柳加工改造的结果,杯盘并不是杞柳;人性好比杞柳,仁义好比杯盘,仁义是人们后天建立的道德原则,是对人们行为的规范,如果以仁义为人性,就如同把杯盘当做杞柳,是以后天改造所成的品格当做人性。告子认为不能以后天改造的品格视为人性,因为这不符合人性的真实。

告子又以湍水为喻驳孟子人性善。告子指出,湍水的本性在于其流动性,流无定向,流向东,或流向西,关键在于外力之"决",即取决于决口所在方向,不能因为湍水流向东、流向西,就认为流向西是湍水之性,或流向东是湍水之性。人性亦如本无定向的湍

①《孟子·告子上》11.1。
②《孟子·告子上》11.2。
③《孟子·告子上》11.3。
④《孟子·告子上》11.4。
⑤《孟子·告子上》11.6。

水,无善无不善,人为善,或为恶,都是后天环境影响以及后天人为牵引下的行为。告子认为不能将人在后天环境影响和后天人为牵引下的行为品性视作人性。

告子认为认识人性的正确途径应从生来俱有的资质探求。从生而俱有的资质来看,告子认为人性就是"食色",所谓"食色,性也"。人性就是饮食男女,也就是人的生存本能、繁衍本能与感官欲求,而人的生存本能、繁衍本能与感官欲求,是人的正常需要,无所谓善与不善,不具有伦理性,所以人性先天与道德无关,也就是说"性无善无不善也。"

告子人性论的深刻性在于他从人生而俱有的先天自然属性论人性,正视人的生物属性,非常清醒地认识到人会受环境、外力的影响而改变,因而不能将后天行为、后天品格与先天人性等同。

然而,告子单以自然生物属性论人性,却不能解释同有"食色"之生物属性的犬、牛、人为何却又各不相同,所以孟子反驳告子说:

> 孟子曰:"生之谓性也,犹白之谓白与?"
>
> 曰:"然。"
>
> ……"然则犬之性犹牛之性,牛之性犹人之性与?"①

依孟子之见,按照告子所论人性就是人生而俱有,就如同说凡白的事物都是白,因为白的事物之所以为白,也是生而俱有其白,同理,凡是具为生物属性的犬之性、牛之性与人之性,也应是相同的,然而凡有生活常识者都明白犬之性、牛之性与人之性显然不同。孟子对告子的反驳,说明不能纯以人的自然生物属性论人性,因为这是人与牛、犬相同之处,人之为人,就在于人与犬、牛有

---

① 《孟子·告子上》11.3。

所异,论人性应着眼于人性之独有性。

告子以杞柳之喻反对将后天品格等同先天人性,所以断定人性与仁义无关,但告子却未能解释为什么杞柳可以加工成杯盘,本性无善之人为何却能成为仁义之人,所以孟子对此进行了反驳。

> 子能顺杞柳之性而以为桮棬乎? 将戕贼杞柳而后以为桮棬也? 如将贼杞柳而以为桮棬,则亦将戕贼人以为仁义与? 率天下之人而祸仁义者,必子之言夫![1]

这段文字中有一个关键词"戕贼"。"戕贼"即毁伤。孟子反问告子,用杞柳制成杯盘,是顺着杞柳的本性制成,还是毁伤杞柳本性制成? 在孟子看来,杞柳之所以可以制成杯盘,是因为杞柳本身具有制成杯盘的性能,人们是顺应杞柳之性将其制成杯盘;如果杞柳本身不具有制成杯盘的性能,那么就是毁伤杞柳的本性而做成,而被毁伤了本性的杞柳也就不成其为杞柳。同理,仁义也不是毁伤人的本性而来,因为人性中本有实现仁义的可能性。此番辩论,孟子论证了人性本有道德的可能性,所以践行仁义才有可能;仁义内在于人性之中,因此践行仁义,不是违反人性,恰恰是顺应人性。

告子以湍水流无定向为喻,说明人性本无善与不善,对此,孟子也有反驳:

> 水信无分于东西,无分于上下乎? 人性之善也,犹水之就下也。人无有不善,水无有不下。[2]

虽然从平面空间来看,水流无定向,可向东,可向西,但水无论向

---

[1]《孟子·告子上》11.1。
[2]《孟子·告子上》11.2。

东或向西,在其自然状态下,从立体空间来看,水其实都是向下,
"水无有不下",所以"人无有不善",人性固有其善。孟子此番辩
驳,精准地点明了告子认识上的缺漏,然而以"水无不下",认定
"人无有不善",却是无类比附。

　　告子从生而俱有的自然生物性判定人性,反对以后天品格、
后天行为判定人性,就是将人的自然属性与社会道德属性相区
别,强调人性先天无道德属性,但其自身却存在逻辑漏洞,被孟子
抓住把柄,又将其驳得语塞。而在反驳告子时,孟子再次强调人
性在于人之独有性,善是人本有,也是人独有。在与告子的辩论
中,孟子的人性论愈加清晰。

第三节　驳孟子仁义说

　　告子认为人性无善无不善,所以也就不赞成孟子的仁义非由
"外铄"之说,他的观点是"仁内义外"。

　　然而如从字面上看,"仁内义外",既不是告子首创,也与儒家
思想不矛盾。因为我们在郭店楚简中也看到完全一致的话语。
郭店简《六德》篇有言:

　　　　仁,内也;义,外也。礼乐,共也。内立父子夫,外立君臣
　　妇也。疏斩布经丈,为父也,为君亦然。疏衰齐牡麻经,为昆
　　弟也,为妻亦然。袒免,为宗族也,为朋友亦然。为父绝君,
　　不为君绝父。为昆弟绝妻,不为妻绝昆弟。为宗族疾朋友,
　　不为朋友疾宗族。人有六德,三亲不断。门内之治恩掩义,
　　门外之治义斩恩。①

──────────

① 李零《郭店楚简校读记》,北京大学出版社,2002 年,第 131 页。

细绎《六德》所言，内指父、子、夫、昆弟、宗族，外指君、臣、妇、妻、朋友。父、子、夫、昆弟、宗族是家族之内具有血亲关系之人，君、臣、妇、妻、朋友是家族之外非血亲关系的人。对于家族之内有血亲关系的人与家族之外非血亲关系的人，因其血亲远近以及身份等级的差异，服丧的规格相应不同，也就是"门内之治恩掩义，门外之治义斩恩"，是儒家"亲亲"、"尊尊"精神在丧服制上的具体体现，杜维明就认为此处简文所言"仁，内；义，外也"，"讲的是治理家庭和治理社会的原则上的不同。'门内之治恩掩义'，治理家庭的主导原则是亲情；'门外之治义断恩'，治理社会的主导原则是义务。"①李景林也认为，郭店简文"指的就是'门内之治恩掩义，门外之治义斩恩'，亦即治理家族内和家族外的方法和原则应有所不同。'内'指'门内'即家族内；'外'指'门外'即家族外。'仁、义'从'治'即治理的方法角度谈问题。'仁内'的'仁'，乃指'恩'即亲情或亲亲言，而不是孟子所言人性善那种人的价值本原意义上的'仁'。'义外'的'义'指'尊尊'言，用今语说，这是义务的问题，不是感情的问题。"②要言之，郭店简《六德》所言"仁内义外"，是说家族内外当用不同的道德方法和原则，而此原则与方法，不仅与孔子思想一致，孔子说：仁者爱人，"泛爱众而亲仁"③，仁爱天下众人，要先由亲始，而后推及天下，有亲疏远近轻重之别；而且与孟子思想也不冲突，因为孟子也说："亲亲而仁民，仁民而爱物。"④孟子也曾明言，朋友与父子

①转引自李景林《伦理原则与心性本体》，《中国哲学史》2006 年第 4 期。
②李景林《伦理原则与心性本体》，《中国哲学史》2006 年第 4 期。
③《论语·学而》1.6。
④《孟子·尽心上》13.45。

之间，不能采用同样的道德方法与原则，"父子之间不责善。责善则离，离则不祥莫大焉"①。"责善"，即求全责备；父子之间不能"责善"，对朋友则要"责善"，"责善，朋友之道也；父子责善，贼恩之大者"②，这也是门内用恩、门外用义。所以如以道德方法与原则论仁义，那么孟子也是持"仁内义外"者，果真如此，告子反对孟子就属无理取闹。

事实是，告子所说"仁内义外"，与《六德》"仁内义外"，只是文字相同，其思想内涵却有根本区别。告子的"仁内义外"不是谈论道德的方法与原则，而是分析仁义与人性的关系。孟子主张"仁义礼智根于心"，认为仁义内在于人性；告子反驳孟子这一观点，与孟子往来交锋，辩论精彩，兹引其文如下：

> 告子曰："食色，性也。仁，内也，非外也；义，外也，非内也。"

> 孟子曰："何以谓仁内义外也？"

> 曰："彼长而我长之，非有长于我也；犹彼白而我白之，从其白于外也，故谓之外也。"

> 曰："异于白马之白也，无以异于白人之白也；不识长马之长也，无以异于长人之长与？且谓长者义乎？长之者义乎？"

> 曰："吾弟则爱之，秦人之弟则不爱也，是以我为悦者也，故谓之内。长楚人之长，亦长吾之长，是以长为悦者也，故谓之外也。"

> 曰："耆秦人之炙，无以异于耆吾炙，夫物则亦有然者也，

① 《孟子·离娄上》7.18。
② 《孟子·离娄下》8.30。

然则耆炙亦有外欤！"①

从上可见，告子认为"食性"为性，所以人性本无仁义，但是仁义又确实是现实社会人们崇尚且也在努力践行的伦理道德，从产生机制而言，仁义是有内外之别的两种不同道德意识。因为"仁"是爱悦之情，爱自己的弟弟，而不爱秦人之弟，"是以我为悦者也"，爱与不爱，由我决定，不由身为弟弟的人决定；真正的爱悦之情应当自然真诚，没有勉强，而这只有对亲人方能如此，主观而内在。可见，在告子看来，仁始于情，主要是家族亲情，是家庭情感伦理，而且爱他人与否，操之在我，决定于主体自我之"悦"，所以说"仁，内也"；而义不同，如同"彼白而我白之，从其白于外也"，事物本身是白色，所以我才能认之为白色，我的这一认识由外在事物客观事实之"白"所决定；同样，"彼长而我长之，非有长于我也"，他人年长，所以我尊敬他，而年长是他人的客观事实，非由我决定；换言之，我是否尊敬他，是由他人的年长所决定，所以说"义，外也"。与始于情的"仁"相比，尊敬他人之"义"，是出于理性，所以是理性伦理，"长楚人之长，亦长吾之长，是以长为悦者也，故谓之外也"，无论是家族亲人中的长者，还是家族之外楚人的长者，因其年长，故而都要尊敬他们，所以"义"还是社会伦理。唐君毅对告子"仁内义外"有精辟分析：

> 循告子所谓"食色性也"及"生之谓性"之说，人性之自身，亦确不能言善不善者。此善不善，只能就此性之表现于一生命之存在状态，与其他生命之存在状态之关系上说。如人为求自己之食色之欲之满足，而妨碍及他人之生，妨碍他人之足其食色之欲，即为不善。然此不善，可说只为一生命

---

① 《孟子·告子上》11.4。

之存在状态，与其他生命之存在状态之外在关系。人当求此外在的关系之能调协，自尊重其生，亦即当尊重他人之生，此为人之义。有如后起之一生命，当尊重彼先行之一生命，即称为敬长之义。然此义之为义，乃由外面实有先行之他人之生命之存在，方可说其为当然之义。故此义虽为吾人之心之所能知，而却初非原自吾人之性。故告子必主义外。至于告子于仁之所以说之为内者，则盖以仁之表现为爱。此爱虽为爱其他之生命，然此中可说我要爱才爱，则爱纯为我之生命所发，不似义之当敬其他之生命，乃由客观上之其他生命之存在，使我觉得不当不敬，而不得不敬也。①

概言之，告子之"仁内义外"，仁之爱悦，操之在我，始于情，是家族情感伦理；而义之尊敬，决定于他人身份，出于理性，是社会理性伦理。二者是内外有别的道德意识。

告子虽然反对作为道德意识的仁不内在于人性，但认为仁始于情，尤其家族亲情，与孟子思想有一定程度的一致性，所以孟子没有着力分析告子"仁内"说中存在的问题，而主要驳斥了告子的"义外"说。孟子指出，固然敬自家兄长与敬他人之长者，是因为他们年长而敬，可是我们并不会单单因年长而敬，因为我们不会因为一匹马年长而敬"长马"，敬他人之长者，因为他们与我们是同类，而能够对"人之长"作出判定，且待之以敬，是"行吾敬"，取决于"我"之选择与取舍，而非由外在因素所决定，所以孟子说："长者义乎？长之者义乎？"义的最终决定因素在"长之者"，而非长者，可见，义的依据在内，而非在外。

---

① 唐君毅《中国哲学原论　原性篇》，中国社会科学出版社，2005 年，第 11—12 页。

告子"仁内义外"说，认识到了始于家庭情感的道德意识与出于理性的社会道德意识有别，有其合理性，但是忽视了无论是出于情感的道德意识，还是于出于理性的社会道德意识，最终都要由主体自我做出选择和决断，因此，只以仁为内，而以义为外，不仅在逻辑上自我矛盾，而且割裂了道德意识与主体的内在关联，道德意识成为凌驾于人情、人性之上的外来物，行仁为义，都是对人性的抑制，所以孟子批判告子说："率天下之人而祸仁义者，必子之言夫。"①

孟子与告子"仁内义外"的论辩，鲜明而生动地彰显了孟子人性论的本质，虽然我们不知道孟子是否说服了告子，但是孟子详细记载双方论辩过程，一方面是要借此重申仁义内在于人性，人性本有其善；同时另一方面也是想借此杜天下悠悠之口。战国中期，儒家仁义之说遭遇了前所未有的挑战，墨家主兼爱，杨朱主为我，道家主道法自然，法家主"不别亲疏，不殊贵贱，一断于法"②，在这些观念冲击下，儒家仁义之说的合理性受到怀疑，孟子借与告子之辩，其实也是正告天下，仁义本于人性，内生于人性，仁义的合理在于其与人性一贯。

本章结语

告子是孟学史上第一个当面与孟子就人性论、仁义说展开深入论辩的学人。他认为"食色"就是人性，人性先天与道德无关，人性本无仁义，所以"性无善无不善"。告子人性论的深刻性在

---

① 《孟子·告子上》11.1。
② 《史记》，中华书局，1959 年，第 3291 页。

于：他从人生而俱有的先天自然属性论人性，正视人的生物属性，并且非常清醒地认识到人会受环境、外力的影响而改变，所以不能将后天行为、后天品格与先天人性等同，但是他忽略了孟子所论人性是人之独有性，人异于犬、牛之特质，就在于人有仁义之善端。告子"仁内义外"说的合理性在于：他认识到了始于家庭情感的道德意识与出于理性的社会道德意识的区别，但忽视了无论是出于情感的道德意识，还是于出于理性的社会道德意识，都是由主体自我做出的选择和决断，以仁为内，而以义为外，不仅在逻辑上自我矛盾，而且割裂了道德意识与主体的内在关联，使道德意识成为凌驾于人情、人性之上的外来物。孟子详细记载与告子的论辩过程，既是借此重申仁义内在于人性，人性固有其善；同时是想借此杜天下悠悠之口，为践行仁义的合理性正名。在与告子的辩论中，孟子的思想愈加清晰。

第六章　荀子非孟

孟子生前，不仅君王不接受他的思想，其行、其说还被弟子怀疑，遭时人责难，遭遇可谓非常尴尬。孟子死后相当长的时间内，这种情况不仅没有多少改变，反而遭到了一次更加猛烈的批判。这次批判来自同为儒门中人的荀子及其后学，他们对孟子施以的挞伐和抨击，言辞尖刻，火药味呛人。

荀子（约前336年—约前236年），又称荀况、荀卿、孙卿、孙卿子，或以为本为孙氏，为卫公子惠孙之后，由卫入赵，故称赵人。先后游历燕、齐、楚、秦等国，在稷下学宫"三为祭酒"，"最为老师"，后受春申君所请，为兰陵令。春申君死，荀况废死兰陵。生前著书数万言。

今传《荀子》，学界已有基本共识，认为此书并非纯为荀子亲手所写，还有其弟子后学甚至后人杂抄。胡适曾说：

> 《汉书·艺文志》：《孙卿子》32篇，又有赋10篇。今本《荀子》32篇，连赋5篇、诗2篇在内。大概今本乃系后人杂凑成的。其中有许多篇，如《大略》、《宥坐》、《子道》、《法行》等，全是东拉西扯拿来凑数的。还有许多篇的分段全无道理：如《非相》篇的后两章，全与"非相"无干；又如《天论》篇的末段，也和《天论》无干。又有许多篇，如今都在大戴小戴的书中（如《礼论》、《乐论》、《劝学》诸篇），或在《韩诗外传》之中，究竟不知是谁抄

谁。大概《天论》、《解蔽》、《正名》、《性恶》四篇全是荀卿的精华
所在。其余的 20 余篇，即使真不是他的，也无关紧要了。①

胡适认为只有《天论》《解蔽》《正名》《性恶》四篇是荀卿精华所在。
梁启超在《要籍解题及其读法》中说：

> 《荀子》书为荀卿所手著也。今案读全书，其中大部分固
> 可推定为卿自著，然如《儒效篇》《议兵篇》《强国篇》皆称"孙
> 卿子"，似出门弟子记录。内中如《尧问篇》末一段，纯属批评
> 荀子之语②，其为他人所述尤为显然。又《大略》以下六篇，
> 杨倞已指为荀卿弟子所记卿语及杂录传记。然则非全书悉
> 出卿手盖甚明。③

与胡适相比，梁启超所定荀子自著篇章较多。他认为大部分应当
是荀子自著，《儒效篇》《议兵篇》《强国篇》《宥坐》《子道》《法行》
《哀公》为门弟子记录，《尧问篇》则属他人所述。现在学界认为
《荀子》32 篇大致可分三类④：

---

① 胡适《中国哲学史大纲》，河北教育出版社，2001 年，第 226 页。
② 按：梁启超此说误。《荀子·尧问篇》最末一段并非批评荀子，而是为荀子
　辩护，批评时人所谓荀子不及孔子、荀子非圣、荀子非贤的观点，称赞荀子
　善行超过孔子，贤德可比尧禹，德才可为帝王。原文节引如下："为说者
　曰：'孙卿不及孔子'，是不然也……今之学者，得孙卿之遗言余教，足以为
　天下法式表仪，所存者神，所过者化。观其善行，孔子弗过。世不详察，云
　非圣人，奈何？天下不治，孙卿不遇时也，德若尧、禹，世少知之；方术不
　用，为人所疑，其知至明，循道正行，足以为纲纪，呜呼贤哉！宜为帝王。"
　（《荀子·尧问》，张觉《荀子校注》，岳麓书社，2006 年，第 416—417 页。）
③ 梁启超《梁启超讲国学》，凤凰出版社，2008 年，第 66 页。
④ 详见张岂之主编《中国思想学说史》（先秦卷），广西师范大学出版社，2008
　年，第 353 页。参见廖名春、邹新明校点《荀子》，辽宁教育出版社，1997
　年，第 3 页。

其一,荀子自著类,共有22篇:《劝学》《修身》《不苟》《荣辱》《非相》《非十二子》《王制》《富国》《王霸》《君道》《臣道》《致仕》《天论》《正论》《礼论》《乐论》《解蔽》《正名》《性恶》《君子》《成相》《赋》。

其二,荀子弟子记荀子言行类:《儒效》《议兵》《强国》《大略》《仲尼》。

其三,荀子整理、纂集资料、间有弟子及他人之作类:《宥坐》《子道》《法行》《哀公》《尧问》。

荀子对孟子的批判言辞,主要见于《非十二子》《性恶》《解蔽》《儒效》等篇。如上所述,学界认定《非十二子》①《性恶》《解蔽》三篇为荀子自著,《儒效》为荀子弟子记荀子言行。《儒效》虽为弟子记录荀子言行,当亦能反映荀子本人之意。

《非十二子》《性恶》《解蔽》《儒效》四篇中,《非十二子》是荀子对孟子的集中批判,其文如下:

略法先王而不知其统,然而犹材剧志大,闻见杂博。案

---

① 按:《荀子·非十二子》之非子思、孟轲部分由于结构、文风等与前非五家十子不类,且《韩诗外传》转引《荀子》此文,只有十子,于是有学者怀疑这一部分并非荀子本人所写,而是出自荀子后学。宋人王应麟就说:"荀卿《非十二子》,《韩诗外传》引之,止云十子,而无子思、孟。愚谓荀卿非子思、孟子,盖其门人如韩非、李斯之流托其师说,以毁圣贤。当以《韩诗》为正。"(王应麟《困学纪闻》,上海古籍出版社,2015年,第221页。)近人吕思勉也说:"颇疑此篇中攻子思、孟轲之语为后人所造。"(吕思勉《经子解题》,华东师范大学出版社,1995年,第131页。)但目前尚无确凿证据能够证明王应麟等人的观点。有学者认为"认为《荀子》一书中本无对子思、孟子的批判,现在所见之语乃后人所加,看似为荀子开脱,实质上体现出后儒对荀子非难子思、孟子无力进行反驳的窘境。"(谢耀亭《论荀子对思孟学派的批判》,《孔子研究》2015年第3期。)

往旧造说,谓之五行,甚僻违而无类,幽隐而无说,闭约而无解。案饰其辞而祇敬之曰:此真先君子之言也。子思唱之,孟轲和之,世俗之沟犹瞀儒,嚾嚾然不知其所非也,遂受而传之,以为仲尼、子游为兹厚于后世,是则子思、孟轲之罪也。①

《儒效》《解蔽》从不同角度补充《非十二子》,《儒效》中可认定为非孟言辞如下:

> 故有俗人者,有俗儒者,有雅儒者,有大儒者。有不学问,无正义,以富利为隆,是俗人者也。逢衣浅带,解果其冠,略法先王而足乱世术,缪学杂举,不知法后王而一制度,不知隆礼义而杀《诗》、《书》;其衣冠行伪已同于世俗矣,然而不知恶者,其言议谈说已无所以异于墨子矣,然而明不能分别;呼先王以欺愚者而求衣食焉,得委积足以掩其口则扬扬如也;随其长子,事其便辟,举其上客,偒然若终身之虏而不敢有他志,是俗儒者也。②

这段言辞没有明确点明批评的对象。但是由于其中一部分,即"略法先王而足乱世术,缪学杂举,不知法后王而一制度",与《非十二子》之非子思、孟轲部分"略法先王而不知其统,犹然而材剧志大,闻见杂博,案往旧造说,谓之五行,甚僻违而无类,幽隐而无说,闭约而无解",二者言辞、观念基本相同,而且后面矛头所指各项,诸如"随其长子,事其便辟,举其上客"等等,与孟子生平、孟子

---

① (战国)荀况撰,廖名春、邹新明校点。《荀子》,辽宁教育出版社,1997年,第19页。

② (战国)荀况撰,廖名春、邹新明校点。《荀子》,辽宁教育出版社,1997年,第29页—30页。

学说特点基本都能一一对应①,所以这一部分应当是对孟子不点名的批评。而《荀子·解蔽》言及孟子,貌似赞扬,实则暗批。其文如下:

> 空石之中有人焉,其名曰觙②。其为人也,善射以好思。耳目之欲接则败其思,蚊虻之声闻则挫其精。是以辟耳目之欲,而远蚊虻之声,闲居静思则通。思仁若是,可谓微乎?孟子恶败而出妻,可谓能自强矣。有子恶卧而焠掌,可谓能自忍矣,未及好也。辟耳目之欲,可谓能自强矣,未及思也。蚊虻之声,闻则挫其精,可谓危矣,未可谓微也。夫微者至人也。至人也,何强,何忍,何危?故浊明外景,清明内景,圣人纵其欲,兼其情,而制焉者理矣。夫何强,何忍,何危?故仁者之行道也,无为也;圣人之行道也,无强也。仁者之思也恭,圣人之思也乐:此治心之道也。③

《性恶》篇主要针对孟子人性论而发,文繁,兹不赘引。

细观《非十二子》《性恶》《解蔽》《儒效》,可以看出,荀子对孟子的批评主要从孟子其人、孟子其学、孟子其说三个方面展开批评,孟子其说是其批评的重点,消除孟子在儒家的地位和影响,进而张扬荀子思想是其重要目的。

---

① 按:详见下文。

② 按:这里的"觙",《荀子》杨倞注:"觙字及事并未详所出,或假设喻耳。"杨倞认为"觙"并非真有其人,不过是寓言虚构人物而已。学界认为此"觙",即"伋"之借字,指孔伋,也即子思。笔者认为,结合此段文字来看,"曾子"、"有子"、"孟子"等俱为儒门中人,所以此"觙"亦不会是虚构,当为孔伋。

③ (战国)荀况撰,廖名春、邹新明校点《荀子》,辽宁教育出版社,1997 年,第102 页。

第一节　非孟子其人

　　荀子对孟子其人的评价不高,认为充其量也就是一介俗儒。

　　依现存文献看,荀子距孟子不足五十年。徐复观认为"荀子与孟子,大约相去三四十年"①,二人相距时间不长,因而若论对孟子其事、孟子其说的熟悉,汉、唐、宋、元、明、清之人以及今天的我们,无人能超过荀子。然而这位熟悉孟子的荀子,不仅不赞成孟子其说,而且对孟子其人也不以为然。

　　荀子批评孟子"材剧志大",自以为才华横溢、志向远大。这实质是批评孟子志大才疏,却又极度自信。孟子确实非常自信,他自信"如欲平治天下,当今之世,舍我其谁也"②,国君如采取他的仁政主张,治天下如"运于掌",不止一次说:"圣人复起,必从吾言。"③而在荀子看来,孟子的政治主张都是不切实际的痴人说梦,可孟子本人不自知,还沉醉其中,沾沾自喜,可谓"志大才疏"。

　　荀子认为孟子虽"自强",但并没有达到精微高妙的境界。上引《解蔽》篇,荀子将有子、子思、孟子这三位在孔子学说传承中具有重要影响的人物放在一起,择取三人私人生活事件为据,先扬后抑,最后否定。荀子指出,子思虽能"辟耳目之欲,而远蚊虻之声",排除外界干扰,"闲居静思",戒慎戒惧,但是并没有达到精微的境界;有子怕打瞌睡,用火烧自己的手,虽然能"自忍",可是也

---

①详见徐复观《中国人性论史》,华东师范大学出版社,2005年,第145页。
②《孟子·公孙丑下》4.13。
③《孟子·公孙丑上》3.2。

没有达到精微的境界；孟子怕妻子败德而休妻，虽然"自强"，但是同样没有达到精微的境界。何谓精微的境界？荀子认为就是"无为""无强"，杨倞注："无为谓知违理则不作，所谓造形而悟也。无强谓全无违理强制之萌也。"①也就是自然而然，不牵强，不造作。能够达到"无为"、"无强"者，就是至人、圣人。至人、圣人毋需勉强、克制、戒惧，就能天人贯通，心境清明。即便是仁人，虽然其"思也恭"，朝乾夕惕，但其行道也是"无为"。所以孟子恐"败德"而休妻，虽然"自强"，其实仍是以强力人为约束自己，个人修为没有达到无为自然的精微之境，孟子既不是至人、圣人，恐怕连仁人也不合格。

　　荀子认为孟子虽是儒门中人，但充其量，只是一俗儒。《儒效》指出俗儒的表现是：

> 逢衣浅带，解果其冠，略法先王而足乱世术，缪学杂举，不知法后王而一制度，不知隆礼义而杀《诗》、《书》；其衣冠行伪已同于世俗矣，然而不知恶者，其言议谈说已无所以异于墨子矣，然而明不能分别；呼先王以欺愚者而求衣食焉，得委积足以掩其口则扬扬如也；随其长子，事其便辟，举其上客，偄然若终身之虏而不敢有他志，是俗儒者也。②

前已说明，这段言辞实是对孟子的不点名批评，而非泛泛之论。因为其中指斥俗儒的言行基本可一一与孟子行事对应。且不论其中所说法先王、重《诗》《书》与孟子思想相应，即如"呼先王以欺

---

① （战国）荀况著，（唐）杨倞注，耿芸标校《荀子》，上海古籍出版社，1996，第227页。

② （战国）荀况著，廖名春、邹新明校点《荀子》，辽宁教育出版社，1997年，第29—30页。

愚者而求衣食焉,得委积足以揜其口则扬扬如也;随其长子,事其便辟,举其上客"等,也与孟子之行相应。

"呼先王以欺愚者而求衣食焉,得委积足以揜其口则扬扬如也",意思是称道古代圣王来欺骗愚昧的人,不过是为了求取衣食,得到一点财物,所得衣食财物足够糊口,就得意洋洋。这里面,"呼先王"、"得委积"、"扬扬如"是三个关键点。而这三点都与孟子之行相应。众所周知,孟子游说君王,其重心就是效法先王,行仁政之道,而且齐宣王、梁惠王、滕文公对孟子确实待之优厚,以致弟子彭更都认为孟子如此"转食于诸侯,不亦泰乎"。当孟子决意离开齐国,齐王派人以万钟之禄、临淄城宅园挽留孟子,孟子毅然拒绝,说:"如使予欲富,辞十万而受万,是为欲富乎?"①足见孟子确实有一些财富,至少有"十万"俸禄,"十万"俸禄都能舍弃,怎会为"万钟"而留下。孟子的狂傲跃然而出。孟子这一行为,在荀子看来,就是"呼先王以欺愚者而求衣食焉,得委积足以揜其口则扬扬如也"。

"随其长子",即跟随君主的世子。杨倞注:"长子,谓君之世子。"②孟子周游列国,待他最为热诚且真心服膺孟子之说的就是滕文公,而滕文公还是世子之时,孟子就与他有交往;滕文公继位后,孟子即从邹国前往滕国,滕文公"馆孟子于上宫",招待周到细致。所以"随其长子",与孟子与滕文公的交往可相应。

"事其便辟",就是侍奉君主宠信的小臣。孟子曾经与齐宣王宠信的小臣王欢一起出使滕国,与王欢"朝暮见"。王欢是副使,

---

①《孟子·公孙丑下》4.10。

②(战国)荀况著,(唐)杨倞注,耿芸标校《荀子》,上海古籍出版社,2014年,第81页。

孟子为正使。可是正使孟子却事事听任王欢独断专行，不发一言。孟子弟子公孙丑对此甚为不解。所以"事其便辟"，与孟子与王欢之事相应。

"举其上客"，即吹捧君主的贵客。在万章询问交友之道时，孟子除了列举孟献子尊礼好友乐正裘、牧仲，还列举了费惠公、鲁缪公尊礼子思、颜般，尧尊礼舜，主张君主对待友朋、贤臣，"用上敬下"。子思、颜般、舜都曾是君主的贵客，最令孟子称道的贵客是子思。子思作为鲁缪公尊敬的客人，竟然把鲁缪公派来慰问和馈送"鼎肉"的使者逐出大门之外，因为子思要的是君主真正的尊敬，而不是时时送到眼前的汤羹肉食。孟子对子思钦佩之至。所以"举其上客"，与孟子称赞子思、舜等君主的贵客相应。

可见，荀子所列俗儒的诸种表现，在孟子身上一一都可落实，甚至可以说，荀子就是根据孟子生前行事定俗儒之特征。所以这一段批评言辞，是有的放矢，而不只是泛指众人，因为在当时儒门士人中，既重《诗》《书》，主张先王之道，又得君主礼遇，还与国君世子有交往，大赞君主贵客，其学说染有墨家痕迹，一一都能相合者，惟有孟子最具代表性。而这一不直指其名的暗批，冷嘲热讽，言辞尖刻，斥责他们"衣冠行伪已同于世俗矣，然而不知恶"，衣着举止都同于流俗，却不自知；"终身之虏而不敢有他志"，战战兢兢，如同终身没入官府的奴隶，"不敢有他志"。

综上，荀子批评孟子为人，志大才疏，虽能"自强"，但没有达到"无为"、"无强"的自然精微之境，孟子既不是至人、圣人，离仁人也有距离，只不过是同于流俗而志大才疏的一介俗儒。荀子对孟子为人的鄙薄可见一斑。

第二节　非孟子其学

荀子在《非十二子》明批孟子"闻见杂博",在《儒效》不点名批评孟子:"其言议谈说已无所以异于墨子矣,然而明不能分别。"二者都是对孟子之学的批评。

一、斥孟子其学不纯

荀子指斥孟子"闻见杂博",实质是批评孟子其学杂有其他学说,并非孔子学说的真传。应该承认,如果单纯就杂有其他学说而言,荀子这一批评符合孟子之学实际。《庄子·天下篇》《荀子·非十二子》是历史上较早对先秦诸子进行总体分析与评判的文章,其实在此之前,孟子虽没有专门撰文评论诸子,但是在不同场合也或明或暗地发表了批评诸子之言。他直接批判了以墨子为代表的墨家、以杨朱为代表的道家、以许行为代表的农家,痛骂了以公孙衍、张仪为代表的纵横家,鞭挞了杀人盈城、杀人盈野的兵家,也暗批了小说家、法家。然而在批判的同时,也或多或少地吸收了各家之说。在争鸣中吸收对方观点是先秦各家学说的常态,"先秦各家学术,立言宗旨或大同小异、或根本不同,但是因为主题的相同和发展自身学术需要,所以各家各派在相互冲突的过程中,也可以互相吸收。战国末期的学术合流,主要表现是各家各派之间不像此前一样泾渭分明。各家之间相互攻讦的情况依旧,但大都或明或暗地接受别家之说……这种学术的合流……固然是人们政治统一的渴望在学术中的体现,也是学术发展的必然趋势。"①

　　孟子心性、养气学说,是孔子学说不曾有的新思想,而根源实在稷下道家。齐国是黄老之学的发源地,稷下学宫是黄老之学重镇,孟子久居齐国,他是否是稷下学宫的一员②,学界至今仍有争议,但必须承认,孟子显然深受稷下学宫黄老之学的影响,其心性学说和养气论实得益于稷下黄老。稷下道家《白心》《心术》等篇,对心性、心气论有相当深刻的阐述。如,稷下道家论心性,说:"心之在体,君之位也。"③认为心为身体的主宰,这一思想在孟子那里表述为心为人之"大体",耳目四肢等为"小体"。孟子还说:"心之官则思,思则得之,不思则不得。"④稷下道家论气,有言:"气者,身之充也。"⑤孟子直承其说,曰:"气,体

---

① 张立文主编,陆玉林著《中国学术通史》(先秦卷),人民出版社,2004 年,第 64 页。

② 按:或以为孟子是稷下先生,《盐铁论·论儒》曾云:"齐宣王褒儒尊学,孟轲、淳于髡之徒,受上大夫之禄,不任职而论国事,盖齐稷下先生千有余人。"今人孙开泰、于孔宝等亦持此说。孙开泰说:"在稷下学宫的稷下先生们,都有自己的弟子,而且人数相当多,如孟子,'后车数十乘,从者数百人。'"(《稷下学宫的百家争鸣与相互影响》,《管子学刊》1987 年创刊号)于孔宝说:"稷下学宫作为战国时期的文化中心,吸引了众多的学派到此进行学术文化交流,儒家学派亦无例外。于是,稷下学宫中就出现了以孟子、荀子为代表的稷下儒家。"(于孔宝《稷下学宫与百家争鸣》,山东文艺出版社,2004 年,第 44 页。)或以为孟子不列稷下,钱穆(《孟子不列稷下考》,见《先秦诸子系年》)、白奚(《孟子非稷下先生辨》,《管子学刊》1993 年第 2 期)等持此说。

③ (春秋)管仲撰,梁运华校点《管子》,辽宁教育出版社,1997 年,第 115 页。

④ 《孟子·告子上》11.15。

⑤ (春秋)管仲撰,梁运华校点《管子》,辽宁教育出版社,1997 年,第 118 页。

之充也。"①心气关系，稷下道家说："四体既正，血气既静，一意
搏心，耳目不淫，虽远若近。"②心气之间，心主宰气，心静则气
理；另一方面气也会影响心，气静则心专，心气相互制约，所以养
心寡欲，心舍清静，精气自来："敬除其舍，精将自来。"③孟子几
乎全部接受稷下道家的这些心气之说，只不过将其改作志气关
系，而其所指并无根本不同。孟子说："夫志，气之帅也。……夫
志至焉，气次焉……志壹则动气，气壹则动志也。……是气也，
反动其心"④。志主气从，"气壹"也能反制志。另外，稷下道家
所指气，更多时候实与道同义，如说："夫道者，所以充形也"⑤；
"灵气在心，一来一逝。其细无内，其大无外"⑥；"道在天地之间
也，其大无外，其小无内"⑦；而孟子所论"浩然之气"，不仅仅是
指充体之气，也指具有高尚道德境界的精神状态，故而也能"塞
于天地之间"，也就是"其大无外"，可见"稷下道家的道、气同一
说可能启发了孟子"⑧，并影响到孟子养气论的形成。"孟子一
方面批判道家杨朱学派，另一方面又吸收了稷下黄老学派的精
气说，提出了'养吾浩然之气'的理论。"⑨

　　除此而外，孟子也吸收了其他诸子思想，比如法家的法治观

---

①《孟子·公孙丑上》3.2。

②（春秋）管仲撰，梁运华校点《管子》，辽宁教育出版社，1997年，第131页。

③（春秋）管仲撰，梁运华校点《管子》，辽宁教育出版社，1997年，第140页。

④《孟子·公孙丑上》3.2。

⑤（春秋）管仲撰，梁运华校点《管子》，辽宁教育出版社，1997年，第139页。

⑥（春秋）管仲撰，梁运华校点《管子》，辽宁教育出版社，第141页。

⑦（春秋）管仲撰，梁运华校点《管子》，辽宁教育出版社，第116页。

⑧孙以楷《孟子与道家》，《安徽大学学报》1998年第3期。

⑨于孔宝《稷下学宫与百家争鸣》，山东文艺出版社，2004年，第119页。

念,孟子就有所接受,他说:"徒善不足以为政,徒法不能以自行。"①只有善心,不足以为政;只有法,法也不能自行;善心与法治相结合,国家才能真正得到治理。舜为天子,如果父亲瞽叟杀人,孟子认为,作为天子,舜不能阻止法官皋陶执法将瞽叟捉拿归案;作为儿子,又不能眼见父亲有牢狱之苦,两难之下,舜应该放弃天子之位,背上父亲逃到蛮荒之地,以自我流放的方式替父亲赎罪。既顾及了国家之法,又周全了父子孝道。说明孟子受法家影响,也有法治观念,但是又带有儒家的伦理色彩。在批判中吸收,是当时诸子常态,而"孟子在同诸子的辩论中,不可避免地渗透、吸收了其他学派的成分,从而使自己的思想复杂起来,这种复杂性构成了秦以后的儒家的面貌,汉武帝以后学术思想上统于一尊,儒家成为诸家的总汇,而孟子实开其先河。"②

　　孟子之学既是对各家学说的吸收会通而成,其学多源,称其"博",实至名归,但在荀子看来,却是博杂不纯。

二、斥孟子其学已类墨学

　　荀子在《儒效》暗批孟子,指责孟子"言议谈说已无所以异于墨子矣,然而明不能分别"。批评孟子之说与墨子无异,可能孟子坚决不答应,然而荀子这一批评也并非是诬枉之辞。孟子虽然将墨家与杨朱视为儒家头号敌人,猛力炮轰,大力排击,但是一如在批判道家扬朱的同时,又在吸收黄老道家心性、养气之说,孟子在抨击墨家时,同样也在吸收墨家之说。而且与其他诸子相比,儒门之外对孟子思想影响最大的一位应该就是墨子。

---

①《孟子·离娄上》7.1。
②郭志坤《旷世大儒——荀况》,河北人民出版社,2001年,第65—66页。

孟子有相当一部分言辞与墨子极其相近,承袭痕迹极为明显。如下几组例子可以为证:

《墨子》《孟子》相关内容比较表

	《墨子》原文	《孟子》原文
1	《辞过》:内无拘女,外无寡夫。	《梁惠王下》:内无怨女,外无旷夫。
2	《明鬼下》:逮至昔三代圣王既没,天下失义,诸侯力正。	《滕文公下》:圣王不作,诸侯放恣,处士横议。
3	《兼爱中》:夫挈泰山而越河济,可谓毕劫有力矣。自古及今,未有能行之者也。	《梁惠王上》:挟太山以超北海,语人曰:"我不能。"是诚不能也。
4	《尚贤上》:昔者尧举舜于服泽之阳,授之政,天下平;禹举益于阴方之中,授之政,九州成;汤举伊尹于庖厨之中,授之政,其谋得;文王举闳夭、泰颠于罝罔之中,授之政,西土服。	《告子下》:舜发于畎亩之中,傅说举于版筑之间,胶鬲举于鱼盐之中,管夷吾举于士,孙叔敖举于海,百里奚举于市。

以上数例或者在言辞上几乎完全一致;或者言辞稍异,但思路一致,意旨相同。

儒家道统说始自韩愈,而韩愈道统链条的原型却在《孟子》。韩愈在《原道》中说:

> 尧以是传之舜,舜以是传之禹,禹以是传之汤,汤以是传之文、武、周公,文、武、周公传之孔子,孔子传之孟轲,轲之死,不得其传焉。①

----

① (唐)韩愈著,马其昶校注,马茂元整理《韩昌黎文集校注》,上海古籍出版社,2014年,第20页。

追溯其源,实来自《孟子》文末之语。其文如下:

> <u>由尧舜至于汤</u>,五百有余岁;若禹、皋陶,则见而知之;若汤,则闻而知之。<u>由汤至于文王</u>,五百有余岁,若伊尹、莱朱,则见而知之;若文王,则闻而知之。<u>由文王至于孔子</u>,五百有余岁,若太公望、散宜生,则见而知之;若孔子,则闻而知之。<u>由孔子而来至于今</u>,百有余岁,去圣人之世若此其未远也,近圣人之居若此其甚也,然而无有乎尔,则亦无有乎尔!①

孟子这段文字,缕析出尧、舜、禹、汤、文王、孔子的传道谱系,虽然相隔"五百有余岁",但他们或"见而知"其道,或"闻而知"其道,圣圣相传,精神不绝。很显然,韩愈是精练和改写《孟子》文末之语,补加武王、周公,把"至于今"写作"孟子",构筑起道统链条,儒家道统人物于此一一登场。

可是孟子这一说法,如果再追其源,却又在《墨子》。从《论语》所见,孔子虽推举尧舜,但从无三代圣王之说,也从未将尧、舜、禹、汤、文、武并列同置一处,而《墨子》文本中,"三代圣王"、"三代圣王尧、舜、禹、汤、文、武"却多次出现,而且"三代圣王"、"三代圣王尧、舜、禹、汤、文武"是墨子标榜推崇的对象。如:

> 《墨子·尚贤中》:昔三代圣王尧、舜、禹、汤、文、武之所以王天下,正诸侯者,此亦其法已。

> 《墨子·尚贤中》:故古圣王审以尚贤使能为政,而取法于天。虽天亦不辩贫富贵贱、远迩亲疏,贤者举而尚之,不肖者抑而废之。然则富贵为贤以得其赏者谁也?曰:若昔者三代圣王尧、舜、禹、汤、文、武者是也。

> 《墨子·天志上》:故昔三代圣王禹、汤、文、武,欲以天之

---

① 《孟子·尽心下》14.38。

为政于天子,明说天下之百姓,故莫不犓牛羊,豢犬彘,洁为粢盛酒醴,以祭祀上帝鬼神,而求祈福于天。

《墨子·天志下》:昔三代圣王尧、舜、禹、汤、文、武之兼爱之天下也。

《墨子·明鬼下》:不识昔者三代圣王尧、舜、禹、汤、文、武者足以为法乎?

可见,在墨子这里,"三代圣王尧、舜、禹、汤、文、武"实已是定型圣王谱,孟子不过是将其借用过来而已,这一借用不只是语言的借用,而且也有思想的承袭。

当然孟子对墨子思想的吸取,并不仅仅只是圣王谱,孟子非常重要的思想,诸如仁义论、尊贤、社会分工论、反兼并战争,甚至天道观,也都有墨家思想的成分。

孟子以仁义并举,实源自墨子。虽然孔子很重视义,说:"君子喻于义,小人喻于利"[1],但是孔子从未将仁义并举,而在《墨子》文本中,仁义并举,共 28 见,仁义已是墨子思想重要复合概念。墨子既重仁,也贵义,而其"义"有:义即合理、义即利,义利统一、义为善政等内涵。

日:"义者,善政也。"何以知义之善政也? 日:"天下有义则治,无义则乱,是以知义之善政也。"[2]

墨子还将义抬升为人们必须承当的使命:"无论是'义'还是'贵义',都是儒家原有的思想。但是,将'义'提升为一种不得不如此的使命,并将'贵义'作为一种使命精神来贯彻,却无疑是从墨子

---

①《论语·里仁》4.16。

②(战国)墨翟著,(清)毕沅校注,吴旭民标点《墨子》,上海古籍出版社,1995年,第 93 页。

开始的。"①受其影响,孟子亦仁义并举,并以之为思想核心,将孔子"杀生成仁"发展为"舍生取义"。孟子抛弃了墨子义即利的思想,而接受了墨子义利统一观,孟子对梁惠王说"何必曰利,亦有仁义而已矣",并非唯利是反,他所反对的是个人私利、眼前小利,所追求的是国家、百姓长远之利,国家、百姓长远之利即是义,在此,义利统一。

孟子"尊贤"论也有加工、改造墨子"尚贤"说的成分。孔子虽也主张举贤才,说"先有司,赦小过,举贤才"②,但是又强调尊尊、亲亲。墨子不同意儒家尊尊、亲亲的观念,要求"不党父兄,不偏贵富,不嬖颜色。贤者举而上之,富而贵之,以为官长;不肖者抑而废之"③,明确主张"官无常贵而民无终贱,有能则举之,无能则下之"④。墨子认为任用官员的评判标准应当是才能高下,而不是其血统身份。孟子主张尊贤使能,一再申明"仁者宜在高位",但孟子并未抛弃孔子的尊尊与亲亲,明确说:"亲亲而仁民,仁民而爱物。"⑤然而孟子也注意到了墨子反对"亲亲"、"贵贵"的合理性,所以他提出"贵贵,尊贤,其义一也"⑥,以调和贵贵与尚贤之间的矛盾,而"就孟子思想的主导方面看,他是主张贵贵亲亲应当

①丁为祥《从绝对意识到超越精神——孟子对墨家思想的继承、批判与超越》,《人文杂志》2007年第2期。

②《论语·子路》13.2。

③(战国)墨翟著,(清)毕沅校注,吴旭民标点《墨子》,上海古籍出版社,1995年,第25—26页。

④(战国)墨翟著,(清)毕沅校注,吴旭民标点《墨子》,上海古籍出版社,1995年,第24页。

⑤《孟子·尽心上》13.45。

⑥《孟子·万章下》10.3。

服从于尊贤。孟子显然是受到了墨子尚贤说的影响。"①

　　孟子社会分工论亦受到墨子影响。许行主张君民"并耕而食",孟子反对许行这一无视社会现实的绝对平等观,主张社会必须有分工,他说:"百工之事固不可耕且为也",因为"有大人之事,有小人之事。且一人之身,而百工之所为备,如必自为而后用之,是率天下而路也。故曰,或劳心,或劳力;劳心者治人,劳力者治于人;治于人者食人,治人者食于人,天下之通义也。"②孟子这一思想与墨子有关。墨子来自社会底层,了解农、工、肆生产状况,从发展生产、提高劳动效率出发,他主张社会分工,说:"凡天下群百工,轮车、鞼鞄、陶冶、梓匠,使各从事其所能"③,"能谈辩者谈辩,能说书者说书,能从事者从事"④,人们应各从其事,各尽己能,专心做好自己分内之事。墨子社会分工论影响了孟子"劳心"、"劳力"分工论的形成。

　　孟子反战思想亦有墨子思想的影响。墨子主张非攻,以义为标尺衡量战争的正义性,"今至大为不义攻国",大国攻打小国、"强劫弱"、"众暴寡"的战争就是"非正义战争";与之相反,人们奋力为"守御"家园而战则是"正义战争"。受其影响,孟子评判战争秉承一个"义"字,度量之下,"春秋无义战";战国,大国兼并弱小,"杀人盈城"、"杀人盈野",更是非正义之战,所以孟子反兼并之战,主张"善战者服上刑",当然孟子支持商汤、周文武"救民于水

①孙以楷《孟子对墨子思想的吸收与改造》,《齐鲁学刊》1985 年第 2 期。
②《孟子·滕文公上》5.4。
③(战国)墨翟著,(清)毕沅校注,吴旭民标点《墨子》,上海古籍出版社,1995年,第 78 页。
④(战国)墨翟著,(清)毕沅校注,吴旭民标点《墨子》,上海古籍出版社,1995年,第 174 页。

火"的仁战。钱穆说："孟子辟墨，而其罪战、民贵诸说，实亦渊源墨氏。"①

"性与天道"，孔子罕言，而性与天道，却是孟子思想重要支柱，孟子以"天"为最高主宰和思想的最终依据，仁义礼智，非由外铄，乃天所与。孟子这一思想理路其实是受墨子启发而来。墨子倡"天志"论，认为天有意志，能够赏善罚恶，"顺天意者，兼相爱，交相利，必得赏。反天意者，别相恶，交相贼，必得罚"②，天实是墨子兼爱说的最高支持和神性保证，墨子"这种以'天'为最高主宰与最终依据的思路完全为孟子所继承。"③

综上可见，孟子思想确实有墨学痕迹，其思想中不同于孔子之处，析其来源，在墨子那里大多能找到丝丝缕缕的联系，而且其言辞也多有与墨子相同之处，正如晋人鲁胜所言："孟子非墨子，其辩言正辞则与墨同。"④荀子批评孟子之学无别于墨子，虽然有夸大的成分，但却揭示了孟子思想的重要渊源，说明荀子对孟子其说有确深入的研究。

三、斥孟子其学唱合子思之说

在荀子《非十二子》批评孟子的话语中，以下言辞引发学界热议：

案往旧造说，谓之五行，甚僻违而无类，幽隐而无说，闭

---

① 钱穆《国学概论》，商务印书馆，1997 年，第 55—56 页。
② （战国）墨翟著，（清）毕沅校注，吴旭民标点《墨子》，上海古籍出版社，1995，第 91 页。
③ 丁为祥《从绝对意识到超越精神——孟子对墨家思想的继承、批判与超越》，《人文杂志》2007 年第 2 期。
④ 《晋书》，中华书局，1974 年，第 2433—2434 页。

> 约而无解。案饰其辞而衹敬之曰：此真先君子之言也。子思
> 唱之，孟轲和之。

这段言辞的主批对象是子思造"五行"，孟子唱和子思所造"五行"。这里的"五行"让学界大费猜疑。

在中国传统文化中，影响深远且人们常说的五行概念，是以水、火、木、金、土为基础架构的阴阳五行说。阴阳五行说在齐国非常流行，《管子》就有丰富解说，邹衍则是阴阳五行说的代表人物。可是遍寻子思、孟轲书中，并未见水、火、木、金、土阴阳五行说的踪迹，学界对此解说纷纭。主要说法如下：

其一，五行，即五常仁义礼智信，唐人杨倞首倡此说："案前古之事而自造其说，谓之五行。五行，五常，仁义礼智信是也。"①章太炎根据《中庸》"天命之谓性"，郑玄注："木神则仁，金神则义，火神则礼，水神则智，土神则信"，认为郑玄所注即是子思五行遗说。②

其二，五行，或指君臣、父子等五伦，梁启超、谭戒甫等有此说。梁启超不太肯定地说："此五行不知作何解。若谓即《洪范》之五行耶？子思、孟轲书中只字未尝道及。《中庸》以君臣、父子、兄弟、夫妇、朋友五者为天下之达道，道有行义，五行或指此耶？"③谭氏则断定："我们首先要知道的，思孟的五行并非'金木水火土'，却就是后世所谓五伦。"④

---

① （清）王先谦《荀子集解》，中华书局，1988 年，第 94 页。
② 章太炎《子思孟轲五行说》，见《章太炎全集》（四），上海人民出版社，1985 年，第 19 页。
③ 梁启超《阴阳五行之来历》，见顾颉刚编著《古史辨》第五册，上海书店出版社，1935 年，第 351 页。
④ 谭戒甫《思孟五行考》，见顾颉刚编著《古史辨》第五册，上海书店出版社，1935 年，第 709 页。

其三，五行，即水、火、木、金、土，或与水、火、木、金、土有关。范文澜说："原始的五行说，经孟子推阐之下，已是栩栩欲活；接着邹衍大鼓吹起来，成了正式的神化五行。"①侯外庐先生承清儒之论，将《洪范》《易传》归为思孟学派著作，以此弥补《孟子》一书没有金、木、水、火、土五行的不足，藉以证明思孟或许有水、火、木、金、土之阴阳五行说。② 孔繁则认为荀子所批是孟子后学的阴阳五行论，他说："可能在战国末，孟子后学有与阴阳五行学派结合的情况，因而遭到荀子一派儒家的反对。"③

其四，五行，当为仁义礼智诚，郭沫若等持此说。他指出，孟子只是仁义礼智并提，从未将仁义礼智信并提，而诚是孟子很重要的概念，故五行应为仁义礼智诚。④

以上各家对思孟五行说的考辨都论之有据，然而却都面临同样的困难，如果思孟确曾提倡阴阳五行说，为何他们的著作无一字言及；如果思孟"五行"是指仁义礼智信或者仁义礼智诚，正如梁启超所言，这其实都是儒家"家常言"，而荀子本人也主张仁义礼智信，这样的"五行"怎么会遭到荀子批评？

庞朴根据马王堆帛书《五行》与《孟子·尽心下》中如下文辞相与为证：

> 仁之于父子也，义之于君臣也，礼之于宾主也，智之于贤者也，圣人之于天道也，命也，有性焉，君子不谓命也。

---

① 范文澜《与顾颉刚论五行说的起原》，见顾颉刚编著《古史辨》第五册，上海书店出版社，1935年，第647页。

② 详见侯外庐、赵纪彬、杜国庠《中国思想通史》第一卷，人民出版社，1957年，第371页。

③ 孔繁《荀子评传》，南京大学出版社，1997年，第260页。

④ 郭沫若《十批判书》，河北教育出版社，2000年，第716—743页。

他认为这是理解思孟五行关键性证据,其中"圣人"之"人"是衍文,孟子在此所论是"仁义礼智圣"。据此他说:"现在有了马王堆帛书,我们可以而且应该理直气壮地宣布:'圣人之于天道也'一句中的'人'字,是衍文,应予削去;原句本为'圣之于天道也'。孟轲在这里所谈的,正是'仁义礼智圣'这'五行'。"①庞朴此论获得大多数人的支持。1993郭店简《五行》出土,更加证实了庞朴所论思孟五行就是仁义礼智圣。

可是,既然以出土文献与《孟子》文本相证,可以断定思孟"五行"就是仁义礼智圣,其实还是会遭遇与仁义礼智信、仁义礼智诚同样的困境,即荀子为什么会批判思孟仁义礼智圣之"五行"? 因为仁义礼智圣同样也是荀子"家常言"。

我们认为荀子并非批判仁义礼智圣本身,而是批判思孟造作"五行"的方式以及对"五行"生成来源的判定。也就是荀子所说:"案往旧造说,谓之五行,甚僻违而无类,幽隐而无说,闭约而无解"。荀子认为子思所造作的"五行","僻违而无类,幽隐而无说,闭约而无解",这是他批评的重点,当然思孟二人中,子思是"五行"的造作者,孟子是子思"五行"的唱合者,而其所唱合者之说并不正确。

所谓"僻违无类",即乖僻无礼。仁义礼智圣是先秦诸子思想重要范畴,孔子更是仁义礼智圣的提倡者,但是在竹简《五行》之前,仁义礼智圣多是分立单行,至多也就仁义、礼智、仁礼等并行,五者齐聚同列,绝无仅有,是子思将以往人们所论仁义礼智圣五者并列同置,并排列序次。这就是"案往旧"。但子思为什么只造作仁义礼智圣五者,而不是四者或六者等,学者们认为,其实是受

---

① 庞朴《马王堆帛书解开了思孟五行说之谜——帛书〈老子〉甲本卷后古佚书之一的初步研究》,《文物》1977 年第 10 期。

了当时流行的阴阳五行思维的影响,用解释宇宙结构的五行体系构建人间道德体系。"战国初期的子思比类原始五行思想创建了关于人的德行的'五行'说。"①这一说法有一定合理性,春秋以来,在人们日用行事与思想中确实有五行生克观念的运用。王引之指出,春秋人名就受到五行生克观念的影响②。据《吕氏春秋·十二纪》,人们已非常强调人间行为要合乎五行生克,不能自作妄为。与孟子重仁义相比,荀子重礼。在荀子看来,仁义礼智圣与阴阳五行生克本无关联,因而用五行思维造作"五行"序列,就是乖僻"僻违",在五行序列中没有突出"礼"的地位,这就是"无类"。庞朴则认为:"荀子批评思孟将这些范畴从'往旧'的道德、政治以至认识论的诸范畴中摘取出来,不顾'类'之不同,并列而谓之'五行',赋予它们以'幽隐'的内容,构筑它们成'闭约'的体系;以致世俗之儒不知其非也,'遂受而传之,以为仲尼、子游为兹厚于后世'。这是荀子所以痛心疾首,申斥思孟为儒家罪人的缘故所在。"③

所谓"幽隐而无说,闭约而无解",即幽深隐晦而难以言说,晦涩闭结而无法解释。对此,目前学界也有不同理解。庞朴认为这里的"说"、"解",是相对于经文而言,与帛书《五行》相比,帛书《五行》既有"经",也有解经之"说",而郭店简《五行》却只有经,没有解经之"说",造成经文"幽隐而无说,闭约而无解"④。也有学者

---

① 谢耀亭《论荀子对思孟学派的批判》,《孔子研究》2015 年第 3 期。
② 详见(清)王引之撰,虞万里主编,虞思徵、马涛、徐炜君校点《经义述闻·春秋名字解诂》,上海古籍出版社,2017 年,第 1287—1452 页。
③ 庞朴《竹帛〈五行〉篇校注及研究》,台北万卷楼图书有限公司,2000 年,第 140 页。
④ 庞朴《思孟五行新考》,见《庞朴文集》第二卷,山东大学出版社,2005 年,第 191—202 页。

认为，荀子指责"五行""幽隐而无说，闭约而无解"，实是因其表述形式上的矛盾。郭店简《五行》第一章有如下之语：

> 仁形于内谓之德之行，不形于内谓之行。义形于内谓之德之行，不形于内谓之行。礼形于内谓之德之行，不形于内谓之行。□□于内谓之德之行，不形于内谓之行。圣形于内谓之德之行，不形于内谓之行。德之行五，和谓之德，四行和谓之善。善，人道也。德，天道也。①

梁涛认为简文"一方面说其'形于内'，另一方面又说其'不形于内'，似乎仁义礼智圣分别具有两种不同的性质，……而子思套用古代的五行说，将仁义礼智圣固定为一个整体，同一组概念被用来表达两种不同的思想，这样便在五行概念体系与'形于内'、'不形于内'主张间产生了表述上的矛盾，仁义礼智圣被分别说成是既'形于内'又'不形于内'。在子思眼里，这只是一种表述方式，可以不必深究，而在一向重视概念分类、写过《正名》的荀子看来，则根本无法容忍，故矛头所向，给予严厉的批评。"②

我们认为，此段简文将仁义礼智圣"形于内"定为"德之行"，"不形于内"定为"行"，是对现实社会人们践行仁义的写照。有些人践行仁义，自然而然，发自内心，身心合一，也就是孟子所说的"尧舜，性之也；汤武，身之也"③；还有一些人践行仁义，勉强而为，并非发自内心，身心分离，如五霸行仁"假之"也。发自内心之仁义礼智圣是"德之行"，而人为勉强的仁、义、礼、智、圣不过就是一种"行"而已。"仁、义、礼、智、圣内在于人心，化为人内在之德

①详见荆门市博物馆编《郭店楚墓竹简》，文物出版社，1998年，第149页。
②梁涛《荀子对思孟"五行"说的批判》，《中国文化研究》2001年第2期。
③《孟子·尽心上》13·30。

性，就是'德之行'；人未将其内化为德性，只依仁、义、礼、智、圣的规范与要求来做，只是'行'。这种观点与思孟之重视内在心性的思想是一致的。"①当然思孟都以发自内心之"德之行"为最高境界。而在荀子看来，仁义礼智圣等都是人之行，因为"形于内"之仁义礼智圣其实无法验证，难以证明，"知有所合谓之智"②，所以指责"幽隐而无说，闭约而无解"。

　　那么孟子的问题在哪里？荀子认为孟子的问题在于进一步加深了子思的错误。子思造作"五行"，本已远离孔子之说，使孔子本来明白易晓的仁义礼智圣之说，变得"幽隐而无说，闭约而无解"，孟子在子思之后，不仅未能纠正思"五行"之误，反而积极呼应子思"五行"说，并为其张目。孟子如何呼应子思"五行"？《孟子·尽心下》如下之文可以为证。

　　　　仁之于父子也，义之于君臣也，礼之于宾主也，智之于贤者也，圣人之于天道也，命也，有性焉，君子不谓命也。

孟子将仁义礼智圣的生成根源归诸人性，认为它们皆本自人所固有的良知良能，非由外铄，天则是其终极根源。依孟子所论，五行实出于人性，植根于人心。孟子为子思"五行"论找到了人性依据。荀子认为，人性本无善和礼义法度，善与礼义法度等都是后天人为的结果，孟子的人性论其实大谬，而孟子又以错误的人性论为本已有误的"五行"说张目，迷惑世人，错上加错，其罪大矣。

　　总之，在荀子看来，孟子之学，来源杂博，又类墨学，还唱合子

---

① 张立文主编，陆玉林著《中国学术通史》（先秦卷），人民出版社，2004 年，第363 页。

② （战国）荀况著，廖名春、邹新明校点《荀子》，辽宁教育出版社，1997 年，第105 页。

思谬说,所学已非孔子之学本真。

第三节　非孟子其说

荀子批判孟子学说的火力集中于两点,即:法先王,性善论。

一、斥孟子法先王无统

荀子批评孟子法先王的言辞是:"略法先王而不知统。"

法先王是先秦诸子普遍政治观,其历史根源在于"中国周代社会走了'维新'的路径,保留了氏族组织;其反映于意识的一个标志,便是中国古代的'先王观'"①。春秋战国,先王成为诸子思想重要依傍,诸子多借先王证明其言说的权威性、合法性。

荀子也尊先王,他说:

> 不登高山,不知天之高也;不临深溪,不知地之厚也;不闻先王之遗言,不知学问之大也。②

学问的大小精深要以是否有先王精神的传承来衡量。又说:

> 故诸侯问政不及安存,则不告也;匹夫问学不及为士,则不教也;百家之说不及先王,则不听也。夫是之谓君子言有坛宇,行有防表也。③

诸子百家之言,如果没有先王之道做支撑,这些言说就是异端,没

---

① 侯外庐、赵纪彬、杜国庠《中国思想通史》第一卷,人民出版社,1957年,第372页。
② (战国)荀况著,廖名春、邹新明校点《荀子》,辽宁教育出版社,1997年,第1页。
③ (战国)荀况著,廖名春、邹新明校点《荀子》,辽宁教育出版社,1997年,第31页。

有听闻的必要。

荀子重视先王之说，但是荀子的先王观又自有其特点。荀子认为先王之道有其统，"统"即准则、纲领。在荀子看来，先王之统，一言以蔽之，就是礼义。《荣辱》篇有言：

> 夫贵为天子，富有天下，是人情之所同欲也。然则从人之欲，则势不能容，物不能赡也。故先王案为之制礼义以分之，使有贵贱之等，长幼之差，知贤愚、能不能之分，皆使人载其事而各得其宜，然后使悫禄多少厚薄之称，是夫群居和一之道也。

《王制》篇中说：

> 先王恶其乱也，故制礼义以分之，使有贫富贵贱之等，足以相兼临者，是养天下之本也。

《君道》又说：

> 古者先王审礼以方皇周浃于天下，动无不当也。

先王治理天下，执政施令，无不允当，故人虽群居而不争，天下安宁，其关键就在于先王以礼义为治政之本，秉持礼义，区别贵贱、长幼、贤愚、能与不能，使人们在各自等级内承担其相应的责任，享用其应得的俸禄、财物，"使人载其事而各得其宜，然后使悫禄多少厚薄之称，是夫群居和一之道也"①。先王之所以要以礼义为本，荀子有解释：

> 礼起于何也？曰：人生而有欲，欲而不得，则不能无求，求而无度量分界，则不能不争。争则乱，乱则穷。先王恶其乱也，故制礼义以分之，以养人之欲，给人之求。使欲必不穷

---

① （战国）荀况著，廖名春、邹新明校点《荀子》，辽宁教育出版社，1997年，第14页。

　　　乎物，物必不屈于欲，两者相持而长，是礼之所起也。①
每个人都有欲望，而且欲壑难填，可是天下财物有限。欲壑难填，
而财物有限，于是争夺在所难免，争夺的结果，就是分崩离析，社
会动荡，所以先王制定礼义，划分等级，以此制定财富分配的标
准，既合理满足每个人的物质生活需要，又非绝对平均，而是根据
身份、贡献等，又有所差别。所以荀子认为法先王，就是取法先王
以礼义治国之道。

　　　荀子的法先王之统是以礼义为本，遵循礼义法度，可是孟子
的法先王之道却是孝悌、仁政，孟子认为"尧舜之道，孝弟而已
矣"②；"尧舜之道，不以仁政，不能平治天下"③；商汤执政，也是行
仁民之政，"汤执中，立贤无方。文王视民如伤，望道而未之
见"④；文王治岐，同样以仁政为本。

　　　　昔者文王之治岐也，耕者九一，仕者世禄，关市讥而不
　　　征，泽梁无禁，罪人不孥。老而无妻曰鳏，老而无夫曰寡，老
　　　而无子曰独，幼而无父曰孤。此四者，天下之穷民而无告者。
　　　文王发政施仁，必先斯四者。⑤

依孟子之见，先王之道就是尧舜以伦理道德为中心的孝悌、仁政，
所以"不以尧舜之所以治民治民，贼其民者也"⑥。而在荀子看
来，孟子法先王，取法先王之孝悌、仁政，却失落了先王之道最重

────────────

①（战国）荀况著，廖名春、邹新明校点《荀子》，辽宁教育出版社，1997年，第
　　89页。
②《孟子·告子下》12.2。
③《孟子·离娄上》7.2。
④《孟子·离娄下》8.20。
⑤《孟子·梁惠王下》2.5。
⑥《孟子·离娄上》7.2。

要的精神——礼义,只得先王之道的皮毛,未得先王之道精髓,所以孟子"法先王"只是"略法",法得粗糙,孟子所论也就不足为贵,此类言论与"奸言"无别,"凡言不合先王,不顺礼义,谓之奸言。"①可见,荀子批评孟子"略法先王而不知统",并不是批孟子法先王本身,而是批孟子法先王之"略",仅得其皮毛,而未得其精神实质。侯外庐先生等认为"'闻见杂博'也是孟子的特点。结合'略法先王而不知其统'一点看来,就知道他的'周室班爵禄'和'井田'等说,真是'杂博'之至。他仅'闻其大略',即敢如此'造说',荀子说他'不知其统'是言之有物的"②。

荀子批判孟子"略法先王而不知统",究其实质,在于荀子与孟子在治政方略上殊途,荀子主张礼义治国,所谓"国之命在礼","隆礼、贵义者其国治,简礼、贱义者其国乱"③;而孟子主张以仁政平天下,"君行仁政,斯民亲其上,死其长矣"④;"君不行仁政而富之,皆弃于孔子者也"⑤。礼义治国与仁政治国的区别何在?礼义治国,是在"明分使群"的基础上刑赏天下,主要依靠的是制度;仁政治国,是在"亲亲而仁民"的基础上推恩天下,主要依靠的是伦理道德。

荀子批判孟子"略法先王而不知统",还有深层的思想动因,

---

①(战国)荀况撰,廖名春、邹新明校点《荀子》,辽宁教育出版社,1997年,第17页。

②侯外庐、赵纪彬、杜国庠《中国思想通史》第一卷,人民出版社,1957年,第370页。

③(战国)荀况撰,廖名春、邹新明校点《荀子》,辽宁教育出版社,1997年,第67页。

④《孟子·梁惠王下》2.12。

⑤《孟子·离娄上》7.14。

就是荀子认为孟子导出先王之道的思想逻辑有误，也就是孟子法先王之道的思想根基——人性论有误。

二、斥孟子人性说无类

批评孟子人性论是荀子批评孟子学说的另一重要内容，而他对孟子人性论的批评，也影响了中国后来人性论的发展演变，当然荀子本人也因此饱受后人诟病。

1.《性恶》"孟子曰"三语考辨

荀子对孟子人性论的批评主要见于《性恶》。在此篇，荀子对孟子的批评是公开点名式批评，言辞激烈。在《性恶》篇，荀子炮轰孟子人性论火力所向是以下三语：

> 孟子曰：人之学者，其性善。
>
> 孟子曰：今人之性善，将皆失丧其性故也。
>
> 孟子曰：人之性善。

然而对照今本《孟子》，并无此三语；且荀子据此所批的孟子人性论思想，也与今本《孟子》孟子人性论思想不完全一致。或者说，如以今本《孟子》看荀子对孟子的批评，荀子对孟子思想的认识显然有误解，原因何在？学界就此提出种种猜想。有一种观点很有代表性：

> 这种观点认为荀子未见《孟子》一书，荀子是据稷下先生等人的传说来批评孟子，故所述孟子之说，所引孟子语，与今本《孟子》不尽相同。徐复观就说："我根本怀疑荀子不曾看到后来所流行的《孟子》一书，而只是在稷下时，从以阴阳家为主的稷下先生们的口中，听到有关孟子的传说；……而他对于孟子人性论的内容，可说毫无理解。假定他看到了《孟子》一书，以他思想的精密，决

不至一无理解至此。"①韦政通也说:"综观荀子评孟子语,除'略
法先王而不知其统'外,其他皆无甚意义。根据我们对孟荀两系
统的了解,荀子似是察觉孟子内转之偏,而要向外开,朝外王方向
转,但何以对孟子正面立说,若一无所知者? 孟子又不是一默默
无闻的小人物,何以荀子竟无一言中其说? 性恶篇本针对孟子性
善说而发,但细案荀子所传述孟子意,亦尽属误解。先秦儒家在
孔子以后,唯孟荀两大儒,何以荀子对孟子竟如此疏隔? 此诚难
以索解矣。我怀疑,荀子一生,根本未见孟子一书,所述者或多据
失实之传闻。"②

　　徐复观、韦政通二人猜测荀子根本未见《孟子》一书,只是从
稷下先生等人口中听说了孟子的主张,据此以批孟子。由于荀子
对孟子的了解是依据稷下先生等的传闻,而稷下先生的传闻未必
准确,所以荀子所批孟子思想与今本《孟子》思想不同,也就可以
理解。但是这一猜测也有于理未通之处,荀子怎么可能仅凭传闻
或者道听途说就批孟子,韦政通自己也说:"但复可疑者,依据传
闻而定人之罪,虽小智者,其诬妄亦不至此,荀子何独屑为? 此亦
不能索解者。"③所以,学界多不赞同荀子未见《孟子》一书、据传
闻以批孟子之说。认为"说这种话,不仅是污蔑了颇有科学精神
的荀子,也太轻看了齐国的稷下先生"④。

　　至于为什么荀子所批孟子三语不见于今本《孟子》,且思想也
与今本不完全一致。我们认为极有可能是孟子后学看到荀子的

---

① 徐复观《中国人性论史》,华东师范大学出版社,2005 年,第 145 页。
② 韦政通《荀子与古代哲学》,台湾商务印书馆,1992 年,第 280 页。
③ 韦政通《荀子与古代哲学》,台湾商务印书馆,1992 年,第 280 页。
④ 龙宇纯《荀子论集》,台湾学生书局,1987 年,第 74 页。

批评之后,在编定《孟子》时,删去了被荀子所批且确实有一些问题的话语。众所周知,《孟子》一书,孟子生前已基本完成,但孟子死后,最后的定本,却是其弟子后学编定,"卒后,书为门人所叙定"①。后来的编写者对所编书籍内容进行调整或删节,在中国历史上也并不鲜见,比如宋代李觏,当时人们都认为他是批判孟子的先锋,可是在今本《李觏集》中却只有无足轻重的两三条,而在宋人邵博笔记《邵氏闻见后录》却记录有他大量的批孟言辞,证明宋人指李觏批孟所言不虚,那么为什么今本《李觏集》没有这些批孟言辞,其实就是在孟子已成亚圣、共尊孟子的时代语境中,《李觏集》的编纂者删除了这些非孟言辞而已。所以徐复观怀疑荀子没有看到《孟子》一书之说也有一定合理性,我们认为更接近历史真实的情形是:可能荀子没有看到《孟子》一书的定本,但读过《孟子》的早期文本,上引三语是否是孟子原话,虽不得而知,但应当是孟子思想的真实表达,则基本可信。所以,从荀子所批,我们反而得以窥见《孟子》文本早期形态。

2.斥孟子不知人之本性、不明性伪之分

荀子批判孟子人性论,首先批判了孟子"人之学者,其性善"的观点。

"人之学者,其性善",杨倞注:"孟子言人之有学,适所以成其天性之善,非矫也。与告子所论者是也。"②杨倞认为此语表达了孟子的一个理念:就是人们通过学习,可以顺成人天性之善,而不是通过强矫的方式。杨倞认为这一理念与孟子批驳告子的观点

---

① (清)阎若璩《孟子生卒年月考》,《四书释地三续》,文渊阁《四库全书》影印本,210 册,第 476 页。

② (清)王先谦《荀子集解》,中华书局,1988 年,第 435 页。

一致。结合下文荀子对孟子此语的批判言辞来看,杨倞的解释合乎原文之意。此语的关键词是"学",以"学"顺成天性之善,实质强调向外界学习对主体人性完善的重要性。

然而"人之学者,其性善"一语,既不见于今本《孟子》,且以学顺成人天性之善,也与今本《孟子》思想并不完全吻合,因为今本《孟子》成就人性之善的关键在"思"、"反求诸己"。孟子认为虽然人皆有四心,但四心只是"端",需要"扩而充之"、"熟之",实现途径是主体"存心"、"养心"、"思诚"、"反求诸己"等内省方式,而尤为重要者是"思",所谓"心之官则思,不思则不得也","思"即能准确把握四心。所以"思"是孟子"扩而充"四心的关键,而非"学"。"思"与"学"之别,在于"思"是主体自主的内在体悟,"学"则是外界影响下的被动选择。就此而言,"人之学者,其性善"不符合今本《孟子》以"思"顺成人性之善的思想。

不过,综观今本《孟子》,我们也看到,今本《孟子》虽然以"思"顺成人性之善为其主调,但是并非全然摒弃"学"。孟子说:"学问之道无他,求其放心而已矣。"[1]朱熹注:"学问之事,固非一端,然其道则在于求其放心而已矣。"[2]朱熹此解可谓精当。孟子认为"学问",不仅仅是获取知识,其中心目的在于"求其放心",保有善性,成就为真正意义的人。因而,"学问"也是顺成人性之善的一种方式。同时我们也注意到,孟子虽强调内省,向内用功夫,但也不排除向外界学习,因为舜、禹之所以为圣人,原因之一就是他们能"取诸人以为善"、"与人为善",学习他人。他说:"子路,人告之以有过,则喜。禹闻善言则拜。大舜有大焉,善与人同,舍己从

---

①《孟子·告子上》11.11。
②(宋)朱熹《四书章句集注·孟子集注》,中华书局,2011年,第312页。

人,乐取于人以为善。自耕、稼、陶、渔以至为帝,无不取于人
者。"①可见,今本《孟子》中实际也有以"学"顺成人性的观念,只
不过不是今本《孟子》思想的主流而已。前已言,由于"人之学者,
其性善"一语受到荀子批评,极有可能是孟子后学将其删除,导致
我们所见今本《孟子》有关主体德性完善的思想偏于"思",而略于
学。而荀子的批评让我们看到,在荀子之时,《孟子》文本以学成
就其善,也是很重要的内容。如若不然,荀子也不会如此大张旗
鼓予以批评。

那么,"人之学者,其性善",为什么会招致荀子的批评。

关于人性,荀子的认识与孟子不同。春秋战国以来的人性大
讨论,为荀子研究人性积累了丰富的思想资源,荀子对人性有其
独到的认识。《正名》篇有荀子关于人"性"的界定:

> 生之所以然者谓之性。性之和所生,精合感应,不事而
> 自然谓之性。性之好、恶、喜、怒、哀、乐谓之情。情然而心为
> 之择谓之虑。心虑而能为之动谓之伪。

这里,荀子从四个角度界定人性:其一,人性来源,人性是"生之
所以然者",是人与生即有,与生命同在同源,非后天所与。其
二,人性所成,人性是"不事而自然"者,是天然所成,本然如此,
非外来所加。也就是《性恶》中说:"凡性者,天之就也。"其三,人
性的表现,主要有两个方面。一是人的感官"无待而然"的天然能
力,如目能视物,耳能听声,口能尝味,鼻能嗅香臭,身体肌肤能感
寒热冷暖,等等,这些都是人"无待而然"的能力,天生即有。他
说:"目辨白黑美恶,耳辨音声清浊,口辨酸咸甘苦,鼻辨芬芳腥

臊,骨体肤理辨寒暑疾养,是又人之所常生而有也,是无待而然者也。"①二是人的感官对外界事物的本能反应,具体而言,就是好恶、喜怒、哀乐等情欲;"今人之性,生而有好利焉,……生而有疾恶焉,……生而有耳目之欲,有好声色焉"②;"饥而欲饱,寒而欲暖,劳而欲休"是感官在极端环境下十分正常的反应。其四,性与伪有别。人性,是无思无虑,人的本能反应;"伪"则是"心虑而能为之动",是人经过理性思考而后的行为选择。概而言之,荀子所谓人性就是人与生即有、天然所成、本然具有的感官本能以及直面外界时感官本能的反应。无论是感官本能,还是感官本能的反应,都没有善的因素,所以人性中没有善。

荀子强调人性是"生之所以然"、"天之就"、"不事而自然"、"不待而自然",既"不可学",也"不可事",目视、耳听、口尝、鼻嗅等是正常人与生自然具有的感官本能,无法学,也学不来。他说:"今人之性,目可以见,耳可以听。夫可以见之明不离目,可以听之聪不离耳,目明而耳聪,不可学明矣。"③而孟子说"人之学者,其性善",认为人可以通过后天之学顺成人性之善。在荀子看来,后天之学,就是后天人为,也就是"伪",后天人为所能成就者,就不是人性本始自然,也就不是人性本身。"不可学、不可事而在人者,谓之性;可学而能,可事而成之在人者,谓之伪;是性伪之分

①(战国)荀况著,廖名春、邹新明校点《荀子》,辽宁教育出版社,1997年,第12页。
②(战国)荀况著,廖名春、邹新明校点《荀子》,辽宁教育出版社,1997年,第110页。
③(战国)荀况著,廖名春、邹新明校点《荀子》,辽宁教育出版社,1997年,第110—111页。

也。"①孟子所言与人性联系在一起的行为根本不是人的天性,而是后天学会的特别复杂的行为。所以他认为孟子的错误在于不明白后天人为与先天人性的区别,将后天人为的结果与先天人性等同视之,说明孟子既不知人性之本然,也不明白性伪之别。

然而无论是就"人之学者,其性善"本身,还是结合今本《孟子》,荀子对孟子对人性论的批评显然对孟子人性论思想存在明显误解。因为,首先,孟子同样认为人性是天然如此,四心是天所与,人与生本然具有,"此天与我者","天之降才",非经过"学"而得之,"学"只是让人明白、认识人之本性的手段。其次,孟子也非常清楚先天人性与后天人为的区别,他明确指出,尧舜之所以与人不同,就是因为他们的后天努力超越凡人,故而成圣,但他们先天非圣,是后天的努力使他们成圣。从人性本然而言,无人是圣;从后天人为而论,人人皆可成圣。所以孟子人性论思想中也非常清晰地分辨了先天人性与后天人为之同,只不过孟子没有用"伪"一词说明而已。

围绕"人之学者,其性善",荀子对孟子人性论的批评,其宗旨有二,一是强调人性无善,二是强调后天人为不可能改变人性,或者说人性不可能随后天行为而有所变化,也就是他所说的"不可事"。人性既然如此,所以必须礼义加以约束。

3.斥孟子人性论离朴资而言性

在《性恶》篇,荀子对孟子人性论发起的第二轮批判,是针对孟子"今人之性善,将皆失丧其性故也"的观点而发。

由于"今人之性善,将皆失丧其性故也"一语甚为难解,历来

---

①(战国)荀况著,廖名春、邹新明校点《荀子》,辽宁教育出版社,1997年,第110页。

争议极大。杨倞注：“孟子言失丧本性，故恶也。”①据杨注，此语之意是：人性本善，失去了人之本性，所以人有恶行。很显然，杨倞解释此语时是增字以释，所增字之为“恶”。杨倞增“恶”字来疏释此语，说明他认为此语有脱字，本有“恶”字，在文本流传中，“恶”字脱去。杨倞此说对后世影响很大，梁启雄就说：“据杨注‘故恶也’，正文故下似夺一‘恶字’。”②而刘师培则认为此语无脱字，是唐以后人据杨说而改字，误将“恶”改为“将”，造成此语意难解③。包遵信同样认为此语有后人误改之字，将“恶”误改作了“善”，他说：“信按：‘善’疑当作‘恶’。孟子道性善，谓人之性恶，乃以其不扩充其固有之善性，而使人失丧之也。杨注谓‘孟子言失丧本性故恶也’，是杨氏所见本尚未误也。”④综上，关于“今人之性善，将皆失丧其性故也”，学界有三种不同意见：

其一，孟子曰：“今人之性善，将皆失丧其性，故（恶）也。”（梁启雄）

其二，孟子曰：“今人之性善，（恶）皆失丧其性故也。”（刘师培）

其三，孟子曰：“今人之性（恶），将皆失丧其性故也。”（包遵信）

以上说法都是依据杨倞之注，从文本文字脱讹入手解决此语其意难解的问题。虽然经由此类解说，此语似乎涣然冰释，文从字顺，但是由于没有确实可信的证据可以佐证，而且与下面荀子对此语

---

① （清）王先谦《荀子集解》，中华书局，1988年，第436页。
② 梁启雄《荀子简释》，中华书局，1983年，第329页。
③ 详见（清）刘师培《荀子补释》，《刘师培全集》，中共中央党校出版社，1997年。
④ 包遵信《读荀子札记》，《跬步集》，四川人民出版社，1986年，第458页。

批评不相合,所以上述意见,哪种为真,难以确定,而此语原文的真实样态只能存疑,付之阙如。

我们认为,据荀子对此语的批评来看,荀子实际是在批评孟子离"朴"、"资"而谈人性。其文如下:

> 孟子曰:"今人之性善,将皆失丧其性故也。"曰:若是则过矣。今人之性,生而离其朴,离其资,必失而丧之。用此观之,然则人之性恶明矣。所谓性善者,不离其朴而美之,不离其资而利之也。若夫资朴之于美,心意之于善,若夫可以见之明不离目,可以听之聪不离耳,故曰目明而耳聪也。[①]

何谓"朴"? 何谓"资"? 杨倞注:"朴,质也。资,材也。"骆瑞鹤说:"未加工之材名朴,以论性之天然而未加后天利导者。资,资材,此谓人之大质本体。藉人本体方可见性。荀意谓人生而离其朴与其资,则失其性而无之矣,何以言性? 言外之意则曰,不离人原性与人本体,乃可以言人性善恶也,否则无善恶可言。故后文云:'所谓性善者,不离其朴而美之,不离其资而利之。'美之,导之使美;利之,使之受益。"[②]也就是说,朴,即人性天然之质;资,人性之材,即赖以凭借的载体。荀子说:"性者,本始材朴也。"[③]

在荀子看来,如果离开人之"朴"、"资",那么所指就必定不是人性,也就丧失了所谓人性的特质。人性与人之"朴"、"资"不能

①(战国)荀况著,廖名春、邹新明校点《荀子》,辽宁教育出版社,1997年,第111页。

②骆瑞鹤《荀子补正》,武汉大学出版社,1997年,第159页。

③(战国)荀况著,廖名春、邹新明校点《荀子》,辽宁教育出版社,1997年,第93页。

相离,相离即非人性。所以,如果一定要说人性善,必须依据"朴"、"资"而论才能成立,就如目明、耳聪不能与其"朴"、"资"相离一样。目明、耳聪之"朴"、"资",目、耳是其依赖的"资",能看、能听是耳、目本有之材"朴"。人的视力不能离开眼睛,人的听力不能离开耳朵。可是据人之"朴"、"资"而言,人性中并无善的因素。因为的人之"朴"、"资"就是人的耳、目、口、鼻、四肢等感官,以及感官面对外界事物的本能反应,诸如"好声色焉"、"饥而欲饱,寒而欲暖,劳而欲休"等情与欲,所谓"情者,性之质也;欲者,情之应也"①。现实中也有人虽饥却不敢食、虽劳却不敢息的情形,但这不是他们本性如此,而是离其"朴"、"资"之性的后天行为。虽饥却不敢食、虽劳却不敢息,是因为他们要让父、让长以及代父兄服其劳,而这些都是后天礼义教化的结果,并非其本有情性。他说:

> 今人饥,见长而不敢先食者,将有所让也;劳而不敢求息者,将有所代也。夫子之让乎父,弟之让乎兄;子之代乎父,弟之代乎兄。此二行者,皆反于性而悖于情也。然而孝子之道,礼义之文理也。故顺情性则不辞让矣,辞让则悖于情性矣。用此观之,然则人之性恶明矣,其善者伪也。②

而谦让父兄的孝道,正是孟子所言人性善的重要内涵,可见孟子不是以"朴"、"资"论人性,而是以后天行为论人性,由此可证,孟子人性论谬矣。

---

① (战国)荀况著,廖名春、邹新明校点《荀子》,辽宁教育出版社,1997年,第108页。
② (战国)荀况著,廖名春、邹新明校点《荀子》,辽宁教育出版社,1997年,第111页。

　　此处荀子对孟子的批评有两个着眼点,一是强调人性不可能失,能失就不是人性;二是批评孟子不以"朴"、"资"论人性。荀子所指"朴"、"资",实际是指人的肉体生命与生理本能,即自然生物属性。荀子批评孟子人性善论离"朴"、"资"论人性,其实是批评孟子人性论中无视人的自然生物属性。

　　荀子这一批评确实击中了孟子人性论的缺陷。如上所言,孟子并不否认人的自然生物属性,并且也认为人的自然生物属性是人与生俱有,可是他又认为这是人与动物相同之处,故而不视其为人性,他说:"口之于味也,目之于色也,耳之于声也,鼻之于臭也,四肢之于安佚也,性也。有命焉,君子不谓性也。"①孟子将人的自然生物属性排除在人性之外。孟子不承认人的自然生物属性为人性,这是孟子人性论的不足。荀子认为从生之所以然、天之就、不可学、不可事等方面来衡量,人性就是耳目声色之欲等自然生物属性,人性中天然不具有道德属性之善。

4.斥孟子人性论无辨合符验

　　荀子对孟子人性论发起的第三轮批判,是针对孟子"人之性善"发起的总攻。他说:

　　　孟子曰:"人之性善。"

　　　曰:"是不然!凡古今天下之所谓善者,正理平治也;所谓恶者,偏险悖乱也。是善恶之分也已。"②

荀子明确否定孟子人性善论。在批判孟子人性论的总攻中,荀子使出的第一个撒手锏,是提出了与孟子不同的"善"的内涵,他认

---

①《孟子·尽心下》14.24。
②(战国)荀况著,廖名春、邹新明校点《荀子》,辽宁教育出版社,1997年,第112页。

为古今公认的善是指"正理平治"，即行端理顺、安定有序，而人性并不天然具备"正理平治"，所以人性不善。显然荀子所认为的"善"与孟子所言人性之善并不是同一范畴论域，因为孟子所言人性之善是四心，也即"四端"，指四种善良的心理情感，是仁义礼智之端绪和萌芽，是以个人的道德主体性为判断标准。荀子所谓"善"，是以社会政治为考量砝码。荀子用与孟子不同的"善"的内涵来审视人性，因而得出不同结论，并据以批评孟子。

在批判孟子人性论的总攻中，荀子使出的第二个撒手锏是"辨合符验"。他说：

> 故善言古者必有节于今，善言天者必有征于人。凡论者，贵其有辨合、有符验。①

所谓"辨合符验"，就是言说立论不能违背事实，要符合历史与现实，经得起实践的检验，推行起来，切实可行，如此才能让人心悦诚服。而孟子的"人之性善"论却"无辨合符验"，其"过甚矣"。他说：

> 今孟子曰"人之性善"，无辨合符验，坐而言之，起而不可设，张而不可施行，岂不过甚矣哉！故性善则去圣王、息礼义矣；性恶则与圣王、贵礼义矣。故檃栝之生，为枸木也；绳墨之起，为不直也；立君上，明礼义，为性恶也。用此观之，然则人之性恶明矣，其善者伪也。直木不待檃栝而直者，其性直也；枸木必将待檃栝、烝、矫然后直者，以其性不直也。今人之性恶，必将待圣王之治，礼义之化，然后始出于治，合于善

---

① （战国）荀况著，廖名春、邹新明校点《荀子》，辽宁教育出版社，1997年，第112页。

也。用此观之,然则人之性恶明矣,其善者伪也。①

荀子认为,孟子"人之性善"论,无论验之古,还是考之今,既于史实不符,也于现实不合。在荀子看来,按照孟子人性论,人性本善,人们完全可以实现自我完善,实现天下自治,那么就不需要圣人,不需要礼义,不需要君主,不需要刑罚,人们也不需要后天学习;孟子人性善论完全消解了圣人、礼义、君主、刑罚存在的合理性以及后天学习的必要性,然而事实证明孟子的观点大错特错。

　　今不然,人之性恶。故古者圣人以人之性恶,以为偏险而不正,悖乱而不治,故为之立君上之势以临之,明礼义以化之,起法正以治之,重刑罚以禁之,使天下皆出于治,合于善也。是圣王之治,而礼义之化也。今当试去君上之势,无礼义之化,去法正之治,无刑罚之禁,倚而观天下民人之相与也,若是,则夫强者害弱而夺之,众者暴寡而哗之,天下之悖乱而相亡不待顷矣。用此观之,然则人之性恶明矣,其善者伪也。②

古已有之的史实是:圣人制礼、立君、设刑罚以治天下,从而使天下之治合于善。之所以要制礼、立君、设刑罚,就是因为古人清楚地认识到人性恶,所以才制礼以教化万民,设刑罚以约束大众,立君以管理天下。树木不直,才需要外力矫直;人性不善,才需要礼义化之、刑罚正之。而且,社会的现实是:如果无君、无礼、无法,那么人与人之间必将是强凌弱、众暴寡,"天下悖乱而相亡,不待顷矣"。由此可见,由于孟子的人性论消解了学习圣人与礼义的必要性,如果推向社会,付诸现实,只能造成社会的争夺与"悖乱",所以是"张而不可施行"之谬论。

---

①(清)王先谦《荀子集解》,中华书局,1988年,第441页。
②(清)王先谦《荀子集解》,中华书局,1988年,第439—440页。

综上,荀子对孟子人性论的第三轮批判主要从两个角度展开,一是提出了与孟子不同的"善"的概念,言下之意,孟子所言之善并非真善,可谓釜底抽薪。二是提出"辨合符验",说明孟子之说经不起历史与现实的检验,以"辨合符验"批判孟子,是荀子此轮批判的主要着力点。荀子这一批评确实有一定说服力。

在这轮批判中,荀子主要强调了孟子人性善论完全消解了圣人、礼义、君主、刑罚存在的合理性以及后天学习的必要性,必会导致"故性善则去圣王,息礼义矣"的严重后果。荀子这一批评有其合理的一面,也有其不合理之处。其合理的一面是:荀子见微知著,洞察到了孟子人性论中有消解学习圣人、圣王的危险,因为依照孟子人性论,人人皆有四心、良知、良能,只要能够"扩而充之"、"存心"、"养心",人人皆可自成圣、成贤,孟子自己也说:"待文王而后兴者,凡民也。若夫豪杰之士,虽无文王犹兴。"①所以孟子人性论无形中确实潜藏着消解学习圣人、圣王的思想因子,荀子的批评并非凭空妄议。四库馆臣也说:"至其以性为恶,以善为伪,诚未免于理未融。然卿恐人恃性善之说,任自然而废学,因言性不可恃,当勉力于先王之教。"②不合理的一面是:荀子夸大了孟子人性论中潜藏的消解圣王、礼义的威胁,而忽视孟子人性论的本意和重点。孟子人性论的本意及其重点,是强调人人皆可自主成圣、成贤,因为成圣、成贤的依据即内在于人性,所以成圣、成贤、守礼既顺乎人性,也是为人之大本,而孟子本人也一再强调学习先王之道,推崇舜"乐取于人为善",孟子并不是要消解圣王、礼义,恰恰是肯定成圣、成贤的合理性,并以成圣、成贤为人生追

①《孟子·尽心上》13.10。
②(清)永瑢等《四库全书总目》,中华书局,1965年,第770页。

求的目标。由此而言,荀子此论对孟子人性论的批评又有攻其一
点不及其余之嫌。

第四节　荀子非孟的特点

　　孟子、荀子同宗仲尼,同在儒门,而荀子却对孟子大力贬抑,
大加挞伐,可谓同门操戈,然而荀子批评孟子,并非同门争胜,主
要还是因为荀子与孟子思想有异,不认同孟子思想。正如四库馆
臣所说:荀子"最为口实者,莫过于《非十二子》及《性恶》两篇。王
应麟《困学纪闻》据《韩诗外传》所引,卿但非十子而无子思、孟子,
以今本为其徒李斯等所增。不知子思、孟子后来论定为圣贤耳,
其在当时,固亦卿之曹偶。是犹朱陆之相非,不足讶也。"①四库
馆臣认为荀子非孟,正如朱熹、陆九渊之相非,纷争实起于思想认
识的分歧,不足为奇。

　　综观荀子对孟子的批判,有如下特点:

　　其一,批判方式:全方位立体式。荀子批评孟子,矛头所向不
在某一方面,而是从孟子为人、孟子所学、孟子思想等多方位入
手。他批评孟子去妻,虽能自强,却未至精微之境;鄙夷孟子为人
志大才疏,是一介俗儒;指责孟子所学杂博而不精纯,批评孟子曲
意迎合子思而唱合子思臆造的"五行"谬说,驳斥孟子法先王粗疏
而不知礼义之统,批驳孟子人性论不知性伪之别而无符验辨合。
批判的方式,由外而内,由言行而及思想,对孟子进行了全方位立
体式的批判,几乎全盘否定了孟子思想。

　　其二,批判角度:政治功用。《非十二子》开宗明义,明确指出

---

① (清)永瑢等《四库全书总目》,中华书局,1965年,第770页。

凡是那些"枭乱天下"、"使天下混然不知是非、治乱"的言说都是邪说、奸言,必须予以批判,并"务息"之。在《非十二子》,荀子对子思、孟子之外其他十子,分为五类进行批判。在分辨其是非之后,对这五类十子的思想都有一个非常明确的断语,如:评论它嚣、魏牟之说"不足以合文通治",陈仲、史鳍之说"不足以合大众,明大分",墨翟、宋钘之说"不足以容辨异,悬君臣",这些明显都是从现实政治功用做出的评判。荀子审视诸子思想的角度和标准,就是看他们的思想是否能为现实政治服务。他对孟子的批判也不例外,他认为孟子人性论"无辨合符验",是"坐而言之"的空想,推向现实,"起而不可设,张而不可施行"。我们知道,孟子本人有强烈的淑世救人的热情,其思想主体是行仁政而救治天下,他要"以道援天下",以思想服务于现实政治;当然,由于孟子思想中理想化、乌托邦的一面,在当时社会并没有落脚生根的现实土壤,因而被诸侯敬而远之。荀子从政治功用的角度审视孟子思想,看到孟子思想的空想性,看到孟子思想在现实政治面前的无能为力,但是据此就批判孟子之说为"奸说",必欲"息"之而后快,就失于偏颇,荀子太过于强调学术与政治的一致性。应该承认,孟子思想中的理想主义色彩,正是孟子思想至为宝贵之处,因为孟子没有为俯就现实而改变自己的理想,而历史证明,孟子思想中的理想主义为后来中国知识分子站在世俗权力之外、为生民立言和呼吁给予了莫大的精神支撑。

其三,批判重点:孟子思想。荀子批判孟子的重中之重是孟子的人性论。比较荀子对孟子"法先王"、唱合子思"五行"等的批判,他对孟子人性论显然采取了不同的批评方式。批评孟子"法先王"等的观念,集中在《非十二子》,直接下断语进行否定,无分析论证;但是对孟子人性论,荀子用《性恶》整整一章文字展开多

方位批驳。先对孟子人性论的具体观点各个击破,后集中火力对
孟子人性善论发起总攻,以图彻底摧毁孟子人性论。荀子之所以
对孟子人性论如此大动干戈,因为人性论是二人构建思想体系的
根基,对人性认识的不同,修身治世的理念、举措也不同,所以人
性论是横亘在孟、荀思想之间的一道分水岭。荀子批判孟子人性
善论存在的错误,实际是为自己的性恶论张目。《性恶》篇所见,
在批评孟子的观点之后,荀子都以"人之性恶明矣,其善伪也"作
结,此语在《性恶》共出现不下十次。此语如此高频率的重复出
现,表明这是荀子从各种角度批判孟子人性善论后得出的非常自
信的结论。荀子不认同孟子的人性论,主张人性恶,一方面是本
自他对人性的认识,因为与孟子从人的社会性判定人性不同,荀
子是从人的朴资之性,即人的自然生物性裁定人性,认定人的自
然生物性不存在道德属性,人性先天与道德无关;另一方面也与
时代政治的发展密切相关,战国后期,苦于长久的分裂和争战,统
一已是全天下人的共同心愿,是大势所趋,而要在时代发展的滚
滚洪流中占得先机,成为最后的赢家,新兴的执政者深切地认识
到加强法治的重要性。荀子的性恶论为法治政治提供了理论根
据。"孟子从'性善论'中力图为统治阶级的'仁政'寻找理论根
据,荀子则从'性恶论'中为'法治'提供理论基础。"①

　　其四,批判目的:尊孔护儒,重礼义之统。秦昭王与荀子有一
段对话:

　　　　秦昭王问孙卿子曰:"儒无益于人之国?"孙卿子曰:"儒
　　者法先王,隆礼义,谨乎臣子而致贵其上者也。人主用之,则
　　势在本朝而宜;不用,则退编百姓而悫,必为顺下矣。虽穷困

---

① 郭志坤《旷世大儒——荀况》,河北人民出版社,2001年,第251页。

冻馁，必不以邪道为贪；无置锥之地，而明于持社稷之
大义。"①
秦昭王以君王治政理世的眼光审视儒学，对儒学投去了怀疑的目
光，所以他向荀子抛出的问题就是："儒无益于人之国。"春秋战
国，儒家一直备受诸子的攻诘、责难，诸侯对儒家也多是敬而远
之，而此时秦王直接怀疑儒学存在的必要，儒学可谓四面受敌。

　　荀子早年学儒，游历过赵、齐、燕、秦、楚等国，在稷下学宫三
为祭酒，熟悉诸子百家之说，视野开阔，学识广博，但是儒家学说
依然是他坚定的思想选择。然而儒家自身存在的问题，也让荀子
不能回避。一是孔子死后，儒家出现纷争和分裂，《韩非子·显
学》说："儒分为八。"儒家的分裂，导致儒家思想在现实面前破碎
而无力。二是儒家后学中有影响的代表人物，诸如子夏、子思、孟
子等既未能整合儒学，也未能让儒家思想施行于现实。尤其是孟
子，在战国时期已有一定影响力，曾为君王贵宾，任卿相之职，有
众多的学生风从影随，死后也有自己的著述流传于世。可是孟子
周游列国，远赴梁国，长住齐国，却都未能让梁、齐两国君王接受
自己的学说。以孟子的影响力，都未能让自己的思想施行于当时
现实，说明孟子思想与当时现实政治之间的确有一条难以逾越的
鸿沟，而秦昭王的"儒无益于人之国"一说，就不是无中生有、有意
贬抑儒家。

　　但在荀子看来，孟子思想与现实政治的疏离，不等于儒家思
想无益于现实政治，因为子夏、子思都在误传孔子学说，孟子也不
是真儒，无传承孔学之功。荀子在批判孟子时，斥责孟子所学庞

————————
① （战国）荀况著，廖名春、邹新明校点《荀子》，辽宁教育出版社，1997年，第
　25页。

杂,已类墨学,思想有种种谬误,等等,就是否认孟子思想与孔子学说的渊源,从而将孟子从孔子学说传承者的队伍中清理出处,昭告世人,孟子并不能代表儒家。故而,他指责那些尊崇孟子的人说:"世俗之沟犹瞀儒,嚾嚾然不知其所非也,遂受而传之,以为仲尼、子游为兹厚于后世,是则子思、孟轲之罪也。"①孟子既非儒家真传嫡脉,那么,什么才是合乎孔子真意的儒家思想? 荀子认为只有以礼义为核心的学说不失孔子真意。《荀子》一书,礼字出现多达 300 余次,荀子重礼,一再强调礼是治国之本,他在《天论》中说:"国之命在礼。"在《议兵》中说:"礼者,治辨之极也,强固之本也,威行之道也,功名之总也。王公由之,所以得天下也,不由,所以陨社稷也。"②荀子指责孟子"略法先王而不知统",批评孟子唱合子思所造"五行""僻违无类",都是指责孟子不知礼义为本,而孟子的人性善论则抽去礼义政治的根基。隆礼,主张礼治,是荀子政治学说的根本。荀子要以自己礼义为统的礼治学说,抗衡孟子以孝悌、仁义为本的仁政治国论。

所以荀子批判孟子,有两大目的,一是如同他批评诸子,是为了一天下之是非,达到天下思想一统,而批评孟子则是为了解决儒家内部纷争,统一儒家之是非;二是消除孟子思想为代表的儒学思想中的空想性,发展孔子的礼学观,以礼义为统,为儒学与现实接轨找到理论基础,改变时人所谓儒家之说"无益于人之国"的观念,实现由理想性儒学向现实性儒学的转变。

---

① (战国)荀况著,廖名春、邹新明校点《荀子》,辽宁教育出版社,1997 年,第 19 页。

② (战国)荀况著,廖名春、邹新明校点《荀子》,辽宁教育出版社,1997 年,第 70 页。

我们看到荀子对孟子的批评,无论是斥责孟子之学杂博、已类墨学,还是指责孟子跟随君王世子、盛赞君王贵客,等等,桩桩件件都可与孟子行事思想印证,而非捕风捉影,随意妄言,可谓"持之有故"。侯外庐先生说:"'闻见杂博'也是孟子的特点。结合'略法先王而不知其统'一点看来,就知道他的'周室班爵禄'和'井田'等说,真是'杂博'之至。他仅'闻其大略',即敢如此'造说'。荀子说他'不知其统'是言之有物的。"①说明荀子对孟子其人其说有全面而比较深入的了解,精熟孟子思想。

然而荀子评判孟子行事与思想,最终做出否定评价,却是站在了荀子个人学说的立场审视孟子学说,没能做到同情地理解。在《解蔽》篇,他批评"蔽于一偏。而暗于大理"的行为,可是他自己却是有见于礼义,而蔽于仁义;有见于人的生物属性,而蔽于人的社会属性,故而不满孟子的仁政主张,反对孟子的人性善论。韦政通就此批评道:"荀子说:'凡人之患,蔽于一偏,而暗于大理'(解蔽篇)又说:'万物为道一偏,一物为万物一偏,愚者为一物一偏,而自以为知道,无知也'(天论)这本是智慧之语,可是并未能溶化入自己的文化活动中,这些话我们正可拿来评论荀子自己。这可以证明荀子在解蔽篇所说的这蔽那蔽,只是由直往的泛智之照察而知,自身的文化活动仍不免限于自己所斥之蔽。自限于蔽,遂不能与各家相观而善,相悦而解,言辞间总不免流于忿激。……根源地讲,则由于他道德意识不够。"②

---

① 侯外庐、赵纪彬、杜国庠《中国思想通史》第一卷,人民出版社,1957 年,第370 页。
② 韦政通《荀子与古代哲学》,台湾商务印书馆,1992 年,第 283 页。

本章结语

在中国孟学史上,荀子是对孟子思想有比较全面了解且精熟孟子之说的第一人,也是对孟子学说展开全面批评的第一人。荀子对孟子的批评,让我们隐约触摸到《孟子》文本的早期样态,《荀子》所引《孟子》之语,有些不见今本《孟子》,说明今本《孟子》在荀子之后有可能依然在编订。荀子对孟子的批评,也让我们看到了孟子思想体系存在的缺陷,如仁政理论的空想性,人性论对于人的生命生物属性的忽视等等。荀子在批评孟子思想空想性的基础上,构建的礼治政治,提升了儒学与现实政治结合的可操作性,为儒学最终在汉代与政治结合,并走向独尊奠定了基础。荀子对孟子人性善论的批评,影响到了董仲舒等人的人性论建构,王充就指出,董仲舒的"性三品说"是在"览孙、孟之书"①以后提出的;也引发了后世一轮又一轮关于人性的大讨论。而荀子本人在批判孟子的同时,也在吸收和改造孟子之说为己所用,所以我们看到《荀子》里有一些与《孟子》言辞相近的片段,说明荀子在因袭孟子言说时在思想上已进行了一定改造。兹举数语如下:

养心莫善于寡欲。(《孟子·尽心下》)
养心莫善于诚。(《荀子·不苟》)

仲尼之徒无道桓文之事者。(《孟子·梁惠王上》)
仲尼之门人,五尺之竖子,言羞称乎五伯。(《荀子·

---

① 详见(汉)王充《论衡·本性》。

仲尼》)

> 劳心者治人,劳力者治于人;治人者食于人,治于人者食
> 人,天下之通义也。(《孟子·滕文公上》)
> 少事长,贱事贵,不肖事贤,天下之通义也。(《荀子·仲
> 尼》)

又如《荀子·王制》如下之言:

> 王者之等赋政事,财万物,所以养万民也。田野什一,关
> 市几而不征,山林泽梁以时禁发而不税,相地而衰政,理道之
> 远近而致贡,通流财物粟米,无有滞留,使相归移也。

这里所论的通关、税赋之制等,与孟子仁政之经济举措,实大同而
小异。这样的例子在《荀子》中并不鲜见。可见,荀子在非孟的同
时,也在学习和借鉴孟子。因此可以说,荀子非孟,其实是他构建
思想体系的重要一环。

先秦孟学结语

孟子其人、其说，在其生前至秦末的处境非常尴尬，虽然孟子对自己的学说极其自负，不遗余力地宣扬自己的仁政王道理论，然而除了被荀子斥为"沟瞀儒"们的支持和追随外，在外界可谓应者寥寥，无人喝彩，而受到的抨击和诘难反而相当猛烈。或许在当时许多人眼中，孟子不过是百家争鸣中一位言辞犀利、咄咄逼人、机敏果决、意气豪迈、好与人辩、敢为天下先的儒士，其学说也只是百家中的一家之言而已，没有值得推崇的特别之处。

荀子对孟子的大力贬抑，也向我们透露出这样两条重要信息：

其一，孟子学派在当时已颇具规模，且有一定的影响力。因为有不少世俗之"沟瞀儒，嚾嚾然"投其门下。

其二，世俗之"沟瞀儒"认为孟子所传就是孔子之道，孔子之学能光大于后世，与孟子有密切关系。《韩非子·显学》也证实了这一点。《韩非子·显学》记述了孔子之后儒家的分化情况，据他所言，孔子之后，儒分为八。这八派，据近人考证，子张氏当指颛孙师，为孔子弟子；颜氏，难以确指，孔子弟子中颜姓者（包括颜回在内）有十二人，当为其中之一，有人以为即指颜回；子思即孔子之孙孔伋；乐正氏当指乐正子春，曾参弟子；仲良氏，《韩非子》别本作仲梁氏,《礼记·檀弓上》载其论礼之语,列在曾子下,《毛诗·定之方中》传亦引仲梁子之语,旧说《毛诗》传自子夏,则仲梁氏或是曾参、子夏的后学;赤雕氏,《汉志》著录有《赤雕子》十二篇,班固注为"孔子弟子赤雕启(即赤雕开)后",则赤雕氏即为赤雕启(开)之后人,虽不知其年辈,与赤雕开相去不应太远。以上六家,或为孔子弟子,或为孔子弟子的弟子与后裔,与孔子的学说有明显而直接的师承关系。余则孟氏,当指孟轲,为战国中期人;孙氏当指孙卿,也即荀子,为战国晚期人。《韩非子·显学》中将孟子列为孔子之后儒家分化后的八派之一,不仅肯定了孟子学说与孔子思想有学术渊源关系,而且表明在战国中期,孟子学派已成为有独立理念、思想自成体系的学派。

　　应当指出的是,孟子在当时虽有影响,但影响力相当有限。一个强有力的证据,就是在此之后的其他先秦文献,对孟子不置一词,甚至连被视为杂家代表作的《吕氏春秋》也未见引用或提及孟子的言辞。《吕氏春秋》是先秦时期的最后一部文献,也是唯一不存真伪之争的先秦文献,儒道两家的思想是其内容的主要部分,同时兼及名、法、农、阴阳各家。其中《劝学》《尊师》《大乐》等保存有儒家资料,《吕氏春秋·慎人》篇记载了孔子游说诸侯、困厄不遇,乃退而著书立说、终成大道的史事,孟子的经历与孔子相似,但是《慎人》篇中未有一辞提及孟子。可见自战国晚期到秦末,孟子的影响当已式微。第二个证据是《孟子》逃过了秦始皇焚书之劫。依照孟子民贵君轻、"唯仁者居高位"、"不嗜杀人者""一天下"观念,秦始皇的所作所为恰恰是孟子坚决反对的,秦始皇就是孟子所说的人人可得而诛的独夫,秦始皇如果知晓《孟子》有此类言语,焉能放过《孟子》。赵岐《孟子题辞》说《孟子》一书能够保存下来,是因为"号为诸子"的缘故。然而赵岐此说有两点不能令人信服:其一,据史载,秦始皇焚书,除了医药、卜筮、种树之书及秦国自己的史书之外,其他内容的书都尽悉焚毁,诗书百家语则是打击的重中之重,《孟子》号为诸子,即属诗书百家语之列,当然必须予以焚毁。其二,赵岐自己的说法前后矛盾。一方面,他说《孟子》因为"号为诸子"的缘故而被保留下来;另一方面,他又说,秦始皇焚书之后,"孟子徒党尽矣",既然,秦统治者连孟子的"徒党"都不放过,怎么可能容忍记载孟子思想的著作流传于世,所以在目前来说,只有一个合理的解释,那就是,在以法家思想为主导意识、崇尚刑名法治的秦始皇时代,孟子学说已淡出人们的视野,故而《孟子》才能幸免于难,得以保存下来。

中编　两汉孟学

第七章　孟子地位的初步提升

两汉时期是一个英雄的时代，"汉代哲学以其雄浑的气魄和阔大的模式，结束了先秦百家争鸣，诸子蜂起、'道术将为天下裂'的局面。殊途同归，百川归海，以更高的形态，融合吸收先秦各派思想于自己的体系之中，从而为中国哲学的发展，奠定了基础和方向"①。

在这个英雄的时代，孟子其人其书渐渐为人们所重视，孟子地位逐步得以提升，两汉孟学奠定了唐宋间孟子升格、《孟子》升经的基础和方向。

第一节　推尊孟母

孟子在汉代地位提升的重要标志之一，就是孟母在两汉受到尊崇。

据现存文献来看，孟母在中国历史上首次登场是在《孟子》一书。不过，《孟子》并没有记孟母生前行事，只是记录了一些与孟母葬礼相关的争论。如：孟子弟子充虞认为孟母棺椁的木料过于

①金春峰《汉代思想史》，中国社会科学出版社，1997年，第5页。

华美,称"木若以美然"①;鲁平公嬖臣臧仓指责孟母的丧葬规格
超过孟子父亲的丧葬规格,说"后丧逾前丧"②,因此劝阻鲁平公
前去拜访孟子。从这些争论中可以看出,孟子不仅用上好的木料
为母亲制作棺椁,还对弟子充虞辩称:"君子不以天下俭其亲。"③
说明孟子虽是以礼葬母,但实际也是对母亲的深厚感情使然。由
于《孟子》并无一字言及孟母生前行事,所以从《孟子》中,我们无
从得知孟母生前为人,也无法知晓孟母在孟子养成教育中到底起
到了怎样的作用。

　　然而两汉时期出现了一些有关孟母生前行事的生动故事,这
些故事的中心内容就是孟母对孟子的养成教育。故事主要见于
韩婴《韩诗外传》和刘向《列女传》。

一、韩婴对孟母的推尊

　　孟母在中国历史上第二次登场,见于《韩诗外传》。在《韩诗
外传》,孟母被推尊为教子有方的贤母。

　　《韩诗外传》记载了三则孟母教育孟子的故事:

　　　　孟子少时诵,其母方织。孟子辍然中止,乃复进。其母
　　知其谊也,呼而问之曰:"何为中止?"对曰:"有所失复得。"其
　　母引刀裂其织,以此诫之。自是之后,孟子不复谊矣。

　　　　孟子少时,东家杀豚。孟子问其母曰:"东家杀豚何为?"
　　母曰:"欲啖汝。"其母自悔失言。曰:"吾怀妊是子,席不正不
　　坐,割不正不食,胎教之也。今适有知而欺之,是教之不信

---

①《孟子·公孙丑下》4.7。
②《孟子·梁惠王下》2.16。
③《孟子·公孙丑下》4.7。

也。"乃买东家豚肉以食之,明不欺也。《诗》曰:"宜尔子孙承
承兮。"言贤母使子贤也。①

　　孟子妻独居,踞。孟子入户视之,白其母曰:"妇无礼,请
去之。"母曰:"何也?"曰:"踞。"其母曰:"何知之?"孟子曰:
"我亲见之。"母曰:"乃汝无礼也,非妇无礼也。《礼》不云乎:
'将入门,问孰存。将上堂,声必扬。将入户,视必下。'不掩
人不备也。今汝往燕私之处,入户不有声,令人踞而视之,是
汝之无礼也,非妇无礼也。"于是孟子自责,不敢去妇。《诗》
曰:"采葑采菲,无以下礼。"②

这就是著名的孟母断织督学、孟母买肉啖子、孟子不敢去妇的故
事。断织督学是孟母对少年孟子错误的纠正,督促少年孟子安心
向学。买肉啖子是孟母对自己错误的弥补,以自己的言而有信,
教育孟子要从小养成诚实守信的品格。孟子不敢去妇,是孟母对
青年孟子错误的劝诫,教育孟子学会自反内省,严于律己。在这
三则故事中,孟母教育孟子的方式,有言传,也有身教;有正面教
育,也有侧面引导。这些都证明孟母确实深谙教育之道。孟母的
精心教育,使孟子从幼年起就受到了良好的教育、熏陶。

　　在孟母断织督学、孟母买肉啖子故事的结尾,韩婴引诗作结
说:"《诗》曰:'宜尔子孙承承兮。'言贤母使子贤也。"韩婴称赞孟
母是善教子女的贤母。紧随这两则故事,《韩诗外传》又载录了齐
相田稷母亲教育田稷拒收贿赂的故事。韩婴将孟母与齐相田稷
的母亲并载一处,可见在他看来,孟母虽然身份普通,但是她与齐
相田稷的母亲一样,都是教子有方的贤母。

---

① (汉)韩婴撰,许维遹校释《韩诗外传集释》,中华书局,1980 年,第 306 页。
② (汉)韩婴撰,许维遹校释《韩诗外传集释》,中华书局,1980 年,第 322 页。

二、刘向对孟母的推尊

孟母在中国历史上第三次登场,见于刘向《列女传》。在刘向《列女传》中,孟母被推尊为母仪典范。

刘向《列女传》载录了五个与孟母有关故事,即:孟母三迁、断织督学、买肉啖子、阻止孟子去妇、赞成孟子去齐。五个故事的中心内容依然是孟母对孟子的教育。值得注意的是,五个故事发生的时间依次对应了孟子幼年、少年、青年、壮年四个年龄段。说明刘向是非常精心地在挑选这五个故事,因为这可以说明,孟子从年幼时的少不谙事,到壮年时的"四十不惑"、"不动心",最终成为天下名儒,都与孟母严格而精心的教育有着至为密切的关系。

五个故事中,断织督学、买肉啖子、阻止孟子去妇故事的基本情节,与《韩诗外传》相同,但有了更加生动的细节描写,孟母形象更加丰满。在《列女传》中,孟母深知为母之道,也深谙教育之理;既是严母,也是良师。孟母断织,可见一斑:

> 孟子之少也,既学而归。孟母方绩,问曰:"学何所至矣?"孟子曰:"自若也。"孟母以刀断其织。孟子惧而问其故。孟母曰:"子之废学,若吾断斯织也。夫君子学以立名,问则广知。是以居则安宁,动则远害。今而废之,是不免于厮役,而无以离于祸患也,何以异于织绩而食,中道废而不为,宁能衣其夫子而长不乏粮食哉?女则废其所食,男则堕于修德,不为窃盗,则为虏役矣。"孟子惧,旦夕勤学不息。师事子思,遂成天下之名儒。君子谓孟母知为人母之道矣。《诗》云:"彼姝者子,何以告之?"此之谓也。①

---

① (汉)刘向撰,张涛译注《列女传译注》,山东大学出版社,1990年,第38页。

《列女传》中,在孟母断织督学部分,添加了孟母挥刀断织后对孟子的大段训诫之辞,以及孟子见到母亲断织和听到母亲训诫之后的心理反应。孟母对孟子训诫之辞,其主旨有二,一是教育孟子学习不能半途而废,否则就会像正在织的布被中途剪断一样,只会成为一块废料;二是教育孟子学习,旨在修德立名、赡养家人。见到母亲断织和听到母亲训诫,孟子的反应是:"孟子惧,旦夕勤学不息,师事子思,遂成天下之名儒。"这些情节的添加,既使孟母的形象更加丰满,也增加了故事的感染力。而更重要的是,这些添加的情节,形象地说明了孟母不仅是一位深谙教育之道的母亲,而且是一位具有明确教育理念的高明教师。她教育孟子的方式,不是逼迫、恐吓、打骂、威胁,而是动之以情,以理服人,非常智慧,可谓善教。孟子后来成为天下名儒,端赖于孟母的善教。孟母的善教,足证孟母"知为人母之道矣",因为一位合格的母亲,既要保证孩子身体能够健康成长,还应培养孩子的立德为人,不能溺爱和放任孩子的错误。

在《列女传》中,刘向通过添加故事情节和增加新故事,还拓展了孟母的形象,使孟母的形象不再局限于"知为人母之道"的单一角色。

在阻止孟子去妇的故事中,刘向通过增加情节,把孟母塑造成为一位"知礼而明于姑母之道"的善良婆婆:

> 孟子既娶,将入私室,其妇袒而在内,孟子不悦,遂去不入。妇辞孟母而求去,曰:"妾闻夫妇之道,私室不与焉。今者妾窃堕在室,而夫子见妾,勃然不悦,是客妾也。妇人之义,盖不客宿。请归父母。"于是孟母召孟子而谓之曰:"夫礼,将入门,问孰存,所以致敬也;将上堂,声必扬,所以戒人也;将入户,视必下,恐见人过也。今子不察于礼,而责礼于

人，不亦远乎？"孟子谢，遂留其妇。君子谓孟母知礼而明于
姑母之道。①

刘向增加的情节是：孟子之妻见孟子不悦，遂向孟母请辞回娘家。
孟母从中知道了事情的原委，于是召孟子训诫。这段添加的情节
让我们看到孟母的另一面，当了解了孟子夫妇二人产生摩擦的真
实原因之后，孟母没有偏袒儿子而指责儿媳，而是正言教训孟子，
因为错在孟子。说明孟母"知礼而明于姑母之道"，是一位善良宽
容且明礼的婆婆。

　　孟子去齐，是刘向《列女传》新增加的故事。在这个故事中，
刘向把孟母塑造成了知礼而守妇道的典范。孟子不愿尸位素餐、
无功受禄，既然齐国不采纳自己的主张，故打算离开齐国，可是母
亲已老迈，如若离开齐国，远行的路上，老母就要承受鞍马劳顿、
颠簸之苦，为此他"面有忧色"，"拥楹而叹"。孟母得知后，说：

　　　　夫妇人之礼，精五饭，幂酒浆，养舅姑，缝衣裳而已矣，故有
　　闺内之修，而无境外之志。《易》曰："在中馈，无攸遂。"《诗》曰：
　　"无非无仪，惟酒食是议。"以言妇人无擅制之义，而有三从之道
　　也。故年少则从乎父母，出嫁则从乎夫，夫死则从乎子，礼也。
　　今子成人也，而我老矣。子行乎子义，吾行乎吾礼。②

在孟母这番言辞中，谈到了妇人之礼。孟母告诉孟子，身为孟子
的母亲，同样要守妇人之礼，恪守妇人本分，所以"子行乎子义，吾
行乎吾礼"。孟母之言打消了孟子的顾虑。刘向对孟母的评价
是："知妇道。"

---

① （汉）刘向撰，张涛译注《列女传译注》，山东大学出版社，1990 年，第 38—
　　39 页。
② （汉）刘向撰，张涛译注《列女传译注》，山东大学出版社，1990 年，第 39 页。

在《列女传》中,刘向将孟母列入卷一《母仪传》。《母仪传》共收录十四位女性:

一、有虞二妃　　二、弃母姜嫄　　三、契母简狄

四、启母涂山　　五、汤妃有㜪　　六、周室三母

七、卫姑定姜　　八、齐女傅母　　九、鲁季敬姜

十、楚子发母　　十一、邹孟轲母　十二、鲁之母师

十三、魏芒慈母　十四、齐田稷母

这些女性,有君王的母亲、君王的后妃、大臣的母亲、公主的老师,大都有着显赫的身份和高贵的血统,而孟母只是民间普通妇人,她之所以能与这些女性并列,入《母仪传》,其原因就在于她教育出了一位天下名儒。

在刘向《列女传》中,孟母既是一位"知人母之道"而善教的好母亲,一位明礼宽容的好婆婆,还是一位知礼而守妇道的典范。而孟母在训诫孟子时,引《礼》《诗》《易》以训诫,说明孟母并非只会纺纱织布、洒扫庭除,她还有着良好的文化修养。刘向将孟母载入《母仪传》,将其与姜嫄、简狄、涂山、周室三母等人并列,尊为母仪天下的典范。刘向对孟母的推崇超过韩婴。

《韩诗外传》《列女传》的孟母故事,杜撰的成分很大。比如孟母买肉啖子的故事,就与《韩非子·外储说》所载曾子杀彘一事非常相近:

> 曾子之妻之市,其子随之而泣。其母曰:"女还,顾反为女杀彘。"适市来,曾子欲捕彘杀之。妻止之曰:"特与婴儿戏耳。"曾子曰:"婴儿非与戏也。婴儿非有知也,待父母而学者也,听父母之教。今子欺之,是教子欺也。母欺子,子而不信其母,非以成教也。"遂烹彘也。①

---

① (战国)韩非著,张觉校注《韩非子校注》,岳麓书社,2006年,第406页。

曾子杀彘，履行妻子在孩子面前许下的诺言，因为他认为教育孩子诚实不欺，父母首先要以身作则。曾子批评其妻："母欺子，子而不信其母，非以成教。"这与孟母"今适有知而欺之，是教之不信"之意一致。由此可见，"孟母买肉啖子"，从故事情节到语言，都与《韩非子》所载"曾子杀彘"相近，只不过换了故事的主角而已，所以《韩非子》"曾子杀彘"当是"孟母买肉啖子"的原型。虽然《韩诗外传》《列女传》的孟母故事大多近于小说家言，但也不是空穴来风，没有丝毫依据，比如孟子去妻一事，《荀子·解蔽》已有记载①。

尽管孟母故事大多出于杜撰，但是韩婴、刘向愿意收录孟母故事，并推尊孟母，其原因有二，一是韩婴、刘向本人服膺孟子；二是西汉时人普遍尊崇孟子。自西汉以来，孟子在人们眼中，不是荀子所说的俗儒、陋儒，而是一位承传孔子学说的大儒，而孟子能有此成就，首功在孟母。《列女传》在故事末尾有颂赞曰：

> 孟子之母，教化列分。处子择艺，使从大伦。子学不进，断机示焉。子遂成德，为当世冠。②

所以，孟母在汉代受推崇，实是母以子显，因尊孟子而尊孟母。明朝洪武四年(1371)，吴能获任邹县知县，走马上任，来到邹县，"未舍馆"，住处尚未安排，就前去拜谒孟子庙，看到孟母断机图，他说："子之圣由母而成，母之贤由子而著。"③

---

① 参见《先秦孟学》第六章。
② (汉)刘向撰，张涛译注《列女传译注》，山东大学出版社，1990年，第39页。
③ 刘培桂《孟子林庙历代石刻集》，齐鲁书社，2005年，第95页。

第二节　孔孟模式消解孟荀范式

孟子在两汉时期地位提升的第二个标志是:逐步消解司马迁"孟荀齐号"的范式,不断凝聚为孔孟一体的模式。

一、"孟荀齐号"范式

在两汉孟学史上,无论如何不能忽视司马迁的作用,司马迁是历史上最早为孟子立传的人,他写了著名的《孟子荀卿列传》。

《孟子荀卿列传》,约 1500 字。在这篇不足两千字的传记中,司马迁共为十七位周秦诸子立传。依其序次为:孟子、邹忌、邹衍、淳于髡、慎到、环渊、接子、田骈、邹奭、荀卿、公孙龙、剧子、李悝、尸子、长卢、吁子、墨翟。依《汉书·艺文志》九流十家之说,除淳于髡、邹忌、剧子学流派无可考外,其他十五人分属不同流派:

儒家:孟子、荀卿、吁子①

道家:环渊、田骈、接子、长卢

阴阳家:邹衍、邹奭

法家:慎到、李悝

名家:公孙龙

墨家:墨翟

杂家:尸子

可见,除纵横家、兵家、农家之外,司马迁将周秦其他先秦诸

---

① 按:吁子,《史记索隐》曰:"吁,音芈。《别录》作'芈子',今吁亦如字。"《史记正义》按:"《艺文志》云:《吁子》十八篇,名婴,齐人,七十子之后。"《吁子》,《汉书·艺文志》归其入"诸子略"儒家类。

子都归入了《孟子荀卿列传》,《孟子荀卿列传》可谓是周秦诸子的集体传记。司马迁为他们立传,有的只是简单胪列,一言带过;有的叙写较详,如对孟子、淳于髡、邹衍、荀子的叙写就比较详细。纯以字数计,四人中,记孟子有 137 字,记淳于髡有 244 字,记邹衍 512 字,记荀子有 192 字。

耐人寻味的是,在聚合如此多人的集体传记中,司马迁叙写邹衍、淳于髡的字数远超叙写孟子、荀子的字数,然而司马迁却未用邹衍、淳于髡甚或其他诸子的姓氏标篇,只以"孟荀"标篇。究其根由,我们认为,主要是出于司马迁内心洋溢的儒学情怀和浓厚的尊儒情感,周振甫指出,太史公将一群周秦诸子聚合在《孟子荀卿列传》内,"是为了推崇儒家的缘故"①。司马迁推崇儒家,是众所周知的事实,他将孔子归入世家,称孔子为至圣,就是明证。

> 太史公曰:《诗》有之:"高山仰止,景行行止。"虽不能至,然心向往之。余读孔氏书,想见其为人。适鲁,观仲尼庙堂车服礼器,诸生以时习礼其家,余祇回留之不能去云。天下君王至于贤人众矣,当时则荣,没则已焉。孔子布衣,传十余世,学者宗之。自天子王侯,中国言六艺者折中于夫子,可谓至圣矣!②

我们知道,官方封孔子为至圣,是在元成宗铁穆耳大德十一年(1307),而在一千多年前,司马迁以个人对孔子的尊崇,尊之为至圣,可谓尊崇之至。相比之下,相传曾经为孔子师的道家之祖老子,司马迁只是将其入列传,而且指责法家的刻薄寡恩实源于老

---

① 周振甫《论史家部次条别之法》,张岱年等《国学今论》,辽宁教育出版社,1991 年,第 140 页。
② 《史记》,中华书局,1982 年,第 1946 页。

子,所以司马迁尊孔扬儒,一目了然。

司马迁既尊儒,而孔子之后,周秦诸子,有功于儒学,弘扬儒学,在司马迁看来,非孟荀莫属,所以他也尊孟荀,并在诸子聚合的集体传记中独取二人标篇。他说:"天下并争于战国,儒术既绌焉,然齐鲁之间,学者独不废也。于威、宣之际,孟子、荀卿之列,咸遵夫子之业而润色之,以学显于当世。"①司马迁肯定了孟荀学说与孔子思想有着血脉相承的关系。虽然战国晚期,荀子不屑孟子,曾以峻刻的言辞讥讽、抨击孟子,指责孟子歪曲了孔子之说,但司马迁并未受此影响,他考察历史,认为二人不仅都遵从孔子之学,而且在传承孔学之功上并无高下优劣之别,贡献和地位相当,显示了司马迁作为一个史家应有的客观理性。对此宋人黄震有言:

> 奇哉,迁之文! 卓哉,迁之识欤! 盖传申、韩于老、庄之后者,所以讥老、庄;而传淳于髡诸子于孟、荀之间者,所以长孟、荀也。荀卿年五十始自赵学于齐,三为齐祭酒,后为楚兰陵令,春申君死而卿废,卒死于兰陵,葬焉。嫉世之浊,而鄙儒小拘如庄周等,又滑稽乱俗,于是著书数万言,此亦能守道不变者,故太史公进之与孟子等。②

黄震肯定司马迁将淳于髡等人杂于孟荀之间,就是为了"长孟荀",即共尊孟子与荀子,因为荀子也是守道不变者。

当然后人也对司马迁将孟子与荀卿并列一传,且以孟荀题篇,表示不满。如清代邵泰衢就说:

> 荀卿之与孟子,爝火之同皎日也。荀卿者,李斯、韩非之

---

① 《史记》,中华书局,1982 年,第 3116 页。
② (宋)黄震《黄氏日抄》,文渊阁《四库全书》影印本,708 册,第 273 页。

师,非、斯之焚书灭学,至今日而礼乐沦亡,几使二氏异端并为三教者,皆非、斯之罪,而实非、斯之本荀卿也,安得与吾孟子距杨、墨邪说者之可同年语哉?至云"天下方务合从连衡,以攻伐为贤,孟子乃述唐虞三代之德,是以所如不合,退而与万章之徒,序《诗》《书》,述仲尼之意,作《孟子》七篇"。未尝不知之也,且唐虞三代之德,荀卿知之乎?更以驺忌、驺衍与夫淳于髡、慎到等亦列之一传,迁可谓不知类矣。荀子性恶,而孟子性善,是荀子早已外于圣人之教;……迁未尝不知尊孟子也,而与荀卿辈同传者,何哉?岂汉儒浅陋,谓孟子不过荀卿流乎?①

邵泰衢认为荀子与孟子不可同日而语,荀子如爝火微光,孟子似皎日光芒万丈;从传承卫护孔学而言,孟子距杨、墨,有保护孔学之功;而韩非、李斯焚书,致礼乐沦亡、道佛与儒争锋,荀子实为罪魁;从思想学说而言,孟子主人性善,荀子主人性恶,不符合孔子之教;孟子倡导唐虞三代之德,荀子并不真知唐虞三代之德,如此种种不同,孟荀岂能同列,可是司马迁却把孟荀合为一传,把孟子等同于荀子之流,说明司马迁"不知类",且是汉儒浅陋的表现。邵泰衢的观点是清代尊孟抑荀的反映。

无论后人对司马迁以孟荀同传,并以此标篇的做法是肯定,还是否定,不容忽视的事实是:《孟子荀卿列传》以孟、荀二人标篇,形成了汉代"孟荀齐号"的范式。清代梁玉绳云:"孔、墨同称,始于战国,孟、荀齐号,起自汉儒。"②司马迁之后,西汉人并尊孟荀者是刘向。他在《孙卿书书录》中说:"孙卿道守礼义,行应绳

---

① (清)邵泰衢《史记疑问》,文渊阁《四库全书》影印本,248 册,第 722—723 页。
② (清)梁玉绳《史记志疑》,中华书局,1981 年,第 1481 页。

没,安贫贱。孟子者亦大儒,以人之性善。孙卿后孟子百余年,以为人性恶,故作《性恶》一篇以非孟子。"①又云:"唯孟轲、孙卿为能尊仲尼。"又云:"孟子、孙卿、董先生皆小五伯。"刘向认为孟荀的观点虽有同有异,但都共同推尊孔子,他们都是大儒。可见"孟荀齐号"确实"起自汉儒"。

二、孔孟模式消解孟荀范式

然而汉儒"孟荀齐号"并没有稳固下来,而是不断向孔孟模式凝聚。史料表明,从西汉至东汉末,学者们从不同方面、不同角度以不同形式将孔孟并称、《论》《孟》并提。

司马迁《孟子荀卿列传》中就有两处典型的例子:

> 太史公曰:余读《孟子》书,至梁惠王问"何以利吾国",未尝不废书而叹也。曰:嗟乎,利诚乱之始也! 夫子罕言利者,常防其原也。故曰"放于利而行,多怨"②。

司马迁从孟子断然阻绝梁惠王言利,追溯到"夫子罕言利",而将孔孟并列,说明在他看来,孔孟对义利的态度是基本一致的。他说:

> 其(指邹衍)游诸侯见尊礼如此,岂与仲尼菜色陈蔡,孟轲困于齐梁同乎哉! 故武王以仁义伐纣而王,伯夷饿不食周粟;卫灵公问陈,而孔子不答;梁惠王谋欲攻赵,孟轲称大王去邠。此岂有意阿世俗苟合而已哉! 持方枘欲内圆凿,其能

---

① (汉)刘向、刘歆撰,(清)姚振宗辑录,邓骏捷校补《七略别录佚文》,上海古籍出版社,2008年,第44页。
② 《史记》,中华书局,1982年,第2343页。

入乎?①

太史公从孔孟相似的经历、相似的作为方面将二者并列,而司马贞《索隐》则将司马迁的意思诠释得更加明了,他说:"谓战国之时,仲尼、孟轲以仁义干世主,犹方枘圆凿然。"②指出孔孟二人的共同性在于:其持论一致,都持仁义之说;其出处进退一致,都以仁义之道说时君;其结局相同,都被视为迂阔。可见司马迁将孔孟并提,并不是出于一己私好的主观偏见,而是"考其行事,综其终始",对孔孟冷静考察后得出的结论。当然,太史公在《史记》中列孔子于"世家",列孟子于"列传",表明在司马迁看来,孔孟虽然在思想行为经历上有诸多共同之处,在这些方面可以言孔及孟、言孟及孔,但并不意味着孟子与孔子地位相当。

在这一点,班昭与司马迁的认识相近。在《汉书·古今人表》中,班昭依德行功业将古今人物分为九等,即上上,圣人;上中,仁人;上下,智人;中上;中中;中下;下上;下中;下下,愚人,将孔子与太昊、伏羲、炎帝、神农、黄帝、尧、舜、禹、汤、文王、武王、周公等列为圣人一等,将孟子与女娲、伊尹、伯夷、叔齐、颜渊、子思等归为仁人一等。可见在班昭看来,孟子虽臻仁人之境,但尚未达到孔子圣人之等,孔孟终究有别。

东汉扬雄给予孟子很高的评价,并"窃自比于孟子"。他说:"或问:'孟子知言之要,知德之奥。'曰:'非苟知之,亦允蹈之。'"③又说:"古者杨墨塞路。孟子辞而辟之,廓如也。后之塞

①《史记》,中华书局,1982年,第2345页。
②《史记》,中华书局,1982年,第2346页。
③(汉)扬雄《法言》,《诸子集成》本,上海书店出版社,1986年,第37页。

路者有矣。窃自比于孟子。"①扬雄认为孟子不仅深得孔子思想
之真谛,掌握了孔子思想之精髓,而且能身体力行,更为重要的
是,孟子严辞辟异端,斥杨墨,使孔学不致湮没,所以孟子绝非一
般诸子可比,他是孔子思想的真正传人。当有人问他:"或曰:
'子小诸子,孟子非诸子乎?'曰:'诸子者以其知异于孔子者也。
孟子异乎? 不异!'"②扬雄斩钉截铁地肯定孟子不异于孔子,道
同于孔子。颂扬了孟子的人格,提升了孟子的地位。"在扬雄的
《法言》中,孟子终于成为儒家思想的正宗,仅次于孔子。"③扬雄
对荀子的态度则明显有别于他对孟子的推尊,《法言·君子》篇
载:"或曰:孙卿非数家之书,俍也。至于子思、孟轲,诡哉! 曰:
吾于孙卿与? 见同门而异户也。"④扬雄虽没有批判荀子对孟子
的攻击,但是也不赞同荀子的观点。认为荀子与孔子是"同门异
户",只有孟子才与孔子不异。可见在扬雄心目中,已是孟升而
荀降。

　　东汉末年,著名经学家马融直接以"孔孟"并称,在其《长笛
赋》曾言:"旷荡敞罔,老庄之概也;温直扰毅,孔孟之方也。"⑤

　　两汉孟学史上,评价孟子最高的当推东汉赵岐,在《孟子题
辞》中,他评价《孟子》说:

　　　　包罗天地,揆叙万类。仁义道德,性命祸福,粲然靡所不
　　载。帝王公侯遵之,则可以致隆平,颂《清庙》;卿、大夫、士蹈

①（汉）扬雄《法言》,《诸子集成》本,上海书店出版社,1986年,第6页。
②（汉）扬雄《法言》,《诸子集成》本,上海书店出版社,1986年,第37页。
③金春峰《汉代思想史》,中国社会科学出版社,1997年,第307页。
④（汉）扬雄《法言》,《诸子集成》本,上海书店出版社,1986年,第37页。
⑤（南朝梁）萧统《文选》,中华书局,1977年,第253页。

之,则可以尊君父,立忠信;守志厉操者仪之,则可以崇高节,抗浮云。有风人之托物,二《雅》之正言,可谓直而不倨,曲而不屈,命世亚圣之大才者也。孔子自卫返鲁,然后乐正,《雅》《颂》各得其所,乃删《诗》,定《书》,系《周易》,作《春秋》。孟子退自齐、梁,述尧、舜之道而著作焉,此大贤拟圣而作者也。七十子之畴,会集夫子所言以为《论语》。《论语》者,五经之錧鎋,六艺之喉衿也。《孟子》之书则而象之。①

在此,赵岐表达了四层意思。其一,《孟子》之书,内容赅博,万象悉备。其二,孟子思想是修身齐家治国的法则。无论是帝王公侯平治天下,还是卿大夫事亲事君,甚或个人独善其身,砥砺节操,《孟子》都可以为他们提供思想上的帮助。其三,孟子著书,是效法孔子,承续孔子之说,孟子学说与孔子思想有渊源关系。其四,孟子才德卓绝,有"亚圣之才"②,为"大贤"。从以上四个方面来看,赵岐其实是在赞美《孟子》其书,推尊孟子其人,而赵岐论孟子有"亚圣之才",则是中国孟学史上首次对孟子规格最高的评价。总之,在赵岐看来,孟子虽未达到孔子思想的至境,但显然已超越其他儒家学者,成为仅次于孔子的大贤。这样赵岐就解构了孟荀

———————

① (清)阮元校刻《十三经注疏・孟子注疏》,中华书局,1980 年影印本,第 2662 页。

② 按:今存《中论》前有序,作者不详,考其语气,可能是徐干的一位朋友。此序前有言云:"予以荀卿、孟轲怀亚圣之才,著一家之法,继明圣人之业。"并称荀卿、孟轲有"亚圣之才",为此前旧籍所仅见。然序中又言,徐干居乡,"州郡牧守礼命,踧踖连武,欲致之。君以为纵横之世,乃先圣之所厄困也,岂况吾徒哉? 有讥孟轲不度其量,拟圣行道,传食诸侯;深美颜渊、荀卿之行,故绝迹山谷,幽居研几"。此又抑孟扬荀。由于属他人转述,似不可据以为信。

齐号的范式，使孔孟模式更趋成形，把孟子其人其书的地位提升到了更高的层次。

与此同时，一些非儒家阵营的学者也常常以不同形式表达出他们视孔孟一体的思想。东汉王充以责难、批评孟子的方式表达出他强烈的孔孟一体的思想意识。王充生活在经学被神化、谶纬迷信盛行的时代，他以学贵"得实"的态度，高举"疾虚妄"的旗帜，揭露神学迷信中的虚妄，提出"书亦为本，经亦为末"的大胆看法，认为儒家经书中并非没有错误，于是他作《问孔》《刺孟》，以"联袂批判"孔孟的方式向儒家发难。王充没有批评儒家的其他人物，只批孔孟，表明在王充看来只有孔孟才"值得一问"、"值得一刺"，"问"、"刺"其他人物不及"问"、"刺"孔孟有说服力，孔孟就是儒家的典型代表，是儒家并列的大儒，清除孔孟之误，就等于根绝儒家的虚妄。王充虽然问孔、刺孟，但并非要否定孔孟，因为他尊孔孟为圣贤。王充认为孟子与孔子的遭遇、思想都有其一致性，因此多次孔孟并言。如：

> 或以贤圣之臣，遭欲为治之君，而终有不遇，孔子、孟轲是也。孔子绝粮陈、蔡，孟轲困于齐、梁，非时君主不用善也。才下知浅，不能用大才也。夫能御骥骆者，必王良也；能臣禹、稷、皋陶者，必尧、舜也。……圣贤务高，至言难行也。夫以大才干小才，小才不能受，不遇固宜。[①]

> 孔子曰："死生有命，富贵在天。"鲁平公欲见孟子，嬖人臧仓毁孟子而止。孟子曰："天也！"孔子圣人，孟子贤者，诲人安道，不失是非，称言命者，有命审也。[②]

[①]（汉）王充著，黄晖校释《论衡校释》，中华书局，1990年，第2页。
[②]（汉）王充著，黄晖校释《论衡校释》，中华书局，1990年，第22—23页。

他在《命禄篇》中说："孔子,圣人;孟子,贤人。诲人安道,不失是非。"充分肯定孔孟同为"诲人安道"的教育家,孔孟同为圣贤。王充还指出了孔孟思想有许多共同性,如孟子将自己被臧仓所阻而不能与鲁平公相见归于"命",就与孔子"有命"说一致。《偶会篇》云:"公伯寮诉子路于季孙,孔子称命;鲁人臧仓谗孟子于平公,孟子言天。……故孔子称命,不怨公伯寮;孟子言天,不尤臧仓。诚知时命当自然也。"①王充认为孔孟在穷通不遇时都持"不怨天,不尤人"的原则,故而在行为上也表现出相似性。

除王充之外,应劭《风俗通义》中也可以寻觅到孔孟并称的踪迹。应劭《风俗通义》仅存十篇,其《正失篇》云:"孔子曰:'众善焉,必察之;众恶焉,必察之。'孟轲云:'尧、舜不胜其美,桀、纣不胜其恶。传言失指,图景失形。'"②《十反篇》又云:"孟轲称:'不枉尺以直寻,况于枉寻以直尺?'柳下惠不枉道以事人,故三黜而不去,孔子谓之不恭。"③

总体而言,王充、应劭等非儒家阵营的学者,他们审视儒家的角度、评判儒家的立场也许各不相同,但他们都毫无例外地认识到孔孟之间的密切联系,因此他们视孔孟为一体,不约而同以孔孟并称。而且王充虽责难、批评孔孟,但仍视孔孟为圣贤,给予孟子很高的地位。相形之下,王充仅以"通人"评荀子,就明显降低了荀子的地位,所以在王充这里,孟荀齐号的范式已不复存在,孔孟模式虽较为松散,但其雏形则已明晰可见。

---

①（汉）王充著,黄晖校释《论衡校释》,中华书局,1990 年,第 106 页。
②（汉）应劭撰,王利器校注《风俗通义校注》,中华书局,1981 年,第 59 页。
③（汉）应劭撰,王利器校注《风俗通义校注》,中华书局,1981 年,第 241 页。

第三节 抬升《孟子》

孟子在两汉时期地位提升的第三个标志是：抬升《孟子》，为之置博士；并为之作专门注解，出现《孟子》注本。

一、汉初为《孟子》置博士考辨

汉初统治者为了恢复和发展经济，采取了休养生息的政策，与此相应，黄老思想成为这一时期的统治思想，但是统治者并未完全放弃儒家学说，儒家思想仍是统治者较为倚重的思想工具，在当时仍有一定的影响力。惠帝时（前 194 年—前 188 年）废"挟书律"，书禁一开，"百家之书辄出"，使儒家的传承有了合法地位。文景之世（前 179 年—前 141 年）朝廷广开献书之路，搜求旧典。

文景之时，在广开献书之路、搜救旧典的同时，承秦博士制度，也设立博士。如：文帝时，拜韩婴为《韩诗》博士，拜申公为《鲁诗》博士；景帝时，拜辕固生为《齐诗》博士，拜董仲舒、胡毋生为《春秋》博士等。

在此期间，也为《孟子》置博士。赵岐《孟子题辞》云："汉兴，除秦虐禁，开延道德。孝文皇帝欲广游学之路，《论语》《孝经》《孟子》《尔雅》皆置博士，后罢传记博士，独立五经而已。"①据赵岐之说，为《孟子》置博士是与为《孝经》《论语》《尔雅》设立博士同时。

然而由于为《孟子》设置博士一事，明确记载只见于赵岐之说，《史记》《汉书》无载，所以后代学者怀疑此说。清人胡秉虔就说：

---

① （清）阮元校刻《十三经注疏·孟子注疏》，中华书局，1980 年影印本，第 2663 页。

　　　　案:《论语》、《孝经》、《孟子》、《尔雅》置博士,惟见于此,
　　及刘歆《移太常书》。又《旧唐书》薛放书有云"《论语》,六经
　　之菁华"也,汉时首列于学官,不知别有据否?①

胡秉虔认为《论语》《孝经》《孟子》《尔雅》等置博士,只在赵岐《孟
子注》与刘歆《移太常书》有载,但不知其依据何在? 皮锡瑞更进
一步表示怀疑:

　　　　赵岐《孟子题辞》云:"孝文皇帝欲广游学之路,《论语》、
　　《孝经》、《孟子》、《尔雅》皆置博士。"案宋以后以《易》、《书》、
　　《诗》、三《礼》、三《传》及《论语》、《孝经》、《孟子》、《尔雅》为十
　　三经,如赵氏言,则汉初四经已立学矣。后世以此四经并列
　　为十三经,或即赵氏之言启之。但其言有可疑者。《史记》、
　　《汉书》《儒林传》皆云:"文帝好刑名,博士具官未有进者。"既
　　云具官,岂复增置;五经未备,何及传记。汉人皆无此说,惟
　　刘歆《移博士书》有孝文时诸子传说立于学官之语,赵氏此说
　　当即本于刘歆,恐非实录。②

皮锡瑞认为,赵岐所谓为《孟子》等置博士之说,可疑之处颇多,主
要有三:一是《史记》《汉书》记载汉文帝时博士官职已"具官",不
可能再增设其他博士;二是当时连五经都未确立,怎么会立传记
置博士? 三是汉代其他人都无此说,赵岐极有可能是受到刘歆
《移太常书》影响而拟此说。

　　我们认为,胡秉虔、皮锡瑞的怀疑有一定道理,但也有值得商
榷之处。其理由如下:

　　其一,文帝时为《孟子》等立博士,不一定要另增人员,《孟

①(清)胡秉虔《汉西京博士考》,商务印书馆,1937 年,第 4 页。
②(清)皮锡瑞著,周予同注释《经学历史》,中华书局,1959 年,第 82 页。

子》博士其实就在"具官"之内。汉文帝时,其博士制度是承秦制而立,所立范围及员数都仿秦制。王国维对此有考:"汉兴,因秦制,员至数十人。《汉书·百官公卿表序》:'博士,秦官,掌通古今。员多至数十人。'《汉官仪》:《大唐六典》卷二十二'国子博士'注引'文帝博士七十余人。'"①说明汉文帝时博士人数至少有七十余人。《史记》《汉书》记载汉文帝时博士官职已"具官",只是说明博士官职的员数有限,不代表《孟子》博士不在此员数之列。

其二,文帝时,儒家尚未取得独尊地位,此时所立博士,是因其博通古今,通诸子者也可拜其为博士。据《史记》记载,文帝拜二十余岁的贾谊为博士,原因就是贾谊"颇通诸子百家之书"②;文帝拜公孙臣为博士,是因为公孙臣擅长占侯、精通五德转移说。

> 其后黄龙见成纪,于是文帝召公孙臣以为博士,草土德之历制度,更元年。张丞相由此自绌,谢病称老。③

可见,文帝时博士制度,所立博士宽泛,贾谊因精通诸子百家,就被拜为博士,所以为诸子置博士亦是题中应有之义。而这也是承秦制而为,因为秦时,"殆诸子、诗赋、术数、方伎皆立博士,非徒六艺而已"④。

其三,刘歆所说基本可信。刘歆为古文经争取官学地位,曾"移书太常博士",与今文经学家论战。

---

① 王国维《王国维手定观堂集林》,浙江教育出版社,2014年,第88页。
② 《史记》,中华书局,1982年,第2491页。
③ 《史记》,中华书局,1982年,第2682页。
④ 王国维《王国维手定观堂集林》,浙江教育出版社,2014年,第88页。

　　　　汉兴,去圣帝明王遐远,仲尼之道又绝,法度无所因袭。
时独有一叔孙通略定礼仪,天下唯有《易》卜,未有它书。至
孝惠之世,乃除挟书之律,然公卿大臣绛、灌之属咸介胄武
夫,莫以为意。至孝文皇帝,始使掌故朝错从伏生受《尚书》。
《尚书》初出于屋壁,朽折散绝,今其书见在,时师传读而已。
《诗》始萌芽。天下众书往往颇出,皆诸子传说,犹广立于学
官,为置博士。在汉朝之儒,唯贾生而已。①

刘歆指出,汉文帝时,书缺简脱,《尚书》朽折,《诗》的传学尚在
萌芽状态,虽不断有书发掘出来,但也多是诸子百家书,所以此
时为"广游学",故立诸子传说之书于学官,并置博士。刘歆以此
说明汉文帝并没有专尊今文经,并据以反对今文经学垄断官学。
刘歆此文一出,今文经学家震怒,群起而攻,可是他们只是指责
刘歆"改乱旧章,非毁先帝所立"②,并没有批评刘歆所说汉文帝
时立诸子传说博士是子虚乌有。更何况当时哀帝为刘歆辩护
说:"歆欲广道术,亦何以为非毁哉?"③汉哀帝肯定刘歆没有非
毁先帝制度,间接证明刘歆这篇责让太常博士的文章所言史实
可信。既然汉文帝时立诸子传说于学官、置博士之说可信,《孟
子》在诸子之列,所以赵岐所言为《孟子》置博士之说就不能被
推翻。

　　其四,"传记博士"之名,不是汉文帝时名称,而是后人所定。

　　如所周知,"传"、"记"、"说"等是解经翼经之作,此时尚未有
经、经学之名,因此也就不可能存在所谓解经之"传"、"记"之作。

---

①《汉书》,中华书局,1962年,第 1968—1969 页。
②《汉书》,中华书局,1962年,第 1972 页。
③《汉书》,中华书局,1962年,第 1972 页。

钱穆说："盖申公之傳其前为博士，乃以'通古今'，非以其'专经'。其时则诸子百家皆得为博士。至武帝专隆儒术，乃称为'《五经》博士'。而其他不以《五经》为博士者，遂见罢黜；后世因名之曰：'诸子传记博士'。其先皆以通古今，则不别《五经》与诸子传记也。"①钱穆认为由于武帝时五经博士独尊，其他非五经类的博士被罢，后人遂称被罢博士为诸子传记博士。

我们认为，正是在此背景下，东汉赵岐为《孟子》作注时，根据《孟子》在汉代的实际地位，特别指出文帝时为《孟子》所置博士，是与五经博士有别的传记博士。《孟子》在汉代的实际地位是：人们大多将其视为辅翼经书的传记。虽然班固把《孟子》当作子书，在《汉书·艺文志》将《孟子》归于《诸子略》，但是在时人心目中，并未把《孟子》等同一般诸子之书，而是视为可以辅翼经书之"传"。清代唐晏曾说："《孟子》之书，其初未列于经。然在两汉，却亦未以子书视之。汉人奏疏，往往引用。《盐铁论》引之，且与《六经》并列。其所以未名为经者，以汉人于孔子手定者始名为经也。"②王充《论衡·对作》篇说："杨墨不乱传义，则孟子之传不造。"很明显，王充视《孟子》为传，而当时人引用《孟子》其文时也大多称其为"传曰"。班固在《楚元王传》有赞曰：

> 仲尼称"材难，不其然与！"自孔子后，缀文之士众矣，唯孟轲、孙况、董仲舒、司马迁、刘向、扬雄。此数公者，皆博物洽闻，通达古今，其言有补于世。传曰"圣人不出，其间必有

①钱穆《两汉博士家法考》，《两汉经学今古文平议》，商务印书馆，2015年，第198页。

②（清）唐晏《两汉三国学案》，中华书局，1986年，第530页。

命世者焉",岂近是乎?①

班固不仅称孟子是孔子之后第一人,而且化用孟子之语"五百年必有圣人出,其间必有名世者",改为"圣人不出,其间必有命世者",称孟子此语为"传曰"。对于汉代时人广引孟子的情况,焦循有简明的考论,他说:

> 王应麟《五经通义说》云:"嫩哉! 汉之尊经乎! 儒五十三家,莫非贤传也;而《孟子》首置博士。"翟氏灏《考异》云:"《孟子》尊立最久,时《论语》、《孝经》通谓之传,而《孟子》亦谓之传,如《论衡·对作篇》曰:'杨墨不乱传义,则《孟子》之传不造。'《刘向传》引'传曰:圣人不出,其间必有名世者'。《后汉书·梁冀传》引'传曰:以天下与人易,为天下得人难'。《越绝书·序外传记》引'传曰:于厚者薄,则无所不薄矣'。《说文解字》引'传曰:箪食壶浆'。《诗·邶风正义》引'传曰:外无旷夫,内无怨女'。《中论·夭寿篇》引'传曰:所好有甚于生者,所恶有甚于死者'。又《法象篇》曰:'传称大人正己,而物自正。'皆可为证。故赵氏以《论语》、《孝经》、《孟子》、《尔雅》博士,统言之曰传记博士。"②

综上,赵岐所言文帝时为《孟子》置博士一事,并非毫无凭据,只不过在文帝时没有"传记博士"一名而已。所以汉文帝时为《孟子》置博士当为属实,但未必有"传记博士"之名。

据此可知,《孟子》在汉文帝时曾一度立于学官,被官方认可,设立博士。虽然设立的时间不长,但是足以证明,《孟子》的地位较之先秦有了提高。尽管汉武帝即位后,实行"罢黜百家,表章六

---

① 《汉书》,中华书局,1962年,第1972页。
② (清)焦循撰,沈文倬点校《孟子正义》,中华书局,2017年,第15—16页。

经"的政策,只立五经博士,废置传记博士①,《孟子》博士在学官中不复存在,直至汉末,也未恢复《孟子》在学官中的地位,官方并没有给予孟子特别的殊遇,孟子在官方文化视野中也没有特别的地位,但是大多数人视《孟子》为"辅翼"经书的传却是不争的事实。

二、汉代《孟子》的专门注解

史料表明,秦汉之际,并未有人为《孟子》作注,进入汉代,随着《孟子》地位的提升,《孟子》成为学者研究的重要对象。据现存资料来看,当时一些有重要影响的学者就曾经研究过《孟子》,而且采用当时最为通行的表达方式——注释的形式,来表达他们研究《孟子》的心得。

汉代最早为《孟子》作注者,很有可能是西汉刘向,据传他著有《孟子注》,"但其书早已失传。现存的王仁俊的辑本,难以考明即是该著原本"②。又据周予同《群经概论》说:"汉代治《孟子》的,始于扬雄。"③扬雄注《孟子》,由于缺乏实证,暂可存疑。但以下五家注解《孟子》之作,却有史为证。这五家分别是:程曾《孟子

---

① 按:钱大昕《潜研堂答问》云:"问:刘子骏《移太常博士书》言:'孝文帝时,天下众书,往往颇出,皆诸子传说,犹广立于学官,为置博士。'据赵邠卿《孟子题辞》,则《论语》《孝经》《孟子》《尔雅》孝文时皆立博士,所谓传记博士也。此等博士未识罢于何时? 曰:'《汉书》赞武帝云:孝武初立,卓然罢黜百家,表章六经。以《本纪》考之,建武五年,置五经博士,则传记博士之罢,当在是时矣。'"钱大昕认为传记博士罢于汉武帝独尊儒术、置五经博士之时。(钱大昕《潜研堂文集》卷九,商务印书馆,1936 年。)

② 蒋国保、余秉颐、李季林《孟子外传　孟子百问》,安徽人民出版社,1997 年,第 314 页。

③ 周予同《群经概论》,岳麓书社,2011 年,第 76 页。

章句》、郑玄《孟子注》、高诱《孟子章句》、刘熙《孟子注》、赵岐《孟子章句》。完整流传至今的只有赵岐《孟子章句》一部，但已不是原貌。赵岐《孟子章句》"虽不及后来之精密，而开辟荒芜，俾后来得循途而深造，其功要不可泯也"①。在这五家之中，焦循认为，程曾应是汉代专门治孟子学之始。他说：

> 惟《后汉书·儒林传》云："'程曾字秀升，豫章南昌人，作《孟子章句》。建初三年，举孝廉，迁海西令。'建初为章帝年号，则生东汉之初，在赵氏前，专为孟子之学者，自此始著。乃其章句不传，莫可考究。"②

另据《后汉书》载：东汉谏议大夫刘陶"著书数十万言，又作《七曜论》《匡老子》《反韩非》《复孟轲》"③。

　　虽然汉代注解《孟子》之作仅有六部(篇)，比起其他经书的注解著作之浩繁，似乎不值一提。然而《孟子》注解之作，从无到有，本身就是一个重要的信号，说明《孟子》已逐渐引起人们的重视，并且有一定的重要地位，故而有必要为之疏解，以助时人更好地习学《孟子》；而自汉至唐，包括刘向在内，为《孟子》作注的共有十家，十家之中，汉代就占六家。可见汉代人对《孟子》的研治力度，不仅超过汉以前，也为其后的魏晋南北朝隋唐诸朝所不及。

第四节　广引孟子其事、其文

　　考查汉代文献，有一事实不容忽视，就是孟子其事、其文被汉

---

①（清）永瑢等《四库全书总目》，中华书局，1965 年，第 289 页。
②（清）焦循撰，沈文倬点校《孟子正义》，2017 年，第 16 页。
③《后汉书》，中华书局，1965 年，第 1851 页。

代学人广泛征引,或用以为立言明事的依据,或用以增饰文章之典雅。《孟子》成为汉代学人的重要文化资源。广引孟子其事、其文,这是孟子在汉代地位提升的第四个重要标志。

一、两汉征引孟子其事、其文之变迁

两汉时征引孟子其事、其文有一个发展变化的过程。汉初征引较少。陆贾《新语》是汉初重要著作,《新语》的《辨惑》《无为》《慎微》《思务》等篇,屡屡征引孔子之事之说,也一再称许颜回甚至曾子,但是《新语》对孟子却未置一词。然清严可均《铁桥漫稿・新语叙》谓汉代"子书,《新语》最纯最早,贵仁义,贱刑威,述《诗》、《书》、《春秋》、《论语》","绍孟、荀而开贾、董,卓然儒者之言"①。认为陆贾思想乃绍述孟、荀而来,考诸陆贾"法先圣"、"以仁义为本"之说,严氏之说不无道理,然陆贾不引或少引《孟子》之语,说明《孟子》在汉初湮没无闻,征引《孟子》之语,不足以服人。

文帝以后征引增多。据汉代礼学家卢植言,汉文帝曾令博士诸生作《王制》之书:"卢氏曰:汉文帝令博士诸生作此《王制》之书。"②宋人卫湜引江陵项氏之言曰:"《王制》之言爵禄取于《孟子》其言。"③今人金德建比较《礼记・王制》与《孟子》,指出《礼记・王制》所述制度有三十四条来自《孟子》④。《王制》主要记述"先王班爵授禄祭祀养老之法度"。可见在文帝时,博士诸生奉命

① (清)严可均《铁桥漫稿・新语叙》,清道光十八年四录堂刻本。
② (宋)卫湜《礼记集说》,文渊阁《四库全书》影印本,117 册,第 474 页。
③ (宋)卫湜《礼记集说》,文渊阁《四库全书》影印本,117 册,第 479 页。
④ 详见金德建《孟子王制所述制度相通之证》,《古籍丛考》,中华书局,1941年,第 94—101 页。

作《王制》之书，考述先王爵禄、养老制度，《孟子》是他们的重要依据。此后，韩婴等人的著作中可见到多处大段引述《孟子》的言辞，韩婴曾引《孟子》之语："仁，人心也；义，人路也。故学问之道无他焉！求其放心而已。"①表明此时，《孟子》已逐渐受到人们的重视。

汉武帝时，虽已废除《孟子》博士，但是《孟子》并没有因此而被人们束之高阁，相反随着时代的发展，《孟子》的影响日益扩大，征引《孟子》者越来越多。有些是直引原文，有些是化用于行文之中。如司马相如《上林赋》：

> 恐后世靡丽，遂往而不返，非所以为继嗣创业垂统也。……发仓廪以救贫穷，补不足，恤鳏寡，存孤独。出德号，省刑罚。

这里"创业垂统"与"发仓廪以救贫穷，补不足"征引自《孟子·梁惠王下》。又如扬雄《羽猎赋》：

> 不夺百姓膏腴谷土桑柘之地。女有余布，男有余粟……文王囿百里，民以为尚小；齐宣王囿四十里，民以为大；裕民之与夺民也。

这里"女有余布，男有余粟"，"文王囿百里，民以为尚小。齐宣王囿四十里，民以为大"，同样征引自《孟子·梁惠王》。班固《两都赋·序》：

> 或曰：赋者，古诗之流也。昔成康没而颂声寝，王泽竭而诗不作。

此语化用孟子"王者之迹熄而诗亡"之语而来。此类例子甚多，不一一列举。

---

①（汉）韩婴撰，屈守元笺疏《韩诗外传笺疏》，巴蜀书社，1996 年，第 423 页。

人们不仅征引孟子其事其言以立言明事,甚至以征引《孟子》为"博文"的象征,汉代以经选士,在士子课试的通义之目中,如能引用孟子其事、其文,往往被视为"博文"。赵岐说:"讫今诸经通义,得引《孟子》以明事,谓之博文。"①

焦循《孟子正义》对汉代学人征引孟子其事、其文也有较详细考证:"观赵氏此文,《孟子》虽罢博士,而论说诸经,得引以为证,如《盐铁论》载贤良文学对丞相御史,多本《孟子》之言。而郑康成注《礼》笺《诗》,许慎作《说文解字》,皆引之。其见于《史记》、两《汉书》、《两汉纪》,如邹阳引'不含怒,不宿怨',终军引'枉尺直寻',倪宽引'金声玉振',王褒引'离娄、公输',贡禹引'民饥马肥',梅福引'位卑言高',冯异称'民之饥渴,易为饮食',李淑引'缘木求鱼',郅恽言'强其君所不能为忠,量君所不能为贼',冯衍言'臧仓',言'泰山、北海',班彪引'《梼杌》、《春秋》',崔骃言'登墙搂处',申屠蟠言'处士横议',王畅言'贪夫廉,懦夫有立志',傅燮言'浩然之气',亦当时引以明事之证。"②

由上可见,自汉文帝始,征引孟子其事、其文者日益增多③,东汉更呈激增态势。说明《孟子》在当时确实具有广泛的社会影响,人们以能征引《孟子》之说为傲。为什么会出现这一现象? 宋王应麟有解释,在《官志司隶有孝经师主监试经》一文中,他说:

　　诸经通义者,汉五经课试之学也。维汉以文立治,以经

---

① (清)阮元校刻《十三经注疏·孟子注疏》,中华书局,1980 年影印本,第2663 页。

② (清)焦循撰,沈文倬点校《焦循正义》,中华书局,2017 年,第 15 页。

③ 按:参见《先秦两汉典籍引〈孟子〉资料汇编》,陈雄根、何志华编《先秦两汉典籍引〈周易〉〈论语〉〈孟子〉资料汇编》,香港中文大学出版社,2007 年。

选士，鸿生传业，支蕃叶滋，阐绎道真，探索圣缊。决科射策，则有通义之目；以《孟子》明事，则有博文之名，赵岐《题辞》觕述大概。谨稽合史传而为之说曰：圣人作经载道，学者因经明道，学博而不详说，无以发群献之眇指；说详而不反约，无以折众言之殽乱，故必溯正学之源，而后能通乎圣人之海。粤自木铎声寝，经与道榛塞。孟子辟邪距诐，羽翼孔道。七篇垂训，法严义精。知性知天，《易》之奥也；以意逆志，《诗》之纲也；言称尧、舜，《书》之要也。井田、爵禄之制，可以知《礼》；王霸、义利之辨，可以知《春秋》；儒者称之曰通五经。噫！若孟氏，斯谓之通矣。嫩哉！汉之尊经乎！儒五十三家，莫非贤传也，而《孟子》首置博士。九流百八十九家，莫非诸子也，而通义得述《孟子》，斯文之统纪以壹，多士之趋向以纯，非徒缀训故诵占毕而已。①

王应麟指出，汉设五经博士，以经选士，经士是汉代官员的预备队伍。在选士的"决科射策"的课试中，有"通义"之目，要求应试者能够疏通大义，解释义理，"解释多者为上第，演文明者为高说"。人们在诸经通义中，之所以要广引孟子其事、其文，是因为《孟子》蕴含五经之精义，欲知五经之奥，《孟子》是非常重要的阶梯；以《孟子》之文疏通五经，不仅正得其宜，而且可以匡正汉代经学日益烦琐的解经之弊，亦可救汉代士人深陷于家法、师法泥淖之失，从而统一认识，"折众言之殽乱"，纯化思想，因此人们征引《孟子》，不是"缀训故诵占毕"，其实还有深层的学术目的和政治意图。

---

① （宋）王应麟《玉海》，文渊阁《四库全书》影印本，944 册，第 167—168 页。

二、两汉征引孟子其事、其文个案分析：盐铁会议

两汉时期，人们征引《孟子》，出自不同原因，有的是以其为史实依据，比如汉文帝时博士诸生采孟子之言作《王制》，司马迁参酌《孟子》写《五帝本纪》，郑玄据《孟子》注"三礼"，高诱引《孟子》注《吕氏春秋》《淮南子》等①；有的如赵岐所说，就是显示自己博文，增饰言说的分量；而有些则是服膺孟子其说，张扬孟子思想，公元前81年盐铁会议即是其代表。

公元前81年盐铁会议在两汉孟学史上是一个引人瞩目的事件，其原因就是会议主角贤良文学广引孟子其事、其文以立言，使会议笼罩上了强烈的孟子色彩。盐铁会议是由权倾一时的大将军霍光以昭帝的名义组织的。会议的起因有二：一是纠治给百姓带来沉重负担和痛苦的汉武帝战时理财政策。《汉书》载："始元六年，诏郡国举贤良文学士，问以民所疾苦，于是盐铁之议起焉。"②二是在朝廷内部进行新的权力调整。会议的主题是"议罢盐铁榷酤"。

在这次会议上，官方代表桑弘羊与贤良文学之间展开了激烈的辩论。桑弘羊自武帝时就长期当政理财，坚持法家思想；贤良文学倡导儒家治政理念③，对政府的政治、经济、军事、文化等政策进行了全面尖锐的批评。贤良文学批评政府的盐铁国营和均输的富国政策是富国却殃民的政策，要求废除盐铁国营，向民广开财路，指责法家崇尚功利、轻贱仁义的文化政策，是"开利孔为

---

① 参见李峻岫《汉唐孟子学述论》，齐鲁书社，2010年，第159—172页。
② 《汉书》，中华书局，1962年，第2886页。
③ 详见《汉书·昭帝纪》，中华书局，1962年。

民罪梯也"①,助长了人们的求利思想,败坏了民心和风俗;强调
以仁义教化百姓,抨击桑弘羊的严刑峻法思想,主张尚德缓刑;反
对旷日持久的战争策略。辩论以贤良文学的胜利而告终,"法绌
于儒,官败于民"。

　　在双方辩论过程中,孟子的仁政思想是贤良文学的思想武
器。《盐铁论》中,贤良文学间接或直接引用《孟子》言语的地方触
目即是。据笔者粗略统计,贤良文学仅直接引用《孟子》言语的地
方就在十处以上。官方代表桑弘羊认为富国重于富民,富民不仅
不利民更不利国,贤良文学援引孟子之语进行了反驳:"昏暮叩人
门户,求水火,贪夫不吝,何则?所饶也。夫为政而使菽粟如水
火,民安有不仁者乎!"②主张藏富于民,认为民富是民趋善行仁
的物质基础。针对当政者以严刑峻法惩治奸宄顽民的主张,贤良
文学引孟子之语曰:"文王兴而民好善,幽、厉兴而民好暴,非性之
殊,风俗使然也。"③以孟子的性善论说明只要设庠序学校,以善
化民,则奸宄顽劣之徒自会改过迁善,故应缓刑施教。在《水旱》
篇,贤良文学引孟子之语曰:"孟子曰:野有饿莩,不知收也;狗彘
食人食,不知检也;为民父母,民饥而死,则曰,非我也,岁也,何异
乎以刃杀之,则曰,非我也,兵也?"④谴责御史大夫所谓"水旱饥
馑""有司无罪"的说法,认为逢遇灾年,"民饥而死",为民父母者
难辞其咎,因为他们没有事先采取措施防患于未然,而要根除"饥
寒之患",当务之急在于"罢盐铁,退权利,分土地,趣本业,养桑

①(汉)桓宽著,王利器校注《盐铁论校注》,中华书局,2017 年,第 4 页。
②(汉)桓宽著,王利器校注《盐铁论校注》,中华书局,2017 年,第 393 页。
③(汉)桓宽著,王利器校注《盐铁论校注》,中华书局,2017 年,第 560 页。
④(汉)桓宽著,王利器校注《盐铁论校注》,中华书局,2017 年,第 399 页。

麻,尽地力也。寡功节用,则民自富。如是,则水旱不能忧,凶年不能累也"。在《世务》篇引孟子之语曰:"故君仁,莫不仁;君义,莫不义。"劝告当政者处理北垂匈奴之患,不应一味"强战",而应采取以仁义诚信感化的政策,"以仁义导之,则北垂无寇虏之患,中国无干戈之事矣"①。御史大夫曾讥讽儒家空谈仁义,毫无实效,如孟子"居梁,兵折于齐,上将军死而太子虏,西败于秦,地夺壤削,亡河内河外"。贤良文学引孟子之语、孟子之事为孟子辩护:"虞不用百里奚之谋而灭,秦穆公用之以至霸焉,夫不用贤则亡,而不削何可得乎? 孟子适梁,惠王问利,答以仁义。趣舍不合,是以不用而去。"②指出孟子居梁,梁国之所以连遭重创,是因为梁惠王不用贤,未采纳孟子之言,所以梁国之败,是败在不用儒家仁义思想,而不是儒家思想迂腐不切实用。

概而言之,盐铁会议上,孟子思想是贤良文学立论的坚强支撑,从贤良文学征引孟子之语来看,涉及到孟子基本思想:民本思想、王道政治、性善论等,因此盐铁会上,贤良文学能够打败御史大夫,也可以说是孟子战胜了法家思想。所以金春峰认为盐铁会议"孟子思想取得了主导的地位"③,"会议以前,荀子思想的影响在汉代儒家中居于优势,会议以后,孟子思想不断扩大影响,盐铁会议是这种变化的标志",他称盐铁会议是"孟子思想的崛起"。

在两汉孟学史上,广引孟子其事、其文是一个显性特征。征引者,如司马迁、扬雄、郑玄、高诱等人,他们原本对《孟子》有过深入研究。司马迁为孟子写有传记;扬雄,周予同认为他是汉代第

---

①(汉)桓宽著,王利器校注《盐铁论校注》,中华书局,2017年,第471页。
②(汉)桓宽著,王利器校注《盐铁论校注》,中华书局,2017年,第234页。
③金春峰《汉代思想史》,中国社会科学出版社,1997年,第301页。

一个治《孟子》的学人；郑玄、高诱为《孟子》作过专门注释，所以他们在著述中征引孟子其事、其文，不足为奇。但是其他人，如盐铁会议上的贤良文学，邹阳、终军、倪宽、王褒、贡禹、梅福、冯异、李淑、郅恽、冯衍、崔骃、申屠蟠、王畅、傅燮，等等，并不是《孟子》的专门研究者，却也能随口道出《孟子》之语，信手拈出《孟子》之言明志，并引以为傲，说明他们本就熟读《孟子》，且尊崇《孟子》，将《孟子》作为自己言说的文化支撑和精神之源。

本章结语

两汉时期，孟子地位得到提升，主要表现在四个方面：一、凸显孟母母仪典范，塑造孟母贤母形象，刘向将孟母载入《母仪传》，将其与姜嫄、简狄、涂山、周室三母等人并列，尊为母仪天下的典范。二、抬升《孟子》，为之置博士，为之作专门注解。汉文帝时曾立《孟子》于学官，为之设立博士，虽然汉武帝废置传记博士时，《孟子》博士在学官中不复存在，但是大多数人视《孟子》为"辅翼"经书的传却是不争的事实。自汉至唐，包括刘向在内，为《孟子》作注的共有十家，十家之中，汉代就占六家。汉代人对《孟子》的研治力度，不仅超过汉以前，也为其后的魏晋隋唐诸朝所不及。三、逐步消解司马迁"孟荀齐号"的范式，不断凝聚孔孟一体的模式；四、广引孟子其事、其文以明事，《孟子》成为汉代重要文化资源。汉文帝始，征引孟子其事、其文者日益增多，东汉更呈激增态势。说明《孟子》在当时确实具有广泛的社会影响，人们以能征引《孟子》之说为傲。

第八章　司马迁《孟子传》

前已述及，在中国历史上，司马迁最早为孟子立传，全称《孟子荀卿列传》。就目前所见文献，在孟学史上，司马迁也是比较全面地研究孟子且肯定孟子的第一人，清人汪之昌认为，在《孟子荀卿列传》中，"独孟子与孔子并称，是尊孟子，亦自史迁始"①。司马迁对孟子的生平、学术师承、思想渊源、学说主旨、政治境遇的考察和评判，全部浓缩在这篇传记中，且司马迁《孟子传》中的观点、结论，也深深影响了后来的孟子研究者，所以司马迁《孟子传》，是孟学史上必须予以重视的一座丰碑。

第一节　借客形主

一、《孟子传》文字奇格

我们知道，与以前史书相比，《史记》有一套全新的编纂体例，即本纪、表、书、世家、列传五种体例，这是司马迁在史书编纂上的创造性贡献。在《史记》之前，传本是记事、立论、解经之作，而司马迁却创造了以人物为中心的列传。《史记》列传有两大类，第一

---

① (清)汪之昌《史迁尊孔孟说》，《青学斋集》第五辑，中国书店，1981年，第89页。

类是人物列传;第二类是外国或国内少数民族的记载。人物列传的传写类型又可归为以下三类:

其一,一人一传,如《伍子胥列传》《商鞅列传》《吕不韦列传》等。

其二,二人或数人合传。其中,又有如下情形:

(1)以二人之名题篇,也实为二人之传,如《管晏列传》《白起王翦列传》等。

(2)以二人之名题篇,兼及三人、四人等多人的合传,如《孙子吴起列传》就是孙武、吴起、孙膑三人的合传,《廉颇蔺相如列传》就是廉颇、蔺相如、赵奢、李牧四人的合传。

(3)以二人之名题篇,兼及十人以上的合传,如《孟子荀卿列传》。

(4)以四人之名题篇,也实为四人之传,如《樊郦滕灌列传》。

其三,类传,是依人物性质,聚合众人的合传,如《仲尼弟子列传》《儒林列传》《循吏列传》《酷吏列传》《货殖列传》等。

在以上类型的列传中,《孟子荀卿列传》显得非常另类,一是此传人物多,多达十七人,但与孟子、荀子等并非同一思想学术阵营。二是此篇以孟子、荀卿标篇,传主是孟子、荀子,但司马迁对传主孟子、荀子的着墨并不是最多,记孟子有一百三十七字,记淳于髡有二百四十四字,记邹衍有五百一十二字,记荀子有一百九十二字。叙写淳于髡和邹衍的字数都超过了传主孟子、荀卿,其中叙写邹衍的字数超过叙写孟子字数的三倍以上。

这一现象引起后人注意,南宋著名理学家真德秀称其为《史记》传之变体,说:“《孟荀传》,不正言二子,乃旁及于诸子。此亦变体也。”①明代著名文学家、竟陵派代表钟惺认为司马迁如此谋

---

① (宋)真德秀《文章正宗》,文渊阁《四库全书》影印本,1355 册,第 594 页。

篇,构思巧妙,称赞此传是妙文,他说:

> 《孟荀传》自为起止,落落忽忽,伸缩藏露,寻之无端。首略叙孟子,即及三驺、淳于髡诸子,全不及孟子一字,若忘却本题者,而于叙三驺、淳于髡诸子处,长短简烦不必如一。只觉其妙,而学之无处下手,只是一诞字。
>
> 前言三驺,止分注忌与衍二人,当以驺奭足三驺之数,而序驺奭,不直接忌与衍,于淳于髡、慎到诸子之后,始漫然及之,若接若不接,若有意若无意,妙,妙!(葛氏《史记》卷七四)①

清初著名评点家吴见思说:

> 吾读《孟子》一传,孟子事只略写、虚写,反于中间出商君、吴起、孙子、田忌之徒,亦偶然借为感慨耳。孰知借以引三驺子哉!乃驺子之后,又有淳于、慎到、环渊、接子、田骈之徒,前后参错掩映,文情之妙也。……此文纯以一气旋运,借诸公组织于中,非因事生文,反若因文生事,故并不见其多人也。(《史记论文》第五册《孟子荀卿列传》)②

历清康、雍、乾三朝并有"牛才子"之称的牛运震,激赏此传为"最奇格文字",他说:

> 按此传以孟子、荀卿为主,而以孟子引端于前,荀卿收结于后,中间驺衍、淳于髡等诸子。经纬联贯,宾主厘然,分合尽致,极错综变化之妙。《史记》最奇格文字。③

真德秀、钟惺、牛运震等都注意到了《孟子荀卿列传》与其他传记

① 杨燕起等编《历代名家评史记》,北京师范大学出版社,1986年,第586页。
② 杨燕起等编《历代名家评史记》,北京师范大学出版社,1986年,第586页。
③ (清)牛运震撰、魏耕原、张亚玲整理点校《史记评注》,三秦出版社,2011年,第184页。

写作的不同,且都投以赞许的目光。

二、奇笔实衬,借客形主

为什么司马迁会将与孟荀并非同一思想阵营的诸子合传叙写,且对传主孟荀的着墨少于邹衍、淳于髡? 对此,学界有不同看法。

在不同的说法中,以客形主,衬托孟荀,是目前学界的主流声音。持此说者有:宋人真德秀,明人杨慎、柯维骐、焦竑、董份、郝敬,清人方苞、方楘如、恽敬、牛运震、李景星等。如明人杨慎说:

> 《孟子传》与《伯夷传》书法略相似,先叙孟子,而以邹衍形之,则孔孟之不合于时者,其道从可知矣。又举孔孟伯夷,岂有意于阿世苟合者,则邹子之见尊礼于诸侯者,其道又从可知矣。其曰邹子倘有牛鼎之意乎,语不露,而意隽永,最文字之妙者也。此法惟韩子得之。西山真先生曰:"《孟荀传》旁及诸子而兼乎议论,传之变例也"。(《史记题评》卷七四)①

杨慎认为,司马迁是要借邹衍从两个方面陪衬孟子,一是形孔孟学说之"不合时",二是形孔孟不"阿世苟合"。焦竑说:

> 陈仁子曰:"汉初不知尊孟子,迁也以孟荀同传,已为不伦,更以邹子、淳于髡等杂之,何卑孟邪?"按史法,有牵连得书者,有借客形主者,太史公叹孟子所如不合,而邹子、淳于髡之流,棼棼焉尊礼于世,正以见碔砆轻售,而璞玉不剖,汗血空良,而驽马竞逐,其寄慨深矣。仁子反见谓为卑孟,是不知文章之宾主故也。(《焦氏笔乘》卷二《陈仁子不知文章宾主》)②

---

① 杨燕起等编《历代名家评史记》,北京师范大学出版社,1986年,第584页。
② 杨燕起等编《历代名家评史记》,北京师范大学出版社,1986年,第585页。

焦竑认为文章有宾主，此传中，不仅邹子、淳于髡是宾，甚至荀卿也是宾，司马迁如此写法，就是借客形主，以邹衍、淳于髡反衬孟子之志于仁义。清人方楘如认为司马迁将邹衍、淳于髡等人附于此传，不是因为诸子无传，于史又不得不写，故列于此以附见，实是因为与邹衍、淳于髡等人相比，孟荀处世既"非承意观色为务"，著书也非"有意阿世苟合"。他说：

> 以孟荀题篇，而牵连三驺子、稷下先生辈，非骈枝也，又非谓诸子者，不可使其无传，而附之以见，如《张丞相世家》之及王陵例也。夫驺子游诸侯，见尊礼，淳于髡以下，开第康庄，命为列大夫以尊宠之？而孟子困齐梁，荀卿谗于齐，废于楚，独所如不合若此，相提而论，伤世之弃周鼎而宝康瓠也。……然而孟荀独不含者，何也？推其故，则曰孟子述唐虞三代之德，曰荀卿嫉世不遂大道，此非夫有牛鼎之意者也，非夫以承意观色为务者也，非夫著书以干世主者也，故曰"此岂有意阿世苟合而已哉！"……盖太史公本一笔环写，宾主夹之，左右映带。（《集虚斋学古文》卷一《孟子荀卿传解》）[1]

牛运震直称邹衍等人其实就是孟子的陪客。他说：

> "齐有三驺子。"按：孟子在齐之时多，故详叙三驺子，用为比况也，后文淳于髡、慎到、田骈、荀卿诸人，亦皆游齐，传中悉点明之。此文字线索自相联合处。　　　　　"其前驺忌……先孟子"、"其（后）〔次〕驺衍，后孟子"，驺忌、驺衍皆孟子陪客，而驺忌又以陪驺衍者也。"先孟子"、"后孟子"，钩画

---

[1]杨燕起等编《历代名家评史记》，北京师范大学出版社，1986年，第587—588页。

分明。①

清人汪之昌看到孟荀一传中的人,除了志向、游历、经历上有相似之处,还有一个相似之处,就是都曾著书,但是他们著书与孟荀著书有别。他说:

> 而司马迁作《史记》,合孟荀为一传。驺衍等十一人且错列其间,仍以"孟荀列传"标题。读《史记》者,咸推子长擅史才,吾谓子长尤重经术也。夫仅以事迹论,则志在拯济同,身老游历同,终卒困厄同,不特荀无以异于孟,即衍等亦岂皆居高位,享厚禄哉?此不足尽子长之意也。传末"自如孟子至于吁子,世多有其书,故不论其传",是则子长此传,全以所著书为断。……传中论邹衍迂大闳辩,奭也文具难施,其余黄老道德之术,坚白、异同之辨,无一本先王之道者。而于孟则曰"述唐、虞、三代之德",于荀则曰"推儒墨道德之行事兴坏",虽时有先后,隐然志同道合,以彼十一人相形,当此流极既衰,抱遗经而究终始者,固有人也。②

汪之昌认为如果以志向、游历、困厄来论,其实邹衍等十一人与孟子、荀子并无区别,都志在救世,都曾游历齐国,大多也有困厄的经历,唯一能够将他们与孟荀区别开来的是:虽都著书,但这十一人著书内容却与孟荀不同,他们无一本先王之道,而孟荀都重唐、虞、三代之德,所以司马迁是借这十一人形孟荀而尊儒家"经术"。

总之,"借客形主"说认为,司马迁于邹衍、淳于髡着墨多于孟

---

① (清)牛运震撰,魏耕原、张亚玲整理点校《史记评注》,三秦出版社,2011年,第185页。

② (清)汪之昌《孟荀列传书后》,《青学斋集》,第五辑,中国书店,1981年,第106—108页。

荀的写法,是太史公写史之奇笔,其用意就是借客形主,凸显孟荀承孔子之道,"主仁义"而不苟合,读者于此不能被表面现象迷惑。

我们支持这一说法,因为不可否认,司马迁如此写孟荀之传,确实有借邹衍、淳于髡等人衬托孟荀之意,以此凸显孟荀不阿世取荣、刚毅独立的精神品格。

第二节 为孟子正名

司马迁将众诸子与孟子同传,除了借客形主、衬托孟子志于仁义而不苟合取荣外,我们认为还有一个目的,就是为孟子学说辩护和正名。司马迁指出,孟子周游列国,思想观念不被诸侯采纳,是因为孟子的王道仁政之说被当时诸侯视为"迂远而阔于事情",与"所如者不合",但司马迁认为孟子之说并不是"迂远而阔于事情",而是"方枘圆凿",不逢其时,故而其说难行。

一、向孟子义利之说"三致意"

我们知道,司马迁借《仲尼弟子列传》,塑造了孔子众弟子群像。在《仲尼弟子列传》中,孔子众弟子,诸如:颜回、闵损、冉耕、子路、宰我、子贡、子游、子夏、澹台灭明、宓子贱、原宪、公冶长、曾晢、颜路、商瞿、漆雕开、公伯寮、樊迟、有若、公西华、巫马施,等等,司马迁都作了生动叙写。在叙写这些孔门弟子时,司马迁不仅将《论语》中与他们相关的言词摘录入传,而且将《孟子》等其他文献,甚至民间传说中与之相关之事也引入传中。如对有若的叙写,司马迁既引用了《论语》中有若之言,也记载了不见于《论语》的有若之事,这就是:孔子死后,有若被众弟子推尊为师,旋即又被众弟子从师位上推下来。有若被同门推尊为师一事,《孟子·

公孙丑》曾提及,但事件过程并不清晰,《史记》则借助其他材料叙写出了事件的来龙去脉。司马迁这样叙写,使孔子众弟子的形象生动而鲜活。

司马迁《孟子传》对孟子的叙写方法,与《仲尼弟子列传》的叙写方法不同。他在寥寥数笔介绍了孟子国别、师承之后,没有介绍孟子思想、事迹,而是评论孟子一生遭际,所以在《孟子传》,我们看不到孟子的具体事迹,看到的主要是司马迁对孟子的态度。司马迁如此叙写,理由是因为孟子有自己的著作,故传记中不再赘述。他说:"自如孟子至于吁子,世多有其书,故不论其传云。"①

孟子思想蕴含丰富内涵,天道、人性、王道、仁政、知言、养气、义利之辨等等,都是孟子探讨和分疏的重要论题,并形成了自成一体的学说。然而从司马迁《孟子传》中,我们看到,孟子的义利之说最为司马迁看重。具体事件就是孟子"绝惠王利端"。如所周知,《孟子》开篇,是孟子对梁惠王求利之问的棒喝,他告诫梁惠王说:"亦有仁义而已矣,何必曰利?"指出"苟为后义而先利,不夺不餍。未有仁而遗其亲者,未有义而后其君者也"②,孟子既要借此阻止梁惠王沉溺求利而嗜杀好武,也是要借此截断世人的求利纷争。孟子答梁惠王求利之问,"绝惠王利端",依司马迁之见,在孟子一生具有里程碑式的意义,他在《史记》中四次提及此事。除了在《孟子传》开篇提及,司马迁又在《太史公自序》《魏世家》《六国年表》提及。在《太史公自序》,司马迁说:"猎儒墨之遗文,明礼义之统纪,绝惠王利端,列往世兴衰,作《孟子荀卿列传》第十四。"在司马迁看来,"绝惠王利端"是孟子人生标志性事件。《魏世家》

---

① 《史记》,中华书局,1982年,第2349页。
② 《孟子·梁惠王上》1·1。

在魏惠王三十五年只记载了两件事，一是魏惠王"与齐宣王会平阿南"，二是孟子与魏惠王相见并答魏惠王求利之问。原文如下：

> 惠王数被于军旅，卑礼厚币以招贤者。邹衍、淳于髡、孟轲皆至梁。梁惠王曰："寡人不佞，兵三折于外，太子虏，上将死，国以空虚，以羞先君宗庙社稷，寡人甚丑之。叟不远千里，辱幸至弊邑之廷，将何以利吾国？"孟轲曰："君不可以言利若是。夫君欲利则大夫欲利，大夫欲利则庶人欲利，上下争利，国则危矣。为人君，仁义而已矣。何以利为！"①

显然，《魏世家》这一段魏惠王与孟子的对话，就是《孟子》开篇的内容。《六国年表》所载魏惠王三十五年的魏国纪事中，司马迁只选择了孟子至梁、与梁惠王有关义利的对话一事。其文是："孟子来，王问利国，对曰：'君不可言利。'"②司马迁郑重其事地将孟子与梁惠王关于义利的对话载入《魏世家》《六国年表》，说明在他看来，这一事件不仅是孟子人生标志性事件，也是魏国历史上的重大事件。清人陈澧称司马迁如此写法，可谓"三致意者"。他说：

> 《史记·孟子列传》先述梁惠王问"何以利吾国"云云，然后云孟子"邹人也"，此于列传为变体。盖以《梁惠王》第一章为七篇之大义，故揭而出之。且又于《魏世家》载之，又于《自序》云"绝惠王利端"，作《孟子列传》。太史公之于此章，可谓三致意者。③

司马迁向孟子义利之说"三致意"，是因为他认同孟子义利之说，

---

①《史记》，中华书局，1982年，第1847页。

②《史记》，中华书局，1982年，第727页。

③（清）陈澧《东塾读书记》（外一种），生活·读书·新知三联书店，1998年，第53页。

赞赏孟子绝惠王利端之行。正因为如此，所以《孟子传》开篇，司马迁立即亮出他对孟子的赞语：

> 太史公曰：余读《孟子》书，至梁惠王问"何以利吾国"，未尝不废书而叹也。曰：嗟乎，利诚乱之始也！夫子罕言利者，常防其原也。故曰"放于利而行，多怨"。自天子至于庶人，好利之弊何以异哉！①

《史记》"太史公曰"一般都在文末，只有少数几篇开篇即见"太史公曰"，《孟子传》即是其中一篇。在开篇赞语中，司马迁称赞孟子揭示了社会动乱的根源就在于"好利"。

司马迁曾言，他作《史记》，是要"究天人之际，通古今之变"，所谓"罔罗天下放失旧闻，王迹所兴，原始察终，见盛观衰"②。至司马迁时，华夏民族已经历了虞、夏、商、周、春秋、战国、秦、汉等时代变迁，其间不断上演一治一乱、分分合合的历史大剧。汉朝结束了长久战乱，建立了中央集权的大一统王朝。大一统是当时最先进的制度，司马迁拥护大一统，其历史观就是大一统的历史观。《史记》创造的本纪、表、书、世家、列传这五体史书新体例，就是其大一统思想的反映。司马迁在《太史公自序》已明言：

> 上记轩辕，下至于兹，著十二本纪，既科条之矣。并时异世，年差不明，作十表。礼乐损益，律历改易，兵权山川鬼神，天人之际，承敝通变，作八书。二十八宿环北辰，三十辐共一毂，运行无穷，辅拂股肱之臣配焉，忠信行道，以奉主上，作三十世家。扶义俶傥，不令己失时，立功名于天下，作七十

---

① 《史记》，中华书局，1982年，第2343页。
② 《史记》，中华书局，1982年，第3319页。

列传。①

十二本纪，上起轩辕，下至汉武帝，是两千年王朝兴替的大纲，本纪与世家、列传的关系，如同车毂与辐条、北辰与众星，是统属与被统属的关系，如同大一统王朝，下级遵从上级，地方服从中央。因为这一历史观，所以司马迁写《史记》与孔子整理编纂史书不同，"孔子删书，《尚书》起于尧，《周易》起于庖羲。《史记》上限却起于黄帝，旨在突显大一统历史观"②。

　　大一统是人心所向，司马迁拥护大一统，那么为什么总会出现分分合合的历史变迁？引起动乱，导致朝代更迭的根源又是什么？无疑，《孟子》一书给了他很好的解答。这就是孟子所指出的"自天子至于庶人好利之弊"。宋人黄履翁对此有评：

　　　　昔太史公读孟子书，至利国之对，而为之废卷太息，流涕而言之。彼盖有感当时功利之徒，而深信孟子塞原之论也。虽然，迁之学盖有自来也。董子尝有"正谊不谋利"之一言，诚得孔孟之余论，而迁从仲舒游，而得是言欤！（《古今源流至论·别集》卷一）③

黄履翁认为太史公为孟子义利之说"废卷太息、流涕而言"，也是看到了当时为功利而纷争不已的社会现实。黄氏此说切中肯綮。司马迁也曾说："天下熙熙，皆为利来；天下攘攘，皆为利往。"④

　　孟子义利之说揭示了天下动乱的根源；孟子绝惠王利端，在纷纷争于利的战国时代，是难得一见的浩然正气，汪越《读史记十

---

①《史记》，中华书局，1982 年，第 3319 页。

②张大可《论司马迁的历史观》，《兰州大学学报》1984 年第 3 期。

③杨燕起等编《历代名家评史记》，北京师范大学出版社，1986 年，第 583 页。

④《史记》，中华书局，1982 年，第 3256 页。

表》说:"秦灭六国,以六国自相灭也。表于攻伐、拔地、纳地、助击、助灭、俱详载。合观之,可以见秦并天下之大机焉。表魏则大书云:'孟子来。'特识也。王问利,对曰:'君不可言利。'载问答者为战国所无也。"①司马迁为此向孟子"三致意"。

二、为孟子辩护

"迂远而阔于事情",不切合实际,是时人对孟子及其学说的普遍看法,其中的贬责、挪揄不言自明。在他们看来,孟子目空一切,空想大于现实,不是成功的政治家。但司马迁并不赞同这种看法。从《孟子传》来看,司马迁其实是要为孟子学说"迂远而阔于事情"辩护,他对《孟子传》苦心孤诣的布局谋篇可以为证。

首先,司马迁明确指出孟子所处之世,不是崇尚仁义王道的时代,而是纷纷争于气力,以能富国强兵、合纵连横、攻伐为贤的时代。他说:

> (孟子)道既通,游事齐宣王,宣王不能用。适梁,梁惠王不果所言,则见以为迂远而阔于事情。当是之时,秦用商君,富国强兵;楚、魏用吴起,战胜弱敌;齐威王、宣王用孙子、田忌之徒,而诸侯东面朝齐。天下方务于合从连衡,以攻伐为贤,而孟轲乃述唐、虞、三代之德,是以所如者不合。退而与万章之徒序《诗》《书》,述仲尼之意,作《孟子》七篇。②

正因为如此,这个时代的得意者,只能是能够富国强兵的商鞅和擅长攻伐的吴起、孙子、田忌等人。司马迁指出,孟子其实非常清

---

① (清)汪越撰,(清)徐克范补《读史记十表》,文渊阁《四库全书》影印本,248册,第500页。
② 《史记》,中华书局,1982年,第2343页。

楚这一点,但是他并没有为取合当世而改变自己的思想,而是选择了以身从道,退而著书,以著述的方式执着地向这个世界表达自己的理想。是这个时代不接受孟子思想,而非孟子思想有误。

其次,司马迁选择了邹衍、淳于髡二人作为孟子的主要陪客。前已论及,司马迁在《孟子传》中载入与孟子思想并非同一阵营的邹衍、邹忌、淳于髡、邹奭、慎到、田骈、接子、环渊等战国诸子,载入这些诸子的重要目的,是借客形主,衬托孟子,凸显孟子不阿世取荣、刚毅独立的精神品格。值得注意的是,在这些孟子的陪客中,邹忌、邹奭、慎到、田骈、接子、环渊等,司马迁只是一语带过,唯独对邹衍、淳于髡作了详细叙写,并且叙写文字超过传主孟子。显然,淳于髡、邹衍是孟子的主要陪客。

为什么选择邹衍、淳于髡作为孟子主要陪客?我们认为,原因在于与同为陪客的邹忌、田骈、接子、环渊等人相比,二人与孟子的游历更相近,都曾游说齐、梁,且都曾向梁惠王、齐宣王进言,然而其结局却与孟子有别,因而以邹衍、淳于髡之行更能说明孟子思想不是不切实际,只是不逢时。

邹衍以其阴阳五德学说著称于世。司马迁指出,邹衍阴阳五德之说,虽然"闳大不经"、"怪迂",其言"不轨",不合常理,但作此说的初衷,是因为"睹有国者益淫侈,不能尚德,若《大雅》整之于身,施及黎庶矣"①;所针对的是列国诸侯愈益奢侈淫靡的现实。邹衍劝说诸侯的方法是:

> 必先验小物,推而大之,至于无垠。先序今以上至黄帝,学者所共术,大并世盛衰,因载其祥度制,推而远之,至天地未生,窈冥不可考而原也。先列中国名山大川,通谷

---

① 《史记》,中华书局,1982年,第2344页。

禽兽,水土所殖,物类所珍,因而推之,及海外人之所不能睹。称引天地剖判以来,五德转移,治各有宜,而符应若兹。以为儒者所谓中国者,于天下乃八十一分居其一分耳。中国名曰赤县神州。赤县神州内自有九州,禹之序九州是也,不得为州数。中国外如赤县神州者九,乃所谓九州也。于是有裨海环之,人民禽兽莫能相通者,如一区中者,乃为一州。如此者九,乃有大瀛海环其外,天地之际焉。其术皆此类也。然要其归,必止乎仁义节俭,君臣上下六亲之施,始也滥耳。①

邹衍以小及大,以小物推大物,提出阴阳五德之说、小九州说、大九州说,这些在当时看来,都是闻所未闻、怪异荒诞之说。但是在这看似荒诞不经的背后,其最后归宿却是"止乎仁义节俭,君臣上下六亲之施",在此一点,邹衍与孔孟可谓殊途同归。顾颉刚由此"疑邹衍亦儒家"②。邹衍与孔孟不同的是,他用这些怪异之说去警醒当时诸侯罢弃奢靡,归向仁义。也就是先迎合其意,"作先合,然后引之大道",司马迁称这是邹衍的"牛鼎"之意。与邹衍相比,孔孟始终不阿世、不苟合,"卫灵公问陈,而孔子不答;梁惠王谋欲攻赵,孟轲称大王去邠。此岂有意阿世俗苟合而已哉"③。邹衍以此法游说诸侯,初始反响强烈,"王公大人初见其术,惧然顾化"④,而且得到了诸侯无上的尊礼。"是以驺子重于齐。适

---

① 《史记》,中华书局,1982年,第2344页。
② 顾颉刚《五德终始说下的政治和历史》,《古史辨》第五册,上海古籍出版社,1982年,第409页。
③ 《史记》,中华书局,1982年,第2345页。
④ 《史记》,中华书局,1982年,第2344页。

梁,惠王郊迎,执宾主之礼。适赵,平原君侧行撤席。如燕,昭王拥彗先驱,请列弟子之座而受业,筑碣石宫,身亲往师之。作《主运》其游诸侯见尊礼如此,岂与仲尼菜色陈蔡,孟轲困于齐梁同乎哉①,但是最终"其后不能行之"②。邹衍原本想以"不轨"、"怪迁"之阴阳、五德之说去推行仁义,可是最终并没有成功。为推行仁义之说,邹衍可以说是采取了阿世苟合之法,曲线推行仁义。邹衍的失败,有力地说明了一个事实:仁义之说在当时实际就是"方枘圆凿,其能入乎?"

司马迁在《史记·滑稽列传》中对淳于髡的传写,重点突出了淳于髡多智滑稽、能言善谏的特点。淳于髡以隐语提醒邹忌在改革中应注意的重要问题;机智劝谏齐威王,使其明白"酒极则乱,乐极则悲"、"极之而衰"的道理,从而不再沉湎长夜之饮;齐被楚围,奉命至赵,说服赵王,搬来精兵十万,化解了齐国危机。齐威王的霸业有淳于髡的一份功劳,所以司马迁对淳于髡的赞语是:"淳于髡仰天大笑,齐威王横行。"③淳于髡如何劝谏梁惠王?《孟子传》载:

> 淳于髡,齐人也。博闻强记,学无所主。其谏说,慕晏婴之为人也。然而承意观色为务。客有见髡于梁惠王,惠王屏左右,独坐而再见之,终无言也。惠王怪之,以让客曰:"子之称淳于先生,管、晏不及,及见寡人,寡人未有得也。岂寡人不足为言邪?何故哉?"客以谓髡。髡曰:"固也。吾前见王,王志在驱逐;后复见王,王志在音声;吾是以默然。"客具以报

①《史记》,中华书局,1982年,第2345页。

②《史记》,中华书局,1982年,第2344页。

③《史记》,中华书局,1982年,第3203页。

　　王,王大骇,曰:"嗟乎! 淳于先生诚圣人也! 前淳于先生之
来,人有献善马者,寡人未及视,会先生至。后先生之来,人
有献讴者,未及试,亦会先生来。寡人虽屏人,然私心在彼,
有之。"后淳于髡见,壹语连三日三夜无倦。惠王欲以卿相位
待之,髡因谢去。于是送以安车驾驷,束帛加璧,黄金百镒。
终身不仕。①

　　在司马迁笔下,淳于髡"博闻强记,学无所主"、"承意观色为务"。
"博闻强记",说明淳于髡极其聪明。"学无所主",说明淳于髡不
受拘束。"承意观色为务",说明淳于髡劝说君王,非直言极谏,而
是察言观色,见机而谏。淳于髡对梁惠王的劝谏就是如此。见梁
惠王无心听谏,即独坐沉默,不发一言;待梁惠王真心愿听时,才
以言相劝。而且二人相谈,"三日三夜"都无倦意,因为被淳于髡
的言说打动,梁惠王许以相位。虽然淳于髡拒绝了相位,但是却
接受了"安车驾驷,束帛加璧,黄金百镒"。此行长谈,淳于髡得到
了一笔非常丰厚的报酬。梁惠王与淳于髡"三日三夜"长谈而不
倦,谈了哪些内容,司马迁没有写,但在《孟子》开篇,我们看到的
梁惠王,是一个开口即问利、一心图兴先祖霸业的君王。说明淳
于髡能够打动梁惠王的长谈一定也是此类言说。而淳于髡本人
实亦志在霸道,在齐威王的霸业中,就有淳于髡之功。我们也知
道,淳于髡曾毫不留情地批评孟子宣扬的仁贤治政观于时无补,
指责孟子在天下动荡之际,固守仁政王道,眼见天下水深火热,却
不知变通,积极挽救,孟子此种行为与"嫂溺不援"无别。所以淳
于髡能与梁惠王相谈甚欢,所谈者只能是契合梁惠王心意的兴霸
之道。

―――――――――

① 《史记》,中华书局,1982 年,第 2347 页。

邹衍、淳于髡二人，虽然在游说中都得到了丰厚的物质回报，但邹衍"阿世苟合"推行仁义，无果而终；淳于髡"承意观色"，与君王相谈甚欢。邹衍的失败与淳于髡的成功，证明仁义王道之说在当时不可能受到诸侯的欢迎，因为诸侯需要的是武力攻伐、兼并他国，所以孟子在当时与诸侯不遇合，其说不被重视，是时不取，是方枘圆凿；如果时至，必能以仁义王天下。司马迁指出，武王正是以仁义王天下，"故武王以仁义伐纣而王"①。所以司马迁以邹衍、淳于髡为孟子主要陪客，就是要为孟子其说辩护，以证明孟子其说不是"迂远而阔于事情"，而是未逢其时，与时不投合。孟子的可贵之处在于：明知自己的学说与时不合，但依然坚守王道仁政的理想，没有为迎合时君所好而作出改变。清人徐克范说：

> 读《六国表》，见当日诸侯战秦者，不过泄一朝之忿，媚秦者，第以偷旦夕之安，未见有能自强为天吏者。观汉高祖约法三章，天下归心，则孟子仁者无敌之言，实可见诸事效，非迂阔也。论者不探其本，徒咎六国之不能合力以拒秦，于当日事理、事情、事势，均未之得也。(《读史记十表补》)②

蔡元培《工学互助团的大希望》："文学家、美术家的著作往往受同时人的揶揄非笑，直到死后几十年几百年才受人崇拜。"③人们在孟子身前身后的不同态度，就是如此。司马迁在几百年后看孟子，更能理解孟子思想超越时空的伟大，也更欣赏孟子的坚持和不妥协，所以他详写邹衍、淳于髡，将其作为孟子主要陪客，既是为孟子思想辩护，也是借以表达对孟子的尊崇。

---

①《史记》，中华书局，1982年，第2345页。

②杨燕起等编《历代名家评史记》，北京师范大学出版社，1986年，第383页。

③蔡元培《蔡子民先生言行录》，岳麓书社，2009年，第81—82页。

第三节 揭橥孟子思想渊源

荀子在批判孟子时,从学术渊源上分析,认为孟子已类墨学,否认孟子继承孔子真意。司马迁《孟子传》虽然文字不多,但是却非常准确地揭示了孟子思想学术渊源所在。他说:

> (孟子)道既通,游事齐宣王,宣王不能用。适梁,梁惠王不果所言,则见以为迂远而阔于事情。当是之时,秦用商君,富国强兵;楚、魏用吴起,战胜弱敌;齐威王、宣王用孙子、田忌之徒,而诸侯东面朝齐。天下方务于合从连衡,以攻伐为贤,而孟轲乃述唐、虞、三代之德,是以所如者不合,退而与万章之徒序《诗》《书》,述仲尼之意,作《孟子》七篇。①

从这段文字可以看出,司马迁指出《孟子》此书是孟子返邹后,与其弟子一起完成;从《孟子》一书看,孟子思想有三大渊源:即唐、虞、三代之德,《诗》《书》经典文本,孔子之说。观诸《孟子》,司马迁此论符合孟子思想实际。

一、辨孟子思想渊源之一:唐、虞、三代之德

司马迁认为"述唐、虞三代、之德"是孟子思想的重要特点,而"唐虞三代之德"也是孟子学说的重要渊源。考诸《孟子》,司马迁此说有据,合孟子思想之实。

唐、虞、三代,即尧、舜、禹、夏、商、周时代,这是一个非常漫长的时代。"我国,从现在的历史发展来看,只有到殷墟时代(盘庚迁殷约当公元前一千三百年的开始时),才能算作进入狭义的历

---

① 《史记》,中华书局,1982年,第2343页。

史时代。此前约一千余年，文献中还保存一些传说，年代不很可考，我们只能把它叫作传说时代。"[1]唐、虞、三代之治，在传说中，被美化为古代政治的黄金期，孔子就盛赞道：

> 巍巍乎！舜禹之有天下也，而不与焉。

> 大哉尧之为君也！巍巍乎！唯天为大，唯尧则之。荡荡乎，民无能名焉。巍巍乎其有成功也，焕乎其有文章！

> 舜有臣五人而天下治。武王曰："予有乱臣十人。"孔子曰："才难，不其然乎？唐虞之际，于斯为盛。有妇人焉，九人而已。三分天下有其二，以服事殷。周之德，其可谓至德也已矣。"

> 禹，吾无间然矣。菲饮食而致孝乎鬼神，恶衣服而致美乎黻冕，卑宫室而尽力乎沟洫。禹，吾无间然矣。[2]

孔子赞美尧、舜、禹、文王、武王之至德，赞誉他们有天下而不据为私有，称赞他们德化天下之功"巍然"、"焕然"。

唐、虞、三代圣王之时也是孟子理想中的美好时代，在他看来，圣王尧、舜、禹、商汤、周文武以仁治天下，所以政治清明，天下安定，因此论及唐、虞、三代，孟子总是不吝笔墨，大力讴歌。

《孟子》一书，尧出现59次，舜出现100次，禹出现30次，汤出现34次，文王出现36次，武王出现15次。尧、舜、禹是孟子理想中圣王的楷模，孟子认为尧、舜、禹统领天下，治水、禅让、推行仁政是最值得称颂的三件大事。

> 当尧之时，天下犹未平，洪水横流，泛滥于天下，草木畅茂，禽兽繁殖，五谷不登，禽兽逼人，兽蹄鸟迹之道交于中国。

---

[1]徐旭生《中国古史的传说时代》，文物出版社，1985年，第20页。
[2]详见《论语·泰伯》8.18—8.21。

尧独忧之，举舜而敷治焉。舜使益掌火，益烈山泽而焚之，禽兽逃匿。禹疏九河，瀹济漯而注诸海，决汝汉，排淮泗而注之江，然后中国可得而食也。当是时也，禹八年于外，三过其门而不入。①

孟子指出，尧舜之时，洪水泛滥，荒草遍野，禽兽成群，人类生存受到严重威胁。尧举贤任能，任舜总理负责；舜慧眼识人，任益掌火，举禹治水。益火烧荒野，赶走野兽；禹疏浚九河，驯服洪水。一场史前大灾，最终被尧、舜、禹、益平息，他们是治水平灾的大英雄。在权力传承中，尧、舜、禹以贤让贤。"尧荐舜于天"、"舜荐禹于天"，同样"禹也荐益于天"，他们三人都没有把权力当作私有物传给儿子，或者单凭主观好恶传给喜欢的人，"天子不能以天下与人"②，而是为天下推选贤人，荐之于天，获得"天受"、"天与"，而"天受"的前提又是"民受"。"天受"，不可知；但"民受"则清晰可见。"民受"反映了民意和民心。说明尧、舜、禹在权力传承中，贤德、民意是其考量接班人最为重要的标准。在具体执政中，孟子认为尧舜之政就是"仁政"，他说："尧舜之道，不以仁政，不能平治天下。"③商汤、周文武治理天下，仁政也是其治理天下之本。他说：

　　汤执中，立贤无方。文王视民如伤，望道而未之见。④

　　昔者文王之治岐也，耕者九一，仕者世禄，关市讥而不征，泽梁无禁，罪人不孥。老而无妻曰鳏，老而无夫曰寡，老

①《孟子·滕文公下》5.4。
②《孟子·万章上》9.5。
③《孟子·离娄上》7.1。
④《孟子·离娄下》8.20。

而无子曰独，幼而无父曰孤。此四者也，天下之穷民而无告
者。文王发政施仁，必先斯四者。①

尧、舜、禹、汤、文、武正是因为行仁安天下，所以创造了政治清明
的时代。

　　孟子认为尧、舜、禹、汤、文、武之所以能行仁安天下，是因为
他们本人志仁向道、有巍巍乎之圣德。舜治天下以仁，他还是天
下至孝的典型。舜的父母不喜欢舜，所以舜娶妻，不敢告诉父母，
因为"告则不得娶"；更为过分的是，舜的父亲瞽叟、弟弟象还多次
谋害舜，舜侥幸逃脱，才免于难。对此，舜虽然心中不悦，故而"往
于田，号泣于旻天"②，但是他"不藏怒焉，不宿怨焉"，始终"亲爱
之"，恭尽子之职、兄之责，最终感化父母弟弟，一家和乐融融。孟
子称赞舜是"大孝"。禹治水，八年于外，"三过其门而不入"，为救
天下而无私奉献。汤以七十里而王天下，是因为他力行仁义，礼
贤下士，"汤之于伊尹，学焉而后臣之，故不劳而王"③。文王关心
百姓，与民同乐，他的"灵囿"，"刍荛者往焉"，"雉兔者往焉"，百姓视
之如父。"武王不泄迩，不忘远"，以"一人衡行于天下"为耻，伐殷
诛纣，救百姓于水火，百姓"箪食壶浆"迎接武王。总之，在孟子笔
下，尧、舜、禹、汤、文、武都是圣王，是天下楷模，人伦之至，"规矩，
方员之至也。圣人，人伦之至也。欲为君，尽君道；欲为臣，尽臣
道。二者皆法尧舜而已"④。

　　然而，事实上，我们看到，关于唐、虞、三代历史，文献也有不

①《孟子·梁惠王下》2.5。
②《孟子·万章上》9.1。
③《孟子·公孙丑下》4.2。
④《孟子·离娄上》7.2。

同记载。《晋书·束皙传》记载西晋太康二年(281),"汲郡人不准盗发魏襄王墓,或言安厘王冢,得竹书数十车。其《纪年》十三篇,记夏以来至周幽王为犬戎所灭,以事接之,三家分,仍述魏事,至安厘王之二十年。盖魏国之史书,大略与春秋皆多相应。其中经传大异,则云夏年多殷;益干启位,启杀之;太甲杀伊尹,文丁杀季历"①。这批从战国墓中发掘出来的竹简,史称汲冢书。其中《纪年》,史称《竹书纪年》,记载夏、商、周、春秋、战国史事,与传统记载多有不同。其中有关唐、虞历史的记载,就与孟子所述有异。据后来学者所引,如《五帝本纪》正义:

> 《竹书》云昔尧德衰,为舜所囚也。又有偃朱故城,在县西北十五里。《竹书》云舜囚尧,复偃塞丹朱,使不与父相见也。②

释法琳在《对傅奕废佛僧表》中引《汲冢竹书》云:"舜囚尧于平阳,取之帝位,今见有囚尧城。"③《史通》引《汲冢琐语》云:"'舜放尧于平阳。'而《书》云:某地有城,以'囚尧'为号。识者凭斯异说,颇以禅授为疑。"④唐朝大型地理著作《括地志》也引用了《竹书纪年》相关之语:

> 《竹书》云:昔尧德衰,为舜所囚也。又有偃朱故城,在县西北十五里。《竹书》云:舜囚尧,复偃塞丹朱,使不与父相见也。⑤

---

①《晋书》,中华书局,1974年,第1432页。

②《史记》,中华书局,1982年,第31页。

③(唐)释道宣辑《文弘明集》卷十一,《四部丛刊》本。

④(唐)刘知几著,黄寿成校点《史通》,辽宁教育出版社,1997年,第110页。

⑤(唐)李泰等著,贺次君辑校《括地志辑校》,中华书局,1980年,第146页。

据《竹书纪年》，唐、虞时期的权力转移并不是孟子所赞美的禅让，而是暴力争夺。由于汲冢竹书的年代，正与孟子同时，说明在战国时期对传说中的唐、虞历史还有与孟子不同甚至相反的说法。

这些说法在当时社会流传，孟子也知晓此事，因为孟子弟子曾就与此相近的问题请教过孟子。如咸丘蒙问孟子：

> 咸丘蒙问曰："语云，'盛德之士，君不得而臣，父不得而子。'舜南面而立，尧帅诸侯北面而朝之，瞽瞍亦北面而朝之。舜见瞽瞍，其容有蹙。孔子曰：'于斯时也，天下殆哉，岌岌乎！'不识此语诚然乎哉？"①

咸丘蒙所问透露出来的信息是：尧未死时，舜已为帝，尧为舜臣。万章又问孟子：

> 尧以天下与舜，有诸？②

> 人有言："至于禹而德衰，不传于贤，而传于子。"有诸？③

万章所问，说明当时人们认为尧是出于一己之好而将天下传给舜，而且禹是德衰之人，因为他没有将天下传给贤人，而是传给了儿子。对于这些问题，孟子全都予以驳斥，说："否；此非君子之言，齐东野人之语也。"④可见，孟子非常清楚当时社会关于尧、舜、禹的不同看法，但是他选择了述其德，对于尧、舜、禹予以正面回护。而其后韩非子则作出了完全相反的选择，他说：

---

① 《孟子·万章上》9.4。
② 《孟子·万章上》9.5。
③ 《孟子·万章上》9.6。
④ 《孟子·万章上》9.4。

　　舜逼尧，禹逼舜，汤放桀，武王伐纣，此四王者，人臣弑其君者也，而天下誉之。察四王之情，贪得人之意也；度其行，暴乱之兵也。然四王自广措也，而天下称大焉；自显名也，而天下称明焉，则威足以临天下，利足以盖世，天下从之。①

韩非子选择了述舜、禹、汤、武之恶。

　　时人的不同看法，以及韩非子的述舜、禹、汤、武之恶，都衬托出孟子对唐、虞、三代历史的评判，不完全是事实判断，而主要是价值选择，宋人洪迈明确说："孟子之书，上配《论语》，唯记舜事多误。"②孟子之所以如此选择，是因为他主张仁政王道，历史的经验和教训是其重要凭借，唐、虞、三代圣王之德，就是孟子推行仁政王道最为重要的历史凭借，也是其思想的重要渊源。所以，司马迁说孟子"述唐、虞、三代之德"，是对孟子学说非常准确的评价。

二、辨孟子思想渊源之二：《诗》《书》

　　司马迁认为《诗》《书》是孟子思想学说另一重要渊源。太史公这一说法也符合孟子思想实际。

　　考诸《孟子》文本，引《诗》34 次，论《诗》5 次，引《书》19 次，论《书》1 次。列表如下：

---

①（清）王先慎《韩非子集解》，中华书局，1978 年，第 311 页。

②（南宋）洪迈著，穆公校点《容斋随笔》，上海古籍出版社，2014 年，第192 页。

《孟子》引《诗》简表

序号	引《诗》出处	引《诗》原文	引《诗》所在《孟子》篇章	孟子等引《诗》用意
1	《大雅·灵台》	经始灵台,经之营之,庶民攻之,不日成之。经始勿亟,庶民子来。王在灵囿,麀鹿攸伏,麀鹿濯濯,白鸟鹤鹤。王在灵沼,於牣鱼跃。	《梁惠王上》	孟子引此向梁惠王说明:只有仁爱百姓、与民同乐,才能真正享受到台池苑囿之乐。
2	《小雅·巧言》	他人有心,予忖度之。	《梁惠王上》	齐宣王引此诗句,慨叹孟子能知己心。
3	《大雅·思齐》	刑于寡妻,至于兄弟,以御于家邦。	《梁惠王上》	孟子引此向齐宣王说明:人君治国,能推恩及人,"老吾老,以及人之老;幼吾幼,以及人之幼"(《梁惠王上》),就足以保有天下。
4	《周颂·我将》	畏天之威,于时保之。	《梁惠王下》	孟子引此向齐宣王说明:与强大的国家交往,小国只有"畏天",以小事大,才能保全其国。
5	《大雅·皇矣》	王赫斯怒,爰整其旅,以遏徂莒,以笃周祜,以对于天下。	《梁惠王下》	孟子引此劝齐宣王好大勇,勿好匹夫之勇,效法文王之大勇,"一怒而安天下之民"。

续表

序号	引《诗》出处	引《诗》原文	引《诗》所在《孟子》篇章	孟子等引《诗》用意
6	《小雅·正月》	哿矣富人，哀此茕独。	《梁惠王下》	孟子引此向齐宣王说明：文王治国不忘鳏寡孤独。
7	《大雅·公刘》	乃积乃仓，乃裹餱粮，于橐于囊。思戢用光。弓矢斯张，干戈戚扬，爰方启行。	《梁惠王下》	孟子引此向齐宣王说明：如能效法公刘"与民同之"，则得民心，王天下易如反掌。
8	《大雅·绵》	古公亶父，来朝走马，率西水浒，至于岐下，爰及姜女，聿来胥宇。	《梁惠王下》	孟子引此，意在以古公亶父为典范说明：能忧民之忧，解民危难，就可王天下。以此劝勉齐宣王，推行仁政。
9	《大雅·文王有声》	自西自东，自南自北，无思不服。	《公孙丑上》	孟子引此说明："以德服人者，中心悦而诚服也"，从而劝勉诸侯行仁政，以德服天下。
10	《豳风·鸱鸮》	迨天之未阴雨，彻彼桑土，绸缪牖户。今此下民，或敢侮予？	《公孙丑上》	孟子引此说明："仁则荣，不仁则辱"，只有未雨绸缪，居仁行义，尊贤用能，明其正刑，"虽大国，必畏之矣"。

续表

序号	引《诗》出处	引《诗》原文	引《诗》所在《孟子》篇章	孟子等引《诗》用意
11 12	《大雅·文王》	永言配命，自求多福。	《公孙丑上》《离娄上》	孟子引此说明：加强自身修养的重要。虽然个人荣辱、国家盛衰出于天意，但也与自身行为有着密切关系。因此人们欲去灾避祸，长享安乐，就必须长行善道，与天命相配。
13	《豳风·七月》	昼尔于茅，宵尔索绹；亟其乘屋，其始播百谷。	《滕文公上》	孟子引此说明：农事是治国当务之急，必须在春耕之前处理好其他事务，以免错过农时，耽误五谷的播种。
14	《小雅·大田》	雨我公田，遂及我私。	《滕文公上》	孟子引此说明：周朝曾实行"助法"，且深得百姓欢迎。
15	《大雅·文王》	周虽旧邦，其命惟新。	《滕文公上》	孟子引此劝勉滕文公效法文王，行仁政以振兴国家。
16	《鲁颂·閟宫》	戎狄是膺，荆舒是惩。	《滕文公上》	孟子在此引此说明：愚昧落后的戎狄、荆舒，"周公方且膺之"；而陈相、陈良却弃儒，转而向出身荆舒之地的许行学习农家学说，是"不善变矣"。

续表

序号	引《诗》出处	引《诗》原文	引《诗》所在《孟子》篇章	孟子等引《诗》用意
17	《小雅·车攻》	不失其驰,舍矢如破。	《滕文公下》	春秋著名御夫王良引此诗暗喻并非自己驾车技术拙劣,而是射手奚不懂射法。孟子借以说明技术精湛的御夫尚且不愿同不懂射法的射手合作,自己更不可枉道而见诸侯。
18	《鲁颂·閟宫》	戎狄是膺,荆舒是惩。	《滕文公下》	孟子引此说明:正如周公痛击戎狄荆舒,是为了维护中原的安定,他之所以"好辩",是为了"正人心,息邪说,距诐行,放淫辞",以维护儒学正统。
19	《大雅·假乐》	不愆不忘,率由旧章。	《离娄上》	孟子引此强调为政不忘先王法度规矩。
20	《大雅·板》	天之方蹶,无然泄泄。	《离娄上》	孟子引此强调臣下事君不应喋喋不休非先王之道,进不仁不义之言,助长君主之恶;而应以仁义之道谏止、匡正其恶。

序号	引《诗》出处	引《诗》原文	引《诗》所在《孟子》篇章	孟子等引《诗》用意
21	《大雅·荡》	殷鉴不远,在夏后之世。	《离娄上》	原诗旨在告诫殷人应以夏亡为鉴戒。孟子引此,欲使后人以周朝暴君周厉王被国人所逐、周幽王身死国亡为鉴戒。
22	《大雅·文王》	商之孙子,其丽不亿。上帝既命,侯于周服。侯服于周,天命靡常。殷士肤敏,裸将于京。	《离娄上》	孟子引此说明:天命靡常,惟德是依,文王以仁德服天下,故所向无敌。以此劝勉当时君王应行仁政以王天下。
23	《大雅·桑柔》	谁能执热,逝不以濯。	《离娄上》	孟子引此为喻说明:不实行仁政,却想无敌于天下,如同"执热而不以濯",根本不可能。
24	《大雅·桑柔》	其何能淑,载胥及溺。	《离娄上》	孟子引此说明:诸侯欲得天下而不修德行仁,其结果只能是失民心而失天下,陷于死亡。
25	《齐风·南山》	娶妻如之何?必告父母。	《万章上》	万章引此询问孟子:舜为何不告父母而娶妻?

续表

序号	引《诗》出处	引《诗》原文	引《诗》所在《孟子》篇章	孟子等引《诗》用意
26	《小雅·北山》	普天之下,莫非王土;率土之滨,莫非王臣。	《万章上》	咸丘蒙引此询问孟子:舜为天子,而其父瞽瞍却不是天子臣民的原因。
27	《大雅·云汉》	周余黎民,靡有孑遗。	《万章上》	孟子引此说明:解说诗文,不可拘泥文字、辞句而望文生义,以至"以文害辞,以辞害志"。
28	《大雅·下武》	永言孝思,孝思惟则	《万章上》	孟子引此强调孝道的重要。
29	《小雅·大东》	周道如底,其直如矢。君子所履,小人所视。	《万章下》	孟子引此说明:贤人之志在于行道,不合礼义,则"不苟往"。
30	《大雅·烝民》	天生蒸民,有物有则。民之秉彝,好是懿德。	《告子上》	孟子引此说明:人本性善,"善"是天予人之法则,它存在于人心,认真探求,即能认识和掌握,加以发挥和扩充,就能成为道德高尚之人。
31	《大雅·既醉》	既醉以酒,既饱以德。	《告子上》	孟子引此说明:若有仁义之德,就不会再受外物诱惑,而羡慕别人的高官厚禄、锦衣玉食。

序号	引《诗》出处	引《诗》原文	引《诗》所在《孟子》篇章	孟子等引《诗》用意
32	《魏风·伐檀》	不素餐兮。	《尽心上》	公孙丑引此诘问孟子：为何君子可以"不耕而食"？
33	《邶风·柏舟》	忧心悄悄，愠于群小。	《尽心下》	孟子以此说明：圣人孔子尚且有小人非议，何况凡人，所以人们当以修身正己为务，不必在意小人的非议。
34	《大雅·绵》	肆不殄厥愠，亦不殒厥问。	《尽心下》	孟子引此回答貉稽，勿惧他人诋毁，因为周文王也未能免于被人诋毁。

从上表可见，《孟子》全书，引《诗》34次，引《诗》32篇。《大雅·文王》《鲁颂·闳宫》分别被重复引用2次。在34次引《诗》中，4次为齐宣王、万章、咸丘蒙、公孙丑所引，30次为孟子所引。孟子于《风》《雅》《颂》都有引用，而引《雅》最多。其中引《风》5次，引《大雅》21次，引《小雅》5次，引《颂》3次。引《诗》如此频繁，说明孟子确实长于《诗》，熟稔于心，所以才能信手拈来，且运用得恰到好处。

孟子所引之《诗》，多涉周朝先王公刘、古公亶父、文王、武王之事，而尤以引与文王事迹相关的诗为多，多达9处。孟子引《诗》的主要用意，是借《诗》劝诫齐宣王、梁惠王、滕文公等当时君王，效法周文王等古代圣王，自修其德，推行仁政。除此而外，孟子还以《诗》为据,说明古代田亩税收制度,如助耕公田等;孟子也以《诗》为证,阐述性善本自天。显然,《诗》是孟子的仁政、修身、人性理论产生形成的重要渊源。

《孟子》引《书》简表

序号	引《书》出处	引《书》原文	引《书》所在《孟子》篇章	孟子引《书》用意
1	《汤誓》	时日害丧,予及女偕亡。	《梁惠王上》	孟子引此,意在以夏桀为鉴,警告梁惠王"民欲与之偕亡,虽有台池鸟兽,岂能独乐哉"。
2	逸篇	天降下民,作之君,作之师,惟曰其助上帝宠之。四方有罪无罪惟我在,天下曷敢有越厥志?	《梁惠王下》	孟子引此说明:武王"好勇",替天行道,讨伐殷纣而安天下之民,故武王之勇乃"大勇"。进而劝谕齐宣王当效法武王,好"大勇",勿好"小勇"。
3	逸篇	汤一征,自葛始。	《梁惠王下》	孟子引此说明:行仁则无敌于天下,劝谏齐宣王效法商汤。
4	逸篇	徯我后,后来其苏。	《梁惠王下》	孟子引此说明:汤兴仁义之师,故民望之"若大旱之望云霓也"。藉此劝诫齐宣王伐燕要安民除暴、不贪其富,才能服膺天下。
5	《说命》	若药不瞑眩,厥疾不瘳。	《滕文公上》	孟子引此劝喻滕文公,治国不能寻求"卑近易行"之法。
6	逸篇	葛伯仇饷。	《滕文公下》	孟子引此旨在说明:汤征葛及十一次出征而无敌天下的原因是行仁除暴、为民除害。

续表

序号	引《书》出处	引《书》原文	引《书》所在《孟子》篇章	孟子引《书》用意
7	逸篇	徯我后，后来其无罚。	《滕文公下》	孟子引此向万章说明：汤兴仁义之师以伐暴救民，故民望之如"大旱之望雨也"，欣然归顺；假如宋王诚能行仁政，则天下无敌，齐楚虽强大，亦不足惧。
8	逸篇	洚水警余。	《滕文公下》	孟子引此意在向其弟子公都子证明，尧舜之时确有洪水为患，故而才命禹治水。
9	《太甲》	天作孽，犹可违；自作孽，不可活。	《公孙丑上》	孟子引此说明："祸福由己，不专在天"（孙奭疏），强调了在王朝兴衰、国家治乱、个人沉浮中，人们自身行为所起的决定作用，从而说明国必修政，人必修德，方可免灾去祸。
10			《离娄上》	
11	逸篇	有攸不惟臣，东征，绥厥士女，篚厥玄黄，绍我周王见休，惟臣附于大邑周。	《滕文公下》	孟子引此说明："武王之师，救殷民于水火之中，讨其残贼也。"
12	《太誓》	我武维扬，侵于之疆，则取于残，杀伐用张，于汤有光。	《滕文公下》	孟子此说明：宋王若行仁政，则四海之内将翘首望其为君，齐楚虽然强，不足为惧。

续表

序号	引《书》出处	引《书》原文	引《书》所在《孟子》篇章	孟子引《书》用意
13	逸篇	丕显哉，文王谟！丕承哉，武王烈！佑启我后人，咸以正无缺。	《滕文公下》	孟子引此，旨在称颂文王、武王吊民伐罪，拨乱反正，兴正道，正人心的伟大功绩。
14	《尧典》	二十有八载，放勋乃徂落，百姓如丧考妣，三年，四海遏密八音。	《万章上》	孟子引此说明：尧在世时舜并没有为天子，以此驳"盛德之士，君不得而臣"之语。
15	逸篇	祗载见瞽瞍，夔夔斋栗，瞽瞍亦允若。	《万章上》	孟子引此说明：舜虽为天子，但仍"敬事严父"，藉此驳斥"盛德之士"，父"不得而子"之说。
16	《泰誓》	天视自我民视，天听自我民听。	《万章上》	孟子引此说明：在帝位传承过程中，人民的作用不可忽视，民心所向，才是天意所归，故得民心者得天下。
17	《伊训》	天诛造攻自牧宫，朕载自亳。	《万章上》	孟子引此证明伊尹以尧舜之道助汤伐夏之事，反驳"伊尹以割烹要汤"之说。
18	《康诰》	杀越人于货，闵不畏死，凡民罔不譈。	《万章下》	孟子引此说明：拦路抢劫者，即使"其交也以道，其接也以礼"，也绝不可接受其不义之财物。
19	《洛诰》	享多仪，仪不及物曰不享，惟不役志于享。	《告子下》	孟子引此说明：到齐不见齐相储子的原因，如赵岐所说："储子本礼不足，故我不见也。"

从上表可见,孟子引《书》主要有三意:其一,以夏桀灭亡的教训,以商汤、文王、武王一统天下的经验,告诫当时君王,只有兴仁义之师、推行仁政,才能安天下;其中13条都与此有关。其二,借《书》为证,为古圣贤舜、伊尹等辨诬,其中3条与此有关。其三,以《书》为据,证明大禹治水之功;"浲水警余"条即此例。其四,借《书》之言说明交接处事之道,其中2条与此相关。显然,孟子引《书》主要用以论述其仁政观点。《书》是孟子仁政思想的历史渊源。

综上可见,司马迁说孟子"序《诗》、《书》",认为《诗》《书》是孟子思想的重要渊源,是非常中肯之论,清代学者陈澧就司马迁此言进一步发挥道:

> 其引《蒸民》之诗,以证性善,性理之学也。引"雨我公田",以证周用助法,考据之学也。"《小弁》之怨,亲亲也。亲亲,仁也。"此由读经而推求性理,尤理学之圭臬也。盖性理之学,政治之学,皆出于《诗》、《书》,是乃孟子之学也。①

陈澧认为孟子的性理之学、政治之学都出于《诗》《书》。

三、辨孟子思想渊源之三:仲尼之意

就目前所见文献而言,司马迁应是中国孟学史上承认孟子承继孔子之说的第一人,但是司马迁认为孟子继承孔之说是"述仲尼之意",说明在司马迁看来,孟子不是照搬复制孔子学说,而是"述其意"以传承孔子思想精神,孔子之说是孟子思想最为直接的根源所在。司马迁此说深合孟子思想之实。

孟子尊崇孔子,以不能亲炙孔子教诲而深以为憾。在《孟子》

---

① (清)陈澧《东塾读书记》,生活·读书·新知三联书店,1998年,第47页。

一书,"孔子"出现 81 次,"仲尼"出现 6 次,"丘"出现 1 次,专指孔子的"夫子"出现 5 次,合计共 93 次。孔子是《孟子》一书绝对重量级人物。孟子大量引孔子之言、之事以明己说,《孟子》一书直接引孔子之言有 29 次,具体其文如下:

1. 仲尼曰:"始作俑者,其无后乎!"(《梁惠王上》1·4)

2. 孔子曰:"德之流行,速于置邮而传命。"(《公孙丑上》3.1)

3. 孔子兼之,曰:"我于辞命,则不能也。"(《公孙丑上》3.2)

4. 孔子曰:"圣则吾不能,我学不厌而教不倦也。"(《公孙丑上》3.2)

5. 孔子曰:"为此诗者,其知道乎! 能治其国家者,谁敢侮之?"(《公孙丑上》3.4)

6. 孔子曰:"里仁为美。择不处仁,焉得智?"(《公孙丑上》3.7)

7. 孔子曰:"君薨,听于冢宰,歠粥,面深墨,即位而哭,百官有司莫敢不哀,先之也。"(《滕文公上》5.2)

8. 孔子曰:"大哉尧之为君! 唯天为大,唯尧则之,荡荡乎民无能名焉! 君哉舜也! 巍巍乎有天下而不与焉!"(《滕文公上》5.4)

9.《春秋》,天子之事也;是故孔子曰:"知我者其唯《春秋》乎! 罪我者其唯《春秋》乎!"(《滕文公下》6.9)

10. 孔子曰:"道二,仁与不仁而已矣。"(《离娄上》7.2)

11. 孔子曰:"仁不可为众也。夫国君好仁,天下无敌。"(《离娄上》7.7)

12. 孔子曰:"小子听之,清斯濯缨,浊斯濯足矣。自取之也。"(《离娄上》7.8)

13. 孔子曰:"求非我徒也,小子鸣鼓而攻之可也。"(《离娄上》7.14)

14. 仲尼亟称于水,曰:"水哉,水哉!"(《离娄下》8.18)

15. 孔子曰:"其义则丘窃取之也。"(《离娄下》8.21)

16. 孔子曰:"于斯时也,天下殆哉,岌岌乎!"(《万章上》9.4)

17. 孔子曰:"天无二日,民无二王。"(《万章上》9.4)

18. 孔子曰:"唐、虞禅,夏后、殷、周继,其义一也。"(《万章上》9.6)

19. 孔子曰:"有命。"(《万章上》9.8)

20. 孔子之去齐,接淅而行;去鲁,曰:"迟迟吾行也,去父母国之道也。"(《万章下》10.1)

21. 孔子尝为委吏矣,曰:"会计当而已矣。"尝为乘田矣,曰:"牛羊茁壮长而已矣。"(《万章下》10.5)

22. 孔子曰:"为此诗者,其知道乎! 故有物必有则;民之秉彝,故好是懿德。"(《告子上》11.6)

23. 孔子曰:"操则存,舍则亡;出入无时,莫知其乡。"(《告子上》11.8)

24. 孔子曰:"舜其至孝矣,五十而慕。"(《告子下》12.3)

25. 孔子之去鲁,曰:"迟迟吾行也,去父母国之道也。"(《尽心下》14·17)

26. 孔子在陈曰:"盍归乎来! 吾党之小子狂简,进取,不忘其初。"(《尽心下》14.37)

27. 孔子:"不得中道而与之,必也狂狷! 狂者进取,狷者有所不为也。"(《尽心下》14.37)

28. 孔子曰:"过我门而不入我室,我不憾焉者,其唯乡原

乎！乡原，德之贼也。"(《尽心下》14.37)

29.孔子曰：恶似而非者：恶莠，恐其乱苗也；恶佞，恐其乱义也；恶利口，恐其乱信也；恶郑声，恐其乱乐也；恶紫，恐其乱朱也；恶乡原，恐其乱德也。(《尽心下》14.37)

还有一些是暗引孔子之言。如：《梁惠下》"君子不怨天，不尤人"，同《论语·宪问》35 章"子曰：'不怨天，不尤人'"；《滕文公下》"阳货欲见孔子……阳货瞰孔子之亡也，而馈孔子蒸豚"，同《论语·阳货》"阳货欲见孔子，孔子不见。欲见孔子使仕，归孔子豚"；《离娄下》"颜子当乱世，居于陋巷，一箪食，一瓢饮，人不堪其忧，颜子不改其乐，孔子贤之"，同《论语·雍也》"子曰：'贤哉，回也！一箪食，一瓢饮，在陋巷，人不堪其忧，回也不改其乐。贤哉，回也！'"等等，文繁，不一一列举。

孟子引用孔子之言、孔子之事，当然是为了说明自己的观念承自孔子，为自己的学说寻找权威依据，增强说服力。不过我们从孟子所引孔子之言、孔子之事中，却可以清晰看出孟子的孔子观。在孟子看来，孔子为学，"学不厌"；孔子教学，"教不倦"；孔子修身，"里仁为美"；孔子处世，"不为已甚"，"可以速而速，可以久而久，可以处而处，可以仕而仕"①，与圣之任的伊尹、圣之清的伯夷、圣之和的柳下惠相比，孔子是"圣之时"者，是集大成者。依孟子之见，孔子其说，以"仁"为其道，尊重人的生命价值，因为孔子诅咒"始作俑者，其无后乎"；主张德治，反对霸道，因为孔子说"德之流行，速于置邮而传命"，仲尼之徒不谈"齐桓晋文"之事；关于帝王权力传承，既赞同尧舜禅让，也支持三代传子，因为孔子说：

①《孟子·万章下》10.1。

"唐、虞禅,夏后、殷、周继,其义一也。"①孟子对孔子作《春秋》推
崇备至,因为为了警戒当时君臣,惩乱世,孔子不惧世人非议,不
得已而作《春秋》,使"乱臣贼子惧"。所以无论从孔子为学、教学、
修身、处世,还是孔子思想学说、作《春秋》,孟子认为孔子都是生
民以来第一人,他引用孔子弟子语表达自己的心声:

> 宰我曰:"以予观于夫子,贤于尧、舜远矣。"子贡曰:"见
> 其礼而知其政,闻其乐而知其德;由百世之后,等百世之王,
> 莫之能违也。自生民以来,未有夫子也。"有若曰:"岂惟民
> 哉?麒麟之于走兽,凤凰之于飞鸟,太山之于丘垤,河海之于
> 行潦,类也。圣人之于民,亦类也。出于其类,拔乎其萃。自
> 生民以来,未有盛于孔子也。"②

孟子视孔子为出类拔萃、贤于尧舜的圣人,对孔子的推崇可谓无
以复加。

　　然而值得注意的是,虽然孟子推崇孔子,广引孔子之言之事,
但以今本《论语》观之,一些代表孔子非常重要观点的话语,如"克
己复礼"等,孟子并没有引用。另一方面,孟子思想确实与孔子有
很大不同。从《论语》来看,孔子虽然主张弘道救世,但所谈主要
是为学修身,罕言性与天道,而性与天道却是孟子思想两大主干。
孔子主张德政,少有德政设计;而孟子主张仁政,有详细的仁政构
划;孔子以仁礼为核心,孟子以仁义为核心。等等。

　　尽管孟子思想与孔子思想有不同,但孟子思想并不是孔子思
想的异端,恰恰是在承继孔子思想基础上的发展,以及对孔子思
想的维护。因为孔子创建儒学,探讨的对象是人伦关系,政治问

---

①《孟子·万章上》9.6。
②《孟子·公孙丑上》3.2。

题的解决依赖于人伦关系的处理，由此孔子提出了以仁礼为核心，以恭、宽、信、敏、惠、刚毅、木讷、讱、不忧等为外围规范的一套伦理道德学说，然而孔子只是提出了道德的当然原则，却没有论证道德何以当然、道德何以可能的问题，也即道德的自由问题。孟子从天道、人性、人心出发进行了充分论证，把孔子语焉不详的"性与天道"问题进行了深化，提升了儒学的理论高度，不仅回答了孔子没有回答的道德何以可能以及道德的自由问题，而且深深影响了后来的宋明理学。

可见，司马迁认为孔子之说是孟子思想的另一重要渊源，是切中肯綮之论。而在司马迁之前，如此肯定孟子思想与孔子思想的内在联系，鲜有其人。

综上，司马迁非常准确地揭示出了孟子思想的渊源所在，即唐、虞、三代之德，《诗》《书》经典文本，孔子之说。如果说唐、虞、三代之德是孟子思想在历史经验上的凭借，《诗》《书》是孟子思想的经典文本依据，孔子之说则是孟子思想的直接根源。能够对孟子思想渊源作出如此准确的分析，说明司马迁确实对孟子其人、其书、其说进行了深入细致的研究。然而，我们也注意到，司马迁只是揭示了孟子思想与儒家的渊源，并没有指出孟子学说与道家①、墨家等其他学说的渊源，而荀子非孟，即已批判孟子之说类

---

① 按：孙以楷曾指出："孟子是正统儒家之徒，但他游学稷下，深受诸子尤其是道家的影响，使他深化和发展了孔子学说。孟子深入探讨了道德规范、道德理想的本然根据，揭示了人性之本然与自然的一致性，努力把仁义礼智化为人的内在本性的组成部分。孟子的心性学说为儒家道德学说奠定了理论基石。孟子的四端说、'诚者天之道'说、人性自然说、本心说、不动心、存心、养心说，均得益于道家的道论、心性论以及心气论。"（《孟子与道家》，《安徽大学学报》1998年第3期。）

墨，且言之有据。司马迁对孟子思想与墨、道的关系不加提示，或许出于尊儒、尊孟的立场。

本章结语

就目前所见文献来看，司马迁是为孟子立传的第一人，是全面肯定孟子的第一人，是明确肯定孟子承继孔子的第一人，司马迁关于孟子思想渊源、学说宗旨等的评说，影响了后来的孟子研究者。在《孟子传》中，司马迁将众诸子与孟子同传，除了借客形主、衬托孟子志于仁义而不苟合取荣外，还有一个目的，就是为孟子学说辩护和正名。司马迁指出，孟子周游列国，思想观念不被诸侯采纳，是因为孟子的王道仁政之说被当时诸侯视为"迂远而阔于事情"，与"所如者不合"，但司马迁认为孟子之说并不是"迂远而阔于事情"，而是"方枘圆凿"，不逢其时，故而其说难行。

第九章　汉代非孟——王充"刺孟"

前面言及,王充曾以批评孔孟的方式向儒家发难。在汉代孟学史上,王充是唯一一位直接批评孟子的学人,他专门撰文直批孟子,所撰之文是《刺孟》。王充"刺孟"是中国儒学史、中国孟学史上著名的学术公案。在中国历史上,王充并不是非孟的第一人,但其《刺孟》却是非孟的第一篇专门文献,对后世非孟之论产生重要影响。

王充"刺孟"在后世引起轩然大波,口诛笔伐者有之,支持辩护者有之。

尊孟者直斥王充"刺孟"诃贤责圣,有横议之罪,其论是邪说。明胡应麟说:"(王充)特其偏愎自是,放言不伦,稍不当心,上圣大贤,咸在诃斥,至于《问孔》《刺孟》等篇,而辟邪之功不足以赎其横议之罪矣。"[1]清乾隆在《御制读王充〈论衡〉》说:"孔孟为千古圣贤,孟或可问,而不可刺。充则刺孟,而且问孔矣。此与明末李贽之邪说何异?"[2]尊孟者藐视王充"刺孟",认为王充此举与后来冯休、司马光、苏轼等非孟一样,都是蚍蜉撼树。清人蓝鼎元说:

---

① (明)胡应麟《少室山房笔丛》,上海书店出版社,2009年,第275页。
② (清)乾隆《御制读王充〈论衡〉》,(汉)王充《论衡》,文渊阁《四库全书》影印本,862册,第1页。

"虽有王充之《刺孟》、冯休之《删孟》、司马温公之《疑孟》、苏子瞻之《辨说》,皆无损于日月之光。"①

　　王充的支持和推崇者,为王充"刺孟"作了辩护,辩护方式主要有两种:一种方式是直接否认王充与《刺孟》的关系,认为《刺孟》是伪作,明清之际的熊伯龙在《读论衡一段》中断言:"《问孔》、《刺孟》二篇,小儒伪作,断非仲任之笔。"②另一种方式是肯定《刺孟》是王充所作,但寻找理由为王充开脱,宋人黄震以为王充"刺孟"是"发于一念之怨愤","不自知其轻重",导致"持论至于过激,失理之平正"③。20世纪70年代,在"批儒评法"语境下,王充被推为反对孔孟的法家代表,是反儒英雄,其"刺孟"被赋予革命性。近年来,学术研究回归理性,对王充的研究趋于审慎客观,推崇王充的学人认为王充"刺孟",是因为"王充确实是发现、揭露、指正了孔子、孟子言论中的问题和错误。通过问孔、刺孟,他在'独尊儒术'的官方意识形态的霸权下有力地冲击了对圣贤之书、圣贤之言的迷信,显示出锐利的批判锋芒和卓特的批判精神"④。

　　综观古今学者对王充"刺孟"的评说,我们发现,他们或是站在尊孟的立场断然予以否定,或是站在王充的角度力证其合理性,较少有学者结合孟子思想本身,剖析王充"刺孟"是否完全成立,并考察王充"刺孟"的是非得失。于是断然否定者,有挟尊儒之势压人之嫌;力证合理者,也有过度拔高之病。

　　有鉴于此,我们认为有必要就王充"刺孟"作深度剖析,辩明

①（清）蓝鼎元《鹿洲初集》,文渊阁《四库全书》影印本,1327册,第797页。
②（清）熊伯龙《无何集》,中华书局,1979年,第9页。
③详见黄震《黄氏日抄》,文渊阁《四库全书》影印本,708册,第448页。
④李维武《王充与中国文化》,贵州人民出版社,2000年,第229页。

是非得失,以助更加深入地理解孟子其人其说,更加准确地认识王充"刺孟"的历史地位及其学术批判立场。

王充《刺孟》,全文近五千字,其写作体例是:先列出《孟子》原文片断,再作分析批评。王充《刺孟》共选取了《孟子》十一段文辞进行批评。除了专门撰文直批孟子外,王充还在《本性》《率性》等篇章向孟子发难。从王充批评孟子的内容来看,他主要从语言逻辑、思想认识、批评方式三方面刺孟。归纳起来,主要有五类:一、刺孟子"失谦让之理";二、刺孟子不知言;三、刺孟子天命论有失;四、刺孟子人性论不得其实;五、刺孟子批陈仲子失于苛责,涉及孟子义利之辩、语言哲学、天道观、人性论、辟异端等重要内容。

第一节　　刺孟子失谦让之理

王充刺孟子"失谦让之理",主要指孟子拒受齐王赐第、赐禄之事。孟子至齐,齐王礼若上宾,不仅给予优厚待遇,且授以卿相之职,然而当孟子清楚地认识到,齐王不可能采纳自己的主张,齐王的礼遇不过是尊贤的标榜,所以毅然辞职,准备离开齐国。齐王闻讯,派时子挽留,开出的条件是:"欲中国而授孟子室,养弟子以万钟。"即准备在都城赐给孟子一处住宅,并赐给孟子万钟俸禄以供养弟子。显然齐宣王要用财富挽留孟子。孟子断然拒绝,说:"时子恶知其不可也? 如使予欲富,辞十万而受万,是为欲富乎?"①在此之前,就已辞去十万俸禄,如果真贪图财富,怎会辞去十万俸禄,却接受一万之禄。孟子明确表示不贪图财富,所以不会接受齐王所赐。

---

① 《孟子·公孙丑下》4.10。

　　王充认为孟子以不贪富贵为由拒绝齐王所赐，"失谦让之理"。王充先以孔子之言反驳孟子，孔子曾言："富与贵，是人之所欲也；不以其道得之，不处也。"[①]可见，富贵爵禄，"有所辞，有所不辞"，得之有道，就应该接受；得之无道，就坚决拒绝，岂能以不贪富贵为由拒绝应得的财富。"岂以己不贪富贵之故，而以距逆宜当受之赐乎？"[②]王充再用孟子所行、所言反驳孟子。齐、宋、薛都曾馈赠孟子兼金，然而孟子拒绝了齐王所赠一百金，却接受了宋国馈赠的七十金和薛国馈赠的五十金。弟子不解，同是他国馈赠，为何有的拒绝，有的就接受？如果拒绝齐王馈赠正确，那么接受宋、薛馈赠就错了；反之，如果接受宋、薛馈赠正确，那么拒绝齐王馈赠就错了。然而孟子回答："皆是。"孟子的理由是：宋国所送七十金，是为孟子远行赠送的路费，为远行之人赠送路费，合于礼，所以接受；薛国所送五十金，是为孟子购置兵器以应对兵乱、防身所用，当时薛国周边确有兵乱，所以接受；而齐国所赠，没有任何正当理由，没有正当理由而赠送财物，就是贿赂，"君子不可以货取"，所以拒绝。王充就此发表议论：

　　　　夫金归，或受或不受，皆有故，非受之时己贪，当不受之
　　　　时己不贪也。金有受不受之义，而室亦宜有受不受之理。今
　　　　不曰"己无功"，若"已致仕，受室非理"，而曰"己不贪富
　　　　（贵）"，引前辞十万以况后万。前当受十万之多，安得辞之？[③]

王充指出，从孟子拒绝齐而接受宋、薛所赠之金来看，孟子是以是否"有故"来考量的，即是否有正当理由，可见不是接受财物就贪

①《论语》4.5。

②（汉）王充著，黄晖校释《论衡校释》，中华书局，1990年，第451页。

③（汉）王充著，黄晖校释《论衡校释》，中华书局，1990年，第452—453页。

财,不接受就不贪财,关键是是否合乎理义。因此,王充认为,孟子此番拒绝齐王所赐宅第、万钟之禄,也应从是否合乎理义来决断,其正当理由应是自己无功、已经辞职,受之,不合理义,而不是不贪。同理,孟子用前面辞去十万俸禄,来说明自己不可能为齐王一万之禄动心,亦不妥,因为那十万之俸禄本是孟子应得之禄,拒绝应得之禄,本就不当,孟子自己也说过:"非其道,则一箪食不可受于人;如其道,则舜受尧之天下,不以为泰。"①合其道,舜受之天下,亦不为过,何况十万俸禄本是应得之禄。可见,孟子所行与孟子自己所言相悖。依王充之见,对于爵禄富贵,辞受取与,当以是否合道来决断,而不是以"己不贪富贵"拒绝,所以孟子拒受齐王馈赠,"失谦让之理"。

王充批评孟子拒受齐王"失谦让之理",先后引用孔子之言、孟子之行、孟子之言批驳,是以孔驳孟,以孟驳孟。以孔驳孟,说明孟子此行不合孔子之道;以孟驳孟,既证孟子处事自相矛盾,亦见孟子思想混乱。

王充如此刺孟,乍看,似言之有理,击中孟子之误,然而深究起来,却是王充没有读懂孟子真意,对孟子思想没有深入理解,对孟子的义利观也没有全面认识。如前所言,义利之间,孟子并不笼统重义轻利,而是以道义为标尺,"非其义也,非其道也,禄之以天下,弗顾也;系马千驷,弗视也。非其义也,非其道也,一介不以与人,一介不以取诸人"②;但"如其道,则舜受尧之天下,不以为泰"。以义取利,合义则取,非义而取,就是贪图财富。王充认为孟子拒绝齐王所赐的正当理由应是"已致仕",受之非理。王充这

①《孟子·滕文公下》6.4。
②《孟子·万章上》9.7。

一批评并不能成立。因为孟子所言已有受之非理之义,孟子说"时子恶知其不可"就是此义。"时子恶知其不可",即时子不明白接受齐王之赐是错误的行为。原因何在?《孟子·万章》有答案。孟子曾向万章专门讲述过士人出处进退之道。依礼,士人不能"托于诸侯",即士人不能寄食诸侯作寓公。士人无职,可以接受君王的馈赠,因为君主有周济困窘士人的义务,但不能接受君主的赏赐,因为只有臣子才能接受君主的赏赐。"君之于氓也,固周之。……周之则受,赐之则不受。……无常职而赐于上者,以为不恭也。"①孟子已经辞职,对于齐王而言,就只是一个外来的无职游士。对于外来的无职游士,可周之,而不可赐之;可齐王却以赐第、赐禄的方式挽留孟子,于道于礼都不合。孟子如若接受,就是以士而"托于诸侯",同样违背礼制。"既不仕,即不当食其禄。不仕而受其赐,即是受其禄也。不仕而受其禄,即是以士而托于诸侯也。"②明知不合礼,还接受齐王之赐,那么就是贪图财富,而贪图财富,就是受之非义、受之非理,所以孟子以不贪图财富拒绝齐王。王充显然未能体悟孟子此意。周桂钿指出:"孟子说时子'恶知其不可',包含了'非其义也、非其道也'的意思在'不可'之中。后面再强调自己不贪富贵,不是金钱就可以收买的。这种思想与孟子其他说法是一致的。古人记录简略,没有详细说明'不可'的原因或理由,致使王充有这么一番议论。"③

王充指责孟子不应辞去十万俸禄,实际是王充对孟子士人出

①《孟子·万章下》10.6
②（清）焦循撰,沈文倬点校《孟子正义》,中华书局,2017年,第589页。
③周桂钿《简评王充〈问孔〉、〈非韩〉、〈刺孟〉》,《湖北大学学报》1992年第6期。

仕之道及理想人格未有深切认识。士是春秋战国时期以知识、技术谋取生存和社会地位的特定阶层,其职志或出路在出仕从政,即使未能出仕,也可以游说诸侯,著书立说,聚徒讲学,各抒己见,评说政事,影响治政方略。士人在当时极受重视,为增强实力,诸侯争相养士。士的地位空前高涨,成为当时社会政治领域一支重要力量。士人的言行可以左右时局走向,喜怒哀乐能够牵动社会动荡与安定,所谓"一怒而诸侯惧,安居而天下息"。士人在当时的重要地位和影响,使孟子对士人寄予了很高期望,对士人品节人格以及出仕之道提出了非常高的要求。关于士人品格,孟子主张士人要"尚志",志于仁义,自动奋发,恒心向善,知耻重辱,"虽无恒产",也能"有恒心";乐道而忘人之势,尊德乐义,具有坚定不移、永不动摇的刚风傲骨;有至大至刚、无所畏惧的浩然气节;以生死为轻,以道义为重,生死关头,能够临难勿苟免,舍生取义。关于士人出仕,孟子主张当以大舜为法,行道济世,"欲为君,尽君道;欲为臣,尽臣道。二者皆法尧舜而已矣。不以舜之所以事尧事君,不敬其君者也"①;"责难于君",格君心之非,引君行仁为善,成为尧舜之圣君、仁主,辅助君王实行王道仁政而使天下大治。如若居于显位而不能行道济民,当挂冠而去,"立乎人之本朝,而道不行,耻也"②。天下黑暗,当守道不仕,以身殉道。正是因为孟子有如此主张,所以当他知道自己的主张不可能在齐国推行之时,虽然还在齐任职,却辞去了应得的十万俸禄。早在王充之前,孟子弟子公孙丑就曾提出过同样的问题,他问孟子出仕而不受禄是否合乎古道,孟子回答:仕而不受禄,不合古道,但因为

---

① 《孟子·离娄上》7·2。
② 《孟子·万章下》10·5。

面见齐王后，"退而去志"，所以虽仕而不受禄。孟子践行了自己的主张。朱熹说："仕而受禄，礼也；不受齐禄，义也。义之所在，礼有时而变，公孙丑欲以一端裁之，不亦误乎？"①公孙丑的错误在于只看到了孟子仕不受禄于礼不合，却忽视了孟子所重在义，如若守礼与行义矛盾，则执中行权，以义为先。其实王充所犯错误与公孙丑如出一辙。

王充刺孟子拒绝齐王之赐"失谦让之理"，既未读懂孟子真意，也对孟子义利观、士人观没有全面深入的认识，所以其刺不能成立。

第二节　刺孟子不知言

孟子明言自己有两大优长，即"我知言，我善养吾浩然之气"。"知言""养气"后来成为儒学史上具有重要影响和特殊地位的一对思想范畴。"知言"是孟子语言伦理的重要内涵，既是对言语接受主体提出的要求，也是孟子评判"处士横议"的前提。在孟子之前，孔子已提出要"知言"，说："不知言，无以知人也。"②"知言"方能"知人"，是否"知人"，是检验是否已达"智"德的试金石，樊迟"问知。子曰：'知人。'"③"知言"而"知人"，既关乎个体修养，也关乎治国安民。孟子一生所愿在学孔子，孔子所倡导的"知言"而"知人"，孟子亦孜孜以求。孟子自信能够"知言"。

可是，王充却刺孟子不知言。王充认为孟子不知言主要表现

---

① （宋）朱熹《四书章句集注·孟子集注》，中华书局，2011年，第233页。

② 《论语·尧曰》20.3。

③ 《论语·颜渊》12.22。

在两个方面，一是不知他人之言，二是不知己言之失。

王充认为，孟子对沈同"燕可伐与"之问的回答就是孟子不知他人之言的铁证。齐宣王五年（前315），齐伐燕，是战国史上重要事件。齐伐燕之前，沈同曾以私人身份请教孟子："燕可伐与？"孟子回答："可。"齐果然伐燕。时人认为孟子曾"劝齐伐燕"，即鼓励齐人伐燕。孟子就此辩解，指出虽然燕暴虐无道，故"燕可伐"，但只有合乎天意的"天吏"才有资格讨伐，齐与燕无别，所以自己不会"劝齐伐燕"。王充认为之所以会造成时人误解，是因为孟子不知沈同所言真实目的。他说：

> 夫或问孟子劝王伐燕，不诚是乎？沈同问燕可伐与？此挟私意，欲自伐之也。知其意慊于是，宜曰："燕虽可伐，须为天吏，乃可以伐之。"沈同意绝，则无伐燕之计矣。不知有此私意而径应之，不省其语，是不知言也。公孙丑问曰："敢问夫子恶乎长？"孟子曰："我知言。"又问："何谓知言？"曰："诐辞知其所蔽，淫辞知其所陷，邪辞知其所离，遁辞知其所穷。生于其心，害于其政；发于其政，害于其事。虽圣人复起，必从吾言矣。"孟子，知言者也，又知言之所起之祸，其极所致之福（害）。见彼之问，则知其措辞所欲之矣，知其所之，则知其极所当害矣。①

在王充看来，孟子自称"知言"，也知道错误言论的严重危害，可是对于沈同"伐燕"之问，显然并不知其所问真实意图。王充认为，沈同问"燕可伐"有"私意"，其私意就是要"自伐"燕国，而孟子并没有看透沈同"私意"，就贸然作答"燕可伐"，予齐伐燕口实，足证以"知言"自许的孟子实有"不知言"之失。王充对孟子的这一批

---

①（汉）王充著，黄晖校释《论衡校释》，中华书局，1990年，第454—455页。

评,切中孟子之误。因为从孟子与沈同的往来问答中,孟子只解释了"燕可伐"的原因,没有向沈同说明伐燕者的资格,也没有深究沈同所问的真实意图。因此,王充批评孟子"不知言",不可谓无的放矢。

王充刺孟子不知言的另一个表现是信浮淫之语,他认为孟子"五百年必有王者兴"之说就是证明。

> 夫孟子言"五百年有王者兴",何以见乎?帝喾王者,而尧又王天下;尧传于舜,舜又王天下;舜传于禹,禹又王天下。四圣之王天下也,继踵而兴。禹至汤且千岁,汤至周亦然。始于文王,而卒传于武王。武王崩,成王、周公共治天下。由周至孟子之时,又七百岁而无王者。五百岁必有王者之验,在何世乎?云"五百岁必有王者",谁所言乎?论不实事考验,信浮淫之语,不遇去齐,有不豫之色,非孟子之贤效,与俗儒无殊之验也。①

"效验"之法是王充评价他人学说、解释自然社会现象的基本方法。在《薄葬篇》,王充说:"事莫明于有效,论莫定于有证。"②《知实篇》又说:"凡论事者,违实不引效验,则虽甘义繁说,众不见信。"③王充"效验"之法的基本精神就是从事实出发,实事求是。王充以此审视"五百年必有王者兴"之说,认为此说既不合史实,也与现实不符。他指出,从既往历史来看,帝喾、尧、舜、禹四位圣王,乃"继踵而兴",中间相距没有五百年;商汤、周文王、周武王三位圣王,禹与商汤、商汤与周文王相距不止五百年,而是千年之

---

①（汉）王充著,黄晖校释《论衡校释》,中华书局,1990年,第458页。

②（汉）王充著,黄晖校释《论衡校释》,中华书局,1990年,第962页。

③（汉）王充著,黄晖校释《论衡校释》,中华书局,1990年,第1086页。

遥；文王、武王又是父子相继，自不会有五百年之隔。事实证明，
"五百年必有王者兴"之说不符合历史演变之实。从现实来看，孟
子自己也说，从周初至孟子之时，已"七百年"，可是其间并没有圣
王出现。可见，"五百年必有王者兴"之说没有历史与现实之"效
验"，是虚妄不实之说，是"浮淫之语"，可是孟子未能辨识其中之
误。王充此刺很有说服力，因为从历史事实来看，"五百年必有王
者兴"确实违背历史真实。

王充认为，孟子对梁惠王"利吾国"之问，不知惠王"何趣"，也
证明孟子有"不知言"之失。如所周知，梁惠王初见孟子，劈头就
问："叟！不远千里而来，亦将有以利吾国乎？"孟子说："何必曰
利？亦有仁义而已矣。"①梁惠王以"利吾国"问孟子，所求在利，
孟子以仁义断然阻截。王充批评孟子不明白梁惠王所问真意，答
非所问。

> 夫利有二：有货财之利，有安吉之利。惠王曰："何以利
> 吾国？"何以知不欲安吉之利，而孟子径难以货财之利也？
> 《易》曰："利见大人。""利涉大川。""《乾》，元亨利贞。"《尚书》
> 曰："黎民亦尚有利哉？"皆安吉之利也。行仁义得安吉之利。
> 孟子不（必）且语（诘）问惠王："何谓'利吾国'？"惠王言货财
> 之利，乃可答若设。令（今）惠王之问未知何趣，孟子径答以
> 货财之利。如惠王实问货财，孟子无以验效也；如问安吉之
> 利，而孟子答以货财之利，失对上之指，违道理之实也。②

王充认为利分"货财之利"与"安吉之利"，儒家经典《易》与《尚书》
都肯定"安吉之利"，梁惠王所问是"安吉之利"，孟子却以为梁惠

---

①《孟子·梁惠王上》1.1。
②（汉）王充著，黄晖校释《论衡校释》，中华书局，1990年，第450页。

王所问是"货财之利",于是断然否定,可见孟子并不知梁惠王所问"何趣",说明孟子不知梁惠王之言,故"失对上之指,违道理之实"。然而,王充对孟子的这一批评,既未明白梁惠王所问意图,也误解了孟子。因为梁惠王所问孟子"有以利吾国",实质是指如何富国强兵以解梁国当时之困,事关治国方略,并非只是"安吉之利"。而孟子所答也非仅是指货财之利,孟子所反对的是梁惠王只问利,以利为先,而战国正是逐利盛行、上下争于气力的时代,君王为开疆拓土,挑起战火,征伐不断,民若倒悬。孟子指出"上下交征利矣而国危矣",主张以仁义为先,正是要擎仁义之旗抗衡利欲之流,用道德理想主义来统帅治道,推行其王道的治国方略,反映了"绝惠王利"的道德理想主义情怀。所以王充就此刺孟子不知惠王所问"何趣",却是他没有理解孟子言说的本意,没有认识到孟子答梁惠王之问,实际是王道与霸道治国方略的交锋,而非货财之利与安吉之利之别。

　　王充认为孟子不仅有不知他人之言之失,也有不知己言之失。孟子对"五百年必有王者兴"的解释就是明证:

　　　　五百年必有王者兴,其间必有名世者。由周而来,七百有余岁矣。以其数,则过矣;以其时考之,则可矣。夫天未欲平治天下也;如欲平治天下,当今之世,舍我其谁?①

王充认为孟子此语存在逻辑混乱、概念不明等多种错误。他说:

　　　　何谓"数过"?何谓"[时]可"乎?数则时,时则数矣。"数过",过五百年也。从周到今,七百余岁,逾二百岁矣。设或王者,生失时矣,又言"时可",何谓也?

　　　　云"五百年必有王者兴",又言"其间必有名世",与"王

---

① 《孟子·公孙丑下》4.13。

者"同乎？异也？如同，〔何〕为再言之？如异，"名世"者，谓
何等也？谓孔子之徒，孟子之辈，教授后生，觉悟顽愚乎？已有
孔子，已又以生矣。如谓圣臣乎？当与圣〔王〕同时。圣王出，
圣臣见矣。言"五百年"而已，何为言"其间"？如不谓五百年
时，谓其中间乎？是谓二三百年之时也。圣〔人〕不与五百年时
圣王相得。夫如是，孟子言"其间必有名世者"，竟谓谁也？①

王充认为孟子此语错误之处有三：其一，视"数"与"时"为不同概
念，导致出现"数过"、"时可"致人混乱之说。其二，"名世者"所指
不明。"名世者"是指"五百年必有王者兴"的"王者"？还是指教
育后学、开启民智的孔子、孟子等人？还是指圣臣？孟子没有明
确交待，致人生疑。其三，孟子既说"五百年必有王者兴"，又言
"其间必有名世者"，"其间"何指？如是"中间"，则五百年的中间
就是二三百年，二三百年中已出现的"名世者"如何与五百年才兴
的圣王相遇？我们认为，王充此处对孟子的批评，既有其合理的
一面，也有对孟子的误读。王充指出"名世者"所指不明，有其合
理性。赵岐、焦循、杨伯峻对此作解，犹有疑惑。杨伯峻说："'名
世'疑即后代之'命世'，'名'与'命'古本通用。焦循《正义》已言
之。孟子所谓'其间必有名世者'，恐系指辅助'王者'之臣而
言。……《三国志·魏志·武帝纪》云：'天下将乱，非命世之才不
能济也。'孟子所谓'名世者'疑即此意。"②杨伯峻对"名世者"的
注解，三处用"疑"、"恐"字眼，说明他对"名世者"的确切涵义依然
不能确定。因此王充批评孟子"名世者"所指不明，代表了众多读
者的看法。但是王充指责孟子"数"、"时"概念混乱，就是以己意

———————

① (汉)王充著，黄晖校释《论衡校释》，中华书局，1990年，第459—460页。
② 杨伯峻《孟子译注》，中华书局，1960年，第110页。

强加孟子了。王充认为"数"就是"时",而孟子所说的"数"实指年数,"时"实指"时势",二者确有不同。不是孟子概念不明,而是王充没有读懂孟子。至于"其间",也非五百年的"中间",而是"其时",即五百年之时。王充将本来简单明了的问题复杂化了。

王充认为孟子对弟子彭更的批评言说失当,也证明孟子不知己言之失。彭更认为孟子周游列国,"后车数十乘,从者数百人,以传食于诸侯"①,是"无事而食",即无功食禄,他很尖锐地诘问孟子:"梓匠轮舆,其志将以求食也;君子之为道也,其志也亦将以求食与?"②难道老师宣扬王道,也像梓匠轮舆之类的匠人,其志也在"求食"吗?孟子指出,彭更的错误在于只将梓匠轮舆的劳作当作"有事",而认为宣传仁义、改变社会是"无事"。孟子就此与彭更有一段精彩的往来问答。孟子问彭更:你给人饭吃是"食志"?还是"食功"?即看其动机?还是看其功劳?彭更回答:"食志。"孟子于是说:

"有人于此,毁瓦画墁,其志将以求食也,则子食之乎?"(彭更)曰:"否。"(孟子)曰:"然则子非食志也,食功也。"③

王充认为孟子对彭更的批评没有说服力。他说:

夫孟子引毁瓦画墁者,欲以诘彭更之言也。知毁瓦画墁无功而有志,彭更必不食也。虽然,引毁瓦画墁,非所以诘彭更也。何则?诸志欲求食者,毁瓦画墁者不在其中。不在其中,则难以诘人矣。夫人无故毁瓦画墁,此不痴狂则遨戏也。痴狂 人 之［人］,志不求食,遨戏之人,亦不求食。求食者,皆

①《孟子·滕文公下》6.4。
②《孟子·滕文公下》6.4。
③《孟子·滕文公下》6.4。

多人所不〔共〕得利之事，以〔所〕作〔此〕鬻卖于市，得贾以归，乃得食焉。今毁瓦画墁，无利于人，何志之有？有知之人，知其无利，固不为也；无知之人，与痴狂比，固无其志。夫毁瓦画墁，犹比童子击壤于涂，何以异哉？击壤于涂者，其志亦欲求食乎？此尚童子，未有志也。巨人博戏，亦画墁之类也。博戏之人，其志复求食乎？博戏者，尚有相夺钱财，钱财众多，己亦得食，或时有志。夫投石超距，亦画墁之类也。投石超距之人，其志有求食者乎？然则孟子之诘彭更也，未为尽之也。如彭更以孟子之言，可谓"御人以口给"矣。①

王充指出，无故"毁瓦画墁"，只有痴狂、游戏玩耍者才会有此行为，"毁瓦画墁"不过是玩耍、斗智，不在求食；"毁瓦画墁"于人无利，正常人不会"毁瓦画墁"，更不会用"毁瓦画墁"的方式求食，孟子用正常人不可能有的行为去反驳彭更，如何有说服力？我们认为，王充显然没有明白孟子此辩的奥妙所在。孟子以善辩著称，有高超的论辩术，总的原则是"言近旨远"、"不下带而道存焉"，即以浅显易懂之语、浅近易明之事让对方明白事理。彭更主张"食志"，孟子主张既要重视"志"，也要重视"功"；虚拟"毁瓦画墁"求食之事反问彭更。"毁瓦画墁"求食的错误一望而知，彭更自然不会答应给"毁瓦画墁"者食物，孟子就是要借此告诫彭更只重"志"的片面性，强调"功"、"志"并重。"孟子的这段论辩，既是圈套术，又是包抄术，其包抄又不是从侧面迂回，而是从反面套话，即逻辑上所谓反证法。孟子将其巧妙融合在一起，是很有创造性的。"②

---

① (汉)王充著，黄晖校释《论衡校释》，中华书局，1990年，第461—463页。
② 刘生良《孟子论辩艺术技巧探微》，《兰州大学学报》2005年，第2期。

　　综上,王充刺孟子失于言,无论是刺孟子于他人之言有"不知言"之失,还是刺孟子自己所言有不严谨之处,王充对孟子的批评其实都是正误参半,有些确实切中孟子言之不周之处,有些则是由于王充误解所致。

第三节　刺孟子天命论

　　如前所言,天道观是孟子思想的重要组成部分,是其思想体系的逻辑起点。孟子构建其性善论、伦理思想、政治思想的哲学依据就是其天道观。孟子所论之"天"有四种意义:一指有意志的主宰之天;二指命运之天;三指道德、义理之天;四指自然之天。

　　王充认为,孟子所言天命观,经不起推敲,虚妄不实;孟子不知天。

　　王充指出,孟子"五百年必有王者兴"之说,与其"天未欲平治天下"之论,二者相合,不仅证明孟子的历史观不正确,亦可见孟子天命观也有错误。

　　　"五百年"者,以为天出圣期也。又言以"天未欲平治天下也",其意以为天欲平治天下,当以五百年之间生圣王也。如孟子之言,是谓天故生圣人也。然则五百岁者,天生圣人之期乎? 如是其期,天何不生圣? 圣王非其期故不生,孟子犹信之,孟子不知天也。[1]

王充认为,天是自然物,无意志,无目的,不能有意识地创造万物和人类,"天地,含气之自然也"[2],人与万物的产生,都是天地施气的自然结果;而孟子却说"五百年必有王者兴",当时没有圣王

---

[1]（汉）王充著,黄晖校释《论衡校释》,中华书局,1990年,第458—459页。
[2]（汉）王充著,黄晖校释《论衡校释》,中华书局,1990年,第473页。

出，是因为"天未欲平治天下"，如天"欲平治天下"，必有圣王出，孟子这就把天看作有意志、有目的之物，可以"故生圣人"；可是如果五百年就是天生圣人之期，为何到期，天却不"故生圣人"呢？可见孟子的天命观有误，孟子"不知天"。

王充此处对孟子的批评，并不合孟子本意，因为孟子"天未欲平治天下"之"天"，不是指自然之天，也不是指主宰之天，而是指时势、命运，是命运之天。何谓命运之天？孟子说："莫之为而为者，天也。"①命运之天是不以个人意志为转移的必然之势，是存在于人力之外的一种无形而巨大的异己力量，是各种客观和主观条件的总和。命运之天之"为"，呈现出无意志性、无目的性，具有不可捉摸性，人对之难以知晓。"天未欲平治天下"之意是：当时形势尚未到天下平治之时。王充显然误解了孟子。

王充还批评了孟子的正命之说，认为孟子的正命说否定了"所当触值之命"。孟子认为生死寿夭，莫非命也，虽然有命，但应行正道以求"正命"，"莫非命也……尽其道而死者，正命也；桎梏死者，非正命也"②。所谓正命，即顺应正道，得其天年。赵岐注："尽修身之道以寿终者，为得正命也。"③王充同样相信命，但认为命有两种，一是生死寿夭之命，二是贵贱贫富之命，"凡人遇偶及遭累害，皆由命也。有死生寿夭之命，亦有贵贱贫富之命"④。生死寿夭之命，指人的自然生命；贫富贵贱之命，指人的社会生命。生死寿夭之命又有二品，他说：

---

① 《孟子·万章上》9·6。
② 《孟子·尽心上》13·2。
③ （清）阮元校刻《十三经注疏·孟子注疏》，中华书局，1980年，第2764页。
④ （汉）王充著，黄晖校释《论衡校释》，中华书局，1990年，第20页。

　　　　凡人禀命有二品,一曰所当触值之命,二曰强弱寿夭之
　　命。所当触值,谓兵烧压溺也;强寿弱夭,谓禀气渥薄也。兵
　　烧压溺,遭以所禀为命,未必有审期也。①

自然生命的"强弱寿夭",由先天禀气的厚薄强弱所决定。"所当
触值之命","指人的自然生命在后天的社会生活中所受到的看似
偶然性的必然性的制约,它取决于后天的社会生活中的'时'。
'强弱寿夭之命',所决定的是人的正常的自然生命存在,'所当触
值之命'所决定的则是人的非正常的自然生命存在。"②也就是
说,"所当触值之命"就是"兵烧压溺"等给人带来意外伤害的各种
天灾人祸。王充认为孟子没有注意到"触值之命"。

　　　　夫孟子之言,是谓人无触值之命也。顺操行者得正命,
　　妄行苟为得非正〔命〕,是天命於操行也。夫子不王,颜渊早
　　夭,子夏失明,伯牛为疠,四者行不顺与? 何以不受正命? 比
　　干剖,子胥烹,子路菹,天下极戮,非徒桎梏也。必以桎梏效
　　非正命,则比干、子胥行不顺。人禀性命,或当压溺兵烧,
　　虽或慎操修行,其何益哉? 窦广国与百人俱卧积炭之下,炭
　　崩,百人皆死,广国独济,命当封侯也。积炭与岩墙何以异?
　　命不[当]压,虽岩崩,有广国之命者,犹将脱免。行,或使之;
　　止,或尼之。命当压,犹或使之立于墙下。孔甲所入主人
　　〔之〕子,夭(天)命当贱,虽载入官,犹为守者。不立岩墙之
　　下,与孔甲载子入官,同一实也。③

王充在此也是以效验之法驳孟子"正命"论。他指出,从历史来

①(汉)王充著,黄晖校释《论衡校释》,中华书局,1990年,第28页。
②李维武《王充与中国文化》,贵州人民出版社,2000年,第108页。
③(汉)王充著,黄晖校释《论衡校释》,中华书局,1990年,第467—468页。

看,孔子、颜渊、子夏、伯牛、比干、伍子胥、子路等人都守正行义、
居仁尽道,可是或失意,或早夭,或有疾,或受尽酷刑而死,可见尽
力行道,不一定能尽其天年;而在现实社会当中,"俱行道德,祸福
不均;并为仁义,利害不同"①;"修身正行,不能来福;战栗戒慎,
不能避祸"②,此类事件屡见不鲜;历史和现实都证明孟子正命论
有误。王充此论刺中了孟子"正命"之说的隙罅。

　　王充思想的合理性在于他意识到先天体质强弱和后天天灾
人祸是决定人生死寿夭的两大重要因素,但是他又认为,命不当
绝者,即使遭积炭、岩墙覆压之祸,也会安然无恙;命不当贵者,即
使大好机会摆在面前,也会失之交臂。这不仅与王充自己的思想
相矛盾,而且无限放大了命的主宰性,而孟子虽然看到了命,但主
张行道以"俟命"、以道抗命,更强调人的道德自主性、主动性。王
充对孟子"正命"说的批评,失落了孟子一再强调的个人努力向上
的自主性。"他把人生的主体性,政治的主动性,完全取消了,而
一凭命运的命来加以解决、解释。"③

第四节　刺孟子人性论

　　孟子即心言性,从情论性,认为人人与生即有四心,故人性皆
善。王充明确否定孟子的人性论。

　　王充主张人性有善有恶。《率性篇》开篇即说:"论人之性,
定有善有恶。其善者,固自善矣;其恶者,故可教告率勉,使之为

①(汉)王充著,黄晖校释《论衡校释》,中华书局,1990年,第40页。
②(汉)王充著,黄晖校释《论衡校释》,中华书局,1990年,第10页。
③徐复观《两汉思想史》,九州出版社,2014年,第575页。

善。"①又说:"实者,人性有善有恶……命有贵贱,性有善恶。"②王充"疾虚妄"的理论武器是元气自然论。他认为元气是构成天地间一切事物的物质始基,"万物之生,皆禀元气"③,人也不例外。

> 豆麦之种,与稻粱殊,然食能去饥。小人君子,禀性异类乎?譬诸五谷皆为用,实不异而效殊者,禀气有厚泊,故性有善恶也。残则授(受)〔不〕仁之气泊,而怒则禀勇渥也。仁泊则戾而少愈(慈),勇渥则猛而无义,而又和气不足,喜怒失时,计虑轻愚。妄行之人,罪(非)故为恶。人受五常,含五脏,皆具于身。禀之泊少,故其操行不及善人,犹(酒)或厚或泊也,非厚与泊殊其酿也,麹蘖多少使之然也。是故酒之泊厚,同一麹蘖;人之善恶,共一元气。气有少多,故性有贤愚。④

人都是禀元气而生,但禀气有多少厚薄的差异,而禀气的厚薄多少导致人性有善恶,为人有贤愚。显然王充是从气论性,着眼点在于人的生命自然之性。

王充以此审视以往的人性论,认为只有孔子的"上智与下愚不移"之说以及周人世硕的性有善有恶得人性之正,而孟子、告子、荀子、董仲舒等人的人性论观都有误。在《本性》篇中,他说:

> 自孟子以下,至刘子政,鸿儒博生,闻见多矣,然而论情性竟无定是。唯世硕、〔儒〕公孙尼子之徒,颇得其正。由此言之,事易知,道难论也。鄹文茂记,繁如荣华;恢谐剧谈,甘

---

① (汉)王充著,黄晖校释《论衡校释》,中华书局,1990年,第68页。
② (汉)王充著,黄晖校释《论衡校释》,中华书局,1990年,第142页。
③ (汉)王充著,黄晖校释《论衡校释》,中华书局,1990年,第949页。
④ (汉)王充著,黄晖校释《论衡校释》,中华书局,1990年,第80—81页。

如饴密，未必得其实。

实者，人性有善有恶，犹人才有高有下也，高不可下，下不可高。谓性无善恶，是谓人才无高下也。禀性受命，同一实也。命有贵贱，性有善恶。谓性无善恶，是谓人命无贵贱也。①

在王充看来，"有善有恶"才是人性之真实，孟子主张人性皆善，未得人性之实。

孟子作《性善》之篇，以为"人性皆善，及其不善，物乱之也。"谓人生于天地，皆禀善性，长大与物交接者，放纵悖乱，不善日以生矣。

若孟子之言，人幼小之时，无有不善也。微子曰："我旧云孩子，王子不出。"纣为孩子之时，微子睹其不善之性，性恶不出众庶，长大为乱不变，故云也。羊舌食我初生之时，叔姬视之，及堂，闻其啼声而还，曰："其声，豺狼之声也，野心无亲。非是莫灭羊舌氏。"遂不肯见。及长，祁胜为乱，食我与焉。国人杀食我，羊舌氏由是灭矣。纣之恶，在孩子之时；食我之乱，见始生之声。孩子始生，未与物接，谁令悖者？丹朱生于唐宫，商均生于虞室，唐、虞之时，可比屋而封，所与接者，必多善矣，二帝之旁，必多贤也，然而丹朱傲，商均虐，并失帝统，历世为戒。且孟子相人以眸子焉，心清而眸子瞭，心浊而眸子眊。人生目辄眊瞭，眊瞭禀之于天，不同气也，非幼小之时瞭，长大与人接乃更眊也。性本自然，善恶有质，孟子之言情性，未为实也。②

---

① (汉)王充著，黄晖校释《论衡校释》，中华书局，1990年，第141—142页。
② (汉)王充著，黄晖校释《论衡校释》，中华书局，1990年，第133—135页。

王充依然用其效验法驳孟子人性论。他认为孟子的人性皆善论，是指幼时无有不善，后天与物交接，放纵，导致不善，但验之史实，孟子的观点显然没有历史依据。他指出，如果天生人性皆善，幼时无有不善，那么为什么商纣幼时，微子就见其不善之性；羊舌食我刚出生，尚"未与物接"，叔姬闻其声，就知其是羊舌氏家族灭亡的灾星，后来羊舌氏家族果然因其而亡。依孟子人性论，后天环境险恶，所以人们会为非作恶；后天环境良好，人们会为仁行善，那么尧舜之时，善人多，贤者众，为什么丹朱、商均却无德，以致无缘帝位？可见孟子的人性论观点不得人性之实，没有把握住人性的实质。王充还指出，孟子以眸子明亮与否证人心清浊，同样有误，因为眸子明亮与否，决定于人的身体禀气状况，与后天与人相接无关。

　　王充虽然否定了孟子人性皆善论，但肯定孟子"性善之论，亦有所缘。……一岁婴儿，无争夺之心，长大之后，或渐利色，狂心悖行，由此生也"①。王充认为孟子人性论的合理性，在于看到了人之性恶是在长大之后因渐染利色而来。王充不仅认为人性有善有恶，而且综合扬雄人性之说，将人性分上中下三品，"王充之人性说，虽承袭世子有善有恶，而综扬子性善恶混之说，将人性分为上中下三品"②。所以他认为以孟子的人性论验以中人以上者，也不为谬，"余固以孟轲言人性善者，中人以上者也"③。

　　王充对孟子人性论的批评，其合理的一面，是看到了孟子人性论对人的自然生命的忽视。但他对孟子人性论的理解和批评

①（汉）王充著，黄晖校释《论衡校释》，中华书局，1990年，第135—136页。
②田凤台《王充思想析论》，文津出版社，1988年，第72页。
③（汉）王充著，黄晖校释《论衡校释》，中华书局，1990年，第142页。

方法都有误。王充不清楚孟子不是从人的生长历程论人性,即所谓幼时善,长大"物乱"而亡,孟子实际是从人的类本质论人性,因为人的生物属性与其他动物没有本质区别,所以孟子不以人的生物性为人性;第二,孟子认为只有四心为人类独有,所以他以四心为人性。四心是人的道德性,人所以为人,在于人有道德理性。"孟子在中国哲学史上第一次明确揭示了关于人性的新的观念:人具有不同于动物或他物的特殊性,这就是道德性。……只有道德本性才是人最根本、最重要的特性,人之所以为人的标尺。"①而王充却以其自然气性论评孟子道德心性论,自然两不相合。第三,孟子人性善论是指人的普遍本质,王充却认为孟子人性论是指中人以上。因为以上之误,王充对孟子人性论的批评显得隔山打虎,不得其力。

对此牟宗三有精辟之论:

> 孟子之言性善,岂限于幼小之时耶?"及其不善,物乱之也。"人在幼小,固无所谓"物乱",然亦不自幼小立性善也。"恻隐之心,人皆有之"云云,岂专限于幼小耶?孟子之书具在,王充未能解也。妄将孟子所言之性善,限于幼小,遂历举纣与羊舌食我生而即有恶之倾向之气性以驳之。此未可谓得其实也。彼以"孟轲言人性善者,中人以上者也"。(《本性篇》末段结语),不知孟子言性并不自"气"言,故其所言之性亦非气性。孟子自恻隐、羞恶、是非、辞让等心以言性,此性是人所普遍具有的"道德心性"之当身。此是人之所以为人之普遍的本质,是人之所以能为道德的实践以发展其道德的人格之真几,先天的根据。其言善即是此"道德心性当身"之

---

① 郭齐勇编著《中国哲学史》,高等教育出版社,2006年,第74页。

善，并非气性之倾向也。不管自"恻隐之心，人皆有之"等等之正面言，或自"无恻隐之心非人也"等等之反面言，皆表示此"道德的心性当身"是人之所以为人之普遍的本质。岂只专限于"中人以上"耶？将人分为上中下三等，是"自然之质之气性"中言，并不是"道德心性"中言。而将孟子所言之"道德心性当身"之性拉于"自然之质"之气性中以排列之。谬之甚矣。①

第五节　刺孟子苛责陈仲子

孟子自称要辟异端以捍卫孔子之道，考察《孟子》全书，孟子极力贬斥的异端人物是陈仲子、许行、杨朱、墨翟四人。在这四人中，王充不认可孟子对陈仲子的批评，认为孟子批评陈仲子的方法失当。

陈仲子，战国齐人，认为其兄不劳而获，食禄万钟，是不义之行，耻与其兄同住同食，故"避兄离母"，避居於陵，自食其力，自己替人灌园，妻子纺线织布。"其为人也，上不臣于王，下不治其家，中不索交诸侯。"②陈仲子在当时影响很大，人们认为陈仲子就是廉士的典型。齐人匡章就问孟子说："陈仲子岂不诚廉士哉？"③但孟子认为陈仲子不是廉士，他说：

> 于齐国之士，吾必以仲子为巨擘焉。虽然，仲子恶能廉？充仲子之操，则蚓而后可者也。……仲子，齐之世家也；兄

---

① 牟宗三《才性与玄理》，吉林出版集团，2010 年，第 23 页。

② （汉）刘向集录《战国策》，上海古籍出版社，1978 年，第 418 页。

③ 《孟子·滕文公下》6.10。

戴,盖禄万钟;以兄之禄为不义之禄,而不食也;以兄之室为
不义之室,而不居也。辟兄离母,处于於陵。……若仲子者,
蚓而后充其操者也。①

孟子指出,就齐国士人而言,陈仲子确实堪称"巨擘",但却不能称
之为"廉士",因为他为了个人清廉,"避兄离母",不事母,不敬兄,
背弃基本人伦,此种"辟兄离母",捐弃人伦的极端行为,是蚓之
行,而非人之行,所以不能称陈仲子廉洁,当然也就不能称他为
廉士。

　　王充不同意孟子对陈仲的批评,在《刺孟》中他用了七百余字
反驳孟子,是《刺孟》全篇的四分之一。用如此多的文字来反驳孟
子,可见其重视程度。然总体来看,他主要不赞同孟子批评陈仲
子的方式。

　　他认为孟子批评陈仲子的第一个失误在于"不得仲子之短",
不明白陈仲子所行本意,如对"陈仲子吐鹅"的批评就是如此。据
《孟子》载:

　　　　(陈仲子)辟兄离母,处于於陵。他日归,则有馈其兄生
　　鹅者也,己频颦曰:"恶用是鶂鶂者为哉?"他日,其母杀是鹅
　　也,与之食之。其兄自外至,曰:"是鶂鶂之肉也。"出而哇之。

孟子对陈仲子此事的批评是"以母则不食,以妻则食之"。王充认
为孟子显然错会其中原委,他说:

　　　　夫孟子之非仲子也,不得仲子之短矣。仲子之怪鹅如吐
　　之者,岂为在母[则]不食乎? 乃先谴鹅曰:"恶用鶂鶂者为
　　哉?"他日,其母杀以食之,其兄曰:"是鶂鶂之肉。"仲子耻负
　　前言,即吐而出之。而兄不告,则不吐;不吐,则是食于母也。

---

①《孟子·滕文公下》6.10。

谓之"在母则不食",失其意矣。使仲子执不食于母,鹅膳至,不当食也。今既食之,知其为鹅,怪而吐之,故仲子之吐鹅也,耻食不合己志之物也,非负亲亲之恩,而欲勿母食也。①

王充指出,陈仲子"吐鹅",根本原因不是此鹅是母亲烹煮,而是得知此鹅就是前日别人送给兄长之物,他认为不义,"耻食不合己志之物",故有此行;如若陈仲子执意不吃母亲做的食物,鹅肉端上来,他就不会吃,也就不至于吃进去又吐出来,所以陈仲子不是背弃母子亲情,不食母亲做的食物,孟子对陈仲子"吐鹅"之事的批评显然"失其意",不符合陈仲子所行本意。

王充认为孟子批评陈仲子的第二个失误是"非之""太备",近于苛责。陈仲子认为兄长所得不义,故不食兄长之食,不住兄长之屋,夫妻二人"织屦"、"辟纑",自编草鞋,纺麻绩麻,换取粮食和居所。孟子却认为如此换来的粮食、房屋也不一定干净,因为粮食、房屋不一定是伯夷那样廉洁的人所种、所建,也有可能是盗跖那样的强盗所种、所建。孟子说:

> 仲子之所居室,伯夷之所筑与,抑亦盗跖之所筑与?所食之粟,伯夷之所树与?抑亦盗跖之所树与?是未可知也。②

王充批评孟子如此挑剔陈仲子,失于"太备",他说:

> 又"仲子恶能廉?充仲子之性(操),则蚓而后可者也。夫蚓,上食槁壤,下饮黄泉"。是谓蚓为至廉也,仲子如蚓,乃为廉洁耳。今所居之宅,伯夷之所筑,所食之粟,伯夷之所树,仲子居而食之,于廉洁可也。或时食盗跖之所树粟,居盗跖之所筑室,污廉洁之行矣。用此非仲子,亦复失之。室因

---

① (汉)王充著,黄晖校释《论衡校释》,中华书局,1990年,第465页。
② 《孟子·滕文公下》6.10。

人故，粟以屦纑易之，正使盗之所树筑，已不闻知。今兄之不
义，有其操矣。操见于众，昭皙议论，故避於陵，不处其宅，织
屦辟纑，不食其禄也。而欲使仲子处於陵之地，避若兄之宅，
吐若兄之禄，耳闻目见，昭皙不疑，仲子不处不食，明矣。今
於陵之宅，不见筑者为谁；粟，不知树者为谁，何得成室而居
之？〔何〕得成粟而食之？孟子非之，是为太备矣。①

王充认为陈仲子不食兄长之食、不居兄长之屋，是因为亲见兄之
食、兄之室得来不义，陈仲子夫妻"织屦"、"辟纑"以自食其力，用
自己的劳动所得换取粮食、居所，他们要做到的是保证自己所食、
所居得来合于义，至于种粮者、建房者是否为盗贼，未耳闻目见，
自当别论，所以孟子对陈仲子的此种责难，完全是苛责。

　　王充认为孟子批评陈仲子的第三个失误是论证逻辑不严密，
如孟子把陈仲子之行比作蚯蚓之行，"失仲子之操所当比矣"。

　　　仲子所居，或时盗之所筑，仲子不知而居之，谓之不充其
操，唯蚓然后可者也。夫盗室之地中，亦有蚓焉，食盗宅中之
槁壤，饮盗宅中之黄泉，蚓恶能为可乎？在（充）仲子之操，满
孟子之议，鱼然后乃可。夫鱼处江海之中，食江海之土，海非
盗所凿，土非盗所聚也。②

王充指出，孟子认为陈仲子之行，只有把人变成蚯蚓才能做到，因
为蚓"上食槁壤，下饮黄泉"，槁壤、黄泉自然天成，不经人手，不掺
利欲，但是强盗屋下也有蚯蚓，这些蚯蚓所食所饮也是强盗屋下
的槁壤、黄泉，可见如依孟子之论，把人变成蚯蚓也不可能真正廉
洁，因此孟子把陈仲子之行比做蚯蚓失当。王充认为，依陈仲子

---

① （汉）王充著，黄晖校释《论衡校释》，中华书局，1990 年，第 465—466 页。
② （汉）王充著，黄晖校释《论衡校释》，中华书局，1990 年，第 466 页。

之操守,按照孟子的论证逻辑,只有以鱼为喻,才最为恰当,因为鱼处江海之中,所食江海之土非强盗所能为。王充指出了孟子论证中的不严谨之处,但王充以鱼换蚓为喻,与孟子相比,也是五十步笑百步,因为江海也有可能为海盗强贼所占,那么江海之鱼就要食海盗强贼所占江海之土,因而把人变成江海之鱼同样也不可能做到廉洁。可见王充的比喻并不比孟子高明。

王充认为孟子批评陈仲子的第四个失误在于没有抓住陈仲子"大非"。

> 然则仲子有大非,孟子非之,不能得也。夫仲子之去母辟兄,与妻独处於陵,以兄之宅为不义之宅,以兄之禄为不义之禄,故不处不食,廉洁之至也,然则其徒於陵归候母也,宜自赍食而行。鹅膳之进也,必与饭俱。母之所为饭者,兄之禄也,母不自有私粟以食仲子,明矣。仲子食兄禄也。伯夷不食周粟,饿死于首阳之下,岂一食周粟而以污其洁行哉?仲子之操,近不若伯夷,而孟子谓之若蚓乃可,失仲子之操所当比矣。[1]

在王充看来,陈仲子的大非在于:既然视兄长之禄不义,不住兄之屋,不食兄之食,避兄离母,那么回家探母,就应当自带饭食,因为与鹅肉一起端上来的饭,不是母亲私粟,而是兄长之禄米,吐出了鹅肉,那么还是吃下兄长的禄米。伯夷宁愿饿死也不食周粟,与伯夷相比,陈仲子的确算不得廉洁,所以陈仲子的大非是操守不若伯夷,孟子显然没有认识到这一点。

王充批评孟子不得陈仲子之意,认为孟子没有抓住陈仲子大非,我们认为王充其实也没有抓住孟子批评陈仲子的实质。孟子

---

[1]（汉）王充著,黄晖校释《论衡校释》,中华书局,1990年,第467页。

批评陈仲子的实质,在于反对以毁弃人伦换取个人所谓清廉,偏执而极端之行。"天之所生,地之所养,惟人为大。人之所以为大者,以其有人伦也。仲子避兄离母,无亲戚君臣上下,是无人伦也。岂有无人伦而可以为廉哉?"①王充在全部《刺孟》中无一字言及此义,所以他对孟子的批评就属皮相之论。

第六节　王充《刺孟》特点及历史影响

王充《刺孟》,是继先秦时人责孟、告子驳孟、荀子非孟之后,孟子遇到的又一次责难,与先秦时人对孟子的责难相比,王充《刺孟》有其自身特点。

王充"刺孟"所刺,刺孟子于谦让之理、知言、天命观、人性论、批陈仲子等都有失,涉及孟子义利观、语言哲学、天道观、心性论、辟异端等,但孟子思想终极归宿——王道仁政,王充无一字言及。

王充"刺孟"之"刺",正误兼有,且误解为多。王充批评孟子其言、其说论证逻辑不严密,从"效验"之法来看,经不起历史与现实的检验,验之《孟子》原文,王充的这些批评确实言之有据,诸如"五百年必有王者兴"就与历史与现实不符,守正行义、居仁尽道者也不一定"得其天年";孟子对沈同"伐燕"之问的回答确实没有揭示沈同所问的本意等等。但是在这些批评中,王充不得孟子真意之处也很多。如,他误解孟子驳梁惠王所问之利是货财之利,误认孟子"天未欲平治天下"之天为自然之天,误解孟子"自周而来,七百有余岁矣,以其数,则过矣;以其时考之,则可矣"中"时"、"数"为同一概念;误解孟子"人性善"是指幼时善、长大无,等等,

---

① (宋)朱熹《四书章句集注·孟子集注》,中华书局,2011年,第256页。

几乎在每一条批评孟子之处，或有误解，或者没有掌握孟子之说本质所在。就此而言，徐复观认为王充的理解力不高，有一定道理。"要查考王充的理解能力，首先我们注意到的，在王充的生命中，完全缺乏艺术感、幽默感；不仅文献中凡稍带有艺术气氛的陈述，他都不能感受，……对一般的理解能力，他也不算高明。"①"由上面王充对孔子所提出的问题，可以断定他的理解能力是相当的低，而且持论则甚悍；并且他始终没有把握到学术上的重要问题。他的《刺孟》篇所表现的内容，还不及《问孔》篇；因为他未尝不承认孔子的地位，所以对孔子所用的心，应较孟子为多。"②陈正雄则认为"王充问孔刺孟中质疑，有些确实原文语蕴缺当者，有些则是王充质疑过当者"③。

需要强调的是，王充刺孟，与荀子非孟不同，是责备贤者之意，不是彻底否定孟子。如前所述，尊孟是王充的基本立场，他一再称孟子是贤人，《知实篇》称"孟子，实事之人也"④。王充也常常引录孟子之语作为自己论证的依据，说明他熟读《孟子》，而且也尊信孟子。事实上，王充也继承了孟子的一些思想观念，比如义利观、天命论等。在《问孔》篇，他说：

　　世儒学者，好信师而是古，以为贤圣所言皆无非，专精讲习，不知难问。夫贤圣下笔造文，用意详审，尚未可谓尽得实，况仓卒吐言，安能皆是？不能皆是，时人不知难；或是，而意沉难见，时人不知问。案贤圣之言，上下多相违；其文，前

①徐复观《两汉思想史》(2)，华东师范大学出版社，2001年，第364页。
②徐复观《两汉思想史》(2)，华东师范大学出版社，2001年，第366页。
③陈正雄《王充学术思想述评》，文津出版社，1987年，第50页。
④（汉）王充著，黄晖校释《论衡校释》，中华书局，1990年，第1095页。

　　后多相伐者,世之学者,不能知也。①

在王充看来,圣贤的言说与文章,也有前后相违、前后相伐、意沉难见之处,错误在所难免,《孟子》也不例外。王充《刺孟》,就是告诫人们,孟子虽是儒家贤者,但也有错误,学者应当敢于问难。王充并没有否定孟子之意。

　　王充既然尊孟,却又写《刺孟》,原因正如他在解释写作《论衡》的动机所言,是"不得已"。他说:

　　　　是故《论衡》之造也,起众书并失实,虚妄之言胜真美也。故虚妄之语不黜,则华文不见息;华文放流②,则实事不见用。故《论衡》者,所以铨轻重之言,立真伪之平,非苟调文饰辞,为奇伟之观也。其本皆起人间有非,故尽思极心,以机世俗。世俗之性,好奇怪之语,说虚妄之文。何则?实事不能快意,而华虚惊耳动心也。是故才能之士,好谈论者,增益实事,为美盛之语;用笔墨者,造生空文,为虚妄之传。听者以为真然,说而不舍;览者以为实事,传而不绝。不绝,则文载竹帛之上;不舍,则误入贤者之耳。至或南面称师,赋奸伪之说;典城佩紫,读虚妄之书。明辨然否,疾心伤之,安能不论?孟子伤杨、墨之议大夺儒家之论,引平直之说,襃是抑非,世人以为好辩。孟子曰:"予岂好辩哉? 予不得已!"今吾不得已也。虚妄显于真,实诚乱于伪,世人不悟,是非不定,紫朱

----

① (汉)王充著,黄晖校释《论衡校释》,中华书局,1990 年,第 395 页。

② 刘盼遂按:"华文"之下当有"不"字,今脱。上句"虚妄之语不黜,则华文不见息",与此句为骈偶也。详见(汉)王充著,黄晖校释《论衡校释》,中华书局,1990 年,第 1179 页。

杂厕，瓦玉集糅，以情言之，岂吾心所能忍哉！①

王充刺孟，原因之一是为了"疾虚妄"，因为孟子言说中确有一些破绽和漏洞。王充刺孟的第二原因，就是破除偶像崇拜与权威迷信。

> 凡学问之法，不为无才，难于距师，核道实义，证定是非也。问难之道，非必对圣人及生时也。世之解说说人者，非必须圣人教告乃敢言也。②

真正的学问之法，是要跳出权威的束缚，摆脱师法家法的桎梏，打破圣人迷信。王充《刺孟》就是如此。

值得注意的是，王充《刺孟》，不是为了反对儒家，甚或推翻儒家。后人看到王充《问孔》《刺孟》，认为他诋毁圣贤，是反儒，于是有人专门撰文驳斥王充，宋人刘章就写《刺〈刺孟〉》以批王充；其实，观《论衡》全书，王充批判的锋芒并不只是针对儒家，黄老道家、法家等等也是他批判的对象，在《非韩》《变虚》《异虚》《感虚》《福虚》《祸虚》《龙虚》《雷虚》《道虚》等篇中，我们看到，只要他认为是虚妄之说、迷信之言，无一例外，他都予以毫不留情的批判。所以王充《刺孟》既有责备贤者之意，更是"疾虚妄"，消除偶像崇拜，是其客观理性的批判精神的体现。而在儒家独尊的汉代，王充敢于向孔孟发难，只能证明王充不惧儒家权威，反对将儒家神圣化，但不能说明王充就反对儒家，何况当时孟子还没有亚圣之称，后世称王充为反儒斗士，可谓言之不慎。

总体而言，王充"刺了孟，虽有偏颇之处，但他纠正偏见，破除

---

①（汉）王充著，黄晖校释《论衡校释》，中华书局，1990年，第1179页。

②（汉）王充著，黄晖校释《论衡校释》，中华书局，1990年，第397页。

迷信,大功不可没"①。蔡元培指出:"汉儒之普通思想,为学理进步之障者二:曰迷信,曰尊古。王充对于迷信,有《变虚》、《异虚》、《感虚》、《福虚》、《祸虚》、《龙虚》、《雷虚》、《道虚》等篇。于一切阴阳灾异及神仙之说,掊击不遗余力,一以其所经验者为断,粹然经验派之哲学也。其对于尊古,则有《刺孟》、《非韩》、《问孔》诸篇。虽所举多无关宏旨,而要其不阿所好之精神,有可取者。"②

本章结语

　　在汉代孟学史上,王充是唯一一位直接批评孟子的学人。王充不仅专门撰写《刺孟》直批孟子,还在《本性》《率性》等篇章中向孟子发难。王充批评孟子,主要从语言逻辑、思想认识、批评方式三个方面入手。王充对孟子的批评,正误兼有,但整体而言,多是误解和误读。王充批评孟子拒绝齐王所赐"失谦让之理",其实是他对孟子的义利观、士人出仕之道、理想人格没有深切认识。王充指责孟子答沈同之问"不知言",虽有切中孟子失误之处;但是指责孟子答梁惠王"求利"之问有失,则是不明白孟子所答关键在于王道与霸道治国方略之争。王充非难孟子以"毁瓦画墁"答彭更比喻失当,实是他对孟子志功之论以及辩论术所知不深。王充指出了孟子天命论有与历史和现实相违背的一面,但却忽视了孟子所言"天未欲平治天下"之天并非是有意志、有目的的主宰,也未领悟孟子"正命论"对主体道德自主性和主动性的强调。王充

①周桂钿《简评王充〈问孔〉、〈非韩〉、〈刺孟〉》,《湖北大学学报》1992年第6期。
②蔡元培《中国伦理学史》,河北人民出版社,1985年,第63页。

以其自然气性论批评孟子人性论,正确指出了孟子人性论对自然生命的忽视,但是却未能理解孟子人性论是指人的类本质,是道德心性论。王充指出孟子对陈仲子的批评失于苛责,却没有洞察孟子批评陈仲子的本质在于执守中道,守护人伦亲情。王充"刺孟"与荀子"非孟"不同,是责备贤者之意,也是破除偶像崇拜。

第十章　赵岐《孟子章句》解《孟》旨趣

　　由于汉代《孟子》注本，即：程曾《孟子章句》、郑玄《孟子注》、高诱《孟子章句》、刘熙《孟子注》、赵岐《孟子章句》，比较完整流传至今的只有赵岐《孟子章句》，其他四家注本均已亡佚，亡佚的四家注本，有些虽有后人辑本，但吉光片羽，难考全貌，所以关于汉代学人对孟子思想的阐释，我们只能以赵岐《孟子章句》为考察的立足点。

　　据《后汉书·赵岐传》，赵岐字邠卿，东汉末年京兆长陵（今陕西咸阳）人。原名赵嘉，生于御史台，故名台卿。后因避难，改名岐，以示不忘故土。赵岐年少即"明经，有才艺"。曾任司空掾、功曹、并州刺史、司空、太常、议郎、太仆等。为人廉洁刚正，"娶扶风马融兄女。融外戚豪家，岐常鄙之，不与融相见"[1]；"仕州郡，以廉直疾恶见惮"。仕途坎坷，沉浮不定。永寿年间（155—157）因得罪宦官唐衡之兄唐玹，避祸出逃，家属宗亲惨遭杀害。赵岐辗转逃至北海郡，隐姓埋名，卖饼为生，幸遇安丘孙嵩，藏于孙家复壁数年，唐玹等人死后，遇赦乃出。后被三府并辟，"擢拜并州刺史"，又因"会坐党事"而被免官。灵帝初年，又"复遭党锢十余岁"[2]。虽然仕途坎坷，但赵岐始终不忘安上救民，他上表

---

[1]《后汉书》，中华书局，1965年，第2121页。
[2]《后汉书》，中华书局，1965年，第2123页。

称:"今海内分崩,……岐虽迫大命,犹志报国家。"①黄巾起义爆
发后,他以"安上救人之策",先后劝说袁绍、曹操、公孙瓒、董承、
刘表等"共奖王室"。显然,在汉末乱世,赵岐希望能为荡平动乱、
安定天下尽己之力。赵岐在当时声望很高,曹操、袁绍都曾想将
其揽至麾下,"闻岐至,皆自将兵数百里奉迎"②。范晔赞道:"邠
卿出疆,专命朝威。"③赵岐著有《三辅决录》和《孟子章句》。

汉代经学兴盛,经师所重者是五经,赵岐却选择了五经之外
的《孟子》作注,个中原因,赵岐在《孟子题辞》中有介绍。他说:

> (《孟子》)包罗天地,揆叙万类。仁义道德,性命祸福,粲
> 然靡所不载。帝王公侯遵之,则可以致隆平,颂《清庙》;卿大
> 夫、士蹈之,则可以尊君父,立忠信;守志厉操者仪之,则可以
> 崇高节,抗浮云。有风人之托物,二《雅》之正言,可谓直而不
> 倨,曲而不屈,命世亚圣之大才者也。孔子自卫反鲁,然后乐
> 正,《雅》《颂》各得其所,乃删《诗》,定《书》,系《周易》,作《春
> 秋》。孟子退自齐、梁,述尧、舜之道而著作焉,此大贤拟圣而
> 作者也。七十子之畴,会集夫子所言以为《论语》。《论语》
> 者,五经之錧鎋,六艺之喉衿也。《孟子》之书,则而象之。④

又说:

> 孟子以来五百余载,传之者亦已众多。余生西京,世寻
> 丕祚,有自来矣。少蒙义方,训涉典文;知命之际,婴戚于天。

①《后汉书》,中华书局,1965年,第2124页。
②《后汉书》,中华书局,1965年,第2123页。
③《后汉书》,中华书局,1965年,第2125页。
④(清)阮元校刻《十三经注疏·孟子注疏》,中华书局,1980年影印本,第
　2662页。

遘屯离蹇,诡姓遁身,经营八纮之内,十有余年。心劕形瘵,何勤如焉! 尝息肩弛担于济、岱之间,或有温故知新、雅德君子,矜我劬瘁,睠我皓首,访论稽古,慰以大道。余困吝之中,精神遐漂,靡所济集,聊欲系志于翰墨,得以乱思遗老也。惟六籍之学,先觉之士释而辩之者既已详矣。儒家惟有《孟子》,闳远微妙,缊奥难见,宜在条理之科。于是乃述己所闻,证以经传,为之章句,具载本文,章别其指,分为上、下、凡十四卷。究而言之,不敢以当达者;施于新学,可以寤疑辩惑。愚亦未能审于是非,后之明者见其违阙,傥改而正诸,不亦宜乎。①

从上可见,赵岐是在逃难避祸时作《孟子章句》。之所以选择《孟子》,有四个重要原因。其一,赵岐推崇孟子其人其说。在他看来,孟子本人刚直不屈,有亚圣之大才;孟子其说,既可以平治天下,也可以砥砺士人操守。其二,赵岐认为《孟子》是仿《论语》而作,《论语》是"五经之錧鎋,六艺之喉衿",是通向五经、六艺之门,仿《论语》而作的《孟子》具有同样重要的作用。其三,六经等其他儒家经典已有详细注释,而《孟子》"闳远微妙,缊奥难见",应当予以注释,但已有注释不够详审。其四,逃难避祸,隐藏他人屋壁,赵岐想把自己所思所想"系志于翰墨"。可见,赵岐选择《孟子》作注,既是出于对孟子的尊崇,有学术的考量,也是想借以表达自己的人生感悟和思想主张,而后者是更重要的原因。

正因为如此,赵岐虽选择了章句体的注解方式,但又进行了体例变革。

---

① (清)阮元校刻《十三经注疏・孟子注疏》,中华书局,1980 年影印本,第2663 页。

赵岐变革了注解体例。章句体是汉代经学家注经常用体式，章句学在汉代也很发达。章句体注解的特点是分文析辞。由于汉代经学与政治密切相关，又与经生的仕途利禄紧密相连，经生为了显示博学多闻，赢得声望，获得升迁，解经时以繁多为胜，以浮华相尚，导致一经解至数万言，经典大义湮没于繁言碎辞之中。繁言碎辞式的章句之学导致了学风衰败，于是一些学者以自己的学术实践纠正章句解经的弊端。赵岐虽然仍采用章句体为《孟子》作注，但他使用的章句法是分章析句。在解释各章字词、语句、名物、典故、制度后，章末使用章指，从思想义理总结本章大义。此种章句之法，不同于董仲舒《春秋繁露》之类抛开经典文本自抒己见的纯义理解释，而是将义理解释建立在解说字句基础之上。"换言之，只有在解说各章字、句的基础上，章指的义理才得以落实。这就避免了不依本文而主观阐发的现象。"①为避免陷入原来章句之学繁言碎辞的泥淖，赵岐采用直训、互训等方法解释字词、名物、典故，简洁明了。

赵岐在编排体例上也进行了变革。他没有采用当时通行的本文与注文分离的体式，而是将本文与注文合编。将本文与注文合编，既方便读者阅读，也对解释者的解释起到了约束作用。"'具载本文'的意义就不仅在于免却学者两读之劳，不仅可以有效地避免作者随意的发挥，而且还对初学者掌握《孟子》之义帮助甚大。"②

①郜积意《赵岐〈孟子注〉：章句学的运用与突破》，《孔子研究》2001年第1期。
②郜积意《赵岐〈孟子注〉：章句学的运用与突破》，《孔子研究》2001年第1期。

　　赵岐还对《孟子》文本进行了真伪甄别,对判定为赝品的《孟子外书》不予注释。据《汉书·艺文志》记载,《孟子》有十一篇,应劭《风俗通·穷通篇》也言《孟子》有"中外十一篇",赵岐所见也是十一篇。但赵岐认为十一篇中的《性善》《辩文》《说孝经》《为正》四篇,"其文不能弘深,不与内篇相似,似非孟子本真,后世依放而托之者也"①,故而不为之作注。从汉晋时人所引孟子之语来看,有些话语确实不曾见于今本《孟子》,说明《孟子外书》四篇确实存在,但是除赵岐外,汉晋并无其他人断言《孟子外书》是伪,而且赵岐判定的依据只是"其文不能弘深,与内篇不相似"。如若没有其他证据,仅凭这一条证据,就断定其为伪书,多少显得有些武断。赵岐这一行为造成的影响是:因为他没有为《孟子外书》作注,所以后世《孟子》文本只有七篇传世②。

　　赵岐注解《孟子》,语词训诂有其杰出成就,于此,学界已多有研究,但他注解《孟子》的主要目的是"系志于翰墨",即借注解《孟子》表达自己的人生感悟和思想主张,所以他对《孟子》思想的注解必须加以重视。

第一节　孟子王道,生民为首

一、王霸之别:德政与力政

　　对于孟子的王霸之论,赵岐的注释揭示了孟子思想的基本

---

① (清)阮元校刻《十三经注疏·孟子注疏》,中华书局,1980 年影印本,第 2663 页。
② 按:陈士元《孟子杂记》、周广业《孟子逸文考》等有辑文。

要义。

赵岐指出，孟子所说的王霸之别，其本质区别在于平治天下是以德，还是以力。他说：

> 霸者以大国之力假仁义之道，然后能霸，若齐桓、晋文等是也；以己之德行仁政于民，小国则可以致王，若汤、文王是也。①

从历史来看，齐桓、晋文等霸主，虽然也标榜仁义，但却是借仁义之名而行武力威胁之实，是以武力威慑别国；而商汤、周文王，他们是以己之德真心推行仁政。霸道以力，王道以德，二者的结局也就不同，实行王道，即便是小国，最终也可以赢得天下；而推行霸道，霸主也只是暂时令别国畏惧。之所以如此，是因为"以己力不足，而往服就于人，非心服者也；以己德不如彼，而往服从之，诚心服者也，如颜渊、子贡等之服于仲尼，心服者也"②。霸道以力，弱小国家因为己力不足，不得不畏服，而非心服；王道以德，天下人是因为己德不如，而真心诚服。霸道力服天下，换来的只是暂时畏服；王道以德服天下，获得的是天下长久归服。"王者任德，霸者兼力，力服心服，优劣不同也。"③王道、霸道，王道是优政，霸道是劣政。

孟子曾有言：

> 霸者之民，欢虞如也；王者之民，皞皞如也。杀之而不

---

① （清）阮元校刻《十三经注疏·孟子注疏》，中华书局，1980 年影印本，第2689 页。
② （清）阮元校刻《十三经注疏·孟子注疏》，中华书局，1980 年影印本，第2689 页。
③ （清）阮元校刻《十三经注疏·孟子注疏》，中华书局，1980 年影印本，第2689 页。

怨,利之而不庸,民日迁善而不知为之者。①

赵岐对此的注释是:

> 霸者行善恤民,恩泽暴见易知,故民欢虞乐之也。王者
> 道大法天,浩浩而德难见也,杀之不怨,故曰杀之而不怨。
> 庸,功也。利之使趋时而农,六畜繁息,无冻饿之老,而民不
> 知独是王者之功。修其庠序之教,又使日迁善,亦不能觉知
> 谁为之者。言化迁善为之大道者也。②

赵岐指出,虽然霸政也会有善行安抚百姓,但是强力推行,大造声
势,其恩"暴见",目的是使百姓明白善行的施授者,百姓因受其恩
惠而欢虞快乐,当然也就为此而感恩戴德;相比之下,王道法天而
行,推行善政,因顺民情,自然而行,六畜兴旺,百姓衣食丰足,更
重要的是,百姓"日迁善",精神面貌、道德素质也在提高,而百姓
并没有感觉到受谁的恩惠使然,他们不需要为此特意感激谁;在
王道社会,庶民自在、安然,心情舒畅。在赵岐看来,王道、霸道都
行善施恩,但霸道行善施恩,是为收买民意;而王道行善施恩,是
为民生幸福。赵岐在此章章指说:

> 此章言王政暐暐,与天地同流;霸者德小,民人速睹;是
> 以贤者志其大者也。③

霸道也用德,但却是小德,目的是让小民感激涕零;而王道之德是
大德,与天地同流,如同天地生养万物,不居功、不仗恃。赵岐的

---

①《孟子·尽心上》13.13。

②(清)阮元校刻《十三经注疏·孟子注疏》,中华书局,1980年影印本,第
　2765页。

③(清)阮元校刻《十三经注疏·孟子注疏》,中华书局,1980年影印本,第
　2765页。

这些解释,符合孟子王道本义。

赵岐解释孟子王霸之辨,特别强调的有两点,一是生民,二是安民。

他指出,孟子向梁惠王宣传的仁政王道,最为重要的是"生民","王者为政之道,在生民为首也"①。孟子描绘其王道蓝图说:

> 百亩之田,勿夺其时,八口之家可以无饥矣。谨庠序之教,申之以孝悌之义,颁白者不负戴于道路矣。老者衣帛食肉,黎民不饥不寒,然而不王者,未之有也。

孟子此语对梁惠王和齐宣王都说过,因而《孟子》中出现两次。赵岐就此作解,说:"孟子所以重言此者,乃王政之本,常生之道。"②赵岐认为,孟子之所以把这段话重复记载,原因在于这正是孟子王政之本,而孟子王政之本的宗旨就是"生",以生民为本。赵岐还将此上推于天道,认为孟子生民为本的观念,体现了天道重生之意。赵岐认为孟子反对兼并战争,主张对善战者处以重刑,同样体现了天道重生之意,他说:"孟子言天道重生,战者杀人,故使善战者服上刑。上刑,重刑也。"③将孟子的王道思想、反战观念归诸天道重生,这是赵岐用《周易》以至汉代天道观解释孟子思想。《周易·系辞》说:"天地之大德曰生。"而孟子主张王道,反对霸道,反对嗜杀好战,其思想基础是仁道。孟子强调仁者爱人,首先要尊重人的生命价值,故此他赞同孔子诅咒"始作俑者,其无

---

① (清)阮元校刻《十三经注疏·孟子注疏》,中华书局,1980 年影印本,第2667 页。

② (清)阮元校刻《十三经注疏·孟子注疏》,中华书局,1980 年影印本,第2671 页。

③ (清)阮元校刻《十三经注疏·孟子注疏》,中华书局,1980 年影印本,第2722 页。

后"、"为其象人而用之也"①。可见,赵岐并非只推阐孟子本义,其实也有自己的发挥。

赵岐认为孟子的"保民",就是安民。齐宣王曾问孟子:如何才能王天下,孟子的回答是:保民。他坚信"保民而王,莫之能御也";还说:"推恩足以保四海,不推恩,无以保妻子。"②赵岐认为"保民",就是"安民"。

> 保,安也。御,止也。言安民则惠,而黎民怀之,若此以王,无能止也。③

又说:

> 大过人者,大有为之君也,善推其心所好恶,以安四海也。④

安民,就是使百姓安定。安四海,就是使天下安定。以"安民"、"安四海"解释孟子的"保民"、"保四海"之说,说明在赵岐看来,孟子的王道政治,除了"生民"外,还要解决百姓的安全需要,为百姓提供安定、安全的生存、生活环境。

赵岐解释孟子王道,强调"生民"、"安民",说明赵岐认识到"生"与"安"是百姓最基本的两项需求。美国著名心理学家亚伯拉罕·马斯洛在《人类激励理论》中提出了人类需求层次理论,认为人类需求由低到高,共有五种,首先是生理需求,其次是安全需求,此说与赵岐释孟子王道论时以"生民"、"安民"为重,可谓殊途

---

① 《孟子·梁惠王上》1.4。
② 《孟子·梁惠王上》1.7。
③ (清)阮元校刻《十三经注疏·孟子注疏》,中华书局,1980 年影印本,第 2670 页。
④ (清)阮元校刻《十三经注疏·孟子注疏》,中华书局,1980 年影印本,第 2670 页。

同归。赵岐之所以解释孟子王道论时特别强调"生民"、"安民",实因于东汉末年社会现实。汉末政治黑暗,灵帝时,宦官把持朝政,其家人、家奴狐假虎威,危害乡里;灵帝本人生活荒淫奢靡,日耗千金,为了满足奢靡的生活,公开设西邸卖官,且明码实价。上行下效,地方官吏为了中饱私囊,加重赋税,大肆盘剥百姓,导致大批农民流亡他乡。大批农民不能安居本土,流亡在外,成为流民,演变成流民运动,酿成黄巾起义。所以赵岐强调"生民"、"安民",当是有感于汉末黑暗政治之下百姓难以为生、四处流亡的苦难。

赵岐虽然视霸政为劣政,但在为孟子所说"五霸者,三王之罪人"作注时说:"五霸者,大国秉直道以率诸侯,齐桓、晋文、秦缪、宋襄、楚庄是也。"①认为五霸所行为"直道",可见赵岐并不完全否定霸政。既推崇王道,也不完全排斥霸政,赵岐此种观念,与汉朝所崇尚的政治形态一致。汉宣帝说:"汉家自有制度,本以霸王道杂之,奈何纯任德教,用周政乎!"②

二、井田论:复行古法以利民

井田制是孟子推行王道仁政的理想田制。虽然古往今来的学者对孟子井田说争论不休,甚至怀疑井田是否存在,但赵岐坚信井田制古已有之,他阐释了孟子主张井田制的原因,并尽力弥补孟子井田制的疏略之处。

赵岐认为文王治岐时,就复行古法而推行井田。他说:

---

① (清)阮元校刻《十三经注疏·孟子注疏》,中华书局,1980 年影印本,第 2759 页。
②《汉书》,中华书局,1962 年,第 277 页。

往者文王为西伯时，始行王政，使岐民修井田，八家耕八百亩，其百亩者以为公田及庐井，故曰九一也。纣时税重，文王复行古法也。①

在赵岐看来，文王治岐，推行王政，为了解决岐地百姓的土地问题，下令百姓修出了井田；文王时的井田，就是八家共居一井，各家拥有一百亩耕田，共八百亩，还有一百亩作为公田及庐井，所以孟子说"文王之治岐也，耕者九一"。赵岐认为文王之所以要在岐地推行井田，是因为殷时赋税沉重，他要减轻百姓沉重的赋税负担；而文王推行井田，并不是自己的创造，实是复行古法。赵岐的文王复行古法而行井田之说，《礼记·王制》"古者，公田藉而不税"②可以为证。

赵岐指出，孟子以井田为理想田制，既是法先王之举，也是为了减轻百姓负担，宽以待民。孟子曾向毕战强调说明，井田之下的税率是："请野九一而助，国中什一使自赋。"赵岐对此的解释是：

九一者，井田以九顷为数，而供什一，郊野之赋也。助者，殷家税名也，周亦用之，龙子所谓莫善于助也，时诸侯不行助法。国中什一者，《周礼》"园廛二十而税一"，时行重法，赋责之什一也。而，如也。自，从也。孟子欲请使野人如助法，什一而税之；国中从其本赋，二十而税一以宽之也。③

---

① （清）阮元校刻《十三经注疏·孟子注疏》，中华书局，1980 年影印本，第 2676 页。

② （清）阮元校刻《十三经注疏·礼记正义》，中华书局，1980 年影印本，第 1337 页。

③ （清）阮元校刻《十三经注疏·孟子注疏》，中华书局，1980 年影印本，第 2702 页。

赵岐认为从当时现实来看,百姓承担的赋税十分沉重,郊野之民与国中之民上交的赋税都超过了十分之一,孟子正是看到了这一点,故而主张实行井田制,对郊野之民实行"九一而助"之法,以助耕公田的方式交纳赋税,所交赋税为"十分之一";对于国中之民,即城都之民,取消什一之税,依照《周礼》"园廛二十而税一"之制,上交"二十分之一"的赋税即可。赵岐认为孟子提出这样的主张,目的就是"宽民",而孟子有关圭田五十亩、余夫受田二十五亩的主张,更是为百姓提供更多的方便和实惠,是利民之道。他说:

> 古者卿以下至于士,皆受圭田五十亩,所以供祭祀也。圭,洁也。上田,故谓之圭田。所谓"惟士无田,则亦不祭",言绌士无洁田也。井田之民,养公田者受百亩,圭田半之,故五十亩。余夫者,一家一人受田,其余老小尚有余力者,受二十五亩,半于圭田,谓之余夫也。受田者,田莱多少有上中下。《周礼》曰"余夫亦如之",亦如上中下之制也。《王制》曰"夫圭田无征",谓余夫、圭田皆不当征赋也。时无圭田、余夫。孟子欲令复古,所以重祭祀、利民之道也。①

按照古制,圭田上的收入用以祭祀,家中其他尚有余力的人可以另受田二十五亩,圭田与余夫之田不用上交赋税,这是对民额外的恩惠,可是当时此种田制早已被废弃。赵岐认为,孟子在推行井田之下,又主张重行圭田、余夫二十五亩田制,同样是复行古法以利民。

赵岐强调孟子主张实行井田,也是为百姓创造更加安全的生

---

① (清)阮元校刻《十三经注疏·孟子注疏》,中华书局,1980 年影印本,第2702 页。

活环境。因为"同乡之田，共井之家，各相营劳也。出入相友，相友耦也。……守望相助，助察奸恶也。疾病相扶持，扶持其羸弱，救其困急。皆所以教民相亲睦之道"①。

　　赵岐还力图对孟子所述井田制粗疏与矛盾之处进行弥补。赵岐看到孟子所述井田制的粗疏与矛盾之处有三：其一，孟子认为实行井田制，可以保证百姓拥有百亩粮田和五亩园宅，但在井田制下，五亩园宅设在何处，孟子并没有说明。其二，孟子主张实行"九一而助"之税，依此而论，公田由八家均担，则是每家耕公田十二亩半，加上八家农民各自的百亩之田，实耕一百一十二亩半，十二亩半与一百一十二亩半之比正是九分之一，所以孟子井田制的助法实为九一之税。可是孟子曾对滕文公解释是："夏后氏五十而贡，殷人七十而助，周人百亩而彻，其实皆什一也。"②也就是说，孟子认为夏后氏的贡法、殷人的助法、周人的彻法，虽然税名不同，但税率都是什一，只不过是征税的方式不同，那么他主张九一而助之法，显然与什一税之说矛盾，且九一税显然比什一税重，行九一税，何来宽民？"其实孟子模糊了它们的差别，所谓公田是由八家来共同完成的耕作任务，实际上比什一之税增加了二成的负担。"③其三，孟子说："仁政必自经界始。经界不正，井地不均，谷禄不平。"④但孟子所指含混，没有点明经界之所在。为弥补这些粗疏而化解矛盾，赵岐作出了自己的解释。

---

①（清）阮元校刻《十三经注疏·孟子注疏》，中华书局，1980年影印本，第2703页。
②《孟子·滕文公上》5.3。
③曹毓英《井田制研究》，华中师范大学出版社，2005年，第124页。
④《孟子·滕文公上》5.3。

关于"九一而助"与"其实皆什一"的矛盾,以及"五亩之宅"的处所,赵岐注曰:

> 方一里者,九百亩之地也,为一井。八家各私得百亩,同共养其公田之苗稼。公田八十亩,其余二十亩,以为庐井宅园圃,家二亩半也。先公后私,"遂及我私"之义也。则是野人之事,所以别于士伍者也。①

赵岐认为井田中的一百亩公田,有二十亩用作八家农民的庐井、园宅,剩下的八十亩用来耕种五谷,收获所得,上交赋税,那么八家农民各自耕作的公田实际为十亩,如此每家农民所交接近十分之一②。赵岐此解并非凿空无稽之论,《韩诗外传》与《汉书·食

---

① (清)焦循撰,沈文倬点校《孟子正义》,中华书局,2017年,第298页。

② 关于"请野九一而助,国中什一使自赋";"方里而井,井九百亩,其中为公田,八家皆私百亩,公事毕,然后敢治私事,所以别野人也",学界有不同理解:一说,孟子之意是邦畿之内有公田,郊野无公田。如曹毓英说:"孟子又说:'请野九一而助,国中什一使自赋。'国中'什一使自赋'即是指邦畿之内而言,'请野九一而助',实为彻(彻)法,即九夫为井,其中非公田,而是九夫各以什一而贡,故为助,实际上与助耕公田一样,从每夫百亩中取什一而贡,但与贡法又不相同,并非按数岁之常,只是每年贡十之一。因为郊野的土地按土质分上、中、下三等,另有余夫之地,故其税法同畿内不一样。所以孟子又说:'方里而井,井九百亩,其中为公田,百(一本八)家皆私百亩,公事毕,然后敢治私事,所以别野人也。'这是指邦畿之田而言,同野人之别也就在这里,亦为邦畿同郊野之井田与税法之别,所以西周时比夏商时更为复杂一些。其实,说清楚了也就不见其复杂了,因为彻法是周之先世之家法,也就是后来西周所实行的通法,即畿内畿外、乡遂郊野都实行彻法。如《大雅·江汉》:'江汉之浒,王命召虎,式辟四方,彻我疆土。'可见原来江汉间的大小诸侯并非实行彻法,而是在征伐之后,建立了新封之国,才成了'彻(彻)我疆土'。彻(彻)法与助法是相通的,八家共井、九一而助,惟助为有公田,凡实行公田者都为助,郊野十取(转下页注)

货志》都有相近之论,《汉书·食货志》言:

> 井方一里,是为九夫。八家共之,各受私田百亩,公田十
> 亩,是为八百八十亩,余二十亩以为庐舍。[1]

赵岐的公田有二十亩庐舍之说,似乎解决了孟子井田制实交什一
之税的问题,但是他这一说法,比勘《孟子》原文,稍嫌牵强。因为
孟子本意是"五亩之宅,树墙下以桑",既然是在墙下种桑,显然所
指不是粮田;且《汉书·食货志》说:"田中不得有树,用妨五
谷。"[2]田中种树会妨害庄稼生长,所以不可能在粮田中种植桑
树,赵翼说:"所谓庐舍者,盖不过苫茅于垄间为憩息地,而非于公
田中占其二亩半也。"[3]田中庐舍只是供农人小憩的小屋,而非平
常住宅。赵翼又说:

(接上页注)一也与助法相近,惟贡法区别较大一点。"(曹毓英《井田制研
究》,华中师范大学出版社,2005 年,第 130 页。)

　　另一说相反,认为国中的"公田"实为藉田,而且公田与私田在空间上
并没有分开;郊野之民实为夏商族后裔,郊野有公田,且"公田""私田"在
空间上明确分开。如徐喜辰在"'国'中的'公田'即'藉田'"下说:"如上所
述,居住在'野'里的多是夏商族后裔,仍然保有着过去的公社形式,'公
田'和'私田'在空间上是明显分开的。他们除了耕种'私田'外,还要助耕
'公田'。但是,周族奴隶主贵族在其率领公社农民到各封国构筑城池武
装殖民时,在'国'中,表面上并没有在空间上和'私田'相对的'公田'存
在,而实际上把'公田'集中在一个地区,每年由'国'中的公社农民集体耕
种,这就是古代文献中所说的'藉田'。在'藉田'上进行始耕典礼,谓之
'耤礼',也简称为'耤'。"(徐喜辰《井田制度研究》,吉林人民出版社,1984
年,第 140—141 页。)

[1]《汉书》,中华书局,1962 年,第 1119 页。
[2]《汉书》,中华书局,1962 年,第 1120 页。
[3](清)赵翼《陔余丛考》,中华书局,1963 年,第 80 页。

　　孟子一则曰五亩之宅,再则曰五亩之宅。《周礼》"宅田"
注亦曰:五亩之宅并未有言二亩半之宅者,明是五亩为一宅
矣。若邑中之宅仅二亩半,何不直言二亩半之宅乎?①

所以赵岐以二亩半庐舍之说化解孟子什一之税以及五亩之宅的
矛盾和粗疏,并没有太强的说服力。金景芳指出:

　　赵说把九一解释为什一而税之,把什一解释为二十而税
一,孔说则把什一解释为于什一中取一,显违原意,不可信
从。方说从句法文义体会,以为九一是九中之一,什一是什
中之一,自是正解,不可移易。上文说"其实皆什一也",只是
近似之词。因为上文有"其实皆什一",就一定把下文的九一
和什一也解释成什一,这是不善读古书之过,其实,古书如此
叙述,本无矛盾。②

金景芳认为孟子所说"其实皆什一",并非确指"什一",不过是约
指,赵岐不善读书,反致误解。

　　关于孟子所说"仁政,必自经界始",赵岐认为经界指邻国边
界。他说:

　　经,亦界也。必先正其经界,勿慢邻国,乃可均井田,平
谷禄。谷所以为禄也。《周礼·小司徒》曰"乃经土地而井牧
其田野",言正其土地之界,乃定受其井牧之处也。③

赵岐以《周礼·小司徒》为据,说明孟子的"正经界",不仅包括田
地之界,也包括邻国边界。然而考察《周礼·小司徒》,小司徒之
职是:"乃经土地而井牧其田野,九夫为井,四井为邑,四邑为丘,

---

①(清)赵翼《陔余丛考》,中华书局,1963年,第80页。
②金景芳《论井田制度》,齐鲁书社,1982年,第39页。
③(清)焦循撰,沈文倬点校《孟子正义》,中华书局,2017年,第288页。

四丘为甸,四甸为县,四县为都,以任地事而令贡赋。"①也就是说,小司徒只掌管井田经界的划分,而非国家边界的划分,正邦国边界者是大司徒之职。所以赵岐此说显然有误。赵岐之所以认定孟子所说的"正经界",是"邻国经界",焦循作出了解释,他说:

> 《周礼·地官·大司徒》:"辨其邦国都鄙之数,制其畿疆而沟封之。凡建邦国,以土圭土其地而制其域;凡造都鄙,制其地域而封沟之。"邦国为公侯伯子男附庸,各有界矣。都鄙为王子弟公卿大夫采地,亦各有界矣。盖建邦国,造都鄙,必审井田之形势以为之界,各满其为通、为成、为终、为同、为封、为畿以界之。邦国都鄙之界,视井田之界而定;则井田之在各国各采邑者乃均。自诸侯之残虐者侵夺邻国,而邦国之界不正;自卿大夫之贪污者侵占邻邑,而采地之界不正;于是为成、为通、为井者,将不能满其数,合其度,而亦不均矣。惟外而邦国之大界正,内而都鄙采邑之小界正,而井田乃正。以之分授于夫,以之制诸臣之禄,皆可定也。此赵氏以正经界为勿侵邻国之义也。②

依焦循之见,赵岐其实是对孟子模糊的"正经界"作出了合理的弥补。孟子主张复行井田制,目的是保证百姓有恒产、有均田,保障官员的俸禄合理公平,然而如果国家的边界不正,侵夺别国土地,或者土地被别国掠夺,井地均平就不可能实现,所以才要结束暴君污吏的侵夺行为。也就是说,井田经界之正还须以国家边界之正为前提。赵岐补充了孟子言之不详的地方。

总之,在赵岐看来,孟子推行井田制,是效法文王,复行古制,

---

① (清)阮元校刻《十三经注疏·周礼注疏》,中华书局,1980 年影印本,第 711 页。
② (清)焦循撰,沈文倬点校《孟子正义》,中华书局,2017 年,第 289 页。

其目的是解决土地问题，保证与民恒产，实现土地均平，减轻百姓赋税负担，为百姓创造安全的生活环境，同时扼制暴君污吏的恶行。赵岐认为孟子"尊贤师，知采人之善，善之至也。修学校，劝礼义，敕民事，正经界，均井田，赋什一，则为国之大本也"①。

三、君臣之间，守道不违

考察赵岐对孟子君臣观的注释，可以看出，在疏通孟子原意的基础上，赵岐非常明显地融进了他对汉代政治的思考。

赵岐将孟子君臣观的总原则概括为"恩义"，君施恩，臣报恩，是为义；臣对君的态度方式取决于君恩之差别。他认为孟子对齐宣王所说的君臣之间手足腹心、犬马国人、草芥寇仇之论，很鲜明地体现出孟子的君臣"恩义"原则。他总结这一章的章指是："此章言君臣之道，以义为表，以恩为里，相应犹若影响。"②先秦时人认为"父子主恩，君臣主敬"，孟子本人主张"君臣有义"，赵岐以恩义概括孟子的君臣观，并且"以恩为里"，"以义为表"，视恩为君臣相处的精神原则，这种解释与孟子本意不相符。汉代提倡孝治天下，强调君臣如父子，赵岐以恩义解释孟子君臣观，显然正是汉代孝治观的反映。

赵岐赞同孟子的尊贤、用贤观。孟子主张君主对臣要做到礼贤下士，而不能随意呼召，因为从历史上来看，古代大圣大贤、有所作为的君主，一定会有大贤之臣为之出谋划策，所以对待大贤之臣不能随意召唤。赵岐认为孟子举成汤与伊尹、齐桓公与管仲之例就

---

① （清）焦循撰，沈文倬点校《孟子正义》，中华书局，2017 年，第 300 页。
② （清）阮元校刻《十三经注疏·孟子注疏》，中华书局，1980 年影印本，第 2726 页。

是告诉人们,王者以臣为师,霸者是以臣为友,"王者师臣,霸者友臣
也"①。有为之君不仅要尊贤,更重要的是,还要举贤、用贤,"知贤
之道,举之为上,养之为次。不举不养,贤恶肯归? 是以孟子上陈尧
舜之大法,下刺缪公之不弘者也"②。如果圣贤之人不受重用,那么
一定是天下无道,所以以孔子之才德,却只能做乘田之事,就是因为
天下无道。"国有道,则能者处卿相;国无道,则圣人居乘田"③。

　　赵岐对于孟子为臣之道更是击节赞赏。他认为孟子的士人
出仕原则是行道济民,要求君主尊德乐义,臣子也要守道不回。
在他看来,孟子的为臣之道是以道事君。孟子曾经说:"长君之恶
其罪小,逢君之恶其罪大。"④赵岐注云:

　　　君有恶命,臣长大而宣之,其罪在不能拒逆君命,故曰小
　　也。逢,迎也。君之恶心未发,臣以谄媚逢迎之,而导君为
　　非,故曰罪大。⑤

如果臣子不能以道事君,纠正君主的错误,为了讨好君主,反而谄
媚逢迎,助长、引诱君主为恶,就是大罪。曾子、子思都曾在武城
居住,敌寇来犯时,曾子离开武城,而子思选择留在武城,孟子对
此的解释是:子思留下,因为他是臣;曾子离开,因为他是师,二人

----

① (清)阮元校刻《十三经注疏·孟子注疏》,中华书局,1980 年影印本,第
　2694 页。
② (清)阮元校刻《十三经注疏·孟子注疏》,中华书局,1980 年影印本,第
　2745 页。
③ (清)阮元校刻《十三经注疏·孟子注疏》,中华书局,1980 年影印本,第
　2744 页。
④ 《孟子·告子下》12.7。
⑤ (清)阮元校刻《十三经注疏·孟子注疏》,中华书局,1980 年影印本,第
　2759 页。

身份不同。赵岐认为孟子如此解释,说明在孟子看来,为臣者当
为君死难。他说:"子思,微少也,又为臣,委质为臣,当死难,故不
去也。……章指言:臣当营君,师有余裕。"①臣有誓死保护君主
之责。不过,赵岐也看到,孟子反对愚忠,孟子曾经说:"自鬻以成
其君,乡党自好者不为,而谓贤者为之乎?"②赵岐注曰:

　　　　人自鬻于污辱,而以辅相成立其君,乡党邑里自喜好名
　　　者,尚不肯为也,况贤人肯辱身而为之乎?

　　　　此章言:君子时行则行,时舍则舍,故能显君明道,不为
　　　苟合而为正者也。③

如果是无道之君,就应"奉身以退"。

　　身居汉末乱世,赵岐非常清楚,外戚专权、党争是造成汉末动
荡的重要原因,因此在解释孟子用人观时,赵岐有时联系汉末现
实政治,抨击外戚专权。如,孟子说:"为政不难,不得罪于巨室。"
赵岐注:"巨室,大家也。谓贤卿大夫之家,人所则效者。"④孟子
说:"天下之本在国,国之本在家,家之本在身。"赵岐注云:

　　　　治天下者不得良诸侯,无以为本;治其国者不得良卿大
　　　夫,无以为本;治其家者不得良身,无以为本也。是则本正则
　　　立,本倾则踣,固在所敬慎而已。⑤

----

①（清）焦循撰,沈文倬点校《孟子正义》,中华书局,2017 年,第 500 页。

②（清）阮元校刻《十三经注疏·孟子注疏》,中华书局,1980 年影印本,第
　　2739 页。

③（清）焦循撰,沈文倬点校《孟子正义》,中华书局,2017 年,第 552 页。

④（清）阮元校刻《十三经注疏·孟子注疏》,中华书局,1980 年影印本,第
　　2719 页。

⑤（清）阮元校刻《十三经注疏·孟子注疏》,中华书局,1980 年影印本,第
　　2718 页。

赵岐解释"巨室"、"诸侯"、"家"、"身",都在前面添一"贤"或"良"字,于是"巨室"就是贤卿大夫之家,"诸侯"就是"良诸侯","家"就是"良卿大夫","身"就是"良身",这属于增字为释,非原词本有之义。赵岐之所以如此作解,就是强调治天下、治国、治家,一定要用贤臣,要看其品行,这是为政之本。这无疑是赵岐有感于东汉重用外戚、宦官而发,认为汉末大乱,实因用人不淑,故"本倾而踣"。孟子与齐宣王曾就贵戚之卿、异姓之卿有一段非常精彩的往来问答。赵岐作注时,将矛头直指贵戚。他解释"贵戚之卿"就是"内外亲族","异姓之卿"就是指"有德命为王卿也"。他认为这一章的章指是:"国须贤臣,必择忠良;亲近贵戚,或遭殃祸。"①赵岐此解,完全歪曲了孟子之意。孟子的本意是:贵戚之卿是与王同姓之卿,同血缘、同先祖,为维护家族利益,如果王无德无能,贵戚之卿有权废君立贤;异姓之卿与王无血缘之亲,只能尽其劝谏之职,无权废君;贵戚之卿、异姓之卿,亲疏有别,所以名分有别,职权不同。贵戚之卿单指同姓亲族之臣,不包括外姓亲族。孟子肯定贵戚之卿有权废君立贤,并以此警戒齐宣王;但孟子没有亲近贵戚即遭祸殃之意。显然,赵岐所解,与孟子原意不相符。赵岐将"贵戚之卿"解释为"内外亲族",将外姓亲族纳进"贵戚之卿",又说:"亲近贵戚,或遭祸殃。"这些明显都是针对当时外戚。杨伯峻就此发表意见,认为赵岐之说"值得商量。以汉代而言,外戚当权,可以说是'贵戚之卿',霍光且废昌邑王而改立宣帝,但不能以之解释《孟子》。《孟子》此文以'贵戚之卿'与'异姓之卿'对文,则'贵戚'为同姓可知。核之儒家所传宗法制度,亦当如此解

---

① (清)阮元校刻《十三经注疏・孟子注疏》,中华书局,1980 年影印本,第
　　2746 页。

释,'外亲'不在'贵戚之卿'数内也"①。

　　赵岐在为《孟子》作注时,有时也借此抨击朋党。孟子曾向齐宣王进言,选贤用贤,不能只听身边左右、众大夫之言,还要听取国人的意见,并考察其实。对此赵岐注曰:

> 国君欲进用人,当留意考择,如使忽然不精心意而详审之,如不得已而取备官,则将使尊卑、疏戚相逾,岂可不慎欤。……众恶之,必察焉。恶直、丑正,实繁有徒,防其朋党,以毁忠正也。②

赵岐认为孟子要求国君把国人意见作为选拔人才的重要参考,其实就是为了防止朋党。这显然是赵岐将己意加于孟子了。当然这也是赵岐针对现实政治有感而发。

　　赵岐为《孟子》作注,联系现实政治,借注《孟》影射现实政治,是其特点,对此学界有共识。如《尽心章句下》第十三章,孟子有言:

> 不仁得国者,有之矣。不仁而得天下者,未之有也。

赵岐注曰:

> 不仁而得国者,谓象封于有庳,叔鲜、叔度封于管、蔡,以亲亲之恩而得国也。虽有诛亡,其世有土。丹朱、商均,天子元子,以其不仁,天下不与,故不得有天下焉。③

赵岐总结此章章指是:"王者当天,然后处之。桀、纣、幽、厉,虽得犹失,不以善终,不能世祀,不为得也。"焦循分析赵岐之所以如此

---

① 杨伯峻《孟子译注》,中华书局,1960 年,第 252 页。
② (清)阮元校刻《十三经注疏·孟子注疏》,中华书局,1980 年影印本,第 2679 页。
③ (清)阮元校刻《十三经注疏·孟子注疏》,中华书局,1980 年影印本,第 2774 页。

申说孟子之意,与汉代政局分不开,他说:

> 按赵氏于不仁得天下前举丹朱、商均,此举桀、纣、幽、厉,皆非得天下之人,似乎所引未切矣。观此云"虽得犹失,不以善终"云云,虽承桀、纣、幽、厉,实指后羿、新莽一流。盖是时曹操俨然无人臣之节,赵氏属意荆州,此数语实指操而言。于"不仁得国"取象及管、蔡,皆宗室同姓之得国者。盖当时如袁绍、公孙瓒皆不仁得国者也,故有所忌讳,不言异姓也。玩其取贾子"当天"二字,固以此似是而非者,终于无状,而谬托丹朱、商均、桀、纣、幽、厉,实以秦皇斥操耳。而亦有所忌讳,不明言之也。知人论世,表而出之。①

焦循指出,赵氏在注中以丹朱、商均、管、蔡、桀、纣、幽、厉为例,说明"不仁"而得国、得天下"未之有",所举并不合孟子之意,因为这些人都非得国、得天下之人;赵岐之意实际是用这些人代指汉代乱臣:王莽、曹操、袁绍、公孙瓒。焦循特别强调,知人论世,所以观赵岐注《孟》,也要看到当时时局对赵岐的影响。

总体而言,赵岐对孟子君臣观的阐释,大都符合孟子原意,但是也有他自己政治理念的代入,还有他因应时代分崩离析的忧患,汉末风雨飘摇的影子也在其中闪现,因而也就有对孟子本义的延伸,甚至曲孟就己。

第二节　惟人性善,治心为大

心性论在孟子思想中占有非常重要的地位,是王道仁政的理论基石。心性论也是汉代思想学术的热点之一。其时,贾谊、韩

---

① (清)焦循撰,沈文倬点校《孟子正义》,中华书局,2017年,第805—806页。

婴、董仲舒、司马迁、扬雄、王充等，都对人性问题发表了自己的看法，有的人还借鉴和吸取了孟子有关心性的思想。赵岐非常明白孟子心性论的重要性，因此对孟子心性论的阐释力求尽演孟子本意，当然，身处汉代，其阐释不可避免带有汉代痕迹。

一、物性有殊，惟人性善

赵岐分析孟子论证人性的逻辑思路，指出孟子首先是从"类"出发观察人性，因为孟子说"凡同类者举相似也"，人、牛、犬不同类，所以牛之性，不仅与犬之性不同，也与人之性不同。赵岐认为从类的观念出发，孟子肯定人类有诸多相同，一是体貌相同，二是人的好憎之欲相同，三是人性相同。

他认为，孟子所说"尧舜与人同耳"，就是指人在外在体貌上的同类性，他说：

> 人生同受法于天地之形，我当何以异于人哉？且尧舜之貌与凡人同耳！其所以异，乃以仁义之道在于内也。①

同样，孟子所说"圣人与我同类"，也是指人体貌相同；而人之所以体貌会相同，因为人之形态体貌都是同法天地之形而来。赵岐这是以董仲舒天道观作解。董仲舒有"人副天数"之说，认为人的形体和精神都来源于天，故天圆地方，所以人头圆脚方；天有春夏秋冬，所以人有喜怒哀乐。赵岐指出，正因为"体类与人同，故举相似也"②，所以人的身体欲望的好憎也有相似性，"人禀性俱有好

---

① （清）阮元校刻《十三经注疏·孟子注疏》，中华书局，1980 年影印本，第2732 页。

② （清）阮元校刻《十三经注疏·孟子注疏》，中华书局，1980 年影印本，第2749 页。

憎,耳目口心,所悦者同"①。

赵岐认为,孟子探讨人性的第二个角度是人自身特性,虽然告子对人性也有自己的认识,但不如孟子对人性的认识深刻,因为告子只看到了"物生同类者皆同性",但是没有看到人自身的独有特性,而孟子正是从人自身特性出发,所以认识到只有人生而为善。孟子说过:"人之所以异于禽兽者几希。"②赵岐肯定孟子这一认识,并用汉代的元气自然论加以解释。他说:"禽兽俱含天气,众人皆然。"③人与禽兽都是由天地自然之气构成,所以从生命来源看,人兽无别。虽然如此,孟子却看到了人性的独有特性,这正是孟子思想的高明之处。

> 物虽有性,性各殊异。惟人之性,与善俱生。赤子入井,以发其诚,告子一之,知其粗矣,孟子精之,是在其中。④

赵岐肯定孟子"惟之人性,与人善俱生"的认识为"精",而告子的人性认识是粗浅之见。

赵岐指出,孟子探讨人性的第三角度是"顺夫自然"。他说:

> 孟子曰:"水诚无分于东西。"故决之而往也,水岂无分于上下乎? 水性但欲下耳。人性生而有善,犹水之欲下也,所以知人皆有善性,似水无有不下者也。跃,跳。颡,额也。人以手跳水,可使过颡;激之,可令上山,皆迫于势耳,非水之

---

① (清)阮元校刻《十三经注疏·孟子注疏》,中华书局,1980 年影印本,第 2749 页。

②《孟子·离娄下》8.19。

③ (清)阮元校刻《十三经注疏·孟子注疏》,中华书局,1980 年影印本,第 2727 页。

④ (清)焦循撰,沈文倬点校《孟子正义》,中华书局,2017 年,第 613 页。

性也。①

赵岐认为,孟子清楚地认识到人性如水,虽然水可流向东、流向西,也可流上山、跃过头顶,但这都是在外力引导下的结果,没有外力影响,在自然状态下,一定向下,因为水性本下。人性亦如此,只有在自然状态,呈现的才是人性的本然,而人性之本然,就是人有善性。

赵岐以上关于孟子人性论证逻辑的分析,虽然不时杂有汉代的天道、元气观,但总体解说合乎孟子人性思想之实。

二、性情表里,达情识性

赵岐认同孟子关于人性的认识,并以性情之说阐释孟子人性论。

赵岐指出,孟子所说"怵惕恻隐之心",其实是情;孟子所说敬楚人之老与敬己之老之"敬",也是情。人有情,"情出于中",此"中"即是人性。人有"怵惕恻隐"、"敬老"之情,因为人性善,"怵惕恻隐"、"敬老"之情,是人性的外显,性为里,情为表。他说:

> 性与情相为表里,性善胜情,情则从之。《孝经》云:"此哀戚之情。"情从性也。能顺此情,使之善者,真所谓善也。若随人而强作善者,非善者之善也。若为不善者,非所受天才之罪,物动之故也。②

性情之间,性主情从,人性主导情。人之真善,当顺人性而为,本

---

① (清)阮元校刻《十三经注疏·孟子注疏》,中华书局,1980 年影印本,第2748 页。
② (清)阮元校刻《十三经注疏·孟子注疏》,中华书局,1980 年影印本,第2749 页。

诸内心,而非迫于外力,勉强而为。

既然情为性表,所以认识人性,就当"达情",由情识性是重要途径。他说:"凡人随形,不本其原,贤者达情,知所以然。"①一般人惑于表象,不求原寻本,所以对人性就不会有正确认识。贤者由情寻性之本,故能掌握人性的本质。孟子曰:

> 行之而不著焉,习矣而不察焉,终身由之而不知其道者,众也。②

赵岐注曰:

> 人皆有仁义之心,日自行之于所爱而不能著明其道,以施于大事。仁妻爱子,亦以习矣,而不能察知可推以为善也。由,用也。终身用之,以为自然,不究其道可成君子,此众庶之人也。③

赵岐认为,孟子此语可以说明很多人不能洞悉人性真谛的原因。平素日常,"仁妻爱子"是自然而然的常情,但因为司空见惯,人们习以为常,因而熟视无睹。在赵岐看来,"仁妻爱子"就是认识人性的大关节,因为"仁妻爱子"是情,情发于中,是天性使然,是人善心的流露。所以从"仁妻爱子",就能透视人之本性。由情而识性。

赵岐以情性论孟子人性,明确提出性情表里,并由此导出由情而识人性,这是他对孟子人性论的深化。

---

① (清)阮元校刻《十三经注疏·孟子注疏》,中华书局,1980 年影印本,第 2748 页。
②《孟子·尽心上》13.5。
③ (清)焦循撰,沈文倬点校《孟子正义》,中华书局,2017 年,第 731 页。

三、人为不善,失其素真

孟子认为人都有良能、良知,赵岐认为良能、良知,足证"仁义之心,少而皆有之"、"本性良能仁义是也"①。既如此,又如何解释现实当中时时可见的不善之行、不善之事?

赵岐对此作出了解释。他指出,孟子所说四心实为仁义之"四端","端"即"首",微小,需要"引用为行",养而充之。他说:

> 无此四者,当若禽兽,非人心耳,为人则有之矣。凡人但不能演用为行耳。……端者,首也。人皆有仁义礼智之首,可引用之。……凡有四端在于我者,知皆廓而充大之,若火、泉之始微小,广大之则无所不至。以喻人之四端也,人诚能充大之,可保安四海之民,诚不充大之,内不足以事父母。言无仁义礼智,何以事父母?②

只有扩充四端,变微小而为充大,则内可孝养双亲,外可安保天下。如若不然,人就可能行不善。

赵岐指出,人为不善,并非本性即恶,而是在外力驱使之下的改变;是"失其素真"所致。

> 人之可使为不善,非顺其性也,亦妄为利欲之势所诱迫耳。犹是水也,言其本性非不善也。……人之欲善,犹水好下,迫势激跃,失其素真,是以守正性为君子,随曲折为小人者也。③

---

① (清)阮元校刻《十三经注疏·孟子注疏》,中华书局,1980 年影印本,第 2765 页。
② (清)阮元校刻《十三经注疏·孟子注疏》,中华书局,1980 年影印本,第 2691 页。
③ (清)阮元校刻《十三经注疏·孟子注疏》,中华书局,1980 年影印本,第 2748 页。

利欲诱惑、外力逼迫，等等，都可能使人背离本性，所以君子与小人的区别就在于君子能守正性而不变，小人从利欲而弃正性。赵岐感慨道：

> 天之生人皆有善性，引而趋之，善恶异衢，高下自悬，贤愚行殊，寻其本者，乃能一诸者也。①

人的善恶、贤愚之分，关键就在于是否"失其素真"。

赵岐以不扩充四端、在外力驱使下导致失人性之"素真"解释孟子人为不善的原因，契合孟子本意。

四、治心为大，知性知天

人既有四心，为什么会受外物诱惑、外力驱使而为不善，为何不扩充四端而使四心"熟之"，孟子认为根本原因，人未能"尽心"，没有发挥"心之官"思的作用，导致人应对外物、外力时失去人的主体性。公都子与孟子有一段对话：

> 公都子问曰："钧是人也，或为大人，或为小人，何也？"
>
> 孟子曰："从其大体为大人，从其小体为小人。"
>
> 曰："钧是人也，或从其大体，或从其小体，何也？"
>
> 曰："耳目之官不思，而蔽于物。物交物，则引之而已矣。心之官则思，思则得之，不思则不得也。此天之所与我者，先立乎其大者，则其小者不能夺也。此为大人而已矣。"②

在这段对话中，有三对关键词：大人与小人、大体与小体、"耳目之官"与"心之官"。孟子指出，之所以会有大人与小人之分，是因为人们的行为有"从其大体"与"从其小体"之别，"从其大体"者即为大人，"从其

---

① （清）焦循撰，沈文倬点校《孟子正义》，中华书局 2017 年，第 627 页。
② 《孟子·告子上》11.15。

小体"者即为小人,而在其中,"心之官"的作用至为重要。但是孟子并没有解释何为"大体"、何为"小体",也没有解释为什么"心之官则思"。

对此赵岐做出了解释。他说:

> 大体,心思礼义。小体,纵恣情欲。……官,精神所在也,谓人有五官六府。物,事也。利欲之事来交引其精神,心官不思善,故失其道而陷为小人也。此乃天所与人情性,先立乎其大者,谓生而有善性也。小者,情欲也。善胜恶,则恶不能夺之而已矣。①

"大体"即是心,心能思礼义;小体即是情欲。"心之官"有思之能,是因为"心之官"是"精神所在"。如果"心之官""不思善",放纵情欲,那么就会沦为小人。赵岐这些解释,可谓平正通达。《孟子》最后一章是《尽心章》。这一章在中国儒学史上具有非常重要的地位,黄俊杰曾经指出:

> 儒学经典中的重要篇章,在东亚儒家经典诠释史中常常发挥温度计似的指标作用,解经者之哲学立场、政治主张及思想倾向常能从他们对经典中特定篇章之诠释言论中窥见。这类篇章不胜枚举,如《孟子·尽心上》第一章"孟子曰:'尽其心者,知其性也。知其性,则知天矣'"一语,《论语·雍也第六》第一章"雍也,可使南面"一语,都在东亚儒学经典诠释史上发挥指标性的作用。②

千百年来,对《孟子·尽心章》的解释可谓见仁见智。赵岐对此章

---

① (清)阮元校刻《十三经注疏·孟子注疏》,中华书局,1980 年影印本,第 2753 页。

② 黄俊杰《中国经典诠释传统:(一)通论篇》,华东师范大学出版社,2008 年,第 249 页。

的解释可见他对孟子心性之说的认识。他解释此章之所以用"尽心"为篇题时说：

> 尽心者，人之有心，为精气主，思虑可否，然后行之。犹人法天，天之执持纲维，以正二十八舍者，北辰也。《论语》曰："北辰居其所，而众星拱之。"心者，人之北辰也。苟存其心，养其性，所以事天也，故以尽心为篇题。①

在这里，赵岐实际是在为孟子补充。补充说明了心为何能思，以及心为何为"大体"的问题。在赵岐看来，心是精气之主，所以能思；于人而言，心就如同众星所拱卫的北辰，起着主导作用，所以是人之大体。赵岐从生命机体功能解说孟子之心性之说，其理论依据是汉代气论，赵岐之解虽嫌凝滞，但不失孟子思想本色。

对于孟子所说"尽其心者，知其性也；知其性，则知天矣；存其心，养其性，所以事天也"，赵岐之注如下：

> 性有仁义礼智之端，心以制之。惟心为正，人能尽极其心，以思行善，则可谓知其性矣。知其性，则知天道之贵善者也。……能存其心，养育其正性，可谓仁人。天道好生，仁人亦好生。天道无亲，惟仁是与。行与天合，故曰所以事天也。②

赵岐认为，孟子此语之意就是：人虽有善端，但须以心制之，以心思之，明白自我本性，达到"思行善"。能够"思行善"，表明真知人

---

① （清）阮元校刻《十三经注疏·孟子注疏》，中华书局，1980 年影印本，第 2763 页。

② （清）阮元校刻《十三经注疏·孟子注疏》，中华书局，1980 年影印本，第 2764 页。

之本性。为什么知性即是"知天",因为人有仁心,仁者"好生",而天道亦好生,"好生"是天人所同,所以知仁者之心,也就知天道之本,也就是"知天"。赵岐认为孟子的尽心而知性、知天,还只是知的层面,而孟子更强调在知后的践行,其"存心"、"养性"就是"行",确保善心不致亡失,所行为仁,行与天合。显然赵岐已经认识到,孟子的尽心知性而知天,与存心养心以事天,其真实意蕴就是个体自我完善不能离心而行,心须时时在场;个体自我完善,既是成就自我,也是天人合一的崇高境界。赵岐再次以《易》天道"好生"论阐释孟子的天人合一之说。

赵岐对孟子心性论的阐释,既梳理了孟子心性论的论证逻辑,也分析了孟子心性论基本意蕴,还用汉代的天道观、气论哲学、情性之说等,弥补和圆融了孟子心性论言之不明之处。

第三节　浩然之气,即正直之气

孟子曾自豪地宣称:自己"四十不动心",自己有"知言"、"善养吾浩然之气"之长。善养浩然之气是孟子"思想中最有特色的部分,也是人们最感兴趣的问题"①。宋代学人认为孟子提出的"浩然之气"发孔子所未发,是孟子对孔学的一大贡献。程颐就说:"孟子性善、养气之论,皆前圣所未发。"又说:"仲尼只说一个志,孟子便说出许多养气出来。"②所以他提出,"《孟子》'养气'一篇,诸君宜潜心玩索。须是实识得方可"③。赵岐对孟子"养气"之

①蒙培元《蒙培元讲孟子》,北京大学出版社,2006年,第198页。
②(宋)朱熹《四书章句集注·孟子集注》,中华书局,2011年,第186页。
③(宋)程颢、(宋)程颐撰,王孝鱼点校《二程集》,中华书局,1981年,第205页。

说也有自己的认识。

一、"不动心"即无惧、无畏

"不动心"是孟子非常重要的思想范畴,是引出孟子养气论的重要思想背景,也是孟子养得浩然之气而达到的崇高精神境界。

何谓"不动心"? 赵岐的解释是:"丑问孟子,如使夫子得居齐卿相之位,行其道德,虽用此臣位辅君,行之亦不异于古霸王之君矣。如是,宁动心畏难、自恐不能行否耶? 丑以此为大道不易,人当畏惧之,不敢欲行也。"①赵岐将"动心"释为畏难、恐惧,因此"不动心"就是无惧、无畏。

考察上下文,赵岐的解释近是。因为在紧接其后,公孙丑、孟子分别提到的五个"不动心"的典型:孟贲、北宫黝、孟施舍、曾子、子夏,都是以不畏惧而至"不动心"。以孟贲为例,《吕氏春秋·用众篇》载:"凡君之所以立,出乎众也……故以众勇无畏乎孟贲矣。"高诱注:"孟贲,古之大勇士。"②东方朔上书皇帝介绍自己时,自称"勇若孟贲"。《吕氏春秋·必己篇》对孟贲之勇有生动描绘:"中河,孟贲瞋目而视船人,发植,目裂,鬓指,舟中之人尽扬播入于河。"③《说苑》绘声绘色描述了孟贲之勇:"孟贲水行不避蛟龙,陆行不避虎狼,发怒吐气,声响动于天。"④综上可见,孟贲在

---

① (清)阮元校刻《十三经注疏·孟子注疏》,中华书局,1980 年影印本,第 2685 页。

② (战国)吕不韦撰,陈奇猷校释《吕氏春秋新校释》,上海古籍出版社,2002 年,第 236 页。

③ (战国)吕不韦撰,陈奇猷校释《吕氏春秋新校释》,上海古籍出版社,2002 年,第 836 页。

④ (汉)刘向撰,向宗鲁校证《说苑校正》,中华书局,1987 年,第 542 页。

战国、秦汉都是勇敢、无所畏惧者的典型。因此,公孙丑在听到孟子称"我四十不动心"之后,立即盛赞老师:"若是,夫子过孟贲远矣。"显然在公孙丑看来,孟子在勇敢、无所畏惧上远超孟贲。而北宫黝、孟施舍、曾子、子夏也是以"养勇"力争做到"不动心"。所以,"不动心"就是不畏惧、不畏难,属于勇的范畴。一个人的修养达到了"不动心"的境界,就能遇事无所畏惧、勇于担当、毫不退缩。

然而,与北宫黝、孟施舍的无惧无畏不同,也与告子的"不动心"有别,孟子的"不动心",是通过"知言""养气"而达到的精神境界,无惧无畏只是"不动心"的一个方面,并不是全部,"'不动心'是指一种人生境界,涵义甚广"①。孟子的"不动心",虽也是无惧无畏,但有两个非常重要的方面不可缺失,即以道义为底蕴,以心作主宰,赵岐显然并没有体悟出孟子"不动心"之说的全部义蕴,所以他的解释只是近是,得其一指而已。

二、浩然之气,乃正直之气

孟子自己也说,浩然之气"难言",赵岐又作何解?

赵岐分析孟子气论,指出孟子所说"体之充"之气,以及由志所"帅"之气,实际就是人之"喜怒",也就是人的情感、情绪,而且这种情绪充满人的形体。他说:"气所以充满形体,为喜怒也。"②孟子曾以"平旦之气"说明人本有良善之心,赵岐将"平旦之气"直接解释为"平旦之志气",说明在赵岐看来,人的情绪、情感也是志的体现。

---

① 黄俊杰《中国孟学诠释史论》,社会科学文献出版社,2004年,第172页。
② (清)阮元校刻《十三经注疏·孟子注疏》,中华书局,1980年影印本,第2685页。

与以喜怒为表征的情感情绪不同,赵岐将"浩然之气"定性为"正直之气",他说:

> 此至大至刚、正直之气也。然而贯洞纤微,洽于神明,故言之难也。养之以义,不以邪事干害之,则可使滋蔓,塞满天地之间;布施德教,无穷极也。……能养道气而行义理,常以充满五脏。若其无此,则腹肠饥虚,若人之馁饿也。①

赵岐解释"浩然之气"为至大至刚的正直之气,说明他看到了孟子所论"浩然之气"的道德属性。

不过,他又指出,此气"贯洞纤微",通达神明,塞满天地之间;并且可以"充满五脏",人"若其无此,则腹饥虚",显然,赵岐认为孟子"浩然之气"并非纯粹只是精神属性,其实还具有物质属性。"浩然之气"的物质属性与人的生命相关,指人的生命机能。表明赵岐已经模糊地认识到孟子"浩然之气"是人的生命意义与道德精神属性的合一,因为孟子其实是要通过养"浩然之气",以道德理性转化人的原始生命力,浩然之气的养成,须以生命机能之气为依托,同时又影响生命机能之气。"孟子论养气,本旨在于论生命之理性化。此为事中显理之义,乃儒学人文化成精神之特征所在。而存养工夫主要亦即归宿于此。德性我与形躯我之间,常为生命情意所隔,故言成德之学者必扣紧生命理性化而言。盖必使生命力及情意活动能归于理,然后始能于生活万事中一理流行。此与释氏老氏之主清静寂灭皆有根本殊异。学者宜详察之。"②

---

① (清)阮元校刻《十三经注疏·孟子注疏》卷三,中华书局,1980 年影印本,第 2685 页。
② 劳思光《新编中国哲学史》(第 1 卷),广西师范大学出版社,2005 年,第 130 页。

足见赵岐其时能有此认识，难能可贵。

三、配阴阳之道，杂义而生

孟子明言："浩然之气"的养成需要"配义与道"，需要"集义"，才能生成。

何谓"配义与道"？各家说解不一。朱熹说："道是体，义是用。"①视义为道的发用。冯友兰说："养浩然之气的方法有两个方面。一个方面，可以叫做'知道'，道就是提高精神境界的道。另一方面，孟子叫做'集义'，就是经常做一个'天民'在宇宙中应当做的事。把这两方面结合起来，就是孟子说的'配义与道'。"②"知道"是知，"集义"是行。我们认为，所谓"配义与道"，不是从外面引进义与道，与气相配，依孟子义内之说，道义源自人与生俱有之善性，是人内在本性，只不过需要认知与践行，"配义与道"，就是知道与行义。而"集义"，则是强调行义要持之以恒，坚持不懈。

赵岐对此的认识是：

> 言此气与道义相配偶俱行。义谓仁义，可以立德之本也。道谓阴阳大道，无形而生有形，舒之弥六合，卷之不盈握，包络天地，禀授群生者也。言能养此道气，而行义理，常以充满五脏；若其无此，则腹肠饥虚，若人之馁饿也。……集，杂也。……言此浩然之气与义杂生，从内而出，人生受气所自有者。……自省所行，仁义不备，干害浩气，则心腹饥馁矣。③

---

① （宋）黎靖德编，王星贤点校《朱子语类》，中华书局，1986年，第1256页。

② 冯友兰《三松堂全集》第六卷，河南人民出版社，1989年，第71页。

③ （清）阮元校刻《十三经注疏·孟子注疏》，中华书局，1980年影印本，第2685页。

赵岐释"义"为"仁义",也就是说,"义"是仁义的省称,涵盖"仁"。这一解释符合孟子本来行文风格。但是赵岐释"道"为"阴阳大道",认为其特质是"舒之弥六合,卷之不盈握",是生成万物、群生之本,这显然是用汉代阴阳学说、道家理论解释孟子之说。由于赵岐认为孟子所说的气具有物质属性,又认为仁义为人与生俱有,"浩然之气"也是与生自有者,"浩然之气"与义则是合生的关系,故此,他释"集"为"杂"①。赵岐对"配义与道"、"集义"的解释明显沾染汉代思想色彩,认为"浩然之气"是与义"杂生",与孟子思想本意不合。

四、必有事,即必有福

在孟子养气论中,还提到"必有事焉,而勿正,心勿忘,勿助长也"。千百年来,对此的疏解也是众说纷纭。

赵岐认为"必有事"就是"必有福"。他说:

> 言人行仁义之事,必有福在其中,而勿正,但以为福。故为义也,但心勿忘其为福,亦勿汲汲助长其福也。汲汲则似宋人也。……天下人行善者,皆欲速得其福,恬然者少也。以为福禄在天,求之无益,舍置仁义,不求为善,是由农夫任天,不复耘治其苗也。其邀福欲急得之者,由此揠苗人也。非徒无益于苗,乃反害之。言告子外义,常恐其行义,欲急得其福,故为丑言人之行,当内治善,不当急求其福,亦若此揠苗者矣。②

①(清)阮元校刻《十三经注疏·孟子注疏》,中华书局,1980 年影印本,第 2685 页。

②(清)阮元校刻《十三经注疏·孟子注疏》,中华书局,1980 年影印本,第 2686 页。

赵岐此注中，"福"是重心。赵岐认为，孟子坚信养气行仁，定会有福报，但是孟子担心人们急于求福，而拔苗助长；也担心人们认为福禄在天，与仁义无关，因而不求为仁行善，所以孟子说："必有福焉。"赵岐将孟子"必有事焉"解释为"必有福"，认为养气行仁会有福报，不能说毫无根据，因为孟子确曾说过"仁则荣，不仁则辱"①，多次言"仁者无敌"，德福一致也是孟子思想。但是将此处的"必有事"，解释为"福"，就胶柱鼓瑟了。因为依孟子之见，无论祸福如何，身处何境，人都当有浩然之气节，居仁由义。

关于赵岐以"福"释"事"，学界大致有三种看法。

其一，从文字训诂来看，认为"福"与"事"是形近而误，故赵岐的解释不谬。清人翟灏和近人劳思光就持此说。翟灏认为从古字形来看，古文"福"字作"畐"，如果"畐"字中笔为引长，形便类'事'"。"事""畐"二字属形近而误，所以"旧本《孟子》当作'必有畐焉'，故赵氏之注如此"②。

近人劳思光则说："案，古文'福'字作'畐'，缺去一画，便成'畐'，与'事'字极近；赵氏所见之本当原是'畐'字，故赵注遂以'福'为中心而释之。后世'畐'讹为'事'，遂成今本所见之文。如此，赵注乃成为可解。而今释此节，亦应就'畐'而释之。"③并且认为："孟子本常谓'仁者无敌'，盖以为行仁义必有实效，此虽与儒学之基本精神不全同，但《孟子》书中关于此点之证据固极多。

---

① 《孟子·公孙丑上》3.4。
② （清）翟灏《四书考异》，《续修四库全书》167册，上海古籍出版社1996年，第320页。
③ 劳思光《新编中国哲学史》（第1卷），广西师范大学出版社，2005年，第129页。

则孟子谓以理养气,必可收功于事中,亦不违孟子之一贯理论。"①

其二,赵岐以"福"字解"事"字,字形不差,但义解错,其义应为"副",即"副贰"之义,俞樾持此说。他说:"赵氏作福,……其字是也,其义未必然也。请据赵本之字,以求孟子之旨。'福'当读为'副'。《广雅·释诂》:'贰,福盈也。'是副贰字,古或作福也。……此经云'必有福焉而勿正',犹云'必有副焉而勿正。'……何谓副?上文所谓'配义与道'是也。……气必配道与义,然后可谓善养吾浩然之气,此必有副焉之说也。若无所配,即无所副;无所副,则气为正矣。……集义,即配道与义。配道与义,即必有副焉。'而勿正'。因订一字之讹而通全章之义,学者慎毋束古注于高阁也。"②

其三,赵岐所以以"福"释"事"字,除了文字学上的理由,有可能与赵岐一生坎坷际遇有关。黄俊杰持此见解。他说:"赵岐一生游移于'圣之清'与'圣之任'之间,饱受后汉枳桑政治之凌虐,对福祸之于人自有深刻之会心。无可奈何生乱世,伤心人是会心人,他以'必有福焉'释'必有事焉'或竟与其福祸相倚、人海浮沉之生涯有间接之关系欤?"③

第四节　赵岐对孟子思想诠释的特点

经学是汉代主流学术,也是汉代官方意识形态的主要载体。

①劳思光《新编中国哲学史》(第1卷),广西师范大学出版社,2005年,第129页。
②(清)俞樾《群经平议》卷三十二,清光绪《春在堂全书》本。
③黄俊杰《孟学思想史论》,台北中研院中国文哲研究所筹备处,1997年,第209—210页。

汉代经学因所用经典字体不同等原因,又有今文经学派与古文经学派之分。今文经学派居于官方地位,享有崇高的地位;古文经学派主要在民间发展。两派囿于学术与政治的牵绊,争斗激烈,且伴随汉代经学始终,直至东汉末年,郑玄取古今文之长,整理群经,才终结了这场旷日持久的纷争。今文经学注重发掘经典的微言大义,阐释义理;古文经学注重名物训诂,解释典章制度。东汉末期,古文经学大兴,盛极一时的今文经学衰微,但古今文兼采也是当时治学的重要趋势,马融、郑玄就是其中的代表。

东汉一朝,最严重的政治痼疾是宦官、外戚交替专权,导致皇权旁落,天下动荡。桓帝、灵帝时期,宦官把持朝政,权势熏天,贵族、士大夫对宦官的反对和抨击此起彼伏,最终酿成党锢之祸,引发了黄巾起义,也将汉朝推向了灭亡。赵岐自己就是因为得罪了宦官,在党锢之祸中受到打击,不得不逃亡隐居。

东汉末年的政治与学术环境影响了赵岐的治学旨趣。因而他为《孟子》作注,一方面疏通文义,以助学者;同时也借以表达他安民救世的主张。因此,赵岐对孟子思想的阐释,特点明显。

一、立足文字训诂,申发原意

古文经学以揭示经典原意为目的,因而注重对文字、语词、典章制度等的解释。受古文经学影响,赵岐注解《孟子》,力求彰显孟子原意,因而他对《孟子》作注,关注的重心,同样也在于文中的文字、语词、典章制度。力求考释严谨,求其本意,以贴合孟子本人思想的真实。如孟子的名言:

　　老吾老,以及人之老;幼吾幼,以及人之幼。①

---

① 《孟子·梁惠王上》1.7。

赵岐注曰：

> 老，犹敬也。幼，犹爱也。敬我之老，亦敬人之老；爱我之
> 幼，亦爱人之幼。推此心以惠民，天下可转之掌上。言其易也。①

焦循对赵岐之注有评：

> 老无敬训，幼无爱训，故云犹敬、犹爱也。②

释"老"为"敬"，释"幼"为"爱"，并无文字学、词汇学的依据，所以赵岐用一个"犹"解，说明了其中的文义脉络。可见其严谨。阮元曾说："赵岐之学以较马、郑、许、服诸儒稍为固陋，然属书、离辞，指事、类情，于诂训无所戾。"③

今文经学解经注重经义义理，受汉末古今文兼采学风的影响，赵岐注解《孟子》，同样也兼释孟子思想。由于揭示孟子原意是赵岐的目的，所以尽管他对孟子思想义理的注释较为简略，但总体而言，他对孟子思想的阐释，诸如他对孟子王霸之辨、心性论、养气论的阐释都不失孟子本意，而且有些解释也明达精彩。

正是因为赵岐从文字训诂入手解读《孟子》，力求彰显《孟子》思想原意，一定程度上保存了《孟子》古义，就为后人认识孟子思想的本来面貌架起了一座桥梁。

二、系志于翰墨，发明用心

赵岐《孟子题辞》明言："余困吝之中，精神遐漂，靡所济集，聊

---

① (清)阮元校刻《十三经注疏·孟子注疏》，中华书局，1980 年影印本，第
　　2670 页。
② (清)焦循撰，沈文倬点校《孟子正义》，中华书局，2017 年，第 72 页。
③ (清)阮元校刻《十三经注疏·孟子注疏》，中华书局，1980 年影印本，第
　　2664 页。

欲系志于翰墨,得以乱思遗老。"①逃难避祸时的赵岐,想把自己的所思所想寄以翰墨,所以他作《孟子章句》,一方面固然是要揭示孟子原意,但是因为他要借以表达自己的所思所想和人生感受,所以对《孟子》的注解,也就融进了自己的心意。

而且赵岐如此作解,也有孟子思想为其依据。关于如何理解《诗》义,孟子提出了一个非常重要的观点,他说:

> 说《诗》者,不以文害辞,不以辞害志。以意逆志,是为得之。如以辞而已矣,《云汉》之诗曰:"周余黎民,靡有孑遗。"信斯言也,是周无遗民也。②

对此,赵岐注云:

> 文,诗之文章,所引以兴事也。辞,诗人所歌咏之辞。志,诗人志所欲之事。意,学者之心意也。孟子言说诗者当本之,不可以文害其辞,文不显乃反显也。不可以辞害其志。辞曰:"周余黎民,靡有孑遗。"志在忧旱灾,民无孑然遗脱不遭旱灾者,非无民也。人情不远,以己之意逆诗人之志,是为得其实矣。③

赵岐认为,"志"就是文本之义,是作者所要表达的意图;"意"是读者之意,是读者对文本之"义"的体会;"不以文害辞",就是不因拘泥于文词而影响对作者话语实际内涵的理解;"不以辞害志",就是不因拘泥文本语言而影响对作者作品本意的理解,那么就要

---

①（清）阮元校刻《十三经注疏·孟子注疏》,中华书局,1980 年影印本,第2663 页。

②《孟子·万章上》9·4。

③（清）阮元校刻《十三经注疏·孟子注疏》,中华书局,1980 年影印本,第2735 页。

"知人论世",回到作者身处的时代环境,结合作者本人的经历,体会作者所要表达的真实意图。"以意逆志",就是读者"以己之意逆诗人之志",也就是调动读者自己的人生经验去找寻作者在其文本背后的意蕴,如此才能正确把握作品的内涵。之所以可以"以己之意逆诗人之志",是因为"人情不远"。赵岐对孟子解诗观的解释可谓探骊得珠,得孟子之旨。"以意逆志"也是他解读《孟子》的理论依据。

本着孟子"以意逆志"的解经原则,赵岐为《孟子》作注,不时发明己心,融进己意。由于忧心于东汉乱局,厌恶外戚宦官乱政,所以赵岐解《孟》之说,有时与时政以及他个人的人生遭际、感受相关。孟子有言:"大人者,不失其赤子之心者也。"①赵岐对此的解释是:

　　　大人谓君。国君视民当如赤子,不失其民心之谓也。②

孟子有言:"贤者以其昭昭,使人昭昭;今以其昏昏,使人昭昭。"③赵岐解释为:

　　　贤者治国,法度昭明,明于道德,是躬行之道可也。今之治国,法度昏昏,乱溃之政也。身不能治,而欲使人昭明,不可得也。④

赵岐将《孟子》泛指概念的"大人"、"贤者"狭义化为国君、治国者,将宽泛的个人道德修养仅仅局限于国家政治,尽管不违背孟子思

---

①《孟子·离娄下》8·12。
②（清）阮元校刻《十三经注疏·孟子注疏》,中华书局,1980 年影印本,第2726 页。
③《孟子·尽心下》14.20。
④（清）阮元校刻《十三经注疏·孟子注疏》,中华书局,1980 年影印本,第2775 页。

想根本,但并不符合《孟子》此处文字的原意。"而是赵岐基于现实社会境遇下的'自得'式'发明'。"①

在赵岐"自得"式的"发明"中,有时出现曲孟就己的情况。如前所言,他将"贵戚之卿"解释为外戚;认为孟子主张听取百姓意见,就是为了防止朋党,等等。又如陈仲子,本是孟子批评的对象。孟子批评陈仲子为了个人所谓的廉洁,避兄离母,不顾家庭人伦,认为他是"蚓而后充其操者也"。可是赵岐却在《章指》中说:

> 圣人之道,亲亲尚和。志士之操,耿介特立;可以激浊,不可常法。是以孟子喻以蚯蚓比诸巨擘也。②

赵岐称赞陈仲子为志士,认为他耿介特立,可以激浊扬清。赵岐对陈仲子为人行事的评价,明显与孟子不同。其原因,正如日本学者本田济所说:"赵岐生活于东汉末年,士人清流与浊流对立,他虽为豪族马融的姻戚却遭排斥而孤立于世。赵岐或许在此融入了他自身的经历的感受。"③

三、引经传证《孟》,藉汉代之说补《孟》

赵岐为《孟子》作注,其方式多样。其中引经证《孟》是其显著的特点。赵岐在注中引以证《孟》的经典有《诗经》《尚书》《春秋》《周礼》《礼记》《周易》《春秋左传》,以及《论语》《孝经》,等等。"赵岐所引用的书籍与数量,有《周易》三处,《尚书》十四处,《诗经》十

---

① 朱松美《赵岐〈孟子章句〉的诠释学意义》,《山东大学学报》2005年第3期。
② (清)阮元校刻《十三经注疏·孟子注疏》,中华书局,1980年影印本,第2716页。
③ 张奇伟、[日]井之口哲也《论日本学者关于赵岐的研究》,《国际儒学研究》第十一辑,2001年。

七处,《周礼》十四处,《礼记》五处,《左传》二十二处,《论语》十四处,《孝经》一处,《尔雅》一处,《国语》(《春秋外传》)二处。"①

　　赵岐引经传证《孟》,有时暗引,不标出所引经典之名。如前所言,他多次用《易传》"天地之大德曰生"的观念解释孟子之仁、仁心、仁政之说,却未作任何说明。但多数情况下,赵岐引经证《孟》,都会标出经典之名。如,孟子所言:

　　　　市,廛而不征,法而不廛,则天下之商皆悦,而愿藏于其市矣。②

赵岐注曰:

　　　　廛,市宅也。古者无征,衰世征之。《王制》曰:"市廛而不税。"《周礼·载师》曰:"国宅无征。"法而不廛者,当以什一之法,征其地耳,不当征其廛宅也。③

赵岐在此引《周礼》《礼记·王制》以证《孟》,以此说明孟子的这一主张是承自先王古法。又如,孟子在《公孙丑上》所言:

　　　　子路,人告之以有过,则喜;禹闻善言,则拜。

赵岐注曰:

　　　　子路乐闻其过,过而能改也。《尚书》曰:"禹拜善言。"④

赵岐引出《尚书》原文,证明孟子之说来自经典,而非个人杜撰。又如,孟子所言:

---

① 陈韦铨《试论东汉赵岐〈孟子章句〉之诠释方法》,《湖南大学学报》2009 年第 3 期。

② 《孟子·公孙丑上》3.5。

③ (清)阮元校刻《十三经注疏·孟子注疏》,中华书局,1980 年影印本,第 2690 页。

④ (清)阮元校刻《十三经注疏·孟子注疏》,中华书局,1980 年影印本,第 2691 页。

　　　　阳货瞰孔子之亡也,而馈孔子蒸豚。孔子亦瞰其亡也,
　　而往拜之。当是时,阳货先,岂得不见?①

赵岐注曰:

　　　　阳货视孔子亡而馈之者,欲使孔子来答,恐其便答拜使
　　人也。孔子瞰其亡者,心不欲见阳货也。《论语》曰:"馈孔子
　　豚。"孟子曰:"蒸豚。"豚非大牲,故用熟馈也。②

赵岐引出《论语》原文,说明孟子之言的直接来源就是《论语》,他
还解释了孟子所言比《论语》原文多了一个"蒸"字的原因。

　　赵岐引经传证《孟》,既揭示了孟子思想的学术渊源,说明孟
子的思想构建有其经典依据。更重要的是,赵岐是要借此肯定孟
子思想与经典的内在渊源,从而肯定孟子思想的权威性。

　　用汉代思想学说补充和阐释孟子思想,这是赵岐注《孟》的另
一个重要方法。如前所言,赵岐对孟子心性论的阐释,就用汉代
的天道观、气论哲学、情性之说等,弥补和圆融了孟子心性论言之
不明之处。赵岐还用汉代阴阳学说、道家理论解释孟子"浩然之
气",说明孟子所说的气既是道德属性,又不脱离生命属性,对孟
子思想作出了相当精彩的申发。

　　当然,在引经传证《孟》、藉汉代之说补《孟》过程中,赵岐所引
之经传、所用汉代之说并非完全符合孟子本意。如,孟子说:

　　　　居天下之广居,立天下之正位③。

赵岐注曰:

────────

① 《孟子·滕文公下》6.7。

② (清)阮元校刻《十三经注疏·孟子注疏》,中华书局,1980 年影印本,第
　　2714 页。

③ 《孟子·滕文下公》6.2。

广居，谓天下也。正位，谓男子纯乾，正阳之位也。①

赵岐引《周易》之说，将"正位"解释为"正阳之位"，完全违背孟子本意，因为依孟子本意，"正位"指"义"，孟子曾说："仁，人之安宅也。义，人之正路也。旷安宅而弗居，舍正路而不由，哀哉！"②又如，孟子说：

舜之居深山之中，与木石居，与鹿豕游，其所以异于深山之野人者几希。及其闻一善言，见一善行，若决江河，沛然莫之能御也。③

赵岐总结此章章指是：

此章言圣人潜隐若神龙，亦能飞天，亦能潜藏，同舜之谓也。④

赵岐用《周易·乾卦·象传》之言解释孟子之意，认为孟子此处之意是：舜居深山，就如神龙潜藏；舜后来成为圣君，就如飞龙在天。赵岐此解显然与孟子真意相背。因为孟子此处之意是指舜在没认识到己心有善之前，其实与深山野人无别，但是当舜闻善言、见善行之后，明白善心在己，不懈努力，最终别于凡人。又如，孟子所言：

天时不如地利，地利不如人和。⑤

赵岐就用汉代五行之说，将"天时"解释为"时日支干五行旺相孤

①（清）阮元校刻《十三经注疏·孟子注疏》，中华书局，1980 年影印本，第
　　2710 页。
②《孟子·离娄上》7·10。
③《孟子·尽心上》13.16。
④（清）阮元校刻《十三经注疏·孟子注疏》，中华书局，1980 年影印本，第
　　2765 页。
⑤《孟子·公孙丑下》4.1。

虚之属也"①,而此处孟子所言"天时",实指自然气候,与五行旺相孤虚无关。

本章结语

赵岐生于离乱,早年遭遇党锢,为避宦官迫害,远避他乡,藏于友人屋宅复壁,得以逃生,《孟子章句》即作于此时。赵岐作《孟子章句》,既训释名物语词,亦疏通文义,对孟子思想的阐释稍嫌疏浅、凝滞,有时甚至曲孟就己,但总体而言,未失孟子原旨,而且有些解释也明达精彩,如他强调孟子"王道"论的重心在生民、安民,剖析孟子心性论的性情关系是性里情表,指出孟子"浩然之气"是人的生命意义与道德精神属性的合一,等等,就是明证。

值得注意的是,从中国古典诠释历史来看,赵岐主动自觉地以孟子"以意逆志"解经原则为其注《孟》理论依据,既推求原意,亦发明己心,将自己对时代问题的关切以及人生感受等融进注中,"在讲求'文本原意'的同时,业已尝试对'微言大义'的探究,由此奠基了中国源远流长的方法论诠释与哲学诠释统一的诠释传统"②。四库馆臣评价赵岐《孟子章句》说:"盖其说虽不及后来之精密,而开辟荒芜,俾后来得循途而深造,其功要不可泯也。"③此评非常公允。阮元说:"汉人《孟子》注存于今者,惟赵岐一家。赵岐之学,以较马、郑、许、服诸儒稍为固陋,然属书、离辞、指事、

---

① (清)阮元校刻《十三经注疏·孟子注疏》,中华书局,1980年影印本,第2693页。
② 朱松美《赵岐〈孟子章句〉的诠释学意义》,《山东大学学报》2005年第3期。
③ (清)永瑢等《四库全书总目》,中华书局,1965年,第289页。

类情,于诂训无所庱。七篇之微言大义,藉是可推;且章别为指,令学者可分章寻求,于汉传注别开一例,功亦勤矣。"①董洪利则说:"阮元说他的学问比马融、郑玄、许慎、服虔'诸儒稍为固陋',并非有意贬低他。尽管赵岐注瑕瑜互见,但因为这是留存至今的最早一部注本,资料价值弥足珍贵,仍然可以称得上是孟子学中的一部名著。"②

---

① (清)阮元校刻《十三经注疏·孟子注疏》,中华书局,1980 年影印本,第 2664 页。
② 董洪利《孟子研究》,江苏古籍出版社,1997 年,第 170 页。

第十一章 汉代学人对孟子思想学说的吸收与改造

汉代学人们不只是在著作中征引《孟子》以显示自己"博文"，用以增强文章的说服力，更重要的是，孟子的思想价值也越来越受到重视，孟子思想学说在一定程度上启发了汉代学人的思想构建。

自公元前209年刘邦以一介布衣响应陈胜、吴广起义而起事反秦，至公元前202年登基立国，共七年时间，其中三年是反秦战争，四年是楚汉战争。其间他亲自率军直驱咸阳，结束了秦王朝的统治，打败了英勇无畏的项羽，此后又不断征战，削平割据一方的异姓诸侯。刘邦的江山是马上打下来的。刘邦之后，西汉王朝又经历了吕后之乱、文景之治、武帝独尊儒术和北击匈奴、外戚擅权、王莽改立新朝。刘秀平定王莽，建立东汉王朝。东汉王朝在短暂的安定繁荣之后，又陷入了种种矛盾之中，各种弊端日渐显露，宦官专政、党锢之祸最终将东汉王朝送上了不归之路。汉代大一统王朝的建立，以及其后矛盾丛生的严重现实，促使汉代学人思考汉家治国之道、汉家制度，于是距离他们并不遥远的辉煌灿烂、多姿多彩的先秦诸子思想成为他们汲取智慧的源泉。我们清楚地看到汉代学人提出的思想方案中，往往都有对先秦各家思想的兼容并取。孟子思想就是其中非常重要的部分。孟子的心性论、仁义说、民本王道思想、君臣观、士人精神、气节观,甚至诗学理论、经学观、夷夏之辨等都被汉代学人以不同的方式加以吸收和继承改造。

　　不仅汉代崇儒的学人承继孟子之说,佛教传入后,崇佛的学人同样也援孟子之说助推佛学。牟融(? —79),东汉末年苍梧太守,宗儒,也尊佛道;其《理惑论》旨在调和儒、释、道三家之说。他改造孟子"用夏变夷"说,为佛教正名。"夷夏之辨"是中土文化反击佛教的一个重要思想武器,而孟子的"用夏变夷"论是重要理论依据。当时有人问难牟融:

　　　　问曰:孔子曰:"夷狄之有君,不如诸夏之亡也。"孟子讥陈相更学许行之术,曰:"吾闻用夏变夷,未闻用夷变夏者也。"吾子弱冠学尧、舜、周、孔之道,而今舍之,更学夷狄之术,不已惑乎!①

问难者认为牟融学习佛学,就如孟子批评的陈相弃儒而学习农家许行之术,是弃儒而学习夷狄之术,就是"用夷变夏"。对此,牟融答道:

　　　　此吾未解大道时之余语耳。若子可谓见礼制之华,而暗道德之实;窥炬烛之明,未睹天庭之日也。孔子所言,矫世法矣;孟轲所云,疾专一耳。昔孔子欲居九夷,曰:"君子居之,何陋之有?"及仲尼不容于鲁、卫,孟轲不用于齐、梁,岂复仕于夷狄乎? 禹出西羌而圣喆,瞽叟生舜而顽嚚,由余产狄国而霸秦,管、蔡自河洛而流言。传曰:"北辰之星,在天之中,在人之北。"以此观之,汉地未必为天中也。佛经所说,上下周极,含

────────────

① (南朝梁)释僧祐撰,李小荣校笺《弘明集校笺》,上海古籍出版社,2013年,第29页。

血之类,物皆属佛焉。是以吾复尊而学之,何为当舍尧、舜、周、

孔之道? 金玉不相伤,随碧不相妨,谓人为惑,时自惑乎![①]

牟融认为问难者用孔孟夷夏之论反对学习佛学,其实他们并没有真正明白孔孟夷夏之论的精神实质。牟融认为孟子批评陈相学习许行之术,是批评陈相为学习许行之术而抛弃儒学,只片面地专一一种学问。牟融把孟子对陈相的批评解释为对陈相治学方法的批评,而非批评陈相学习了夷狄之术。牟融这一解释显然是强孟子以就己意,因为孟子批评陈相学习许行之术,就是指责陈相"用夷变夏",而不是所学是否单一的问题。牟融为维护佛学而改造了孟子学说本意。

由于心性论、仁义说、民本王道思想是孟子思想的核心,所以我们以此三者为中心,考察汉代学人对孟子思想的吸收与改造,以见其思想流变。

第一节　对孟子心性论的扬弃

如前所言,人性善是孟子的基本思想,是孟子仁义道德论、民本思想、王道仁政观、气节精神、诗学理论的内在基础和出发点,可以说人性论就是孟子学说的灵魂,掌握了孟子人性论,就可以比较准确地理解孟子的其他学说。

汉初思想家敏锐地注意到了孟子人性学说,他们会通先秦人性之说,将孟子人性论进行改造,有机地融进了自己的思想世界中。

---

① (南朝梁)释僧祐撰,李小荣校笺《弘明集校笺》,上海古籍出版社,2013 年,第 29—30 页。

　　贾谊是汉初著名思想家,他融通儒道,构建了自己独特的思想体系。在儒家思想中,贾谊显然对荀子思想更为偏爱,但是孟子对他也有铭心刻骨的影响。对于人性的看法,贾谊虽不明确主张人性为善,但是他说:

　　　　是以阴阳各有六月之节,而天地有六合之事,人有仁、义、礼、智、信之行,行和则乐兴,乐兴则六,此之谓六行。阴阳、天地之动也,不失六行,故能合六法;人谨修六行,则亦可以合六法矣。然而,人虽有六行,微细难识,唯先王能审之。凡人弗能自至,是故必待先王之教,乃知所从事。是以先王为天下设教,因人所有,以之为训;道人之情,以之为真。①

贾谊将仁、义、礼、智、信、乐称作"六行",视为人内在所有,此与孟子"仁义礼智根于心""非由外铄,我固有之"的思想是一脉相承的。不同的是,孟子强调人人可以内省、反求诸己,发挥与生俱有的善心,而自主成贤成圣,所以孟子肯定"人皆可以为尧舜";而贾谊认为虽然人人都内在具有仁、义、礼、智、信、乐,但因其"微细难识"的特性,只有先王能审识之,因此一般人必须依赖先王之教育,否定了孟子人人可以自主成圣的说法。对于仁、义、礼、智的根源,孟子归之于天,因此他要求人们要尽心知性而知天,存心养性以事天,而贾谊则将之归于道。

　　汉初大儒韩婴对孟子有着特殊的情感,孟子是他尊崇的偶像。在现存汉初思想家的文献中,只有他的《韩诗外传》较为直接地为我们展示了汉初社会对孟子的认识和态度,从他所记载的孟母三迁、孟母断织教子等有关孟子早年的故事就可见一斑。而孟

①（汉）贾谊著,（明）何孟春订注,彭昊、赵勖点校《贾谊集·贾太傅新书》,岳麓书社,2010年,第94页。

子对他思想的影响更是显而易见。就人性论而言,虽然韩婴关于
人性的认识并不成体系,但其"主导思想是孟子性善的思想"①。
如他说:"天之所生,皆有仁义礼智顺善之心。……无仁义礼智顺
善之心,谓之小人。"②比较《孟子·公孙丑上》的一段话:"人皆有
不忍人之心。……无恻隐之心,非人也;无羞恶之心,非人也;无
辞让之心,非人也;无是非之心,非人也。"可以看出,韩婴此语从
思想到言语都在袭用《孟子》。韩婴还肯定性地引用《孟子》之语:
"仁,人心也。义,人路也";"学问之道无他焉,求其放心而已"③。
显然这是对孟子心性学说、道德修养论的赞同。孟子所说四心,
即"恻隐之心"、"羞恶之心"、"辞让之心"、"是非之心",实是四种
心理情感,只不过孟子没有明确以情示之。《孟子》只有两次提到
"情",其一为"物之不齐,物之情也"④,其二为"乃若其情,则可以
为善矣"⑤,杨伯峻解释此两处之"情"为"实情",当有一定道理。
总观孟子人性论,虽然肯定心理情感,但并不从情的角度凸显之。
这一点,韩婴与孟子不同,他在《韩诗外传》中大谈情性,肯定情,
要求"礼要合情",说:"爱由情出谓之仁。"韩婴注重礼合于情,固
然继承了荀子思想,其实也兼取了七十子思想,郭店楚简《性自命
出》篇的中心就是七十子对情性关系的热烈探讨。所以韩婴人性
论观,是以孟子人性论为基础,而又兼综七十子、荀子之说来建
构的。

---

① 金春峰《汉代思想史》,中国社会科学出版社,1997 年,第 105 页。
② (汉)韩婴撰,许维遹校释《韩诗外传集释》,中华书局,1980 年,第 219 页。
③ 详见(汉)韩婴撰,许维遹校释《韩诗外传集释》,中华书局,1980 年,第
　158 页。
④《孟子·滕文公上》5.4。
⑤《孟子·告子上》11.6。

　　《淮南子》思想错综复杂,道家思想是其主体,而儒家思想也"占有相当重要的地位,尤其是子思这一系统"①。《淮南子·主术训》之言"凡人之性,莫贵于仁,莫急于智"②,肯定人性中内在的可贵处就在于其仁,如果说这一思想更接近《中庸》,那么《泰族训》所言"故无其性,不可教训;有其性,无其养,不能遵道。茧之性为丝,然非得工女煮以热汤而抽其统纪,则不能成丝;卵之化为雏,非慈雌呕暖覆伏,累日积久,则不能为雏。人之性有仁义之资,非圣人为之法度而教导之,则不可使乡方"③,则明显是对孟子人性论的承袭。因为它明确肯定人性"有仁义之资",并且认为正因为人性有"仁义之资",所以才能以先王法度教以向善、成善,圣人的职责就是觉悟众人,"匠成"其性中"所有之善资"。孟子虽然肯定人生有四心,但也强调须经过后天反求诸己的扩充、庠序学校的教育培养、先觉者的引导,才可"熟之"成德,所以《泰族训》中人性论与孟子人性论有着清晰的内在关系。而《诠言训》中说:"能有天下者,必不失其国;能有其国者,必不丧其家;能治其家者,必不遗其身;能修其身者,必不忘其心;能原其心者,必不亏其性;能全其性者,必不惑于道。"④这一段话无论从语言还是从思想上看都无疑是源自孟子,因为《孟子·尽心上》开篇即言"尽其心者,知其性也。知其性,则知天矣"。孟子的养心论对《淮南子》也影响至深,据徐复观研究,《淮南子》"到处出现的'养神',即等于孟子之所谓'养心'",而且《淮南子》中的重要范畴"精"、"神"、

---

①徐复观《两汉思想史》,华中师范大学出版社,2001年,第141页。
②(汉)刘安著,(汉)高诱注《淮南子》,中华书局,1954年,第151页。
③(汉)刘安著,(汉)高诱注《淮南子》,中华书局,1954年,第351页。
④(汉)刘安著,(汉)高诱注《淮南子》,中华书局,1954年,第237页。

"精神"三个名词,即是"庄子'心斋'之心,也即是孟子所说的'本心'"①。当然《淮南子》也有这样的言词:"且夫身正性善,发愤而成仁,帽凭而为义,性命可说,不待学问而合于道者,尧、舜、文王也;沉湎耽荒,不可教以道,不可喻以德,严父弗能正,贤师不能化者,丹朱、商均也。……夫上不及尧、舜,下不及商均……此教训之所喻也。"②这里把人分为三类:尧、舜、文王之类身正性善而不待学的先天圣人,丹朱、商均之类不可教化的先天冥顽之徒,以及处于尧、舜、文王与丹朱、商均之间更多需要教化的大众,这一思想则是对先秦时期"有性善,有性不善"与荀子"性恶论"说的折衷了。总之,《淮南子》兼容先秦人性论,致其人性论呈现出复杂的样态,但是孟子人性论在其中的影响至关重要,其基本理路是由孟子奠定的。

董仲舒分人性为三等,即"圣人之性"、"斗筲之性"和"中民之性"。"圣人之性",先天至善,无需教化;"斗筲之性",先无至恶,不能教化;"中民之性",既非至善,也非至恶,现实生活中,大部分人都属"中民之性",这部分人"有善质而未能善"③,故王者圣人可教之使其向善。他不赞成孟子人人皆善的说法,是因为他所说的善与孟子所说的善标准不同。他指出,孟子所谓善是"善于禽兽,则谓性未善","吾质之命性者,异孟子。孟子下质于禽兽之所为,故曰性已善;吾上质于圣人之所为,故谓性未善"④。在董仲舒看来,孟子所谓善,是指"人与禽兽"之不同,但这不是圣人所说

---

①徐复观《两汉思想史》,华中师范大学出版社,2001年,第147页。

②(汉)刘安著,(汉)高诱注《淮南子》,中华书局,1954年,第335—336页。

③(汉)董仲舒撰,曾振宇、傅永聚注《春秋繁露新注》,商务印书馆,2010年,第214页。

④(汉)董仲舒撰,曾振宇、傅永聚注《春秋繁露新注》,商务印书馆,2010年,第216页。

的善,"圣人之善",是"循三纲五纪,通八端之理,忠信而博爱"。可见,董仲舒对孟子人性论有深刻的研究和独到的认识。董仲舒清楚地看到了孟子人性论中的内在缺陷,故此结合孟子的性善说,综合荀子的性恶论,构建了性分三等的人性思想。孟子对董仲舒的人性说的影响是显而易见的。

第二节　对孟子仁义思想的继承

由于孟子主张人性为善,人生而具有四心,四心是仁义礼智之端,所以他坚信人人能够成为仁义礼智四德兼备之大人、君子,仁义成为他修身、行道、治国平天下的伦理道德基础,穷达不变,并在理论上以仁义并提取代孔子的仁礼并举。如果说汉代思想家对孟子的心性论,采取了既吸收孟子观念,又会通诸家之说加以改造,那么对于孟子仁义思想则是直接继承。

陆贾是汉初启蒙思想家,当看到对《诗》《书》毫无兴趣、鄙夷儒生的刘邦还沉浸在马上打下天下的喜悦中,对未来汉家制度何去何从尚无思想准备之时,陆贾及时对刘邦进行了思想启蒙,告诉刘邦"马上得天下",不可以马上治天下的道理,警醒刘邦如要避免重蹈秦亡的覆辙,必须重德轻刑,行仁义、法先圣。

陆贾思想保存在《新语》中。《新语》的《辨惑》《无为》《慎微》《思务》等篇,屡屡征引孔子之事之说,也一再称许颜回甚至曾子,但是《新语》对孟子却未置一词。然清严可均《铁桥漫稿·新语叙》谓"汉代子书,《新语》最纯最早,贵仁义,贱刑威,述《诗》《书》《春秋》《论语》","绍孟、荀而开贾、董,卓然儒者之言"①。认为陆

①（清）严可均《铁桥漫稿》卷五,清道光十八年四录堂刻本。

贾思想乃绍述孟、荀而来,考诸《新语》,严氏之说言之有理。因为《新语》一书的主旨就是仁义之说。如《道基》说:"故圣人怀仁仗义,分明纤微,忖度天地,危而不倾,佚而不乱者,仁义之所治也。……夫谋事不并仁义者,后必败;殖不固本而立高基者,后必崩。……万世不乱,仁义之所治也。"①《本行》说:"治以德为上行,行以仁义为本。故尊于位而无德者黜,富于财而无义者刑,贱而好德者尊,贫而有义者荣。"②陆贾以仁义为中心的治国之说最终打动了刘邦,因为它初步解决了汉初统治集团普遍关心的问题,这个问题就是如何从"逆取"转向"顺守"。也就是汉家初建,国家政策如何从战争政策向和平政策转变,从而实现国家的长治久安。历史的经验和教训告诉汉初君臣,要实现国家的长治久安,只有选择陆贾指引的行仁义、重德轻刑、与民休息的道路。《新语》一书因此成为汉初君臣的政治教科书。而《新语》虽然充满了浓厚的道家意蕴,但也因其仁义的主旨,班固将其归入儒家类。

孟子以仁义治国成为汉代有识之士的共识,然而贾谊却推崇荀子的礼法思想,但他在总结秦亡的原因时,深刻地认识到秦之亡在于"仁义不施而攻守之势异也","秦王怀贪鄙之心,行自奋之智,不信功臣,不亲士民,废王道而立私爱,焚文书而酷刑法,先诈力而后仁义,以暴虐为天下始"③;所以他既推崇礼治,也肯定孟子的仁义治国论。他说:"仁义恩厚,此人主之芒刃也;权势法制,

①(汉)陆贾著,庄大钧校点《新语》,辽宁教育出版社,1998 年,第 2—3 页。
②(汉)陆贾著,庄大钧校点《新语》,辽宁教育出版社,1998 年,第 142 页。
③(汉)贾谊著,(明)何孟春订注,彭昊、赵勖点校《贾谊集·贾太傅新书》,岳麓书社,2010 年,第 5 页。

此主之斤斧也。"①仁义、权势法制都是治国之根本,二者不可偏废。

仁义思想也是董仲舒思想的重要内容,他在《春秋繁露》中的《仁义法》《必仁且知》等篇对仁、义、知的内涵、作用进行了详细区分,又在《基义》篇以当时盛行的阴阳之说对以仁义治天下进行了独特的论证,最后他说:"是故仁义制度之数,尽取之天。"②虽然董仲舒对仁义的论说与孟子有了很大的距离,但是其仁义说对孟子仁义论的继承却是很明显的,如他说:"天之为人性命,使行仁义而羞可耻,非若鸟兽然,苟为生、苟为利而已。"③这是从人性论、人禽之别论证仁义之当然,这与孟子论证方式一致,孟子曾说:"人之所以异于禽兽者几希。"④

第三节　对孟子王道思想的发挥

重民、保民、以民为本的思想是中国传统政治思想中的宝贵遗产,先秦时期民本思想已有丰富的发展,孟子民本思想是其中最为杰出者。由人皆有四心的人性论出发,孟子肯定百姓同样有其人格尊严,所以要重民;由百姓在国家兴亡过程中的作用,孟子肯定"民为贵,社稷次之,君为轻",所以强调要保民,因为只有得

---

① (汉)贾谊著,(明)何孟春订注,彭昊、赵勖点校《贾谊集》,岳麓书社,2010年,第23页。
② (汉)董仲舒撰,曾振宇注说《春秋繁露》,河南大学出版社,2009年,第306页。
③ (汉)董仲舒撰,曾振宇注说《春秋繁露》,河南大学出版社,2009年,第141页。
④《孟子·离娄下》8.19。

民心者得天下。孟子主张以民为本，源于他对人性的肯定和历史经验的总结。孟子民本思想被汉初思想家毫不犹豫地接过来，进行了新的发挥。

身处汉初，历史的经验和教训使贾谊更加深刻地认识到民的重要作用，他警告说：

> 故自古至于今，与民为仇者，有迟有速，而民必胜之。①

因此礼治固然是他治道的主体，然而礼治目的却归于得民，也就是"使君无失其民"。贾谊说：

> 闻之于政也，民无不为本也。国以为本，君以为本，吏以为本。故国以民为安危，君以民为威侮，吏以民为贵贱。此之谓民无不为本也。②

贾谊的民本思想比起孟子显然有了更深入的发展，孟子只是说"得民心者得天下"，只明确了国家的最高权力主宰必须以民为本，没有论及官吏，似乎各级官吏只要恪尽职守，对天子负责即可。而贾谊认为国、君、吏三个层次都要以民为本，也就是国家政府从上到下，从最高权力主宰到各级官吏都要有以民为本的意识，各级官吏爱民、保民就是对国家负责、对天子负责。

董仲舒的民本思想也是上承孟子而来。齐宣王曾就汤武诛伐向孟子请教，齐宣王认为"汤放桀，武王伐纣"是"臣弑君"。孟子从其民本思想出发，认为桀纣践踏仁义，残暴虐民，失去为民君王的资格，已为"一夫"（即独夫），"汤放桀，武王伐纣"是顺应民心

---

① （汉）贾谊著，（明）何孟春订注，彭昊、赵勖点校《贾谊集·贾太傅新书》，岳麓书社，2010年，第101页。

② （汉）贾谊著，（明）何孟春订注，彭昊、赵勖点校《贾谊集·贾太傅新书》，岳麓书社，2010年，第100页。

而"诛一夫",不是"弑君"。景帝时,道家黄生与辕固生之间爆发了一场关于汤武诛伐的大辩论,景帝亲自裁决,说:"食肉不食马肝,不为不知味。"认为讲汤武革命是愚蠢的。董仲舒则说:

> 桀,天下之残贼也;汤,天下之盛德也。(《暖燠常多》)

> 故夏无道而殷伐之,殷无道而周伐之,周无道而秦伐之,秦无道而汉伐之。有道伐无道,此天理也,所从来久矣。(《尧舜不擅移、汤武不专杀》)

> 独身者,虽立天子诸侯之位,一夫之人耳,无臣民之用矣。(《仁义法》)

无疑,董仲舒在此努力坚持的就是孟子诛伐独夫、救民水火的民本思想。

关于权力本源,董仲舒持君权天授论,不过他也有如下言辞:

> 且天之生民,非为王也,而天立王以为民也。故其德足以安乐民者,天予之;其恶足以贼害民者,天夺之。(《尧舜不擅移、汤武不专杀》)

董仲舒一方面屈民尊君,另一方面他也尊天而屈君,欲借天威限制君权。在董仲舒看来,君权是神圣的,因为它是天所授;君权也是合理的,因为它用于管理百姓,其职能是保证天下百姓安乐富足;然而获得君权有前提条件,这个条件就是安定民生。使民安乐的有德之君,上天授予他管理百姓的权力;如果是行恶害民之君,上天就会从他手中夺走管理百姓的权力。也就是说,天是否授予权力,关键在于民意所向,因而天意实际代表的是民意。这一思想是孟子思想的翻版和改造。他的"天予"一词实即孟子的"天与","安乐民"实即孟子的"百姓安之"。

孟子在与弟子万章讨论尧舜禅让时,认为并不是尧将天下传与舜,尧只是"荐舜于天",是"天与"舜天下,但是"天与"的前提是

"天受",何谓"天受"?

> 昔者,尧荐舜于天,而天受之;暴之于民,而民受之;故
> 曰:天不言,以行与事示之而已矣。曰:"敢问荐之于天,而天
> 受之;暴之于民,而民受之,如何?"曰:"使之主祭,而百神享
> 之,是天受之;使之主事,而事治,百姓安之,是民受之也。天
> 与之,人与之。故曰:天子不能以天下与人。"①

因此所谓"天受"就是"民受","民受"是因为舜的行事让"百姓
安",所以归根结底,"天与"实即"民与",天意实即民意,是民意决
定了权力的走向。孟子这一思想在董仲舒这里得到了继承,但进
行了充满了天人感应意蕴的论证。

以人性论、仁义说、民本思想为理论基础,孟子主张行王道、
施仁政的治国方式。汉初国家的治国方式采用的是黄老的与民
休息,同时又杂以法家治国之术。在这样的思想环境下,汉初思
想家对孟子的王道主张也同样有所接纳。陆贾就很明白地倡言
力行王道。四库馆臣评价《新语》说:"今但据其书论之,则大旨皆
崇王道,黜霸术,归本于修身用人。"②陆贾在《道基》篇中说:

> 于是先圣乃仰观天文,俯察地理,图画乾坤,以定人道,
> 民始开悟,知有父子之亲、君臣之义、夫妇之别、长幼之序。
> 于是百官立,王道乃生民。③

陆贾总结人类文明发展历程,认为王道是生民之道,是文明社会
的必然选择;王道社会不能采用愚民政策,应该通过教化促使百
姓开悟,使民知"人道",让他们明白"父子之亲、君臣之义、夫妇之

---

①《孟子·万章上》9.5。
②(清)永瑢等《四库全书总目》,中华书局,1965年,第771页。
③(汉)陆贾著,庄大钧校点《新语》,辽宁教育出版社,1998年,第1页。

道、长幼之序"的道理。"父子之亲、君臣之义、夫妇之道、长幼之序"四者,实即是孟子主张的王道社会教育百姓的内容。孟子认为应该让百姓接受教育,在农事闲暇之余,设庠序学校教民"明人伦",所谓人伦,就是"父子有亲,君臣有义,夫妇有别,长幼有叙,朋友有信"。两相比较,陆贾的王道与孟子思想的内在相通就不言而喻了,而陆贾所说的百姓开悟、知"人道",就是孟子的教民"明人伦",其"人道"的内容就是孟子的"人伦"。

　　如前所述,孟子的井田理论显然带有复古的理想化色彩。汉代思想家对孟子的井田理论多投以赞许的眼光,韩婴就非常推崇孟子的井田制,他还作了更为细致的论述。

> 古者八家而井田。方里为一井。广三百步,长三百步为一里,其田九百亩。广一步,长百步为一亩。广百步,长百步为百亩。八家为邻,家得百亩。余夫各得二十五亩。家为公田十亩,余二十亩共为庐舍,各得二亩半。八家相保,出入更守,疾病相忧,患难相救,有无相贷,饮食相招,嫁娶相谋,渔猎分得,仁恩施行,是以其民和亲而相好。……今或不然。令民相伍,有罪相伺,有刑相举,使构造怨仇,而民相残,伤和睦之心,贼仁恩,害上化,所和者寡,欲败者多,于仁道泯焉。①

韩婴看到了汉初实行什伍连坐制带来的弊端,什伍连坐制下,百姓人人自危,仁道泯灭,互助亲睦荡然无存,因而他真心希望能够回到孟子所提倡的百姓守望相助、亲睦和谐的井田制社会。徐复观先生认为古代实有井田制,但将其理想化以作为保障农民基本

---

① (汉)韩婴撰,许维遹校释《韩诗外传集释》,中华书局,1980 年,第 143—144 页。

生活的最好制度,则始于孟子,并给西汉知识分子以很大影响,除由文帝时博士采入《王制》外,《韩诗外传》亦特将其提出①。

　　以上所论诸家,虽然他们并没有研究孟子的专著问世,但是孟子思想对他们的影响无疑却是广泛而深刻的;孟子的基本思想性善论、仁义说、民本思想、王道政治等,都被他们以不同的方式加以接受和吸收,融进其思想体系。孟子思想以潜隐的方式影响着汉代思想的发展,并且从未间断。

---

① 详见徐复观《徐复观论经学史二种》,上海书店出版社,2002年,第286页。

两汉孟学结语

　　与先秦时期孟子遭遇的冷落、责难相比，两汉时期虽也有王充《刺孟》，但是总体而言，两汉学人大多对孟子持尊崇态度。他们为孟子立传，为《孟子》作注，博征《孟子》言事；还推尊孟母，而推尊孟母，实因于对孟子的尊崇。当然，不能夸大两汉时期对孟子的推尊，因为这一时期对孟子的推尊在更大程度上是自发的个人行为，没有得到官方的普遍承认，孟子思想始终未在汉代居于官方主导意识。汉初，居于统治地位的是黄老思想，由于黄老主张"清静自定"，切合休养生息、恢复经济、缓和矛盾、稳定政局的需要而盛极一时，这个时期儒家代表人物的思想多表现出明显的兼综儒法的特点，其中荀子的思想色彩更为浓厚一些。武帝时期，确立了尊儒的政策，但迫于对匈奴的战争需要，居于官方主导意识的实际是法家思想，形成了阳儒阴法的局面。昭帝时，在盐铁会议上，孟子思想虽迸射出绚丽的光芒，惜乎只是昙花一现，随即消失在东汉末年的谶纬迷信、繁琐经学的迷雾之中。

　　两汉时不断推尊孟子，其原因比较复杂。简言之，有三方面原因：其一，孟子思想在一定程度上满足了汉代社会不同层面的思想需求。孟子尽心、知性、知天的思想为汉初官方哲学——天人感应说提供了理论依据。孟子的王道政治成为汉代法治酷严时人们的理想企盼，在反击匈奴的旷日持久的战争中，饱受兵燹之苦、渴望和平的人们，无疑从孟子"春秋无义战"、"善战者服上刑"的反战思想中获得了精神的支持。孟子人性说启发了汉代思想家聚焦人自身，寻找构建自己思想体系的内在依据，故而出现了董仲舒的性三品说、扬雄的"性善恶混"论等。其二，孟子为弘扬孔学，严辞辟异端，"平治天下，舍我其谁"敢为天下先的精神，给予扬雄等思想家坚守仁义、批判异端的勇气和力量，而扬雄甚至产生了"窃比孟子"的人文情怀。其三，经学的发展需要孟子。在两汉孟学史上，东汉研究《孟子》的学者多于西汉，这与两汉的经学发展有关。西汉时期，今文经学盛极一时，今文经学重"微言大义"，"敷衍大义"，论证封建制度、伦理纲常的合理性，迎合了统治者的需要，受到统治者的特别青睐，汉武帝采纳公孙弘的建议，设立五经博士，就是很好的证明。今文经生们多专一经，严守师法，不敢越雷池一步，不敢问及其他著述，《孟子》并非经书，自然少有人研究。东汉时古文经学日益发展，由于古文经学以阐发经书的原本意义为主，注重典章制度、名物训诂，他们治经不专尊一师，不专治一经，涉猎广博，治经之外，时时兼及诸子。在这种情况下，由于孟子在儒家学说中的特殊地位，研治《孟子》的人也就较西汉为多了。

　　总观两汉孟学，孟子的地位较之先秦有了一定程度的提高。孟子之书在文帝时立于学官，一度为官方认可；孟子本人也被视为大贤，甚至被推尊为有"亚圣之才"；关注孟子的人，都或多或少认识到孟子思想与孔子学说的关系，这种认识至东汉末更为明晰，故而西汉时孟荀齐等的认识、"孟荀齐号"的范式，在东汉已被不断凝聚的孔孟模式所消解，孟子是孔子思想唯一真正继承者的呼声已隐约在耳。孟子的基本思想性善论、仁义说、民本思想、王道政治等，不仅滋养了汉代思想家，影响了他们的思想构建，而且也为后来儒家所坚持。

下编　魏晋隋唐孟学

第十二章　魏晋至隋孟学潜隐

在中国孟学史上,魏晋至隋,是孟学发展的潜隐期。近四百年间只有晋朝綦毋邃一人为《孟子》作注(现已亡佚)①,除此而外,无人专门撰文评说孟子;虽亦有人直称孔孟,但孟荀、荀孟并提是主流,所以无论是从孟子研究的角度论,还是从当时学人对孟子地位的认同考察,魏晋至隋的孟学都显得寂寥冷清。

魏晋南北朝,由公元 220 年始,至公元 589 年终。在此期间,中国陷入了持续的动荡与分裂,魏、蜀、吴三国鼎立,西晋、东晋踵继更迭,东晋十六国南北对峙,继而南北朝分裂。南朝有宋、齐、梁、陈轮番执政,北方又有北齐、北魏、北周相继登台。

在持续的动荡与分裂影响之下,当时的政治生态错综复杂,人与人之间的关系盘根错节,稍有不慎,就有可能招来杀身之祸,儒家倡导的仁义道德、礼节名分、君臣大义等,实际上已被统治者践踏为掌控、驾驭、迫害臣民的工具,成为虚伪的名教,儒家学说的道德魅力已褪失殆尽。故而出现了批"六经"、斥仁义、反礼教的现象。嵇康就曾提出"六经为芜秽"、"仁义为臭腐"的口号,向儒家发难。而经学本身至此之际已陷入繁琐迷信的泥淖,本有的

①按:《新唐书》卷五十九《艺文志》载:"綦毋邃注《孟子》七卷。"《经义考》卷二百三十二:"綦毋氏邃《孟子注》,《七录》九卷;《唐志》七卷,佚。"

活力已至枯萎,一种新的学术思潮——玄学应运而生,加之外来佛学以及后来的佛玄合流,儒学基本上处于从属地位。东晋成帝咸康三年(337),国子祭酒袁瑰、太常冯怀曾上疏请兴国学,以孔孟并称,赞许孟子传承孔子仁义之道的功劳:"孔子恂恂以教洙、泗,孟轲系之,诲诱无倦,是以仁义之声于今犹存,礼让之节时或有之。"请求"给其宅地,备其学徒,博士僚属粗有其官"①,以复兴孔孟儒学。疏请得到了晋成帝司马衍的应允,"国学之兴,自瑰始也",只是由于当时佛玄盛行,实效并不理想。此事《宋书》有载:"疏奏,帝有感焉。由是议立国学,征集生徒,而世尚庄、老,莫肯用心儒训。"②又由于混乱动荡的形势阻断了儒生由治经而步入仕途之路,于是纷纷弃儒习法以谋求仕进者大有人在。杜恕上疏魏明帝反对考课之法,指出当时世风是:"今之学者,师商、韩而上法术,竞以儒家为迂阔,不周世用。"③这一切都导致了儒学走向衰微。

浸润于此种文化语境,此时此势,官定的儒家经书已少有人问津,经书之外的《孟子》自然就更被冷落了。南朝宋何承天在其乐府诗《上邪》中说:

> 上邪下难正,众枉不可矫。音和响必清,端影缘直表。大化扬仁风,齐人犹偃草。圣王既已没,谁能弘至道。开春湛柔露,代终肃严霜。承平贵孔孟,政弊侯申商。孝公明赏罚,六世犹克昌。李斯肆滥刑,秦民所以亡。汉宣隆中兴,魏

①《晋书》,中华书局,1974年,第2167页。
②《宋书》,中华书局,1974年,第363页。
③《三国志》,中华书局,1959年,第502页。

祖宁三方。①

何承天一针见血地指出:"承平贵孔孟,政弊侯申商。"孟子之说之所以在当时不受重用,是因为时乱政弊。所以,魏晋至隋,孟学沉寂与时乱政弊、儒学衰微有极大关系。

但是我们也看到,孟子其人、其言、其说依然是魏晋至隋学人重要的传统文化资源,《孟子》是他们学习和汲取思想智慧的重要典籍。南齐永明末年,王融上疏齐武帝萧赜,谈到自己平生所学,说:"窃习战阵攻守之术,农桑牧艺之书,申、商、韩、墨之权,伊、周、孔、孟之道。常愿待诏朱阙,俯对青蒲。"②梁武帝萧绎也说:"每读孟轲、皇甫谧之传,未尝不拊膺哽恸也;读诗人劳悴之章,未尝不废书而泣血也。"③可见,王融、萧绎都曾学习孟子其说,且尊崇孟子。在诵读孟子其书、学习孟子其说的过程中,魏晋至隋学人对孟子其人、其书、其说的认识逐渐形成,撰文写作、构建思想时,折衷、吸取孟子思想成为一些学人的自然选择。细读文本,我们可以清晰地触摸到孟子其文、其说在魏晋至隋学人的文章写作和思想中留下的印迹。

第一节　学人征《孟》与宗孟

关于文章写作,著名文学评论家刘勰提出了"征圣"和"宗经"的主张,即取法圣人之作与学习圣人思想。他说:"故知繁略殊形,隐显异术;抑引随时,变通会适。征之周、孔,则文有师矣。是

---

① (宋)郭茂倩《乐府诗集》,中华书局,1979年,第290—291页。
② 《南齐书》,中华书局,1972年。第820页。
③ (南朝梁)梁元帝《金楼子》,中华书局,1985年,第27页。

以子政论文,必征于圣;稚圭劝学,必宗于经。"①

　　魏晋至隋,孟子虽然没有被尊为圣,《孟子》一书也没有被推为经,但是孟子其人、其说却是魏晋至隋学人取法和学习的重要对象,所以在他们的文章与言说中,征《孟》与宗孟时常可见。

　　征《孟》以明志是魏晋至隋学人比较常用的方法。曹植显然非常熟悉《孟子》,他多次援引孟子之语以明其志。在《陈审举表》中说:"臣闻孟子曰:'君子穷则独善其身,达则兼善天下。'今臣与陛下践冰履炭,登山浮涧,寒温燥湿,高下共之,岂得离陛下哉?"②表示愿与君患难与共。太和五年(231),曹植上《求通亲亲表》,也以孟子之语表达自己赤诚事君之情。他说:"孟子曰:'不以舜之所以事尧事其君者,不敬其君者也。'臣之愚蔽,固非虞伊,至于欲使陛下崇光被时雍之美,宣缉熙章明之德者,是臣惓惓之诚。"③

　　魏晋至隋学人上疏发表自己关于时政问题的见解,会以孟子之说作为说服君王的思想凭借。景初年间王肃上疏《请恤役平刑》,劝说魏明帝慎刑、轻刑。他说:

　　　　凡陛下临时之所行刑,皆有罪之吏,宜死之人也。然众庶不知,谓为仓卒。故愿陛下下之于吏而暴其罪。钧其死也,无使污于宫掖而为远近所疑。且人命至重,难生易杀,气绝而不续者也,是以圣贤重之。孟轲称杀一无辜以取天下,

_____

① (南朝梁)刘勰著,陆侃如、牟世金译注《文心雕龙译注》,齐鲁书社,2009年,第104—106页。
② (三国魏)曹植《曹子建集》卷八,《四部丛刊》本。
③ (南朝梁)萧统《文选》,中华书局,1977年,第522页。

仁者不为也。①

王肃称孟子为圣贤,孟子"杀一无辜以取天下,仁者不为"的观点,是他劝魏明帝慎刑的重要理由。东晋建武初,骠骑将军王导上疏晋元帝司马睿,建议兴办庠序学校,加强儒家人伦教育,杜绝虚伪浮华之风。他说:

> 夫治化之本,在于正人伦。人伦之正,存乎设庠序。庠序设而五教明,则德化洽通,彝伦攸叙,有耻且格也。父子兄弟夫妇长幼之序顺,而君臣之义固矣。……其取才用士,咸先本之于学。故《周礼》,乡大夫"献贤能之书于王,王拜而受之"。所以尊道而贵士也。人知士之所贵,由乎道存。则退而修其身,修其身以及其家,正家以及于乡,学于乡以登于朝。反本复始,各求诸己,敦素之业著,浮伪之道息,教使然也。故以之事君则忠,用之莅下则仁,即孟轲所谓"未有仁而遗其亲,义而后其君者也"。②

王导这一段劝说之辞,儒学色彩非常浓厚。他主张以儒家人伦教育士人子弟,使他们知父子、兄弟、夫妇、长幼之序,守君臣、父子之义,明揖让、交接之礼,正纲常,移风俗,其理由正是孟子所说"未有仁而遗其亲,义而后其君者"。

孟子之文也是魏晋至隋学人考证古制的依据。正始六年(245),何桢为弘农太守,在其《表省崤关》中说:

> 《易》称王公设险以守其国,孟轲云:"古者关讥而不征。"关险之设所由尚矣。③

①《三国志》,中华书局,1959年,第417页。

②《宋书》,中华书局,1974年,第357页。

③(唐)欧阳询《艺文类聚》,中华书局,1965年,第103页。

何桢引用《孟子》之言说明古代设关的目的在于设险守国,而非征税。北魏时人对于明堂的功用、建制争议不休,贾思伯引《孟子》为证:

> 《王制》云:"周人养国老于东胶。"郑注云:"东胶即辟雍,在王宫之东。"又《诗·大雅》云:"邕邕在宫,肃肃在庙。"郑注云:"宫谓辟雍宫也,所以助王。养老则尚和,助祭则尚敬。"又不在明堂之验矣。按《孟子》云:"齐宣王谓孟子曰:'吾欲毁明堂。'"若明堂是庙,则不应有毁之问。①

贾思伯指出,依据《孟子》,同时证以《王制》《诗经》,明堂非庙,而是学校机构。

魏晋至隋学人读书,反对拘泥文辞,他们秉承的就是孟子"以意逆志"、"不以文害辞"的解诗理论。佛教传入中原,时人翻译佛经,最初将"佛"译为"浮屠",后改为"佛徒",后又改为"佛图"。之所以译为"浮屠",有人解释为胡人本性凶恶,为从本源改变他们,又不伤其身体,所以"髡其头",剃光其头发,故名为"浮屠",比喻屠割恶习。至于把原来的"桑门"改为"沙门",则是取其淘汰世俗之义。刘勰在《灭惑论》指出,这都是时人泥于字形的妄解,因为实际原因是"浮"与"佛"、"桑"与"沙"音近,"屠"、"图"字近,所以他说:

> 罗什语通华、戎,识兼音义,改正三豕,固其宜矣。《五经》世典,学不因译,而马、郑注说,音字互改。是以"于穆不似",谬师资于《周颂》;允塞晏安,乖圣德于《尧典》。至教之深,宁在两字? 得意忘言,庄周所领;以文害志,孟轲所讥。

---

①《魏书》,中华书局,1974 年,第 1614 页。

不原大理，唯字是求，宋人申束，岂复过此？①

刘勰认为读书不能唯字是求，而要求其大理，否则就会如孟子所言，"以文害志"。

魏晋至隋学人征《孟》、宗孟，在其行文中，化用孟子之语比较常见。如南齐中书侍郎陆澄所说"窃闻圣惟一揆，唐虞未有前言，知几其神"②一语，是化用《孟子·离娄下》"先圣后圣，其揆一也"③之语；北齐文学家刘昼，撰有《刘子》④，书中对《孟子》其事、其文多有引用，或直引，或化用。如《刘子·防欲章》言：

人有牛马放逸不归，必知收之；情欲放逸，而不知收之，不亦惑乎？⑤

这是对《孟子·告子上》之语的化用，《孟子》原文是：

---

① （南朝梁）释僧祐撰，李小荣校笺《弘明集校笺》，上海古籍出版社，2013 年，第418 页。

② （南朝梁）释僧祐撰，李小荣校笺《弘明集校笺》，上海古籍出版社，2013 年，第510 页。

③ 《孟子·离娄下》8.1。

④ 《刘子》一书作者，学界有不同声音。陈应鸾《刘子作者补考》说："关于《刘子》一书之作者，历来聚讼纷纭。或谓刘歆撰，或谓为刘孝标撰，或谓后人伪撰，或谓贞观后之人伪撰，或谓为唐袁孝政伪撰并自为之注，或谓为南朝梁刘勰撰，或谓为北齐刘昼撰。此七种说法之前五种，目前已被学界否定，后二说遂为论争之焦点。主刘勰说者，以林其锬等先生为代表；主刘昼说者，以杨明照师（以下简称杨师）、王利器、王叔岷、程天祐、傅亚庶先生为代表。余于诸说，唯是主刘昼之说。"（[北齐]）刘昼撰，杨明照校注，陈应鸾增订《增订刘子校注》，巴蜀书社，2008 年，第 58 页。）目前学界比较认同刘昼为《刘子》作者。

⑤ （北齐）刘昼撰，杨明照校注，陈应鸾增订《增订刘子校注》，巴蜀书社，2008 年，第 93 页。

仁，人心也；义，人路也。舍其路而弗由，放其心而不知
求，哀哉！人有鸡犬放，则知求之；有放心而不知求。

《刘子·明权章》之"权者，揆轻重之势"[1]一语，显然又是《孟子·
梁惠王上》"权，然后知轻重"之言的化用。南朝梁沈绩之言"夫以
孺子入井，凡民犹或伤之，况乃圣慈御物，必以恻隐为心耶"[2]，无
疑是化用《孟子·公孙丑上》"今人乍见孺子将入于井，皆有怵惕
恻隐之心"之语，魏晋至隋学人此类化用孟子言语之处甚多，不一
一列举。

总观魏晋至隋学人之文，征《孟》、宗孟以述其说，时有所见，
或直接引用孟子其言，或化用《孟子》之语，尤其是化用《孟子》之
语更多，足证《孟子》是魏晋至隋学人非常重要的文化资源。不过
与两汉学人以征引《孟子》为"博文"相比，魏晋至隋学人此种追求
并不明显。

第二节　学人论孟子其人其行

如前所言，除綦毋邃外，魏晋其他学人都无研读《孟子》的专
门论著，但由于《孟子》也是他们的重要文化资源，既宗孟，亦征
《孟》，所以间或也会发表对孟子其人其行的看法，表明其态度。

在魏晋至隋学人看来，孟子无疑是大德、有才之士。前凉敦
煌太守阴澹欲行古礼，聘请当地硕德名儒为三老，在解释原因时

---

[1]（北齐）刘昼撰，杨明照校注，陈应鸾增订《增订刘子校注》，巴蜀书社，2008
年，第620页。
[2]（南朝梁）释僧祐撰，李小荣校笺《弘明集校笺》，上海古籍出版社，2013年，
第526页。

有言：

> 然夫子至圣，有召赴焉；孟轲大德，无聘不至，盖欲弘阐
> 大猷，敷明道化故也。①

阴澹认为孔子是大圣，孟子是大德。东晋伏滔论青土人物，列举
了春秋以来青土历史上著名人物：

> 滔以春秋时鲍叔、管仲、隰朋、召忽、轮扁、宁戚、麦邱人、
> 逢丑父、晏婴、涓子，战国时公羊高、孟轲、邹衍、田单、荀卿、
> 田子方、檀子、鲁连、淳于髡、田光、孟尝君、颜歜、慎子、於陵
> 仲子、王斗、即墨大夫，前汉时伏征君、终军、东郭先生、叔孙
> 通、东方朔、安期先生，后汉时大司徒伏、三老江革、逢萌、郑
> 康成、祢正平，魏时管幼安、华子鱼、徐伟长、伏高阳，此皆青
> 土有才德者也。②

伏滔将孟子与公羊高、邹衍、荀卿等并列，称他们都是青土德才兼
备之士。而葛洪则有如下之言：

> 夫贤常少而愚常多。多则比周而匿瑕，少则孤弱而无
> 援；佞人相汲引而柴正路，俊哲处下位而不见知；拔茅之义
> 圮，而负乘之群兴；亢龙高坠，泣血涟如。故子西逐大圣之仲
> 尼，臧仓毁命世之孟轲。二生不免斯患，降兹亦何足言！③

在此，葛洪将孔孟并提，称孔子为大圣，赞孟子是命世之才。南北
朝颜之推评论历代文章，对孟子大加赞赏，他说：

> 自子游、子夏、荀况、孟轲、枚乘、贾谊、苏武、张衡、左思
> 之俦，有盛名而免过患者，时复闻之，但其损败居多耳。每尝

---

① 《晋书》，中华书局，1974 年，第 2449 页。
② （唐）余知古《渚宫旧事》，中华书局，1985 年，第 52 页。
③ （晋）葛洪《抱朴子》，上海书店出版社，1986 年，第 137 页。

思之,原其所积,文章之体,标举兴会,发引性灵,使人矜伐,故忽于持操,果于进取。①

颜之推认为,文章有很重要的社会功能和教化作用,能显示出作者的才识与修养,作者会因其文而蜚声海内,也会因其文而恶名远扬;而孟子与子游、子夏、荀况、枚乘、贾谊、苏武、张衡、左思等人,都是历史上有盛名而无过失之人。

关于孟子在儒学史上的地位,魏晋至隋学人大多承认孟子继承了孔子之说,所以他们时常言孔及孟,孔孟连言,如成帝咸康三年(337)国子祭酒袁瑰、太常冯怀上疏请建国学:

> 臣闻先王之教也,崇典训,明礼学,以示后生,道万物之性,畅为善之道也。宗周既兴,文史载焕,端委治于南蛮,颂声逸于四海。故延州入聘,闻《雅》音而嗟咨,韩起适鲁,观《易》象而叹息。何者? 立人之道,于此为首也。孔子恂恂,道化洙、泗,孟轲皇皇,诲诱无倦。是以仁义之声,于今犹存,礼让之风,千载未泯。②

袁瑰认为正是因为孟轲承继孔子,又不懈弘道,所以儒家仁义礼让之说才千年未泯。沈绩在《答释法云书》中说:

> 然或位而不人,或人而不位。三者云备,其理至难。故宣尼绝笔于获麟,孟轲反身于天爵,诚无其位也。③

沈绩指出孔子著《春秋》,孟子反归邹地,以道殉身,都是在周游列

---

① (北齐)颜之推撰,王利器集解《颜氏家训集解》,上海古籍出版社,1980 年,第 222 页。
② 《宋书》,中华书局,1974 年,第 362 页。
③ (南朝梁)释僧祐撰,李小荣校笺《弘明集校笺》,上海古籍出版社,2013 年,第 526 页。

国不遇之后作出的选择，其行为动机一致。又如，应璩《与董仲连书》：

> 谷籴惊踊，告求周邻，日获数升，犹复无薪可以熟之。虽孟轲困于梁、宋，宣尼饥于陈、蔡，无以过此。夫挟管、晏之智者，不有厮役之劳；怀陶朱之虑者，不居贫贱之地；出蒙讥于恤护，入见谪于嫔息，忽便邑愤，不知处世之为乐。①

应璩认为孔孟都有受困于时的坎坷经历。又如，葛洪弟子对葛洪"贵明"之说表示疑义，其依据就是孔孟仁学：

> 徐偃修仁以朝同班，外坠城池之险，内无戈甲之备，亡国破家不明之祸也。门人曰："仲尼叹仁为'任重而道远'，又云：'人而不仁，如礼何！''若圣与仁，则吾岂敢？'孟子曰：'仁宅也。''义，路也。''人无恻隐之心，非仁也。''三代得天下以仁，失天下以不仁。'此皆圣贤之格言，竹素之显证也。而先生贵明，未见典据，小子蔽暗，窃所惑焉？"②

葛洪门人以孔孟论仁之言反驳葛洪，先言孔，后言孟，说明在葛洪门人看来，孟子仁学与孔子仁学本是一脉相承。孔子死后，儒分为八，陶潜分析八儒，指出八儒各有其特点。

> 夫子没后，散于天下，设于中国，成百氏之源，为纲纪之儒。居环堵之室，荜门圭窦，瓮牖绳枢，并日而食，以道自居者，有道之儒，子思氏之所行也；衣冠中，动作顺，大让如慢，小让如伪者，子张氏之所行也；颜氏传《诗》为道，为讽谏之儒；孟氏传《书》为道，为疏通致远之儒；漆雕氏传《礼》为道，为恭俭庄敬之儒；仲梁氏传乐为道，以和阴阳，为移风易俗之

---

① （唐）欧阳询《艺文类聚》，中华书局，1965年，第630页。
② （晋）葛洪《抱朴子》，上海书店出版社，1986年，第165页。

儒;乐正氏传《春秋》为道,为属辞比事之儒;公孙氏传《易》为
道,为洁净精微之儒。①

陶潜认为孔子是"纲纪之儒",孟子著书传播孔子学说,乃"疏通致
远"之儒。在孔门后学中,陶潜论子思、颜氏等,都只承认其在学
说建树方面有其贡献,唯独称孟子是"疏通致远",说明在陶潜看
来,是孟子光大了儒学,儒学能够流传后世,孟子之功不可没。

　　魏晋至隋学人不仅肯定孟子光大了孔子之说,还肯定孟子
"辟异端"捍卫了儒家之说。牟融就说:"昔杨、墨塞群儒之路,车
不得前,人不得步,孟轲辟之,乃知所从。"②在牟融看来,正是孟
子辟杨墨,为众儒引领了正确的方向。南朝梁陆倕在答释法云书
中发表了相同的看法。

　　　　辱告。惠示《至尊所答臣下审神灭论》。昔者异学争途,
　　孟子抗周公之法;小乘乱道,龙树陈释迦之教。于是杨墨之
　　党舌举口张;六师之徒,辙乱旗靡。言神灭者,可谓学僻而
　　坚,南路求燕,北辕首楚,以斯适道,千里而遥。③

陆倕的本意是批判范缜《神灭论》,但又以孟子辟杨墨自况,说明
就如同孟子辟杨墨是为了杜绝异端邪说以捍卫儒家学说,自己批
判范缜《神灭论》同样也是为了清除邪说而捍卫佛学。显然在他
看来,孟子辟杨墨,于儒家而言,实在是大功一件。

　　值得注意的是,魏晋至隋学人言孔及孟,孔孟连言,这无疑是

---

①（明）陶宗仪《说郛》,文渊阁《四库全书》影印本,879 册,第 111 页。
②（南朝梁）释僧祐撰,李小荣校笺《弘明集校笺》,上海古籍出版社,2013 年,
　　第 55 页。
③（南朝梁）释僧祐撰,李小荣校笺《弘明集校笺》,上海古籍出版社,2013 年,
　　第 550—551 页。

对汉代孔孟一体观念的继承,但是孔孟模式并没有固定下来,当时主流是周孔并称。《弘明集》中,周孔并称出现 51 次,而孔孟并称却无一例。当时学人主要承继司马迁的孟荀合称模式,所以孟子、荀卿并举最为常见。魏人李萧远在其《运命论》中说:"孟轲、孙卿体二希圣,从容正道。"①有时人们也将孟子置于荀子之后,以孙孟并称,于是出现了荀高于孟的情况。据《晋书》记载,傅玄《内篇》完成后,遣子傅咸送与司空王沈,王沈回书评曰:

> 省足下所著书,言富理济,经纶政体,存重儒教,足以塞杨墨之流遁,齐孙孟于往代。每开卷,未尝不叹息也。②

王沈夸奖傅玄所作《内篇》,其思想言说可以经世济民、传承儒学,其功可与荀子、孟子平齐。王沈在此就是以孙孟并称。

魏晋至隋,也有人认为孟子继承了周公思想,上所引陆俌"答释法云书"即可为证。陆俌与时人不同之处,就是他们认为孟子是"抗周公之法"而辟异端。换言之,陆俌认为孟子与周公之间亦也有精神的承接。陆俌这一说法实是本自孟子自己所说:"我亦欲正人心,息邪说,距诐行,放淫辞,以承三圣者。"③这里的三圣,指禹、周公、孔子。

魏晋至隋学人认为如与孔门弟子相比,孟子不仅传承孔学,使儒学远播,惠及后人,而且本人也是儒家伦理道德思想的践行者。如傅玄就说:

> 孟轲、荀卿若在孔门,非唯游、夏而已,乃冉、闵之徒也。④

①(南朝梁)萧统《文选》,中华书局,1977 年,第 731 页。
②《晋书》,中华书局,1974 年,1323 页。
③《孟子·滕文公下》6.9。
④(唐)马总《意林》,文渊阁《四库全书》影印本,872 册,第 269 页。

游,即子游。夏,即子夏。冉,指冉伯牛。闵,指闵子骞。孔子评论弟子时有言:

> 从我于陈蔡者,皆不及门也。德行:颜渊,闵子骞,冉伯牛,仲弓。言语:宰我,子贡。政事:冉有,季路。文学:子游,子夏。①

这就是著名的孔门十哲的来源。依孔子所论,在其众弟子中,闵子骞、冉伯牛优于德行,子游、子夏优于学术。傅玄认为孟子不仅在传承学问方面可与子游、子夏比肩,而且在道德实践方面不输闵子骞、冉伯牛,德行合一。

论及孟子的成长,追根溯源,魏晋至隋学人认为孟母善教至关重要,他们将汉代流传的孟母教子故事浓缩为《孟轲母赞》:

> 邹母善导,三徙成教。邻止庠序,俎豆是效。断织激子,广以坟奥。聪达知礼,敷述圣道。②

赞语出自左芬之手。左芬,左思之妹,才华横溢,擅长诗文,因文才出众被晋武帝纳为妃嫔。左芬赞誉孟母,固然与其女性身份相关,但是她在孟母赞语中对孟子成长经历的勾勒,却代表了自汉以来人们的普遍看法。

那么,孟子何以在当时受困?孟子何以在当时处境尴尬?魏晋至隋学人也有讨论,他们的看法比较一致,即孟子不遇其时,是命运使然。魏人李萧远指出,幽厉之后,大道陵迟,礼崩乐坏,虽然至圣仲尼,大贤颜渊、冉有,还有孟子、荀子,都曾尽心竭力复兴圣人之道,但都未能力挽狂澜,杜绝异端,救天下于陷溺。究其原因,不是孔子、颜渊、冉有、孟子、荀子不仁不智,而是命运使然。

---

① 《论语》11.3。
② (唐)欧阳询《艺文类聚》,中华书局,1965年,第337页。

他说："虽仲尼至圣，颜、冉大贤，揖让于规矩之内，訚訚于洙泗之上，不能遏其端；孟轲、孙卿体二希圣，从容正道，不能维其末，天下卒至于溺而不可援。……故曰，治乱，运也；穷达，命也；贵贱，时也。"①南朝宋人顾愿奉老师顾觊之命著《定命论》，其中有言：

> 仲尼云："道之将行，命也；道之将废，命也。"丘明又称："天之所支不可坏，天之所坏不可支。"卜商亦曰："死生有命，富贵在天。"孟轲则以不遇鲁侯为辞。斯则运命奇偶，生数离合，有自来矣。②

顾愿认为穷达是命，孔子、左丘明、卜商、孟子也都承认有命，而孟子不遇鲁侯就是命运使然。佛教传入中土，因果报应之说盛行，孟子受困战国，思想不能施行，是否也有因果？北齐人樊逊认为无关因果，只是孟子不遇其时。他在《问祸福报应对》中说：

> 若夫仲尼厄于陈、蔡，孟轲困于齐、梁，自是不遇其时，宁关性命之理。③

袁宏《三国名臣颂》中也说：

> 是以古之君子不患弘道难，患遭时难；遭时匪难，遇君难。故有道无时，孟子所以咨嗟；有时无君，贾生所以垂泣。④

孟子不遇其时，所以其说不行于当时。魏晋至隋学人对孟子生前困窘的解释，既本于孟子，也承接了司马迁《孟子列传》。

综上，在魏晋至隋学人眼中，孟子有大德、大才，正是孟子自己所说的不世出的"命世之才"，孟子能有此才德，实赖其母的精

---

①（南朝梁）萧统《文选》，中华书局，1977年，第731—732页。

②《宋书》，中华书局，1974年，第2081页。

③《北齐书》，中华书局，1972年，第613页。

④《晋书》，中华书局，1974年，第2393页。

心培养。当时因果报应之说大行,但论及孟子在战国不受重用的原因,魏晋至隋学人认为是因为孟子不遇其时,命运使然,无关因果。至于孟子与孔子学说的关系,魏晋至隋学人一致认为,孟子继承了孔子学说,光大了孔子学说,而孟子辟杨墨,则维护了孔子学说,陶渊明就此称孟子为"疏通致远"之儒;由于认同孟子对孔子学说的传承、弘扬,所以他们经常言孔及孟。

　　显然,魏晋至隋学人对孟子其人其行的认识和评价,基本承袭了汉代学人的观点,但却不及汉代学人对孟子的评价高,汉代学人已称孟子为亚圣,孔孟范式的雏形也已奠定,可是魏晋至隋学人只是称孟子为大德大才,他们可以言孔及孟,但周孔并尊是主流,孟荀并提是常态,有时甚至荀孟并提。魏晋至隋学人对孟子的评价和认识,不仅没有超越汉代学人,甚至还低于汉代学人。

第三节　学人论孟子其书其说

　　关于《孟子》一书的撰作,只有西晋文学家、思想家傅玄有简短评说,他说:

> 昔仲尼既殁,仲弓之徒追论夫子之言,谓之《论语》。其后邹之君子孟子舆拟其体,著七篇,谓之《孟子》①

傅玄认为孟子模仿《论语》的体式而完成七篇《孟子》。傅玄此说当是承自司马迁、赵岐。

　　对于孟子其说,魏晋至隋学人并无专门讨论,不过在其文章言说中间或也有涉及,由此亦可见其态度。

　　敦煌人段灼,出身河西大姓,"果直有才辩",因从邓艾破蜀有

---

① (晋)傅玄《傅子》,中华书局,1985年,第34页。

功,封关内侯,累迁议郎。在魏晋时期,段灼属于读《孟子》有心得之人,他熟读《孟子》,赞同孟子仁政、仁义之说。所上奏折,大段引用孟子之语是其章奏特点,《陈时宜》表有言:

> 臣闻天时不如地利,地利不如人和。三里之城,五里之郭,环围而攻之,有不克者,此天时不如地利。城非不高,池非不深,谷非不多,兵非不利,委而去之,此地利不如人和。然古之王者,非不先推恩德,结固人心。人心苟和,虽三里之城,五里之郭,不可攻也。人心不和,虽金城汤池,不能守也。……故臣以为陛下当深思远念,杜渐防萌,弹琴咏诗,垂拱而已。其要莫若推恩以协和黎庶,故推恩足以保四海,不推恩不足以保妻子。是故唐尧以亲睦九族为先,周文以刑于寡妻为急,明王圣主莫不先亲后疏,自近及远。……若虑后世强大,自可豫为制度,使得推恩以分子弟。如此则枝分叶布,稍自削小,渐使转至万国,亦后世之利,非所患也。①

在此,段灼引用了《孟子·梁惠王上》与《公孙丑上》中的两段文字,用孟子"人和"、"推恩"之说劝说晋武帝,希望晋武帝效法唐尧、周文王"推恩以分子弟",加强封国实力,使封国成为巩固晋朝的坚固屏障。因为"身微宦孤,不见进序"②,段灼辞官返乡。临去之时,又遣其子上表。在其上表中引用了《孟子》六段文字。依其引用先后次序,兹列引文于下:

> 1.尧不能以天下与舜,则舜之有天下也,天与之也。昔舜为相,尧崩,三年之丧毕,舜避尧之子于南河,天下诸侯朝觐者、狱讼者,不之尧之子而之舜。舜曰天也,乃之中国,践

---

① 《晋书》,中华书局,1974年,第1338—1339页。
② 《晋书》,中华书局,1974年,第1340页。

天子位焉。若居尧之宫，逼尧之子，非天所与者也。

2.太甲暴虐，颠覆汤之典制，于是伊尹放之桐宫，而能改悔反善，三年而后归于亳。

3.且夫士之归仁，犹水之归下，禽之走旷野，故曰为川驱鱼者獭也，为薮驱雀者鹯也，为汤、武驱人者桀、纣也。

4.况居天下之广居，立天下之正位，行天下之大道乎？

5.吾老以及人之老，吾幼以及人之幼。

6.夫饥者易为食，渴者易为饮。

以上引文，第一、二段引文出自《孟子·万章上》，第三、四段引文出自《孟子·离娄上》，第五段引文出自《孟子·梁惠王上》，第六段引文出自《孟子·公孙丑上》。可以说，孟子之语就是段灼劝说皇帝的经典依据，段灼服膺孟子之说。但是，段灼对于孟子的禅让之说却有微辞。

今之言世者，皆曰尧舜复兴，天下已太平矣。臣独以为未，亦窃有所劝焉。且百王垂制，圣贤吐言，来事之明鉴也。孟子曰："尧不能以天下与舜，则舜之有天下也，天与之也。昔舜为相，尧崩，三年之丧毕，舜避尧之子于南河，天下诸侯朝觐者、狱讼者，不之尧之子而之舜。舜曰天也，乃之中国，践天子位焉。若居尧之宫，逼尧之子，非天所与者也。"……孙卿曰："尧舜禅让，是不然矣。天下者，至重也，非至强莫之能任；至大也，非至辩莫之能分；至众也，非至明莫之能见。此三至者，非圣人莫之能尽。"由此言之，孙卿、孟轲亦各有所不取焉。陛下受禅，从东府入西宫，兵刃耀天，旌旗翳日。虽应天顺人，同符唐虞，然法度损益，则亦不异于昔魏文矣，故宜资三至以强制之。而今诸王有立国之名，而无襟带之实。又蜀地有自然之险，是历世奸雄之所窥窬，逋逃之所聚也，而

　　无亲戚子弟之守,此岂深思远虑,杜渐防萌者乎![1]

如所周知,孟子不仅认为尧舜之间的权力转移,是以贤让贤的禅让,还赋予尧舜禅让理想色彩。曹魏代汉,仿禅让而行攘夺之实,此后魏晋南北朝的王朝更迭,多有权臣取君而代之,这些权臣又几乎都效曹魏代汉故事,打着禅让的旗号,取前朝江山,"自曹魏以迄于宋,皆名为禅而篡者也。包裹禅让的理想主义面纱彻底地被篡位者剥去,禅让成为赤裸裸的篡位工具。禅让也拥有了固定的程序,成为一种制度"[2]。"禅让作为权臣和平交接政权的主要方式,得到广泛地应用"[3],恰如赵翼《廿二史札记·禅代》所言:"古来只有禅让、征诛二局,其权臣夺国则名篡弑,常相戒而不敢犯。……至曹魏,则既欲移汉之天下,又不肯居篡弑之名,于是假禅让为攘夺。自此例一开,而晋、宋、齐、梁、北齐、后周,以及陈、隋,皆效之。……自曹魏创此一局,而奉为成式者且十数代,历七八百年。"[4]处身此种环境,段灼对于孟子的禅让之说并不认同,他更赞同荀子批评禅让的观点,认为治理天下不仅要有德,还须有"三至",即"至强"、"至辩"、"至明",他以此劝诫晋武帝要加强天下掌控,并予以亲戚子弟一定的权力,使他们成为中央朝廷坚固的依靠。

　　范缜是无神论者,写有著名的《神灭论》,驳斥佛教因果报应之说。其《神灭论》受到萧琛、曹思文等人的批评。曹思文指出,

---

[1]《晋书》,中华书局,1974年,第1341—1342页。

[2]沈一民《古代外禅的演变历程》,《历史教学》2004年第1期。

[3]张程《禅让:中国历史上的一种权力游戏》,线装书局,2007年,第40页。

[4](清)赵翼撰,曹光甫校点《廿二史札记》,上海古籍出版社,2011年,第125页。

孔子曾说天不可欺,周公也祭祀后稷先祖,说明儒家先圣并未否定神的存在。范缜回应了这些批评。在其《答曹思文难神灭论》中,范缜提到了孟子对"汤放桀"、"武王伐纣"的评价。他说:

> 夫圣人者,显仁藏用,穷神尽变,故曰圣达节而贤守节也。宁可求之蹄筌,局以言教?夫欺者,谓伤化败俗,导人非道耳。苟可以安上治民,移风易俗,三光明于上,黔黎悦于下,何欺妄之有乎?请问汤放桀、武伐纣,是弑君非邪?而孟子云:"闻诛独夫纣,未闻弑君也。"子不责圣人放弑之迹,而勤勤于郊稷之妄乎?郊丘明堂,乃是儒家之渊府也,而非形神之滞义,当如此,何耶?①

孟子认为桀纣无德,众叛亲离,已是民贼独夫,所以汤放桀,是为民除害;武王伐纣,是诛杀独夫,而非弑君。范缜显然并不同意孟子关于汤、武放伐的观点,他认为汤、武虽是圣人,但汤放桀,武王伐纣,就是以下犯上,就是弑君,汤、武的行为理应受到责备;而曹思文不责备"圣人放弑之迹",却对儒家先圣用于神道设教的祭祀之制念念不忘,可谓扞格不通。

段灼、范缜等人是在肯定孟子其文其说的同时,也有微辞。与此相比,晋北中郎参军苏彦则对孟子其人其说表示强烈不满,他说:

> 立君臣,设尊卑,杜将渐,防未萌,莫过乎《礼》;哀王道,伤时政,莫过乎《诗》;导阴阳,示悔吝,莫过乎《易》;明善恶废兴,吐辞令,莫过乎《春秋》;量远近,赋九州,莫过乎《尚书》;和人情,动风俗,莫过乎《乐》;治刑名,审法术,莫过乎商、韩;载百王,纪治乱,莫过乎《史》《汉》。孟轲之徒,涸渚其间,世

---

① (南朝梁)释僧祐撰,李小荣校笺《弘明集校笺》,上海古籍出版社,2013年,第491页。

  人见其才易登,其意易过,于是家著一书,人书一法,雅人君
  子投笔砚而高视。①

对苏彦此文,严可均有考:"谨案:《隋志·道家》梁有《苏子》七卷;
晋北中郎参军苏彦撰。亡。旧新《唐志》皆七卷,宋不著录,盖唐
末复亡,群书引见尚多,绎其词,誉商、韩而诋孟子,亦各言其志
也。"②可见,苏彦尊崇商鞅、韩非,而反对孟子,是一位非孟者。
从苏彦此文,我们可以看到一个事实,那就是孟子其人其书当时
相当受追捧,"家著一书","雅人君子投笔砚而高视"。而苏彦对
时人追捧孟子不以为然,认为孟子引得人们高视,不过是"其才易
登,其意易过",真正应该受尊崇的是《礼》、《诗》、《易》、《尚书》、商
鞅、韩非、《史记》、《汉书》。

  北齐刘昼支持孟子的仁义之说,分析孟子的仁义思想在当时
受阻、不被重视的原因,他的结论是"不合于世用"。刘昼曾就孟
子所言"太王去邠"一事评论孟子仁义之说:

   昔秦攻梁,梁惠王谓孟轲曰:"先生不远千里,辱幸弊邑,
  今秦攻梁,先生何以御乎?"孟轲对曰:"昔太王居邠,狄人攻
  之,事以玉帛,不可;太王不欲伤其民,乃去邠之岐。今王奚
  不去梁乎?"惠王不悦。③

---

① (宋)李昉等《太平御览》,中华书局,1960 年,第 2737 页。
② (清)严可均辑《全上古三代秦汉三国六朝文》,《全晋文》卷一百三十八。
 中华书局,1958 年,第 2255 页。
③ 按:"太王去邠"一事,《孟子》各本俱为孟子对滕文公言,刘昼《刘子》为孟
 子对梁惠王言。对此,陈应鸾有按:"孔昭盖误读孟子。因其篇名《梁惠
 王》,而误将滕文公事属之梁惠王矣。详见(北齐)刘昼撰,杨明照校注,陈
 应鸾增订《增订刘子校注》,巴蜀书社,2008 年,第 657 页。李峻岫认为:"或
 其别有所据。"(李峻岫《汉唐孟子学述论》,齐鲁书社,2010 年,第 198 页。)

　　　　夫梁所宝者,国也。今使去梁,非不能去也,非毕代之所
　　宜行者。故其言虽仁义,非惠王所须也。亦何异救饥而与之
　　珠,拯溺而投之玉乎? 秦孝公问商鞅治秦之术,鞅对以变法
　　峻刑,行之三年,人富兵强,国以大治,威服诸侯。

　　　　以孟轲之仁义,论太王之去邠,而不合于世用;以商君之
　　浅薄,行刻削之苛法,而反以成治,非仁义之不可行,而刻削
　　之为美,由于淳浇异迹,则政教宜殊。当合纵之代,而仁义未
　　可全行也。①

刘昼指出,国家是君王之宝,孟子却建议梁惠王效法周太王去邠,
离开梁国,这无异于将国家拱手让与他人,孟子这一建议,不仅梁
惠王不可能接受,其他君王一般也不可能采用,所以孟子仁义之
说虽然高妙,但在当时却非惠王急需,正如"救饥而与之珠,拯溺
而投之玉",不能解惠王燃眉之急;相反,商鞅行苛法,却富国强
兵,国家大治,并不是商鞅之法高于孟子仁义之说,而是因为孟子
所在的时代是"合纵之代",法术之论切合当时之用,所以大行。
刘昼对孟子仁义之说持肯定态度,譬之为珠玉,称之为"美",但
"时有淳浇,俗有华戎,不可以一道治,不得以一体齐也。故无为
以化三皇之时,法术以御七雄之世"②。孟子仁义之说"不合于世
用",所以也"未可全行"。刘昼此说,与司马迁之论无异。

　　魏晋南北朝,佛教在社会广泛传播,信奉佛教的学人,站在佛教
立场,对孟子之说有其独特体会。孙绰(314—371),东晋玄言诗人,

①(北齐)刘昼撰,杨明照校注,陈应鸾增订《增订刘子校注》,巴蜀书社,2008
　年,第657—659页。
②(北齐)刘昼撰,杨明照校注,陈应鸾增订《增订刘子校注》,巴蜀书社,2008
　年,第650页。

历任太学博士、尚书郎、建威长史、右军长史、永嘉太守、散骑常侍、著作郎等职,崇信佛教,其《喻道论》论证儒佛一致,其中有言:

> 周、孔即佛,佛即周、孔,盖外内名之耳。故在皇为皇,在王为王。佛者,梵语,晋训觉也。觉之为义,悟物之谓。犹孟轲以圣人为先觉,其旨一也。应世轨物,盖亦随时,周孔救极弊,佛教明其本耳。共为首尾,其致不殊,即如外圣有深浅之迹。……故逆寻者每见其二,顺通者无往不一。①

孙绰认为周公、孔子与佛在精神实质上并无区别,只是名称不同而已;佛,本是觉悟之意,这与孟子把圣人称为“先觉”,其宗旨一致。换言之,孟子称先觉者为“圣人”,与佛教称觉悟者为佛,二者之义相同。南朝画家宗炳,早年拜慧远为师,信奉佛教。他认为佛与儒、道所言虽殊,但导人为善却是其同。在《明佛论》中,他说:“孔、老、如来,虽三训殊路,而习善共辙也。”②在他看来,孟子基本思想与佛教一致。

> 是以圣王庖厨其化,盖顺民之杀以减其害,践庖闻声,则所不忍。因豺獭以为节,疾非时之伤孕;解罝而不网,明含气之命重矣。孟轲击赏于衅钟,知王德之去杀矣。先王抚粗救急,故虽深其仁,不得顿苦其禁。如来穷神明极,故均重五道之命,去杀为众戒之首。萍沙见报于白兔,释氏受灭于昔鱼,以示报应之势,皆其窈窕精深,迂而不昧矣。③

---

① (南朝梁)释僧祐撰,李小荣校笺《弘明集校笺》,上海古籍出版社,2013年,第151—152页。
② (南朝梁)释僧祐撰,李小荣校笺《弘明集校笺》,上海古籍出版社,2013年,第107页。
③ (南朝梁)释僧祐撰,李小荣校笺《弘明集校笺》,上海古籍出版社,2013年,第121页。

《孟子·梁惠王上》记载,齐宣王不忍杀牛衅钟,故"以羊易牛",孟子赞赏齐宣王这一行为,并说"君子之于禽兽,闻其声,不忍食其肉",称这是保护仁心不受伤害的"仁术"。宗炳就此认为,孟子的闻声而不忍之说,说明孟子不忍杀生;孟子赞赏宣王不忍杀牛衅钟,说明孟子主张去杀;而佛教以去杀为众戒之首,可见孟子思想与佛教的不忍去杀,精神实质相同。他们如此解读孟子学说,其实是借用玄学名教、自然相合论,解决佛教教义与名教的关系,"这种说法都是脱胎于名教自然相合之说,却不能说是佛教教义"①,所以东晋著名佛教学者道安(314—385)②在《孔老非佛七》中即言:

> 鄙俗不可以语大道者,滞于形也;曲士不可以辨宗极者,拘于名也。案孟子以圣人为先觉。圣王之极,宁过佛哉? 故译经者以觉翻佛。觉有三种:自觉,觉他及以满觉。孟轲一辨,岂具此三菩提者?③

道安认为佛之"觉"有自觉、觉他、满觉,也即"三菩提"之义,而孟子所言圣人"先觉"却不具备此三菩提之义,道安明确表示不能将孟子"先觉"论与佛之"觉"等同视之。

孟子以辟杨墨著称,但魏晋研究墨学者,比较孟子与墨子之说,清楚地看到了孟子对墨子言说的继承。鲁胜,晋武帝时著作佐郎,元康初迁建康令,著有《墨辩》六篇,在其《墨辩》叙中,他说:

> 名者所以别同异,明是非,道义之门,政化之准绳也。孔子曰:"必也正名,名不正则事不成。"墨子著书,作《辩经》以

---

① 唐长孺《魏晋南北朝史论丛》(外一种),河北教育出版社,2000年,第327页。
② 按:一说道安生于312年。
③ (唐)释道宣《广弘明集》卷八,《四部丛刊》本。

立名本,惠施、公孙龙祖述其学,以正别名显于世。孟子非墨
子,其辩言正辞则与墨同。①

众所周知,孟子好辩、善辩。鲁胜认为孟子虽然批评墨子,但是孟
子的辩论言辞,实与墨子相同。言下之意,孟子虽然竭力抨击墨
学,其实也在学习墨学。就目前文献来看,在中国孟学史上,第一
位明确指出孟子辩论言辞与墨子相同的学人是鲁胜,而鲁胜这一
评价基本符合孟子言说实际。

本章结语

在魏晋至隋学人对孟子其说的散言碎辞的解说中,我们看
到,他们对孟子其书以及思想观念也有自己的解读,由于解读者
本人身份、处境、学术立场、出发点不同,而关注点不同,关心时政
者关注孟子的仁政、仁义之说、禅让之说;崇信佛教的学人探讨孟
子的不忍、恻隐、先觉与佛教的不杀、觉悟之间是否有内在的相
通;研究墨学者发现孟子言说与墨家有相同之处。但是他们普遍
都是在肯定孟子的同时,又有微辞,而苏彦则反对时人对孟子的
推崇。诸如此类,都说明在魏晋南北朝之时,孟学虽潜隐,但潜隐
中的孟学并没有远离他们所处的时代。

①《晋书》,中华书局,1974年,第2433—2434页。

第十三章　魏晋至隋学人对孟子思想的吸收与改造

汉末经学衰落后,儒学一蹶不振。魏晋南北朝,尚虚玄、崇佛老,儒学虽然仍艰难地维持着在统治意识形态中的正宗地位,但儒家学说被玄学化,儒学地位下降,已是不争的事实。然而玄学风行带来的流弊,名教崩溃导致的社会危机,使执政者清醒地认识到儒学颓废的危害性,所以在官方层面,多有重振儒学之举,晋武帝就笃道崇儒、营建辟雍。玄学南渡后,北方十六国少数民族政权大都重视儒学,延续和保存了儒家文化。南北朝时期,玄学、佛教依然是南朝主流,儒学并无显赫地位;与之相反,由于原本有比较雄厚的儒学基础,又有统治者的提倡,所以北朝儒学比较兴盛。此时此际,孟子的影响虽然有限,但是由于孟子其文、其说是魏晋至隋学人重要的文化资源,因此他们在征《孟》、宗孟、评孟的同时,也有意无意地将孟子一些观念融进自己思想体系之中,因而在其思想构建中留下了孟子思想的痕迹。

第一节　对孟子心性论的吸收与改造

孟子心性善论,魏晋至隋学人尽管并不完全赞同,但也有所吸收。

　　有鉴于玄学"贵无论"泛滥所造成的礼教废弃、名教失范的社会危机，西晋玄学家郭象反对将名教与自然、有为与无为截然对立，主张名教即自然，因此注《庄子》时，有时反转庄子本意。如《庄子·天运》所言：

　　　　仁义，先王之蘧庐也，止可以一宿，而不可久处，觏而多责。

《庄子·骈拇》所言：

　　　　意仁义其非人情乎！彼仁人何其多忧也？

庄子本意是鄙弃仁义。可是郭象的注却作出了相反的解释，对《天运》之语的解释是：

　　　　夫仁义者，人之性也。人性有变，古今不同也。故游寄而过去则冥，若滞而系于一方则见。见则伪生，伪生而责多矣。①

对《骈拇》之语的解释是：

　　　　夫仁义自是人之情性，但当任之耳。……恐仁义非人情而忧之者，真可谓多忧也。②

郭象将儒家名教核心观念的仁义视为人的自然本性，认为人们应顺性而为，才合于天理自然。郭象以仁义为人的自然情性，这与孟子思想一致，然而"与孟子和荀子试图找到普遍的人性不同，郭象认为人的本性是千差万别的"③，因为在他看来，"天性所受，各有本分，不可逃，亦不可加"④，"物各有性，性各有极，皆如年知，

―――――――――――

①（晋）郭象注，（唐）成玄英疏，刘文典补正《庄子补正》，云南人民出版社，1980 年，第 474 页。

②（晋）郭象注，（唐）成玄英疏，刘文典补正《庄子补正》，云南人民出版社，1980 年，第 291 页。

③杨立华编著《郭象〈庄子注〉研究》，北京大学出版社，2010 年，第 121 页。

④（晋）郭象注，（唐）成玄英疏，刘文典补正《庄子补正》，云南人民出版社，1980 年，第 114 页。

岂跤尚之所及哉"①。

南朝刘宋何承天继承和吸收了孟子人性论,并以孟子人性论反驳佛教众生论。在《答颜永嘉》一文中,他说:

> 足下所谓共成三才者,是必合德之称。上哲之人,亦何为其然?夫立人之道,取诸仁义,恻隐为仁者之表,耻恶为义心之端。牛山之木,剪性于鉴斧;恬漠之想,汩虑于利害。诚宜滋其萌蘖,援其善心,遂乃存而不算,得无过与?②

何承天在此援引《孟子·告子上》孟子论人性的观点,说明人性本善,扩充培养,可以延伸善心,而这正是人与其他生命的本质不同,所以不能将人与其他生命等同视之,而同称为"众生"。孟子人性论成为何承天反驳佛教观念的理论依据。

东晋道教学者葛洪认为孟子主张仁义,既是因应于战国特殊时代,也是基于人性的考察。他说:

> 曩六国相吞,豺虎力竞,高权诈而下道德,尚杀伐而废退让。孟生方欲抑顿贪残,褒隆仁义,安得不勤勤谆谆独称仁耶!……故孟子云:"凡见赤子将入井,莫不趋而救之。"以此观之,则莫不有仁心,但厚薄之间。而聪明之分,时而有耳。昔崔杼不杀晏婴,晏婴谓杼为大不仁而有小仁,然则奸臣贼子犹能有仁矣。③

葛洪肯定孟子的仁义之说有其人性依据,因为"凡见赤子将入井,

---

①（晋）郭象注,（唐）成玄英疏,刘文典补正《庄子补正》,云南人民出版社,1980年,第9页。

②（南朝梁）释僧祐撰,李小荣校笺《弘明集校笺》,上海古籍出版社,2013年,第199页。

③（晋）葛洪《抱朴子》,上海书店出版社,1986年,第165页。

莫不趋而救之",说明人人确实本有仁心,即便是奸臣贼子也有仁心。不过,葛洪又对孟子的人性善论进行了改造,因为他认为虽然人人都有仁心,但是却并非人人完全相同,因为仁心有厚薄之分。葛洪这一认识并非个例。东晋太常博士张凭也有相同观点,他在为"巧言令色,鲜矣仁"作注时说:

> 仁者,人之性也;性有厚薄,故体足者难耳。巧言令色之人于仁性为少,非为都无其分也。①

张凭也主张仁是人之性,但性有厚薄之分,所以人们的仁性有多少之别,于是其为人表现也就各不相同,但不能因此判定这些人没有仁性。

孟子心性论对魏晋南北朝的佛性理论发展有深远影响。众所周知,佛教中国化,是佛教进入中国之后,能够立足和发展的关键原因之一,"所谓中国化,在相当程度上则是指儒学化;而所谓儒学化,又相当程度地表现为心性化。因此,中国佛教心性化问题,从一定意义上可以说是理解佛教中国化的一把钥匙"②。中国佛教心性化,孟子心性之说对其影响不可小视。这在魏晋南北朝佛学中有明显体现。如佛教佛性论就在中土的演进变化中融摄孟子心性之说。佛性论是佛教的中心问题。所谓佛性,就是"众生觉悟之因,众生成佛的可能性"③。"一切众生悉有佛性""是中国佛性思想的主流"。"一切众生悉有佛性"之说在中土始于竺道生。从当时由法显所译《泥洹经》,我们知道佛教曾有如下

---

① (三国魏)何晏集解,(南朝梁)皇侃义疏《论语集解义疏》,中华书局,1985年,第4页。
② 赖永海《佛学与儒学》,浙江人民出版社,1992年,第61页。
③ 赖永海《中国佛性论》,江苏人民出版社,2012年,第1—2页。

观点:"一切众生皆有佛性在于身中,无量烦恼悉除灭已,佛便明显,除一阐提。"①《泥洹经》否定一阐提之人有佛性,认为一阐提之人不可能成佛。但晋宋著名佛学家,被时人呼为涅槃圣的竺道生,不同意《泥洹经》这一说法,主张"一阐提"之人也有佛性,众生皆可成佛,一阐提之人也可成佛。竺道生因倡"一切众生悉有佛教"之说,在当时受到排斥和打击②。后来《大本涅槃经》传入南方,其说与竺道生的观点相合,自此,"一切众生悉有佛性"之说风靡佛学界,成为主流观点。除唯识宗外,华严宗、天台宗、禅宗都持此说,"一切众生悉有佛性"成为华严宗、天台宗、禅宗的思想基础。而竺道生在未见《大本涅槃经》的情况下,独出己见,坚持"一切众生悉有佛性",其中一个重要依据就是孟子的心性之说。唐君毅就指出:"道生又主一切有情众生,皆有佛性,以与其时由印度传入之一阐提人无佛性之说辩。此即直本于孟子'人皆可以为尧舜'之旨,以言一切有情,同具佛性。"③

　　肯定人人皆有仁心,仁是人性,这是魏晋至隋学人对孟子性善论的继承,而以"性有厚薄"解释每个人的仁性有多少厚薄之异,以及由此导致现实社会人性之千差万别,则是魏晋至隋学人对孟子思想的改造和发展。在孟子心性论的影响下,中土佛教主张"一切众生悉有佛性",人人皆可成佛。

---

① (晋)法显译《大般泥洹经》卷四,《分别邪正品》,《大正藏》卷一二。
② 按:(梁)释慧皎《高僧传》卷七《义解四》载:"又六卷《泥洹》先至京师。生剖析经理,洞入幽微,乃说阿阐提人皆得成佛。于时大本未传,孤明先发,独见忤众。于是旧学以为邪说,讥愤滋甚,遂显大众,摈而遣之。"(梁)释慧皎撰,汤用彤校注,汤一玄整理《高僧传》,中华书局,1992年,第256页。
③ 唐君毅《中国哲学原论　原道篇》,中国社会科学出版社,2006年,第628页。

第二节　对孟子伦理思想的继承与改造

　　细绎魏晋至隋学人现存文献，我们看到，除了激烈批判儒家而好老庄的学人外，大多数学人都接受孟子提倡的孝悌、仁义等伦理思想，同时也因应于时代而进行了改造。

　　在魏晋至隋学人中，傅玄应当是对孟子非常有研究、受孟子思想影响比较大的一位学人。在儒学式微之时，傅玄尊儒重教，提倡儒学，当时有人认为傅玄的贡献可以与孟子辟杨墨比肩。司空王沈看到傅玄的文章，复信说：

　　　　省足下所著书，言富理济，经纶政体，存重儒教，足以塞杨墨之流遁，齐孙孟于往代。①

王沈以傅玄比况孟子，说明傅玄本人尊崇孟子，也精通孟子之说。在现存《傅子》中，可以清楚地看到他对孟子孝悌之说的承袭，如：

　　　　大孝养志，其次养形。养志者尽其和，养形者不失其敬。②

傅玄将孝道作养志、养形之分，本自孟子对曾子、曾元二人孝养其父的评价。孟子认为曾子对其父曾皙之孝，在满足父亲物质需要的基础上，也满足其精神心理需求，是"养志"；而曾元对曾子之孝，只满足曾子的物质需要，是"养口体"。孟子反对"养口体"之孝，傅玄将孟子对曾子之孝、曾元之孝的评价承接过来，并进行发挥，进一步提出"养志"之孝当以"和"，"养形"之孝也当有"敬"。对于孟子"仁义"之说，傅玄说：

①《晋书》，中华书局，1974年，第1323页。
②（晋）傅玄《傅子》，中华书局，1985年，第35页。

> 割地利己,天下仇之。推心及物,天下归之。以信接人,
> 天下信之;不以信接人,妻子疑之。见疑妻子,难以事君。君
> 子修身居位,非利名也,在乎仁义。①

傅玄认为君子当以仁义为立身处世之道,为君、为夫、为友,都当
恪守仁义,以仁义为重,以利名为轻。

葛洪是道教学者,但也深受儒家影响。他肯定孟子的仁义之
说,分析孟子倡导仁义的原因,他指出,战国时代,六国相争,如豺
虎角力;鄙弃道德礼让,崇尚权谋杀伐,是当时常态,而这一切都
缘于人们的贪婪与残忍,为救治人们的贪婪与残忍,所以孟子推
崇仁义。与孟子不同的是,葛洪认为不能只重仁,更应"贵明"。
所谓"明",即"睹机理于玄微之未形"的非常之才,即能辨真伪、分
邪正、知安危而保全生命之才。葛洪主张明先仁后,仁明矛盾之
时,要舍仁用明。他赞赏"汤、武逆取顺守,诚不仁也;应天革命,
以其明也"②。门人对葛洪的明先仁后之说感到困惑,并以孔孟
之言反驳葛洪。

> 门人曰:"仲尼叹仁为'任重而道远',又云:'人而不仁,
> 如礼何!''若圣与仁,则吾岂敢?'孟子曰:'仁,宅也。''义路
> 也。''人无恻隐之心,非仁也。''三代得天下以仁,失天下以
> 不仁。'此皆圣贤之格言,竹素之显证也,而先生贵明,未见典
> 据。小子蔽暗,窃所惑焉。"③

门人指出,据孔子、孟子所言,孔子重仁,孟子以仁义为重,孔孟都
无"贵明"之语,"贵明"之论与孔子、孟子之说不符。葛洪答曰:

---

① (晋)傅玄《傅子》,中华书局,1985 年,第 35 页。
② (晋)葛洪《抱朴子》,上海书店出版社,1986 年,第 165 页。
③ (晋)葛洪《抱朴子》,上海书店出版社,1986 年,第 165 页。

　　曩六国相吞，豺虎力竞，高权诈而下道德，尚杀伐而废退
让。孟生方欲抑顿贪残，襃隆仁义，安得不勤勤谆谆，独称仁
耶！然未有片言云仁胜明也。譬犹疫疠之时，医巫为贵，异
口同辞，唯论药石。岂可便谓针艾之伎过于长生久视之道
乎？且吾以为仁明之事，布于方策，直欲切理示，大较精神，
举一隅耳。而子犹日用而不知，云明事之无据乎？《乾》称
"大明终始，六位时成"，是立天以明，无不包也。①

葛洪认为孟子虽然称仁，未称明，但并不代表孟子不重视明。如
同疾病发作，医巫必先以药石、针艾救治，但不能就此证明药石、
针灸比长生久视之道为高；同理，六国如豺虎相争之时，孟子主张
仁义，以仁为贵，就如同医巫以药石、针艾救治病人，是应急而为。
在此葛洪以明先仁后之说改造孟子仁义之论。"葛洪提出明先仁
后、舍仁用明的主张，是因为魏晋时期的现实情形需要他对之做
出新的阐释。扩大来看，仁明关系实际就是内圣与外王的关系，
葛洪不同意传统儒家内圣到外王的政治理路，而是主张以外王统
内圣，从而建立起崭新的政治思想体系。无疑，这种政治思想对
传统思想具有一定的颠覆性。"②

　　葛洪注重内心调适，重视个人生命安顿，因而轻物重生，抱朴
自守。葛洪主张士人当有高尚人格，不屈富贵，不惧权势。葛洪
这一思想对孟子思想的承袭非常明显。其《名实》篇中有言：

　　是故抱杜而死，无怨而黜者，有自来矣。所以体道合真，
巍然特立，才远量逸，怀霜履冰，思绵天地，器兼元凯，执经衡
门，渊渟岳立。宁洁身以守滞，耻胁肩以苟合。乐饥陋巷，以

---

① (晋)葛洪《抱朴子》，上海书店出版社，1986年，第165页。
② 武锋《葛洪〈抱朴子外篇〉研究》，光明日报出版社，2010年，第182页。

励高尚之节；藏器全真，以待天年之尽。非时不出，非礼不动。结褐嚼蔬而不悒悒也，黄发终否而不恨恨也。安肯蹙泰山之峻，以适凿枘之中；敛垂天之羽，为戒旦之役；编于仕类而抑郁庸儿之下；舍鸾凤之林，适枳棘之薮；竞腐鼠于踞鸱，而枉尺以直寻哉？且大贤之状也至拙，其为味也甚淡，萧然自足，泊尔无知，知之者稀而不戚，时不能用而不闷。虽并日无藜藿之糁，不以易不义之大牢也；虽缊袍无卒岁之服，不肯乐无道之狐白也。独可散发高枕，守其所已有，绝不曲躬低眉，求其所未须也。德薄位厚，弗交也；名与实违，弗亲也；荣华驰逐，弗务也；豪狭奸权，弗接也；俗说细辨，不答也；胁肩所赴，弗随也。貌愚而志远，面垢而行洁。确乎若嵩、岱，铨衡所不能测也；浩乎若沧海，斗斛所不能校也。峻其重仞之高，隐其百官之富。观彼佻窃，若草莽也。邈世之操，眇焉冠秋云之表；遗俗之神，缅焉栖九玄之端。虽穷贱，而不可胁以威；虽危苦，不可动以利。①

在葛洪这段话语中，从话语到精神都有对孟子言语和思想的继承。如："耻胁肩以苟合""枉尺直寻""非礼不动""虽穷贱，而不可胁以威；虽危苦，不可动以利"等，就是对孟子之语的化用，因为孟子有言：

> 胁肩谄笑，病于夏畦。②

> 且夫枉尺而直寻者，以利言也。如以利，则枉寻直尺而利，亦可为与？③

---

①（晋）葛洪《抱朴子》，上海书店出版社，1986年，第137—138页。
②《孟子·滕文公下》6.7。
③《孟子·滕文公下》6.1。

居天下之广居，立天下之正位，行天下之大道；得志，与民由之；不得志，独行其道。富贵不能淫，贫贱不能移，威武不能屈。①

两相比较，足见二者之相似。葛洪指出，在波谲云诡、危机四伏的社会，"抱枉而死"，无过而黜者，屡见不鲜，处身此种环境，士人当立身正道，体道合真，不以权势、富贵为衡量人生价值的标准，铁肩担道义，贫贱不移志。葛洪这一观念承自孟子士人尚志之人格论。

佛教进入中土，遭遇中土文化最大的指责，就是不守儒家伦理纲常，出家离世，于是为了立足，免遭驱逐和摒弃，魏晋南北朝的佛教人士选择调和佛儒，融摄儒家学说，向儒家伦理靠拢。如三国康居僧人康僧铠就把违背儒家伦理的行为、言说视为恶行，他将"不孝父母"、"轻慢师长"、"朋友无信"、"居上不明"、"损害忠良"、"无义无礼"②列为佛教反对的五恶之一。在佛教向儒家伦理靠拢的过程中，他们吸取孟子思想之处尤多，如前所论佛性论即是如此，而孟子提倡的仁义之说，他们也有汲取。如三国僧人康僧会，就融摄孟子仁义之说以证儒佛一致。他说：

忍不可忍者，是乃为佛正真之大戒也。即说偈曰：

贪欲为狂夫，靡有仁义心，

嫉妒欲害圣，唯默忍为安。

非法不轨者，内无恻隐心，

悭恶害布施，唯默忍为安。

放逸无戒人，酷害怀贼心，

————————

① 《孟子·滕文公下》6.2。

② （三国魏）康僧铠《大无量寿经》，《大正新修大正藏》本。

　　不承顺道德,唯默忍为安。

　　背恩无反复,虚饰行谄伪,

　　是为愚痴极,唯默忍为安。①

在这段言辞中,孟子思想的痕迹非常明显。康僧会用孟子仁义之
心、恻隐之心解释佛教教义"忍",以此说明佛与儒在精神实质上
相合。在中国佛教史上,魏晋南北朝是"格义"佛教时期。"所谓
'格义',就是引用中国固有的思想或概念来比附解释佛教义理,
以使人们更易理解并接受佛教。"②广泛运用"格义"的方法译经、
注释佛经是汉魏佛教的重要特点之一。为求得儒学支持,故迎合
儒学,并以儒家思想观念解释佛教教义,也是汉魏间格义佛教的
思维定式之一。三国时期曾居于吴的康僧会以孟子思想解释佛
教教义,就是这一思维定式的体现。

　　魏晋至隋学人对孟子孝道、仁义、气节观都有所继承,但在继
承的同时,也有自己的改造,傅玄认为养志之孝当以和,养形之孝
不失其敬;葛洪提出明先仁后;康僧会则用孟子仁义比附佛教教
义,于是康僧会所言孟子仁义之说明显带有佛教色彩。

第三节　对孟子王道仁政思想的继承

　　诚如何承天《上邪》所说:"承平贵孔孟,政弊侯申商。孝公明
赏罚,六世犹克昌。"③孔孟思想只有在承平之时才能显出其平治天
下之功,纠治乱世且能立见实效者只能是申商法术。何承天此说无

---

①(三国吴)康僧会《六度集经》,花城出版社,1998年,第235页。
②洪修平《中国佛教文化历程》,江苏教育出版社,2005年,第40页。
③(宋)郭茂倩《乐府诗集》,中华书局,1979年,第290页。

疑非常符合魏晋南北朝的政治实际。魏晋南北朝，战争杀伐的血腥，朝代更迭的残酷，都让当时执政者深切地认识到申商法术治国的有效性，所以他们大都倚重法术，重视刑律，曹操、刘备、诸葛亮等就是如此。在重视儒学的北朝，申商法术同样受重视，及至北魏后期，"自兹以降，世极道消，风猷稍远，浇薄方竞，退让寂寥，驰竞靡节。进必吏能，升非学艺。是使刀笔小用，计日而期荣；专经大才，甘心于陋巷"①；而周隋之际的政治不同于两汉重经术、轻律令的政治，以法令为先、经术为后，"两汉之朝，重经术而轻律令。……近代之政，先法令而后经术"②，"咸取士于刀笔"③。"周隋之际的政治变动与秦政对周政的取代多少有其可比之处，其君主在倚重法制以及独断、奢侈上都是相似的。"④与此同时，在思想文化领域，受魏晋玄学、道教思想的影响，无君、无为、自然主义观念大行，阮籍、陶潜、鲍敬言等就主无君之论。此时此际，儒学虽衰，但并未熄灭，儒家思想依然是魏晋南北朝政治的重要文化基因，所以儒家政治的核心理念并没有完全退出人们的思想视界，孟子的仁政王道观就在此时学人的言说中出现。傅玄、康僧会、刘昼之言可见一斑。

在侈谈虚无、漠视政教的时代风潮中，傅玄的政治观念非常务实，既吸取荀子的礼法并用，也接纳孟子的王道仁政理念。萧公权说："傅玄生当汉末晋初，独扬孟荀于老庄方盛之时，为书百余篇。譬如鲁殿灵光，可为两汉儒学之后劲。"⑤傅玄曾说：

---

①《魏书》，中华书局，1974 年，第 1704 页。
②《周书》，中华书局，1971 年，第 819 页。
③《北史》，中华书局，1974 年，第 2770 页。
④阎步克《士大夫政治演生史稿》，北京大学出版社，2015 年，第 425 页。
⑤萧公权《中国政治思想史》，新星出版社，2005 年，第 256 页。

　　　　昔者,圣人之崇仁也,将以兴天下之利也,利或不兴,须
　　　仁以济,天下有不得其所,若己推而委之于沟壑。然夫仁者,
　　　盖推己以及人也。故己所不欲,无施于人。推己所欲,以及
　　　天下;推己心孝于父母,以及天下,则天下之为人子者,不失
　　　其事亲之道矣。推己心有乐于妻子,以及天下,则天下之为
　　　人父者,不失其室家之欢矣。推己之不忍于饥寒,以及天下
　　　之心,含生无冻馁之忧矣……若子方惠及于老马,西巴不忍
　　　而放麑,皆仁之端也。推而广之,可以及乎远矣。①

这段话语,析其来源,本自孟子对齐宣王、邹穆公、万章的言说②,
核心思想就是实行孟子提倡的仁政、王道,实行方式也是孟子的
"推恩以保天下"、推己及人、"善推其所为"。而其中"推而委之于
沟壑"、"仁之端"等就是孟子的原话。但是在继承孟子仁政王道
观的同时,傅玄也有所改造。傅玄认为"圣人崇仁",是"为兴天下
之利",将兴利作为仁政王道的目的,这与孟子"何必曰利? 亦有
仁义而已矣"的观念不同。其实是傅玄综墨子之意而合之。"子
墨子言曰:'仁人之事者,必务求兴天下之利。'"③"子墨子言曰:
'仁之事者,必务求兴天下之利。'"④傅玄还说:

　　　　昔者,有虞氏弹五弦之琴,而天下乐其和者,自得也。秦
　　　始皇筑长城之塞以为固,祸几发于左右者,自失也。夫推心

①（晋）傅玄《傅子》,中华书局,1985 年,第 6—7 页。
②详见《孟子·梁惠王上》1.7、《孟子·梁惠王下》2.12、《孟子·万章上》
　　9.7。
③（战国）墨翟著,(清)毕沅校注,吴旭民标点《墨子》,上海古籍出版社,1995
　　年,第 56 页。
④（战国）墨翟著,(清)毕沅校注,吴旭民标点《墨子》,上海古籍出版社,1995
　　年,第 115 页。

以及人,而四海蒙其佑,则文王其人也。不推心,以虐用天下,则左右不可保,亡秦是也。秦之虣君,目玩倾城之色,天下男女怨旷,而不肯恤也;耳淫亡国之声,天下小大哀怨,而不知抚也;意盈四海之外,口穷天下之味,宫室造天而起,万国为之憔瘁,犹未足以逞其欲。唯不推心以况人,故视用人如用草芥,使用人如用己,恶有不得其性者乎?[1]

这段话中,"推心以及人"、"天下男女怨旷"、"用人如用草芥"等,都化用自孟子之语[2]。傅玄认为周兴秦亡的关键就在于是否推己及人、推恩天下,显然孟子的王道仁政观是傅玄评判历史的标尺。

在魏晋佛教格义时期,康僧会不仅以孟子"仁义心"、"恻隐心"比附佛教之"忍",同样也承袭孟子仁政附会佛教的仁道。在《精进度无极章》中,他说:

> 君以子爱育其众,众以亲恩慕其君。为君之道,可不仁乎?自斯绝杀尚仁,天即佑之。国丰民熙,遐迩称仁,民归若流。佛告鹙鹭子:"鹿王者,吾身是也;五百鹿者,今五百比丘是也;人王者,阿难是。"菩萨锐志度无极,精进如是。[3]

康僧会以孟子的仁政比附佛教"不杀生"、仁道,宣称"绝杀尚仁",就会获得天佑、民归。在《普明王经》中,他说:

> 王者为德仁法,帝精明即日月济等,后土润齐乾坤,含怀众生即若虚空,尔乃可为天下王耳。若违仁从残,即豺狼之类矣;去明就暗,瞽者之畴矣;替济自没,即坏舟之等矣;释润崇枯,即火旱之丧矣;背空向窒,即石人之心也矣;夫狼残瞽

---

① (晋)傅玄《傅子》,中华书局,1985年,第16页。
② 详见《孟子·梁惠王》1.7、《孟子·离娄下》8.3。
③ (三国吴)康僧会《六度集经》,花城出版社,1998年,第279页。

　　　　暗坏没火烧石人之操,不可为宰人之监,岂可为天下王耶?
　　　　若崇上德即昌,好残贼则亡。①

在此,康僧会同样用孟子之语、孟子仁政观念解释佛教慈惠、仁道,并以此构筑其佛教仁道政治观,还把带有孟子痕迹的佛教仁道视为佛教追求的最高境界,表示自己要矢志不渝。"诸佛以仁为三界上宝。吾宁殒躯命,不去仁道也。"②

　　刘昼所撰《刘子》,被学界称为"北齐子书中最优秀者"。其说"泛论治国修身之要,杂以九流之说",其"主导思想,以道、儒两家为宗"③。对于孟子思想,刘昼虽不取孟子心性论,但对孟子仁政思想,还是有所继承。刘昼曾有言:

　　　　耳目之于声色,鼻口之于芳味,肌体之于安适,其情一也。④

这是袭用自《孟子·尽心下》之语:

　　　　口之于味也,耳之于声也,鼻之于臭也,四肢之于安佚也,性也。

刘昼不相信人性为善,认为"凡人之心,险于山川,难于知天"⑤,但也不认为人性为恶。在他看来,人为善为恶,都是环境染化的结果。"尧、舜之人,可比家而封;桀、纣之人,可接屋而诛。非尧、舜之民,

---

①(三国吴)康僧会《六度集经》,花城出版社,1998年,第194页。

②(三国吴)康僧会《六度集经》,花城出版社,1998年,第141页。

③杨明照《增订刘子校注前言》,(北齐)刘昼撰,杨明照校注,陈应鸾增订《增订刘子校注》,巴蜀书社,2008年,第2页。

④(北齐)刘昼撰,杨明照校注,陈应鸾增订《增订刘子校注》,巴蜀书社,2008年,第88页。

⑤(北齐)刘昼撰,杨明照校注,陈应鸾增订《增订刘子校注》,巴蜀书社,2008年,第358页。

性尽仁义;而桀、纣之人,生辄奸邪。而善恶性殊者,染化故也。"①刘昼对人性的看法显然承自告子。不过,对于治政理国,刘昼则推崇孟子的仁政王道思想,所以承袭颇多。在《爱民》篇,刘昼说:

> 故善为理者,必以仁爱为本,不以苛酷为先。宽宥刑罚,以全人命;省彻徭役,以休民力;轻约赋敛,不匮人财;不夺农时,以足民用;则家给国富,而太平可致也。……先王之治,上顺天时,下养万物。草木昆虫,不失其所;獭未祭鱼,不施网罟;豺未祭兽,不修田猎;鹰隼未击,不张罻罗;霜露未沾,不伐草木。草木有生而无识,鸟兽有识而无知。犹施仁爱以及之,臭况在人而不爱之乎? 故君者,其仁如春,其泽如雨,德润万物,则人为之死矣。昔太王居邠,而人随之,仁爱有余也。夙沙之君,而人背之,仁爱不足也。仁爱附人,坚于金石;金石可销,而人不可离。故君者,壤地;人者,卉木也。未闻壤肥而卉木不茂,君仁而万民不盛矣。②

从刘昼此番论说可见,孟子以仁爱治国,实行仁政,薄税敛,轻刑罚,"黎民不饥不寒",等等,是刘昼治政基本理念。而孟子论仁政之语,诸如:"不违农时","太王去邠","斧斤以时入山林","今恩足以及禽兽,而不功至于百姓者,何也"等等,刘昼都将其化用其中。孟子仁政王道构成了刘昼政治思想的骨架。

由上可见,魏晋至隋,执政者倚重申商法术之治,玄学家主张无为甚至无君,但孟子仁政王道思想依然是此间一些学人的基本

---

① (北齐)刘昼撰,杨明照校注,陈应鸾增订《增订刘子校注》,巴蜀书社,2008年,第242页。

② (北齐)刘昼撰,杨明照校注,陈应鸾增订《增订刘子校注》,巴蜀书社,2008年,第227—233页。

治政理念和理想,他们继承孟子仁政王道之说,以此为构建自己治政思想的基石。

本章结语

　　魏晋至隋,只有綦毋邃一人为《孟子》作注,其研究力度不及汉代,其他学人也无研读《孟子》的专门文章,所以,从研究力度来看,魏晋至隋是孟学史上的低谷期、潜隐期,但不能否认的是,《孟子》依然是魏晋至隋学人的重要文化资源,是他们学习的重要典籍,时人"家著一书,人书一法,雅人君子投笔砚而高视"①,既宗孟,亦征《孟》。魏晋至隋学人虽未专门撰文评说孟子,但他们也有自己对孟子其人其说的认识,并且在宗孟、征《孟》的同时,继承吸收孟子思想,将孟子的一些思想观念融进自己思想体系之中。所以魏晋至隋孟学虽潜隐,但并没有停下前行的脚步。

　　魏晋至隋学人对孟子基本思想——心性论、仁义道德、仁政王道,都有所继承,在继承中又所改造。魏晋至隋学人继承孟子性善论,肯定人人皆有仁心,仁是人性,但是却认为"性有厚薄",所以每个人的仁性有多少厚薄之异,现实社会人性之千差万别正因此造成。孟子仁义气节、仁政王道则是魏晋至隋学人构筑其思想的理论基石,但葛洪却又主张明先仁后,傅玄则以荀子礼法弥补孟子仁政王道。魏晋至隋佛教在其中国化过程中,从孟子思想中借力颇多,受孟子心性论的影响,中土佛教主张"一切众生悉有佛性",人人皆可成佛,并用孟子仁义、仁政比附佛教教义,构筑了佛教仁道政治。可以说,孟子思想对于此间儒释道思想的发展都有一定的影响。

---

① (宋)李昉等《太平御览》,中华书局,1960 年,第 2737 页。

第十四章 唐代孟学崛起

　　唐代孟学发展可分为两个阶段，以中唐为界，中唐以前，孟学尚未从魏晋至隋的潜隐式演进状态中走出，仍然寂寥冷清；中唐以后，出现了推尊孟子的强烈呼声，孟子地位在此得到又一次提升。

　　唐代是我国封建社会的巅峰时期，不仅政治、经济、军事方面的成就超越以往朝代，而且文化上的繁荣也为以往各代所不及。唐代在文化方面的政策是兼收并蓄，无论是传统文化，还是外来文化，都不妄加干预，听其自由发展，从而形成了儒释道三教并立的格局。但是崇儒仍是官方的基本立场。唐太宗在总结魏晋妄崇玄佛的教训时，阐明了自己的崇儒态度："梁武帝君臣惟谈苦空，侯景之乱，百官不能乘马，元帝为周师所围，犹讲《老子》，百官戎服以听。此深足为戒。朕所好者，唯尧、舜、周、孔之道，以为如鸟有翼，如鱼有水，失之则死，不可暂无耳。"①所以儒家思想在唐代基本占据着官方意识形态的统治地位，儒家经典是学校教育的主要内容，也是设科取士的最高标准，朝廷还投入大量财力用于创办学校，奖励学子，以鼓励更多的人学习儒家经典。在唐太宗即位之初，就有一系列崇儒举措，其中置弘文馆以学习儒家典籍就是

①（宋）袁枢《通鉴纪事本末》，中华书局，1964年，第2601页。

一项。

　　　　太宗初践祚，即于正殿之左置弘文馆，精选天下文儒，令
　　以本官兼署学士，给以五品珍膳，更日宿直。听朝之隙，引入
　　内殿，讨论坟典，商略政事，或至夜分乃罢。又诏勋贤三品已
　　上子孙，为弘文学生。①

贞观四年(630)还诏令颜师古于秘书省考定五经，消除儒家经典
在流传过程中产生的讹误，编纂标准版本，又诏令孔颖达撰《五经
正义》，结束了"经有数家，家有数说，章句多者或乃百余万言，学
徒劳而少功，后生疑而莫正"②的局面，规范和统一了对儒家经典
的注疏。在这些措施激励下，唐朝初年，儒学呈现出繁荣景象。

　　然而唐初的儒学繁荣并没有带动孟学兴盛，孟学领域仍一片
冷清，既未见专门的评论，更没有研治注释《孟子》的专著。而在
朝廷看来，孟子不仅不及颜回等孔门弟子，甚至赶不上汉代经师，
据《旧唐书·礼仪志》记载：唐太宗贞观元年(627)，左仆射房玄龄
等人上疏，停祭周公，升孔子为先圣，进孔庙配享的不是别人，正
是颜回。贞观二十一年(647)，配享者又增加二十一人：左丘明、
卜子夏、公羊高、穀梁赤、伏胜、高堂生、毛苌、孔安国、刘向、郑众、
杜子春、马融、卢植、郑玄、服虔、何休、王肃、王弼、杜预、范宁、贾
逵，他们都是唐以前的传经大师。开元时又增加孔门十哲、曾参
及其他著名弟子入孔庙配享。唐玄宗时封颜回为"亚圣"和"兖国
公"，封"孔门十哲"和"七十子"为侯伯，也未提及孟子。《孟子》一
书也未列入学官，唐代用于设科取士的是"九经"：《易》、《书》、
《诗》、"三礼"、"三传"。中唐以前，孟子其人既不能入孔庙配享孔

────────────

① (唐)吴兢撰，谢保成集校《贞观政要集校》，中华书局，2003 年，第 375 页。
②《后汉书》，中华书局 1965 年，第 1213 页。

子,也没有封伯、封侯的殊荣;官学中也没有《孟子》一书的一席之地,孟子备受冷落,显而易见。

当然中唐以前的文人并没有完全抛弃孟子,我们可以从当时大臣的奏折、文人的诗文中寻觅到缕缕踪迹。卢照邻有言曰:"昔文王既没,道不在于兹乎?尼父克生,礼尽归于是矣。其后荀卿孟子服儒者之褒衣,屈平宋玉弄词人之柔翰,礼乐之道已颠坠于斯文,《雅》《颂》之风犹绵联于季叶。"①《南阳公集序》谓:"游夏之门,时有荀卿孟子。"②由此可见,《孟子》仍是他们的精神食粮。

不过此时孟子的地位又跌至荀子之后,人们多以荀孟并称。上引卢照邻所言已见一斑。又如长孙无忌在《进五经正义表》中说:"敦稽古以宏风,阐儒雅以立训。启含灵之耳目,赞神化之丹青。姬孔发挥于前,荀孟抑扬于后。"③初唐四杰之一的杨炯在《王勃集序》中介绍王勃祖父王通时说:"祖父通,隋秀才高第,蜀郡司户书佐,蜀王侍读。大业末,退讲艺于龙门。其卒也,门人谥之曰文中子。闻风睹奥,起予道惟,揣摩三古,开阐八风。始摈落于邹韩,终激扬于荀孟。"④开元间名相张九龄在《故辰州泸溪令赵公碣铭并序》中说:"呜呼!鲁史既没,称行者不在兹乎?荀孟以来,论命者亦何谓也?"⑤长孙无忌、杨炯、张九龄认为荀子、孟子不仅都承传和发挥了周公、孔子儒家学说,而且思想亦有一致

---

①(唐)卢照邻《卢升之集》,中华书局,1985年,第45页。
②(唐)卢照邻《卢升之集》,中华书局,1985年,第46页。
③(清)董诰等编《全唐文》,卷一百三十六,中华书局,1983年,第1374—1375页。
④(唐)杨炯《杨炯集》,中华书局,1980年,第35页。
⑤(唐)张九龄《曲江集》,广东人民出版社,1986年,第663页。

性,故以荀孟并称。

　　然而中唐以后,人们对孟子的认识有了改变,孟子在唐代地位得到进一步提升,孟学崛起。

　　中唐以后,孟子地位在唐代得到进一步提升,主要表现在四个方面:其一,征引孟子其事其文者增多;其二,对孟子的评价提升,孟子被推为道统继承人;其三,推举《孟子》升兼经、入科考;其四,《孟子》注本增多。在唐代孟子地位提升过程中,有三位至关重要的人物,他们是杨绾、韩愈、皮日休。

第一节　征引《孟子》愈繁

　　中唐以前,虽然孟子仍是人们的文化资源、精神食粮,但因孟子在这一时期地位不高,受到冷落,所以学人们征引孟子其事、其文者比较少见。

　　初唐学人很少征引孟子其文、其说。《贞观政要》记录了唐太宗君臣探求治政之道的重要言论。唐太宗君臣在论辩中常常征引古圣贤之语,引经据典,作为论说依据。儒家典籍,诸如《礼记》《周易》《论语》,甚至包括《孔子家语》等,都有征引。唐太宗君臣尤喜征引孔子之言之事,粗略统计,唐太宗引用了七次,魏征引用十次,房玄龄引用两次,杜如晦引用一次,共二十次。而《贞观政要》征引孟子之语,却只有一次,且是唐初名臣魏征所引。魏征引用了孟子君臣观之语,并作了自己的阐释:"君为社稷死,则死之;为社稷亡,则亡之。若为己死,而为己亡,非其亲昵,谁敢任之。……孟子曰:'君视臣如手足,臣视君如腹心;君视臣如犬马,臣视君如国人;君视臣如土芥,臣视君如寇仇。'虽臣之事君无有二志,至于去就之节,尚缘恩之厚薄,然则为人上者,安可以无礼于下哉!"①可见魏征在此征引孟子君臣观之语,并没有用孟子君臣对等原意,而是从礼的角度劝谏唐太宗要以礼待臣。从《贞观政要》来看,崇儒的唐太宗,显然很熟悉孔子之语,所以可以信手引以为据,然而对于孟子,则无一言及之。除此而外,初唐王勃《王子安集》引孟子仅有一次,卢照邻《卢升之集》引孟子其言其事只有三次。

盛唐时期化用孟子文意者多,直引孟子之语者少。诗仙李白,诗圣杜甫,毫无疑问都受到孟子影响,尤其是杜甫,孟子民本仁政思想更是深入其骨髓,所以他们的诗文化用孟子其文、其意者颇多。如李白《代寿山答孟少府移文书》:"吾未可去也。吾与尔,达则兼济天下,穷则独善一身。安能餐君紫霞,荫君青松,乘君鸾鹤,驾君虹龙,一朝飞腾,为方丈、蓬莱之人耳,此则未可也。"②其中"达则兼济天下,穷则独善一身",化用自《孟子·尽心上》:"古之人,得志,泽加于民;不得志,修身见于世。穷则独善其身,达则兼善天下。"杜甫《咏怀》"人生贵是男,丈夫重天机。未达善一身,得志行所为"③之语,同样本自孟子此语。《奉赠韦左丞丈二十二韵》之"致君尧舜上,再使风俗淳",则是本自《孟子·万章上》:(伊尹)曰:"与我处畎亩之中,由是以乐尧舜之道,吾岂若使是君为尧舜之君哉?吾岂若使是民为尧舜之民哉?"杜甫的名句"朱门酒肉臭,路有冻死骨",其原型是《孟子·梁惠王上》:"庖有肥肉,厩有肥马;民有饥色,野有饿莩。"然而我们在李白、杜甫的文集中很少见到二人直接征引孟子之文。"这一时期孟子学的

---

①(唐)吴兢撰,谢保成集校《贞观政要集校》,中华书局,2003年,第404页。

②(唐)李白著,(清)汪琦注《李太白全集》,中华书局,1977年,第1225页。

③(唐)杜甫著,(清)仇兆鳌注《杜诗详注》,中华书局,1979年,第1978页。

特点,主要不是体现在对孟子学说的征引上,而是主要体现在对孟子思想义理精神实质的继承上。"①

　　不过在中唐以前征引《孟子》很少的语境中,初唐时期李善《文选注》是个特例。《文选注》中,"孟子"出现了三百余次,出现的频次颇为可观。虽然如此,但并不能改变中唐学人征引《孟子》很少的事实。因为《文选注》中所引三百余次孟子之言,绝大部分是李善解释所注文句语词、用语、语意与孟子的关系。如班固《两都赋序》:

　　　　昔成康没而颂声寝,王泽竭而诗不作。

李善注曰:

　　　　孟子曰:"王者之迹熄而诗亡。"②

李善注说明班固序中此言是对孟子此语改写而来。又如左思《魏都赋》:

　　　　魏国先生有睟其容,乃盱衡而诰曰:异乎交益之士。

李善注曰:

　　　　孟子曰:"君子所性,仁义礼智根于心。其生色,睟然见于面,不言而喻。"赵岐曰:"睟,润泽貌也。"③

李善引孟子此言,说明左思《魏都赋》"睟其容"是对《孟子·尽心上》之语"其生色也睟然,见于面"的化用。又如马融《长笛赋》:

　　　　波澜鳞沦,窊隆诡戾,濆瀑喷沫,奔遁砀突,摇演其山,动机其根者,岁五六而至焉,是以间介无蹊,人迹罕到。

李善于其下注曰:

---

① 兰翠《唐代孟学探赜》,山东大学 2012 年博士学位论文,第 65 页。
② (南朝梁)萧统编,(唐)李善注《文选》,中华书局,1977 年,第 21 页。
③ (南朝梁)萧统编,(唐)李善注《文选》,中华书局,1977 年,第 95 页。

孟子曰:"山径之蹊,间介然用之而成路。"①

李善引孟子此言,说明左思《魏都赋》"间介无蹊"本自孟子。揭示所注文句语词、语意的来源,这是典籍注释的基本原则,当然也体现出注释者本人的功力。李善能够准确指出所注文句语词、语意与孟子的关系,说明李善精熟《孟子》。此类引《孟》,是李善遵循典籍注释原则而不得不为,故属被动征引。不过李善有时会主动征引孟子之语以为证。如左思《魏都赋》:

　　樵苏往而无忌,即鹿纵而匪禁。

对此两句,李善除了以《周易》之语解释外,还引用了《孟子·梁惠王上》之语解释。

　　《孟子》:"齐宣王问曰:'文王之囿方七十里,有诸?'孟子对曰:'于传有之。'曰:'若是其大乎?'答曰:'民犹以为小也。'曰:'寡人之囿方四十里,民犹以为大,何也?'答曰:'文王之囿方七十里,刍荛者往焉,雉兔者往焉。与民同之,民以为小,不亦宜乎?臣始至于境,问国之大禁,然后敢入。臣闻郊关之内,有囿方四十里,杀其麋鹿者如杀人之罪,则是四十里为阱于国中,民以为大,不亦宜乎?'"言"樵苏往而无忌",即"鹿纵而匪禁者",盖同乎周文之德,异乎齐宣之意。②

李善引孟子之语以证"樵苏往而无忌,即鹿纵而匪禁",体现了君主的仁德。总体而言,《文选注》中,李善被动引《孟》占多数。我们知道,李善注《文选》,征引浩繁,经史子集各部文献都有征引,而且对有些人和有些典籍的征引,频次非常高。粗略统计,直接征引孔子之语近七百次,征引《礼记》之言近九百次,征引《周易》

①(南朝梁)萧统编,(唐)李善注《文选》,中华书局,1977年,第250页。
②(南朝梁)萧统编,(唐)李善注《文选》,中华书局,1977年,第101页。

近八百次，征引《周礼》近六百次。与征引孔子、《礼记》、《周易》、《周礼》的频次相比，李善征引《孟子》只有三百余次，实不为多，何况其中绝大部分是因为解释语词、事典、文意之源而被动引《孟》。因此，虽然李善《文选注》征《孟》频次貌似很高，但并不能证明中唐以前学人征《孟》很多，当然更不能以此证明孟子在中唐以前有很高的地位。

中唐以后，不仅学人化用孟子其意、其事在在可见，而且直接征引孟子其事、其言以议事论事的现象增多。中唐以后学人征《孟子》的频次也在增多。韩愈文集中，直引孟子其事，其言者有四十五次；李翱《李文公集》中征引《孟子》者有二十四次，柳宗元《柳河东集》中直接征引孟子其事、其言者有二十七次。中唐以后征引《孟子》言事论事的学人也明显增多。中唐以前，征引《孟子》以言事明志者有魏征、长孙无忌、李师政、卢照邻、王勃、崔融、张说等少数学人。中唐以后，从《全唐文》所见，先后有李华、王智明、高仲武、权德舆、崔元翰、仲子陵、梁肃、柳冕、韩愈、柳宗元、李程、李翱、白居易、张籍、皇甫湜、李德裕、符载、侯冽、陈越石、王叡、杜牧、李商隐、刘蜕、皮日休、陆龟蒙、林慎思、李磎、来鹄等一批学人征引孟子其文、其说。显然这是一支非常壮观的队伍，既有位高权重的宰相，也有蜚声文坛的文学家，这些学人都征引《孟》言事论事，孟子在中唐以后地位及其影响的提升不言而喻。

中唐以后征引《孟子》还有一个重要的变化，就是学人征引《孟子》，不只是借孟子其言、其说、其事作为论事言事的依据，而且是以孟子之说作为构建思想的基石。如韩愈的道统论就是依据《孟子》一书卒章而建构。韩愈的道统谱系是：

　　　尧以是传之舜，舜以是传之禹，禹以是传之汤，汤以是传之文、武、周公，文、武、周公传之孔子，孔子传之孟轲，轲之死,不得其传焉。①

而《孟子》最后卒章之语是:

> 孟子曰:"由尧、舜至于汤,五百有余岁,若禹、皋陶,则见而知之;若汤,则闻而知之;由汤至于文王,五百有余岁,若伊尹、莱朱,则见而知之;若文王,则闻而知之。由文王至于孔子,五百有余岁,若太公望、散宜生,则见而知之;若孔子,则闻而知之。由孔子而来至于今,百有余岁,去圣人之世若此其未远也。近圣人之居若此其甚也,然而无有乎尔,则亦无有乎尔!"②

无疑,韩愈的道统谱系是对孟子卒章的承袭,只是化繁为简,剔除了皋陶、伊尹、莱朱、太公望、散宜生等大臣,保留了圣王尧、舜、禹、汤、文王和圣人孔子,增加了周公和孟子。陈寅恪在《论韩愈》中指出:"退之自述其道统传授渊源,固由孟子卒章所启发,亦从新禅宗所自称者摹袭得来也。"③孟子思想的核心——心性论、仁政王道也是中唐以后学人构筑自己人性论、治政理念的重要基础。

第二节　推尊孟子入道统,扬孟抑荀

自中唐始,人们对孟子的关注有了"微妙的变化",虽然仍以荀孟并称为主,但孟荀、孟子荀卿、孟轲氏荀况并称的现象也时有

---

① (唐)韩愈著,马其昶校注,马茂元整理《韩昌黎文集校注》,上海古籍出版社,2014年,第20页。

②《孟子·尽心下》14.38。

③陈寅恪《金明馆丛稿初编》,上海古籍出版社,1980年,第286页。

所见,而且出现了一些赞誉孟子的言辞,有些对孟子的评价还很高。如李华在他的《质文论》中说:"愚以为将求至理,始于学习经史。《左氏》、《国语》、《尔雅》、孟荀等家,辅佐五经者也。"①又说:"夫子之文章,偃、商传焉;偃、商殁而孔伋、孟轲作,六经之遗也。"②文中的偃、商,即孔子弟子子游、子夏。在李氏看来,孟荀并无轩轾,孟子是在孔子弟子子游、子夏之后,除子思之外比较突出的一个儒家学者,其地位与子游、子夏相同,更重要的是,《孟子》有辅佐"五经"之功。其后权德舆则云:"荀况、孟轲,修道著书,本于仁义,经术之枝派也。"③依然是荀高于孟,但他肯定了孟子思想"本于仁义"。

中唐文坛领袖韩愈则用其如椽之笔激情洋溢地托举出孟子在中国儒学史上无可替代的重要地位。其《送王秀才序》《与孟尚书书》《原道》集中体现了韩愈对孟子的推崇。韩愈对孟子的推崇可概括为以下四方面:

首先,他推许孟子是孔子思想的真正继承者。孔子之道博大弘深,那些登堂入室亲承孔子教诲的弟子都未能"遍观尽识",以至孔子死后,众弟子各持己见,却都迥异于孔子之道,"原远而末益分",有的甚至流而为庄周,惟有孟子卓然独立,秉承孔子真意,"故求观圣人之道,必自孟子始"④。

其二,韩愈认为孟子所传孔子之道,即是仁义道德。"博爱

---

① (唐)李华《李遐叔文集》,文渊阁《四库全书》影印本,1072 册,第 378 页。
② (唐)李华《李遐叔文集》,文渊阁《四库全书》影印本,1072 册,第 354 页。
③ (宋)姚铉《唐文粹》,文渊阁《四库全书》影印本,1344 册,第 378 页。
④ (唐)韩愈著,马其昶校注,马茂元整理《韩昌黎文集校注》,上海古籍出版社,2014 年,第 293 页。

之谓仁,行而宜之之谓义;由是而之焉之谓道,足乎己,无待于外之谓德。"①韩愈所言仁义虽并不完全同于孟子,但其渊源本于孟子。钱大昕《十驾斋养新录》"原道"条言:

> 原道二字,出《淮南·原道训》。刘氏《文心雕龙》亦有《原道》篇。

> 老氏云:"失道而后德,失德而后仁,失仁而后义。"又云:"大道废,有仁义。"所谓"去仁与义"言之也。孟子曰:"尧、舜之道,孝弟而已矣。仁之实,事亲是也;义之实,从兄是也。道在迩而求诸远,事在易而求诸难:人人亲其亲,长其长,而天下平。"所谓"合仁与义"言之也。退之《原道》一篇,与孟子言仁义同功。"仁与义,为定名;道与德,为虚位"二语胜于宋儒。②

其三,在韩愈看来,孔子之道赖孟子而不泯,他认为孟子之功不在禹下。他说:

> 周道衰,孔子没,火于秦,黄老于汉,佛于晋、魏、梁、隋之间,其言道德仁义者,不入于杨,则入于墨;不入于老,则入于佛。入于彼,必出于此。入者主之,出者奴之;入者附之,出者污之。噫!后之人其欲闻仁义道德之说,孰从而听之?老者曰:孔子,吾师之弟子也。佛者曰:孔子,吾师之弟子也。为孔子者,习闻其说,乐其诞而自小也,亦曰:"吾师亦尝师之云尔。"不惟举之于其口,而又笔之于其书。③

---

①(唐)韩愈著,马其昶校注,马茂元整理《韩昌黎文集校注》,上海古籍出版社,2014年,第15页。

②(清)钱大昕著,杨勇军整理《十驾斋养新录新注》,上海书店出版社,2011年,第330—331页。

③(唐)韩愈著,马其昶校注,马茂元整理《韩昌黎文集校注》,上海古籍出版社,2014年,第15页。

韩愈认为,由于孔子的及门弟子未能领会孔子真意,未能将孔学发扬光大,加之在孔子身后,又受到其他异端学说的滋扰和攻击,更有甚者,信口雌黄,谓孔子为佛老之徒,故而不辨真伪,放弃孔子学说,归依异端者大有人在。然而"今之学者尚知宗孔氏,崇仁义,贵王贱霸",则全"赖孟子之言","然向无孟氏,则皆服左衽而言侏离矣"①,故孟子之功不在禹下。

其四,韩愈明确提出孟子是儒家道统的继承者。众所周知,是韩愈首次提出了儒家的道统观念②。他缕析出儒家道统的传承链,明确肯定孟子为儒家道统的继承者,并用孔孟并尊,取代孔颜齐尊,这不仅发前人所未发,而且在当时也可谓空谷足音。他说:"尧以是传之舜,舜以是传之禹,禹以是传之汤,汤以是传之文、武、周公,文、武、周公传之孔子,孔子传之孟轲,轲之死,不得其传焉。荀与扬也,择焉而不精,语焉而不详。由周公而上,上而

①(唐)韩愈著,马其昶校注,马茂元整理《韩昌黎文集校注》,上海古籍出版社,2014年,第240页。

②按:关于"道统"一词始于何人,有不同看法。彭永捷说:"'道统'一词是由朱子首先提出的,他曾说过:'子贡虽未得道统,然其所知,似亦不在今人之后。'(《与陆子静·六》卷十三)'若谓只言忠信,行笃敬便可,则自汉唐以来,岂是无此等人,因其道统之传却不曾得? 亦可见矣。'(卷十九)'《中庸》何为而作也? 子思子忧道学之失其传而作也。盖自上古圣神继天立极,而道统之传有自来矣'(《中庸章句序》)。朱子虽然最早将'道'与'统'合在一起讲'道统'二字,但道统说的创造人却并非朱子,而是千百年来众所公认的唐代的儒家学者韩愈。"(彭永捷《论儒家道统及宋代理学的道统之争》,《文史哲》2001年第2期)然据钱大昕考证:"道统二字,始见于李元纲《圣门事业图》。其第一图曰《传道正统》,以明道、伊川承孟子。其书成于乾道壬辰,与朱文公同时。"(清)钱大昕著,杨勇军整理《十驾斋养新录新注》,上海书店出版社,2011年,第355页。

为君,故其事行;由周公而下,下而为臣,故其说长。"①他认为道统所传承的即是仁义之道;但传承的方式有别,分为两种:君以其行事传道,臣以下则立说以传道,孟子即是立说传道者,而且道统自孟子即戛然中断。韩愈还缕析出孟子的师承渊源,以说明孟子传承道统的可信性。这个师承渊源即是:孔子传曾子,曾子传子思,子思传孟子,"孟子师子思,子思之学,盖出曾子"。概而言之,在韩愈看来,孟子是传承孔子之学的擎天柱石,除了曾子、子思,其间无人可与之比肩。

值得注意的是,韩愈推出的这个道统谱系,不仅将孔子众弟子,包括颜回,排除在外,更未将一直位高于孟子的荀子纳入其中,其原因,韩愈明言:"荀与扬也,择焉而不精,语焉而不详。"②显然孟荀二人,韩愈更尊孟,有尊孟抑荀之意。

韩愈推尊孟子,在当时曲高和寡,应者寥寥,至晚唐,方有皮日休发表了与韩愈同样的观点。皮日休上承扬雄、韩愈,认为《孟子》是子书中"不异乎道"之文,《孟子》是开启经史的钥匙,"舍是子,必戾乎经史",之所以有人视汤、武为逆臣,称杨朱、墨翟为达智,就是因为他们未读《孟子》,如若读过《孟子》,就能明辨是非,也就不会产生这种错误的认识。具体到孔学,在皮日休看来,则只有通过《孟子》,才能领会孔学奥义之所在,"盖仲尼爱文王、嗜昌歜以取味。后之人将爱仲尼者,其嗜,在《孟子》矣"③;因为"孟

---

① (唐)韩愈著,马其昶校注,马茂元整理《韩昌黎文集校注》,上海古籍出版社,2014年,第20页。

② (唐)韩愈著,马其昶校注,马茂元整理《韩昌黎文集校注》,上海古籍出版社,2014年,第20页。

③ (唐)皮日休著,萧涤非、郑庆笃整理《皮子文薮》,上海古籍出版社,1981年,第89页。

子叠踵孔圣,而赞其道"①,且孟子辟异端,还卫护了孔子之道。皮日休在《原化》中又云:"古者,杨、墨塞路,孟子辞而辟之,廓如也。故有周、孔,必有杨、墨,要在有孟子而已矣。"②孟子有救时补教之功,所以《孟子》一书理应立于学官,为人们学习圣人之道导航。

与皮日休交谊甚密、多有唱和的陆龟蒙也推崇孟子,而且尊孟抑荀的意识更为浓烈。陆龟蒙"自小读六经,孟轲、扬雄之书,颇有熟者,求文之旨,规矩无出于此"③,因此对孟子、荀子、扬雄有自己明确的判断。在《蟹志》一文中,他称赞蟹:"穗而朝其魁,不近于义耶?舍沮洳而之江海,自微而务著,不近于智耶?"④然而当时一些学者的表现却不及蟹,因为他们不清楚孟子、荀子、扬雄的重要性。

> 今之学者,始得百家小说,而不知孟轲、荀、杨氏之道。或知之,又不波汲于圣人之言,求大中之要,何也?百家小说,沮洳也;孟轲、荀、杨氏,圣人之渎也;六籍者,圣人之海也,苟不能舍沮洳而求渎,由渎而至于海。是人之智反出于水虫下,能不悲夫?吾是以志其蟹。

陆龟蒙认为百家小说与孟子、荀子、扬雄之道相比,百家小说是"沮洳",低洼湿地而已,孟轲、荀子、扬雄之道则是"圣人之渎",是通向圣人之海的江河大川,所以应学"孟轲、荀、扬氏之道",而不是醉心

---

①（唐）皮日休著,萧涤非、郑庆笃整理《皮子文薮》,上海古籍出版社,1981年,第35页。
②（唐）皮日休著,萧涤非、郑庆笃整理《皮子文薮》,上海古籍出版社,1981年,第22页。
③（唐）陆龟蒙《甫里先生文集》卷十八,《四部丛刊》本。
④（唐）陆龟蒙《甫里先生文集》卷十九,《四部丛刊》本。

于百家小说。这里，陆龟蒙虽然将孟子、荀子并列，都视为"圣人之淩"，但并不认为荀子与孟子地位平齐，在《大儒评》中，他说：

> 世以孟轲氏、荀卿子为大儒，观其书不悖孔子之道，非儒而何？然李斯尝学于荀卿入秦乎①，始皇帝并天下，用为左丞相。一旦诱诸生，聚而坑之，复下禁曰："天下敢有藏百家语，诣守尉烧之，偶语诗书者弃市。"昔孔子之于弟子也，自仲由、冉求已下，皆言其可使之才，及其仁，则曰不知也。斯闻孔子之道于荀卿，位至丞相，是行其道，得其志者也。天②焚灭诗书，坑杀儒士，为不仁也甚矣。不知不仁，孰谓况贤？知而传之以道，是昧观德也。虽斯具五刑，而荀卿得称大儒乎？吾以为不如孟轲。③

陆龟蒙明确否定荀子为大儒，其理由是荀子之徒李斯为相期间，"焚诗书"、"坑儒士"，"不仁之甚"，可是身为老师，荀子却未能识辨李斯之不仁，还传之以道，所以荀子不能称为大儒，其地位自然不及孟子。陆龟蒙尊孟抑荀，不言而喻。中晚唐以后，尊孟抑荀渐成学人共识。

韩愈、皮日休等人大力推尊孟子，有深刻的历史动因，最重要的原因是儒学日衰，而佛老日强。由于朝廷在以儒学为官方意识的同时，又提倡佛老，佛老的势力逐渐增长，不仅寺庙道观如雨后春笋纷然涌现，而且士大夫们也风从影随，僧道信徒云集其门，一时之间，佛老炽盛，儒家独尊的地位已轰然倾圮，形成了儒佛道三教鼎立的格局。至中唐时，佛教甚至已有凌驾儒学而独居官方意

---

① 按："乎"，文渊阁《四库全书》影印本作"干"。
② 按："天"，文渊阁《四库全书》影印本作"反"。
③ （唐）陆龟蒙《甫里先生文集》卷十八，《四部丛刊》本。

识之势,而此时,佛老在社会生活中引起的种种弊端也日渐显露。武则天时,狄仁杰就上疏痛陈:

> 里陌动有经坊,阛阓亦立精舍。化诱倍急,切于官征;法事所须,严于制敕。膏腴美业,倍取其多;水碾庄园数,亦非少。逃丁避罪,并集法门,无名之僧,凡有几万,都下检括,已得数千。且一夫不耕,犹受其弊,浮食者众,又劫人财。臣每思惟,实所悲痛。①

上下崇佛,广颂佛经,广度僧侣,一时之间,传抄佛经的经坊蔓延乡间村社,僧侣居住的精舍遍布大街小巷,大量良田、庄园归于佛寺,更有甚者,逃兵逃役、畏罪潜逃之人也云集佛门,以致佛寺的无名僧人达数万人之多,而这些人都是不事耕作的浮食者。安史之乱后,崇佛之风有过之无不及。

> 始,上好祠祀,未甚重佛。元载、王缙、杜鸿渐为相,三人皆好佛;缙尤甚,不食荤血,与鸿渐造寺无穷。上尝问以"佛言报应,果为有无?"载等奏以:"国家运祚灵长,非宿植福业,何以致之! 福业已定,虽时有小灾,终不能为害,所以安、史悖逆方炽而皆有子祸;仆固怀恩称兵内侮,出门病死;回纥、吐蕃大举深入,不战而退,此皆非人力所及,岂得言无报应也!"上由是深信之,常于禁中饭僧百余人;有寇至则令僧讲《仁王经》以禳之;寇去则厚加赏赐。胡僧不空,官至卿监,爵为国公,出入禁闼,势移权贵,京畿良田美利多归僧寺。敕天下无得箠曳僧尼。造金阁寺于五台山,铸铜涂金为瓦,所费巨亿;缙给中书符牒,令五台僧数十人散之四方,求利以营之。载等每侍上从容,多谈佛事。由是中外臣民承流相化,

---

①《旧唐书》,中华书局,1975 年,第 2893—2894 页。

　　皆废人事而奉佛，政刑日紊矣。①

虽然有的皇帝，原本并不崇佛，然而禁不住身边大臣的鼓噪劝说，于是也虔诚向佛。代宗的三位宰相元载、王缙、杜鸿渐都是十足的佛教信徒，在他们的劝说下，代宗转崇佛教，相信佛教神能，以至遇有敌寇，不思整军御敌，竟然下令讲佛经退敌。在代宗治下，对于僧尼，百般维护，僧人可以加官进爵，有的僧人竟官至国公；对于佛寺，斥巨资修建，铸铜涂金，耗资数亿，而国家的政事却日益费驰。

　　皇帝崇佛，士大夫佞佛，百姓拜佛，严重破坏了国家政治经济的正常发展。有鉴于此，韩愈为重振儒学，一方面极力排佛，另一方面为儒学寻求新的生命契机。于是他提出儒家的道统说与佛家的祖统说抗衡。在这个道统中，韩愈认为孟子是至关重要的人物，既是得孔子学说真蕴的学者，又是孔子之道的捍卫者。而孟子距杨墨而辟异端的卫道精神更给韩愈排佛兴儒以极大的鞭策，他说：

　　　　释、老之害过于杨、墨，韩愈之贤不及孟子，孟子不能救之于未亡之前，而韩愈乃欲全之于已坏之后，呜呼，其亦不量其力且见其身之危，莫之救以死也！虽然，使其道由愈而粗传，虽灭死万万无恨！②

陈寅恪在《论韩愈》中肯定韩愈在唐代文化史上有特殊贡献，第一条就是"建立道统，证明传授之渊源"。因为"华夏学术最重传授渊源，盖非此不足以征信于人，观两汉经学传授之记载，即可

---

①（宋）司马光《资治通鉴》，中华书局，1956年，第7196—7197页。
②（唐）韩愈著，马其昶校注，马茂元整理《韩昌黎文集校注》，上海古籍出版社，2014年，第241页。

知也。南北朝之旧禅学已采用阿育王经传等书,伪作付法藏因缘传,已证明其学说之传授。至唐代之新禅宗,特标教外别传之旨,以自矜异,故尤不得不建立一新道统,证明其渊源之所从来,以压倒同时之旧学派"①。在陈寅恪看来,韩愈所立儒家道统,"表面上虽由孟子卒章之言所启发,实际上乃因禅宗教外别传之说所造成"②。韩愈立道统,一方面固然是受到《孟子》的启发,另一方面也是受了佛教宗法清晰传承世系的刺激。陈寅恪指出:"盖天竺佛教传入中国时,而吾国文化史已达甚高之程度,故必须改造,以蕲适合吾民族、政治、社会传统之特性,六朝僧徒'格义'之学,即是此种努力之表现,儒家书中具有系统易被利用者,则为小戴记之中庸,梁武帝已作尝试矣。然中庸一篇虽可利用,以沟通儒释心性抽象之差异,而于政治社会具体上华夏、天竺两种学说之冲突,尚不能求得一调和贯彻,自成体系之论点。退之首先发见小戴记中大学一篇,阐明其说,抽象之心性与具体之政治社会组织可以融会无碍,即尽量谈心说性,兼能济世安民,虽相反而实相成,天竺为体,华夏为用,退之于此以奠定后来宋代新儒学之基础。"③又说:"唐代之史可分前后两期,前期结束南北朝相承之旧局面,后期开启赵宋以降之新局面,关于政治社会经济者如此,关于文化学术者亦莫不如此。退之者,唐代文化学术史上承先启后转旧为新关捩点之人物。"④韩愈尊孟子,立道统,承上启下,实为宋代新儒学之先导。

① 陈寅恪《金明馆丛稿初编》,上海古籍出版社,1980年,第285页。
② 陈寅恪《金明馆丛稿初编》,上海古籍出版社,1980年,第286页。
③ 陈寅恪《金明馆丛稿初编》,上海古籍出版社,1980年,第287—288页。
④ 陈寅恪《金明馆丛稿初编》,上海古籍出版社,1980年,第296页。

韩愈推尊孟子,为振兴儒学,力排佛老,不惜触怒天威,冒犯天子。这种无所畏惧的勇猛作风,皮日休大加赞赏,称赞韩愈就是当时的孟子,他说:"今西域之教,岳其基,而溟其源,乱于杨、墨也甚矣。如是为士,则孰有孟子哉?千世之后,独有一昌黎先生,露臂瞋视,诉之于千百人内。其言虽行,其道不胜。苟轩裳之士,世世有昌黎先生,则吾以为孟子矣。"①由此皮氏因韩愈尊孟而尊韩,并专门上书朝廷,建议将韩愈列入国子学配享的诸贤之列。北宋前期儒者尊韩,即肇端于皮日休。

第三节　推举《孟子》升"兼经"、入科考

孟子地位在唐代进一步提升的第三个表现,就是《孟子》其书地位的提升。

这一时期有学人推举《孟子》其书升为兼经,建议增《孟子》为科举考试科目。推举者主要是赵匡、杨绾、皮日休。

赵匡,《新唐书》载:"匡者,字伯循,河东人,历洋州刺史,质所称为赵夫子者。"②史书对其生平事迹记载模糊。新旧《唐书》、陈振孙俱言其师事《春秋》学大师啖助,但未提供明确证据。不过,啖助、赵匡以及陆淳三人治《春秋》,卓然独立,成就唐代中叶一个新《春秋》学派,则是史实③。赵匡分析唐朝科举现实,认为唐承

---

① (唐)皮日休著,萧涤非、郑庆笃整理《皮子文薮》,上海古籍出版社,1981年,第 22 页。

②《新唐书》,中华书局,1975 年,第 5706—5707 页。

③ 详见杨世文《经学的转折:啖助赵匡陆淳的新春秋学》,《孔子研究》1996 年第 3 期。

隋制,采用科举选拔人才,因循日久,产生了一些严重的问题。他认为,从考试内容、考试方式、录取人数来看,当时科举存在十大弊端,亟须改变。单就考试内容而言,其弊就有三:

> 国朝举选,用隋氏之制,岁月既久,其法益讹。

> 夫才智因习就,固然之理。进士者时共贵之,主司褒贬,实在诗赋,务求巧丽,以此为贤,不惟无益于用,实亦妨其正习;不唯挠其淳和,实又长其佻思。自非识度超然,时或孤秀,其余溺于所习,悉昧本源。欲以启导性灵,奖成后进,斯亦难矣! 故士林鲜体国之论,其弊一也。又人之心智,盖有涯分,而九流七略,书籍无穷。主司征问,不立程限,故修习之时,但务钞略,比及就试,偶中是期。业无所成,固由于此。故当代寡人师之学,其弊二也。疏以释经,盖筌蹄耳。明经读书,勤苦已甚,其口问义,又诵疏文,徒竭其精华,习不急之业。而当代礼法,无不面墙,及临人决事,取办胥吏之口而已。所谓所习非所用,所用非所习者也。故当官少称职之吏,其弊三也。[①]

唐代科考,有秀才、明经、进士、明法、明书、明算、制举、道举、武举等科,但最为士族推崇的则是明经、进士两科,“自是士族所趣向,唯明经、进士二科而已”[②]。唐代中下级官员多出自明经科,而高级官员则往往需进士科身份,所以士人们以能考中进士科为荣。讲究文章辞采是进士科考试的特征,至开元天宝年间,进士科所考杂文出现了专用诗赋的趋势。赵匡指出,在进士科考中,由于

---

① (唐)杜佑撰,王文锦等点校《通典》卷十七,《选举》五,中华书局,1988年,第419—420页。

② (唐)杜佑撰,王文锦等点校《通典》卷十五,《选举》三,中华书局,1988年,第354页。

主考官以诗赋巧丽为贤，以文学才华为裁断定夺标准，导致士人潜心雕词琢句，以藻饰文词为能，不问实务，结果所选之人，文才固然高秀，却少有解决民生实务的真知灼见。而明经科考试，以帖经为主，考察考生对经文、疏文的精熟程度，士人以诵记经文、注疏为务，而于国家礼法、制度却不甚了然，及至为官，临民决事，只能听取胥吏之断，所用非所习，为官者少有称职之史。赵匡还指出，诸子百家、《七略》所载，典籍浩繁，由于考官没有明确规定所考典籍程限，所以士人们读书修习，专主钞略，虽然考科中举，却鲜有真学问者。针对这些问题，赵匡提出了改革科举"举人条例"，其中有一条涉及《孟子》。其文如下：

> 其有通《礼记》、《尚书》、《论语》、《孝经》之外，更通《道德》诸经、《通玄经》、《孟子》、《荀卿子》、《吕氏春秋》、《管子》、《墨子》、《韩子》，谓之茂才举。达观之士，既知经学，兼有诸子之学，取其所长，舍其偏滞，则于理道无不该矣。试策征问诸书义理，并时务，共二十节。仍与之言论，观其通塞。①

赵匡建议，在儒家经典《礼记》《尚书》《论语》《孝经》之外，能通诸子典籍，诸如《道德》诸经、《通玄经》《孟子》《荀卿子》《吕氏春秋》《管子》《墨子》《韩子》，就可以登"茂才举"之科。由于赵匡生活在开元年间，所以他所批判的主要是当时科举考试不能选拔出能康济时艰的真才实学之人，因而加入这些诸子典籍，就是为了扩大士人的知识面，培养他们的真学问。在这里，赵匡将《孟子》与诸子并列，显然仍视《孟子》为子书，但是把《孟子》列入科考之目，无疑是为《孟子》争取官方地位，而这也是汉代以后第一次有学人为《孟子》争取官学

---

① （唐）杜佑撰，王文锦等点校《通典》卷十七，《选举》五，中华书局，1988年，第422页。

地位。

唐代历史上,第二位为《孟子》争取官方地位的学人是杨绾,他为《孟子》争取"兼经"地位。据《旧唐书》载,杨绾幼时就敏识过人,"及长,好学不倦,博通经史,九流七略,无不该览,尤工文辞"。中进士后,调补太子正字。"天宝十三年,玄宗御勤政楼,试博通坟典、洞晓玄经、辞藻宏丽、军谋出众等举人,命有司供食,既暮而罢。取辞藻宏丽外,别试诗赋各一首。制举试诗赋,自此始也。时登科者三人,绾为之首,超授右拾遗。"①以诗赋入试,始自玄宗天宝十三年(754)的制举,当时考中者只有三人,而杨绾以第一名高中,足见杨绾本人于诗赋极有造诣。安史之乱发生后,肃宗于灵武即位,杨绾"自贼中冒难,披榛求食,以赴行在"②,受到肃宗重用,被拜为起居舍人。后历任司勋员外郎、中书舍人、礼部侍郎等职。在礼部侍郎任上,杨绾上疏指陈当时科举之弊:

> 国之选士,必藉贤良。盖取孝友纯备,言行敦实,居常育德,动不违仁。体忠信之资,履谦恭之操,藏器则未尝自伐,虚心而所应必诚。夫如是,故能率己从政,化人镇俗者也。……近炀帝始置进士之科,当时犹试策而已。至高宗朝,刘思立为考功员外郎,又奏进士加杂文,明经填帖,从此积弊,浸转成俗。幼能就学,皆诵当代之诗;长而博文,不越诸家之集。递相党与,用致虚声,《六经》则未尝开卷,《三史》则皆同挂壁。况复征以孔门之道,责其君子之儒者哉! 祖习既深,奔竞为务。矜能者曾无愧色,勇进者但欲凌人,以毁讟为常谈,以向背为己任。投刺干谒,驱驰于要津;露才扬己,喧腾于当代。古之贤良方

---

① 《旧唐书》,中华书局,1975年,第3429—3430页。
② 《旧唐书》,中华书局,1975年,第3430页。

正,岂有如此者乎! 朝之公卿,以此待士,家之长老,以此垂训。
欲其返淳朴,怀礼让,守忠信,识廉隅,何可得也!①

杨绾亲历了安史之乱,因此他对当时科举之弊的认识明显与赵匡
有别。他认为,当时科举重诗赋,考填帖,只要文章藻华美,诵记
熟稔,有权要相助,士人就可中举;积弊成俗,导致士风虚浮,士人
不读《六经》,不读《三史》,忙于投刺干谒,攀附权贵,寻找升迁之
途,以致所选之人,不仅鲜有真才实学,且道德品行有亏。安史之
乱让杨绾认识到,国家选士,不仅要重视所选之人的才干,还一定
要注重士人的操守品行,所选士人要言行敦实,孝友行仁,忠信谦
恭,是君子之儒。宝应二年(763)杨绾上奏代宗,请求停明经、进
士两科,并建议取孝廉举人时,要将《孝经》《论语》《孟子》并为一
经,作为考试科目。

> 孝廉各令精通一经。……每经问义二十条,皆取旁通诸
> 义,务穷根本。试格策三道,问古今治体,及当今时务,要取
> 堪行用者,仍每日问一道;频三日毕,经义及策全通为上第。
> 其上第者,望付吏部,便与官。……《论语》《孝经》皆圣人深
> 旨,《孟子》亦儒门之达者,其学官望兼习此三者,共为一经。②

杨绾之所以提议《孟子》增入“孝廉”举人的科举考试科目,因为他
要选拔的是君子之儒,而《孟子》是“儒门之达者”。在这里,杨绾
将《孟子》与《论语》《孝经》合为一经视之,虽然没有独立视《孟子》
为经,但与赵匡视《孟子》为子书相比,杨绾此举无疑是对《孟子》
地位的有力提升,因为赵匡建议《孟子》增入科举考试的科目,只
是为了拓展士人的知识面,而杨绾则是要借《孟子》培养君子之

---

① 《旧唐书》,中华书局,1975 年,第 3430—3431 页。
② (宋)王溥《唐会要》,中华书局,1955 年,第 1396 页。

儒。"所冀数年之间，人伦一变，既归实学，当识大猷。居家者必修德业，从政者皆知廉耻，浮竞自止，敦庞自劝，教人之本，实在兹焉。"①显然，杨绾比赵匡更看重《孟子》。虽然杨绾的建议没有被朝廷采纳，但是杨绾将《论语》《孝经》《孟子》并列入"兼经"的作法，则开启了宋代《孟子》升经的先河。

事隔一百年后，唐懿宗咸通四年（863），皮日休上书建议将《孟子》列入科考，科选视明经。皮日休，是晚唐思想领域重要人物，出身寒微，咸通八年（867）进士及第，任太常博士，出为陵副使。黄巢入长安称帝，皮日休曾任翰林学士。《唐才子传》称其"傲诞，又号'间气布衣'，言己天地之间气也。以文章自负"②。如前所言，皮日休对孟子却很尊敬，在《请孟子为学科书》中，他说：

> 圣人之道，不过乎经。经之降者，不过乎史。史之降者，不过乎子。子不异乎道者，《孟子》也。舍是子者，必戾乎经、史。又率于子者，则圣人之盗也。夫《孟子》之文，粲若经传。天惜其道，不烬于秦。自汉氏得之，常置博士，以专其学。故其文，继乎六艺，光乎百氏。真圣人之微旨也。若然者，何其道晔晔于前，其书没没于后。得非道拘乎正，文极乎奥，有好邪者惮正而不举；嗜浅者鄙奥而无称耶？盖仲尼爱文王、嗜昌歜以取味。后之人将爱仲尼者，其嗜，在《孟子》矣！呜呼！古之士，以汤、武为逆取者，其不读《孟子》乎？以杨、墨为达智者，其不读《孟子》乎？由是观之，《孟子》之功利于人亦不

---

① 《旧唐书》，中华书局，1975年，第3431—3432页。
② （元）辛文房撰，傅璇琮等校笺《唐才子传校笺》（第3册），中华书局，1990年，第497页。

轻矣。今有司除茂才明经外，其次有熟庄周、列子书者，亦登
于科。其诱善也虽深，而悬科也未正。夫庄、列之文，荒唐之
文也。读之可以为方外之士，习之可以为鸿荒之民。有能汲
汲以救时补教为志哉？伏请命有司，去庄、列之书，以《孟子》
为主。有能精通其义者，其科选，视明经。苟若是也，不谢汉
之博士矣。既遂之，如儒道不行，圣化无补，则可刑其言者。①
皮日休首先高度肯定《孟子》地位，认为《孟子》虽然是子书，但其
思想与圣人之道一致而同构，读《孟子》是入圣人之道的坦途，所
以非其他子书可比。其次，皮日休分析《孟子》自汉以后汲汲无名
的原因，认为是因《孟子》道正文奥，故为好邪畏正者所恶，为嗜浅
者畏读。其三，皮日休认为当时人们视汤武取天下为"逆取"，崇
尚杨朱、墨翟为"达智"，都是错误的认识，不读《孟子》是造成此种
错误的重要原因。其四，皮日休将《孟子》与庄、列之书比较，认为
庄、列之文俱是荒唐之文，不能提升时人精神，只能造就一批方外
之士、鸿荒之民，不能救时补教，可是却被"登于科"，成为科考之
目；而《孟子》有功于世，可补圣道，教化人心，故而请求去除《庄
子》《列子》，以《孟子》书为主，"有能精通其义者，其科选视明经"。
皮氏上书的结果，《文献通考·选举考》记载："懿宗咸通四年，进
士皮日休上疏，请以《孟子》为学科。……不报。"②皇帝没有批
复，皮氏的建议无果而终。在晚唐乱世中，皮日休建议列《孟子》
入科考，希望借《孟子》之力拯救世道人心，挽救危局，明显是徒

---

① (唐)皮日休著，萧涤非、郑庆笃整理《皮子文薮》，上海古籍出版社，1981
　年，第 89 页。

② (元)马端临撰，上海师范大学古籍研究所、华东师范大学古籍研究所点校
　《文献通考》，中华书局，2011 年，第 843 页。

劳，但他对孟子的推崇，却无疑是卓识，四库馆臣就此赞道："今观集中书、序、论、辨诸作，亦多能原本经术，其《请孟子立学科》《请韩愈配享太学》二书，在唐人尤为卓识，不得仅以词章目之。"①而从皮日休对孟子思想的分析可以看出，他对孟子思想学说有深刻认识。"皮子起衰周后千余年，当韩子道未大光之时，独能高出李泰伯、司马君实诸公所见，而创其说，继李汉、皇甫持正诸人，而力致其尊崇。非知孟、韩之深，而具有知言知人之识者，能乎？"②

　　赵匡、杨绾、皮日休三人为《孟子》其书争取官方地位，虽然在当时没有得到官方的支持，但他们褒扬、推举《孟子》，在其后学中产生了影响。柳宗元曾师事陆质，而陆质的老师就是赵匡。柳宗元向后学介绍治学经验，为他们推荐读书书目，曾有言：

　　　　大都文以行为本，在先诚其中。其外者当先读六经，次《论语》、孟轲书，皆经言；《左氏》、《国语》、庄周、屈原之辞，稍采取之；穀梁子、太史公甚峻洁，可以出入；余书俟文成异日讨也。其归在不出孔子，此其古人贤士所懔懔者。③

与赵匡不同的是，柳宗元把《孟子》排在"六经"、《论语》之后，置于《左传》《国语》《庄子》《楚辞》《穀梁传》《史记》之前，并且明确肯定《孟子》与《论语》都是"经言"，显然柳宗元认为《孟子》具有与经书同等重要的地位。

　　李华、赵匡、杨绾、皮日休、柳宗元都推崇《孟子》，且为之争取官学地位，然而他们对《孟子》地位的认识并不完全相同，赵匡、皮

①（清）永瑢等《四库全书总目》，中华书局，1965 年，第 1300 页。

②（清）李松寿《重刊宋本文薮序》，（唐）皮日休著，萧涤非、郑庆笃整理《皮子文薮》（附录），上海古籍出版社，1981 年，第 246 页。

③（唐）柳宗元著，易新鼎点校《柳宗元集》，中国书店，2000 年，第 461 页。

日休仍视《孟子》为子书，李华将《孟子》其书当作佐经之作，杨绾则欲将《孟子》与《论语》《孝经》并列升为兼经，柳宗元直称《孟子》是经言，《孟子》其书在唐代从子书已一步一步朝向经书迈进，吹响了宋代孟子升格、《孟子》升经的前奏。

第四节　注评《孟子》之作增多

唐代孟学崛起的第四个表现就是注评《孟子》之作增多。唐代出现了五部①注解《孟子》的专著：即陆善经《孟子注》，张镒《孟子音义》，丁公著《孟子手音》，刘轲《翼孟》，林慎思《续孟子》。专著之外，还有一些单篇专论，李景俭写有《孟子评》②、晚唐来鹄写有短文《相孟子说》。而唐代学人有关孟子其人其说的散论在他们的文集中也俯拾可见。

当然在汉至唐专门注解《孟子》之作极为少见的情况下，唐代这五部注解《孟子》的专著无疑格外引人注目，故尤应关注。这五部专著，从其研讨方法来看，大致又可分为两类，一是音义训诂类，二是义理发挥类。陆善经《孟子注》、张镒《孟子音义》、丁公著《孟子手音》属前者，刘轲《翼孟》、林慎思《续孟子》则属后者。

---

① 按：据《文献通考》卷一百八十四载，唐代有"《四注孟子》，《中兴艺文志》题扬雄、韩愈、李翱、熙时子四家注。旨意浅近，盖依托者"。

② 按：李景俭《孟子评》，新旧《唐书》未见记载，只见于柳宗元文集。柳宗元在其《与道州温论〈非国语〉书》时中提及此书，说："往时致用作《孟子评》，有韦词者告余曰：'吾以致用书示路子，路子曰：善则善矣，然昔人为书者，岂若是摭前人耶？'韦子贤斯言也。余曰：'致用之志，以明道也，非以摭《孟子》，盖求诸中而表乎世焉尔。'"（唐）柳宗元著，易新鼎点校《柳宗元集》，中国书店，2000年，第428—429页。

一、唐代音义训诂类《孟子》注本

陆善经《孟子注》、张镒《孟子音义》、丁公著《孟子手音》已佚，但宋代孙奭作《孟子音义》时采用了三人很多说法，故从孙奭《孟子音义》可见三人注《孟》的一些内容。三家注《孟》内容，马国翰有辑本，朱彝尊《经义考》有总结，可参考。

1. 陆善经《孟子注》

陆善经《孟子注》是唐代《孟子》注本中较早的一部。

据虞万里考证，陆善经，或名该，善经是其字也。吴郡吴人。其先世是晋太常卿陆始之裔。约生于武则天久视以前。曾任集贤院直学士、集贤院学士。博通经史、小学，尤精礼仪，参与《大唐开元礼》《唐六典》《唐月令》的编纂校注。开元二十七年（739），"太常议三祫五褅之礼，礼部员外郎崔宗之驳之。上令善经等更加详核。善经允太常议，诏从之。著《字林》，欲别吕书，称《新字林》。尝以《孟子》书原七篇，乃删汰赵注，宗邠卿之义而复《孟子》之旧，成《孟子注》七卷。梁元帝类纂《同姓名录》，颇有遗略，乃赓续增广之。皆行于时"①。

从现存陆善经《孟子》注文来看，陆善经为《孟子》作注，是以赵岐《孟子章句》为基础，但又不拘泥于赵岐之注，而有自己的创新。其创新表现在两方面：一是"删去赵岐章指与其注之繁重者，复为七篇"②。陆善经不满意赵岐把《孟子》七篇分为十四篇并在每章之后加章指的作法，故而删去赵岐章指，复为七篇。二是别

①虞万里《〈唐写文选集注残本〉中陆善经行事考略》，《文献》1994年第1期。
②（宋）王尧臣等编，（清）钱东垣等辑释《崇文总目》，中华书局，1985年，第127页。

立己说，与赵岐异。如《孟子·梁惠王上》：

> 为长者折枝。

其中"折枝"，赵岐注云：

> 案摩折手节解罢枝也。①

陆善经注曰：

> 折草树枝。②

又如《孟子·告子上》：

> 性犹湍水也。

其中"湍水"，赵岐注云：

> 湍水，圆也。谓湍水，湍萦水也。③

陆善经注曰：

> 湍，波流也。④

陆善经以上之注，更合《孟子》本意，故为朱熹所采用。然而陆善经有些标新立异之注却属望文生义。如《孟子·尽心上》：

> 杨子取为我，拔一毛而利天下，不为也。墨子兼爱，摩顶
> 放踵利天下，为之。子莫执中，执中为近之。

其中"子莫执中"，赵岐注曰：

> 子莫，鲁之贤人也。其性中和专一者也。⑤

---

① （清）阮元校刻《十三经注疏·孟子注疏》，中华书局，1980 年影印本，第2670 页。
② （宋）孙奭《孟子音义》，中华书局，1991 年，第 3 页。
③ （清）阮元校刻《十三经注疏·孟子注疏》，中华书局，1980 年影印本，第2748 页。
④ （宋）孙奭《孟子音义》，中华书局，1991 年，第 16 页。
⑤ （清）阮元校刻《十三经注疏·孟子注疏》，中华书局，1980 年影印本，第2768 页。

赵岐认为子莫为人名,而陆善经则注为:

  子等无执中。①

"这样一注,语义全变,成了孟子告诫他的学生们不要中和杨朱为我和墨子兼爱之说而取之。这显然是曲解文义。"②因为孟子此段文字是对杨子、墨子、子莫学说的评价,在孟子看来,杨朱"为我"、墨子"兼爱"都是极端之见,不合中道,所以只有子莫执守中道才是正确之举,故说"执中为近之"。显然陆善经之注与孟子本义相违。

  另外从陆善经之注中,可以看出另一个问题,就是今传《孟子》文本与唐人所见《孟子》文本或许有别。如今本《孟子》末篇:

  然而无有乎尔,则亦无有乎尔。

陆善经所引之文为:

  然而无乎尔,则亦有乎尔。③

其中原因,"因材料太少,这种版本上的差异究竟如何,已无法考见。就存留的这条材料看,今所流传的版本绝无与陆氏本相同者。或许陆氏以己意妄改原文也未可知"④。

  虽然陆善经注《孟》的一些注解明显有割裂文义、望文生训之病,但由于所见陆善经注解《孟子》的材料只有十六条,且东汉至唐数百年间注《孟子》之作不过只有寥寥十一部,而此书在唐颇为流行,其说又为孙奭、朱熹等人所采用,所以我们仍应重视其在孟学史上的重要价值。

---

①（宋）孙奭《孟子音义》,中华书局,1991年,第19页。
②董洪利《孟子研究》,江苏古籍出版社,1997年,第185页。
③（宋）孙奭撰,《孟子音义》,中华书局,第22页。
④董洪利《孟子研究》,江苏古籍出版社,1997年,第186页。

2.张镒《孟子音义》

张镒《孟子音义》是《孟子》注本中第一部以注音为主的著作。此书已佚,马国翰辑录有九十四则。

张镒,字季权,又字公度。祖籍苏州。新旧《唐书》俱有传。历唐玄宗、肃宗、代宗三朝,代宗大历五年(770)任濠州刺史,后迁中书侍郎,任集贤殿直学士,为政清静,死后赠太子太傅。著有《三礼图》九卷、《五经微旨》、《孟子音义》三卷等。《旧唐书》本传言其"交游不杂,与杨绾、崔祐甫相善"①。如前所言,在孟学史上首位奏请立《孟子》为经之人就是杨绾。杨绾为《孟子》争取经书地位,张镒为《孟子》注音义,方式不同,但尊孟旨趣相投。

张镒《孟子音义》以注音为主,所注者为生僻字、多音字,在注音时还指明文字假借,有时还解释字词之义,为读者正确阅读《孟子》提供了帮助。

(1)注生僻字。如:

> 《孟子·滕文公上》:"蝇蚋姑嘬之。"

其中"蚋",张注曰:"音汭。"②又如:

> 《孟子·告子下》:"紾兄之臂而夺之食。"

其中"紾",张注云:"音轸。"③又如:

> 《孟子·尽心下》:"何为踽踽凉凉?"

其中"踽",张注云:"踽,俱禹切。"④

(2)注多音字。如:

---

① 《旧唐书》,中华书局,1975年,第3545页。
② (宋)孙奭《孟子音义》,中华书局,1991年,第8页。
③ (宋)孙奭《孟子音义》,中华书局,1991年,第17页。
④ (宋)孙奭《孟子音义》,中华书局,1991年,第21页。

　　　　《孟子·公孙丑上》："非所以内交于孺子父母。"

其中多音字"内"，张注云："音纳"。又如：

　　　　《孟子·公孙丑上》："宰我、子贡善为说辞。"

其中多音字"说"，张注云："音税。"①又如：

　　　　《孟子·万章上》："校人烹之。"

其中多音字"校"，张注云："音效。"②张镒在注多音字时，有时还通过辨别音读，指明字的用法。

　　　　《孟子·万章上》："二女女焉。"

这里有两个"女"字，其读音、用法有无区别？ 张注云："上如字，下去声。"③张镒之注表明下"女"与上"女"读音有别，当读去声，而"女"读去声时，其义是"嫁与为妻"之义，张镒以此辨音正义。

　　(3)辨文字的通用、借代现象，或指明与正体相别的文字，也就是后来所说的通假字与异体字。如：

　　　　《孟子·公孙丑下》："寡助之至，亲戚畔之。"

其中"畔"，张注云："与叛同。"④指明"畔"是"叛"的通假字。又如：

　　　　《孟子·万章上》："又从而掩之。"

其中"掩"，张注云："与掩同。"⑤指明"掩"是"掩"的异体字。又如：

　　　　《孟子·告子下》："昊翅食重。"

其中"翅"，张注云："翅与啻同，古字通用，施智切。"⑥

　　(4)注音释义。如：

---

①（宋）孙奭《孟子音义》，中华书局，1991年，第5页。
②（宋）孙奭《孟子音义》，中华书局，1991年，第14页。
③（宋）孙奭《孟子音义》，中华书局，1991年，第16页。
④（宋）孙奭《孟子音义》，中华书局，1991年，第6页。
⑤（宋）孙奭《孟子音义》，中华书局，1991年，第14页。
⑥（宋）孙奭《孟子音义》，中华书局，1991年，第17页。

张镒在为《孟子》注音时,间或亦释义。如:

> 《孟子·告子下》:"夫苟不好善,则人将曰:'訑訑。予既已知之矣。'"

其中"訑訑",赵岐无注,意义不明。张镒在注音的同时,注明"訑訑"的词义。其注云:"吐禾切,盖言辞不正,欺罔于人,自夸大之貌。"① 又如:

> 《孟子·离娄下》:"治人不治,反其智。"

其中"治人不治",赵岐无注。张注云:"上直之切,将理之义也;下直吏切,已理之义也。"② 张镒之注指明此二"治"有别,上"治"为将治理,下"治"是已治理。总体而言,张镒释义多本赵岐,但也有自己独立之见,且有些释义比赵岐之注简明。如:

> 《孟子·离娄下》:"岁十一月,徒杠成。"

赵岐注云:

> 周十一月,夏九月,可以成涉度之功。③

赵岐没有解释何为"杠",故此句文义难晓。张氏注云:

> 音江,方桥也。可通徒行人过者。④

相比之下,张镒之注更为明白清楚。

张镒《孟子音义》,不仅为后世阅读《孟子》在一定程度上清除了障碍,其说亦为宋孙奭、朱熹等采用,在孟学史上的价值不可忽视。

---

① (宋)孙奭《孟子音义》,中华书局,1991年,第18页。
② (宋)孙奭《孟子音义》,中华书局,1991年,第11页。
③ (清)阮元校刻《十三经注疏·孟子注疏》,中华书局,1980年影印本,第2725页。
④ (宋)孙奭《孟子音义》,中华书局,1991年,第13页。

3.丁公著《孟子手音》

丁公著《孟子手音》是唐代第三部《孟子》注本。此书已佚,马国翰辑录有 214 则。

丁公著,字平子,苏州人。新旧《唐书》俱有传。二十一岁时五经及第,通《开元礼》,任集贤校书郎、太子文学兼集贤殿校理、集贤直学士、水部员外郎、皇太子及诸王侍读、浙江西道都团练观察使、河南尹、尚书右丞、吏部侍郎、礼部尚书翰林侍讲学士、太常卿等职,为官"清俭守道",年六十四卒。《旧唐书》本传言其著有《皇太子及诸王训》十卷、《礼志》十卷,但未记其著《孟子手音》,两《唐志》亦未著录,《宋史·艺文志》始著录此书。

丁氏《孟子手音》,标以"手音",以注音为主,但从目前所见资料来看,在注音的同时,亦多释义,且考证名物制度。

丁氏注音释义,也以注多音字、难字为主。如:

《孟子·梁惠王上》:"然而不王者,未之有也。"

其中多音字"王",丁注云:"去声,下文以意读之。"[1]也就是说,此处之"王",是动词用法,是王天下之意。又如:

《孟子·梁惠王下》:"乃属其耆老而告之。"

其中多音字"属",丁注云:"音烛,会聚也。"[2]又如:

《孟子·公孙丑上》:"宰我、子贡、有若智足以知圣人,汙不至阿其所好。"

其中多音字"汙",丁注云:"音蛙,不平貌。"[3]又如:

《孟子·尽心下》:"今之与杨、墨辩者,如追放豚,既入其

---

①(宋)孙奭《孟子音义》,中华书局,1991年,第 2 页。
②(宋)孙奭《孟子音义》,中华书局,1991年,第 4 页。
③(宋)孙奭《孟子音义》,中华书局,1991年,第 5 页。

苙,又从而招之。"

其中"苙",丁氏为之注曰:"音立,栏也,圈也。"①丁氏所注字词,多是赵岐所未注者,故而对于理解《孟子》其文无疑极有帮助。

丁氏注《孟》所释名物制度,今所见虽不多,但却精审、详实。如:

《孟子·尽心下》:"城门之轨,两马之力与?"

此文其意难解。赵岐注曰:

譬若城门之轨啮,其限切深者,用之多耳。岂两马之力使之然乎? 两马者,《春秋外传》曰:"国马足以行关,公马足以称赋。"是两马也。②

赵岐以"国马"、"公马"释"两马",认为是两种马,但未有足够的说服力。丁氏注云:

古人驾车以两马,轨谓限之辙迹也。孟子意言城门限迹切深,以日久远为车所轹多故也,岂是一时两马驾车而过之使然?③

丁公著认为"两马"不是两种马,而是两匹马。如此解释,更为精审。杨伯峻认为古人关于"两马"的解释有多种,但都不可信,"两马"之"两"字不可拘泥,他对孟子此文的解释是:"城门下车迹那样深,难道只是几匹马的力量吗?"④杨伯峻显然采用的就是丁公著之解。又如:

---

① (宋)孙奭《孟子音义》,中华书局,1991年,第21页。
② (清)阮元校刻《十三经注疏·孟子注疏》,中华书局,1980年影印本,第2775下页。
③ (宋)孙奭《孟子音义》,中华书局,1991年,第21页。
④ 杨伯峻《孟子译注》,中华书局,1960年,第332页。

　　《孟子·梁惠王下》:"大王事獯鬻。"

其中"獯鬻",赵岐注曰:

　　北狄强者,今匈奴也。①

赵岐只解释"獯鬻"是北狄一支,是汉代匈奴的前身。丁公著注云:

　　獯鬻,上音熏,下音育。夏曰獯鬻,商曰鬼方,周曰猃狁,
　　秦汉曰匈奴,魏曰突厥。②

丁公著补充了赵岐之注,介绍了獯鬻一族由夏至魏时的变迁历程,更为详实丰富。又如:

　　《孟子·告子下》:"遗老失贤,掊克在位。"

其中"掊克",赵岐注曰:"掊克不良之人在位。"以"掊克"为"不良之人",但没有解释为何即是"不良之人"。丁公著注云:"深也,聚敛也。"③从丁氏的解释可知,"掊克"之人大肆聚敛盘剥,所以是"不良之人"。丁氏此注比赵注更为深入。

　　丁公著注《孟》时,还注意文字校勘、辨别异文。如:

　　《孟子·公孙丑下》:悻悻然见于其面去。

其中"悻悻",丁注云:"字当作婞。形顶切,很也,直也。"④认为"悻"字误,正字应为"婞"。又如:

　　《孟子·滕文公上》:"放勋曰:'劳之来之,匡之直之。'"

其中"曰",丁氏注云:"音驲,或作'日',误。"⑤认为"曰"字曾有别

---

①(清)阮元校刻《十三经注疏·孟子注疏》,中华书局,1980 年影印本,第
　2675 页。
②(宋)孙奭《孟子音义》,中华书局,1991 年,第 3 页。
③(宋)孙奭《孟子音义》,中华书局,1991 年,第 18 页。
④(宋)孙奭《孟子音义》,中华书局,1991 年,第 7 页。
⑤(宋)孙奭《孟子音义》,中华书局,1991 年,第 8 页。

本误作"日"。又如：

> 《孟子·滕文公下》："己频颅曰：'恶用是鶂鶂者为哉？'"

其中"频颅"，丁注云："频亦作顲。"①说明"频"别本作"顲"。又如：

> 《孟子·万章上》："《伊训》曰：'天诛造攻自牧官，朕载自亳。'"

丁氏于此注云：

> 《伊训》，《尚书》逸篇，不见古文耳。今文《尚书·伊训》曰："造攻自鸣条，朕哉自亳。"与此文小异。②

丁氏之注说明《孟子》中的《伊训》之文与当时通行的今文《尚书·伊训》文字有别。丁公著注《孟》时，此类对《孟子》文字的校勘，对于我们今天了解宋以前《孟子》文本形态以及流传状况，具有重要意义。

丁公著《孟子手音》在唐代音义类《孟子》注本中，虽难免也有一些错误，但总体而言，是较为详实、精审之作，宋孙奭《孟子音义》、朱熹《孟子集注》等多采用其说，对于研读《孟子》有重要价值。

陆善经《孟子注》、张镒《孟子音义》、丁公著《孟子手音》三部音义训诂类《孟子》注本，陆氏之作成于初唐，张、丁之作成于中晚唐，其注释风格既反映了注者个人的学术取向，也折射出其所在时代的治学风尚。

陆氏注《孟》，宗赵注，重训诂，然而又删赵岐章指，另作新解，说明他并没有完全遵从当时奉为圭臬的官学"正义"之体。如所周知，完成于唐高宗时期的《五经正义》是经学统一的标志，《五经

---

① (宋)孙奭《孟子音义》，中华书局，1991年，第10页。
② (宋)孙奭《孟子音义》，中华书局，1991年，第15页。

正义》的注疏原则是"注宜从经,疏不破注"。正义是在义疏的基础上发展出来的一种注释体例,"它与义疏的不同在于,义疏可以对旧注提出质疑,注解者可以发挥本人对经书的理解,但是唐代的所谓正义却在旧注中间进行甄别,并且要依着所采纳的旧注进行解释,不可有所违背"①。显然陆氏注《孟》更青睐义疏之体。

魏晋南北朝以来,是汉语从上古时期进入中古时期的重要转变阶段,语音和词汇都发生了较大变化,因而为古书注音释义之作频出,音义之学大兴。伴随音义之学之兴,也出现了一些问题,陆德明说:"夫书音之作,作者多矣。……汉魏迄今,遗文可见,或专出己意,或祖述旧音,各师成心,制作如面;加以楚夏声异,南北语殊,是非信其所闻,轻重因其所习,后学钻仰,罕逢指要。"②一方面书音之作众多,另一方面因注者经历以及识见之异,所注之音出现混古今、杂南北的情况,导致书音语音混乱,故而产生了正音读的要求。在此背景之下,张镒、丁公著为《孟子》作注,都从音义入手,固然因应一时学风,然未尝不是希望为《孟子》正音读,为人们正确阅读《孟子》提供帮助。

二、唐代义理发挥类《孟子》注本

唐代义理发挥类《孟子》注本有刘轲《翼孟》和林慎思《续孟子》。

1. 刘轲《翼孟》

刘轲,字希仁,彭城(今江苏徐州)人,元和末进士,曾任弘文馆学士、洛州刺史等职。据其《上座主书》《与马植书》以及白居易

①张国刚、乔治忠《中国学术史》,东方出版中心,2002年,第292页。
②(唐)陆德明《经典释文》,中华书局,1983年,第1页。

《代书》,刘轲著有《三传指要》十五卷、《十三代名臣议》十卷、《翼孟》三卷、《豢龙子》十卷、《汉书右史》十卷、《黄中通理》三卷、《隋监》一卷、《三禅五革》一卷,以及杂文百余篇。显然刘轲是一位高产的学人。

据其《上座主书》,在未登进士前,曾隐居庐山,《翼孟》即作于此时。之所以作《翼孟》,白居易有言:"轲开卷慕孟子为人,……故著《翼孟》三卷……"①可见刘轲是出于对孟子的尊崇而著此书。刘轲自言其治学取向,"自知书来,耻不为章句小说桎梏声病之学,敢希趾遐踪,切慕左丘明、扬子云、司马子长、班孟坚之为书,故北居庐山,亦常有述作"②,所以刘轲《翼孟》重在义理思想。其注释成就,白居易有评:"圣人之旨,作者之风,虽未臻极,往往而得。"③

刘轲《翼孟》宋代仍存,《宋史·艺文志》有著录,南宋陆嘉材作《翼孟音解》,周必大于庆元六年(1200)为《翼孟音解》作序,说:"《翼孟》三卷,白乐天记其事,赖以不朽。"④遗憾的是,受到白居易推崇的《翼孟》,亡佚不见,后人无法睹其真容。

2. 林慎思《续孟子》

林慎思,字虔中,长乐(今福建长乐)人,咸通十年(869)进士,官至校书郎、水部郎中,守万年县令,黄巢入长安,"骂贼死官"。著有《续孟子》《伸蒙子》《儒范》,是晚唐重要思想家。

---

①(唐)白居易著,喻岳衡点校《白居易集》,岳麓书社,1992年,第411页。
②(宋)姚铉《唐文粹》卷七十九,《四部丛刊》影印本。
③(唐)白居易著,喻岳衡点校《白居易集》,岳麓书社,1992年,第411页。
④(宋)周必大《陆氏翼孟音解序》,《文忠集》卷五十三,文渊阁《四库全书》影印本,1147册,第565页。

　　《续孟子》约作于唐懿宗咸通六年(865),之所以作《续孟子》,林慎思在其《续孟子序》解释说:"《孟子》书先自其徒记言而著,予所以复著者,盖以孟子久行教化,言不在其徒尽矣,故演作《续孟》。"①《崇文总目》对此解释道:"慎思之言曰:《孟子》七篇,非轲自著书,而弟子共记其言,不能尽轲意,因传其说演而续之。"②林慎思认为《孟子》一书并非孟子自著,而是其门徒所记孟子之言,未能全面揭示孟子思想,所以他作《续孟子》以演《孟子》未尽之意。

　　《续孟子》分上下两卷,十四篇,其篇目与《孟子》不类。篇目如下:《梁大夫一》《梁襄王二》《乐正子三》《公都子四》《高子五》《公孙丑六》《屋庐子七》《咸丘蒙八》《齐宣王九》《万章十》《宋臣十一》《庄暴十二》《彭更十三》《陈臻十四》。

　　作者明言撰作此书是续写《孟子》以演《孟子》,所以此书不同于赵岐等人的注解《孟子》之作,没有就《孟子》原文作注,而是选取一些论题,加以阐发展开讨论。其续写方式主要有三种:

　　其一,选取《孟子》本有论题,或续写孟子未尽之意,或揭示孟子真意。《梁大夫一》所论义利之辨,《公都子四》所论孟子劝蚔蛙,《高子五》所论孟子不受齐王之禄,《齐宣王九》所论人之贤愚之辨,《万章十》所论禹、稷、颜回同道,《乐正子三》所论"与民同乐",等等,即属此类。

　　其二,从《孟子》所言事件引出新的论题加以讨论。《梁襄王二》,由梁襄王引出君王"敬慎威仪,维民之则"的论题;《咸丘蒙八》,由舜事瞽叟引出舜之至孝与"瞽叟之恶"的论题;《庄暴十

①(唐)林慎思《续孟子序》,《续孟子》,中华书局,1991年,第1页。
②(清)永瑢等《四库全书总目》,中华书局,1965年,第774—775页。

二》，由"鲧遭舜殛，禹受舜禅"引出孝天下、孝家的论题。

其三，林慎思自拟论题。《公孙丑六》明辨真假、"君子周防其身"的论题，《宋臣十一》"抚民"论题，《陈臻十四》"以其大而举之，不以其小而废之"的认识方法的论题，等等，都是林慎思自拟论题。

《续孟子》十四篇中，只有六篇是《孟子》本有论题，其他八篇是林慎思从《孟子》引出的新论题或自拟的论题。不仅有些论题是林慎思自拟，甚至有些人物也是林慎思虚拟，如梁大夫、宋臣等。即使论题本自《孟子》，但话语却也是林慎思个人之言，观念也多是林慎思自己之意。四库馆臣评其类似于"扬雄作《太玄》以拟《易》，王通作《中说》以拟《论语》"①，是作《续孟子》以拟《孟子》。四库馆臣此论精辟，因为《续孟子》的论辩方式，以故事、寓言等设喻来阐明道理，写作文风等，确实有模拟《孟子》痕迹。

尽管《续孟子》主要表达的是林慎思之见，但因为是对《孟子》的续写，所以这些思想多是建立在对孟子思想思考的基础之上，其中有些议论明显有弥补孟子思之不周、为孟子辩白以及警示如何理解孟子思想之意。详述如下：

（1）补孟子义利观之疏失

孟子曾告诫梁惠王"何必曰利，亦有仁义而已矣"。在林慎思看来，这是孟子"教王远利而易以仁义"，但是孟子只指出了唯利是求的危害，却对如何推行仁义以及推行仁义可能遇到的问题未有说明，所以孟子仁义论的落实就必然面临残酷现实的挑战，这是孟子所言未尽之处。林慎思虚拟梁大夫之言提出了这一挑战：

吾家有民见冻饥于路者，非其亲而救之，脱衣以衣之，辍

①（清）永瑢等《四库全书总目》，中华书局，1965年，第775页。

食以食之，及己冻饥几死，是其亲而不救之而何？①

梁大夫的家人看见路有冻饿之人，虽非亲非故，但也竭尽所能帮助他们，可是当他自己快要冻死、饿死时，连他自己的亲人都不救他。为善行仁不一定得好报，在现实当中并非个别现象，这些其实就是对孟子仁义论的挑战。如何解释？林慎思虚拟孟子之言回答：

> 孟子曰："噫！是大夫从王厚利而薄仁义故也。厚利率民，民争贪欲，苟有独持仁义者，宜乎不得全其身矣！昔楚有靳氏父子，相传以酖鸩醉人者，客过其门则饮之，未尝不毙于路矣。卒有孺子能哀客而告之，然后鸩十，九不行焉。洎靳氏怒，反鸩孺子矣。然而靳氏家习不仁也，孺子身盗为仁矣，一身盗为仁而罪一家习不仁，其家孰容乎？"②

靳氏父子常以酖鸩杀人，后来他家孺子不忍，告知客人，于是"鸩十，九不行"，靳氏父子怒，将孺子鸩杀。林慎思以孺子被杀的故事说明，如果靳氏一家习不仁，孺子一人暗中行仁，孺子就不可能容于靳氏之家，生命必然难保；同理，如果一个国家，国君好利，上行下效，全社会唯利而行，独行仁义者不可能得以保全，因此要推行仁义，君王首先要作出改变。

> 大夫苟能与王移厚利之心而在仁义，移薄仁义之心而在利，则上下移矣，然后仁义非盗而有也，欲人不容，其可得乎？故《易》曰："立人之道，曰仁与义。"③

君主"移厚利之心而在仁义"，为天下表率，则仁义社会指日可待。

---

① （唐）林慎思《续孟子》，中华书局，1991年，第1页。
② （唐）林慎思《续孟子》，中华书局，1991年，第1页。
③ （唐）林慎思《续孟子》，中华书局，1991年，第1页。

林慎思以此强调了推行仁义,君主率先垂范,至关重要。林慎思这段续写,意在补全孟子未尽之言,却也符合孟子思想,因为孟子曾经说过:"君仁,莫不仁;君义,莫不义;君正,莫不正。一正君而国定矣。"[1]

(2)申发孟子仁政说

孟子主张仁政,提倡君王与民同乐、"与民同之"。什么是与民同乐、"与民同之"? 林慎思虚拟乐正子故事及其与孟子的对话以明其意。

> 《乐正子三》:他日鲁平公备尊罍之器,陈金石之音。乐正子曰:"君独好此,致鲁俗不治,不若与民同之,则其庶几乎?"平公遂召致鲁民,率命尊罍俱执,使金石咸奏,鲁民大酣。他日,俗益不治。乐正子复见孟子,告之。孟子曰:"吾昔教子谏鲁君耽嗜,与民同之,君反若是贻民之怨,岂谓与民同邪? 且禽必栖于木,鱼必泳于川,使易禽于笼,孰若木之安乎? 移鱼于沼,孰若川之乐乎? 民居鲁国,若禽之在木,鱼之在川也。鲁君耽嗜,召民于侧,是犹易禽于笼,移鱼于沼也。使民且恐且惧,岂暇耽嗜而同于君乎? 吾所谓与民同者,均役于民,使民力不乏;均赋于民,使民用常足,然后君有余而宴乐,民有余而歌咏,夫若此,岂不谓与民同邪?"[2]

乐正子见鲁平公好饮酒、奏乐,于是建议鲁平公"与民同之",鲁平公遂召鲁民一起饮酒、奏乐,结果民俗益坏。乐正子此举被孟子批评。林慎思以此虚拟故事说明,孟子提倡的与民同乐、"与民同之",并非是指君主与百姓同饮酒、同奏乐,因为这只是形式化的

---

① 《孟子·离娄上》7.20。
② (唐)林慎思《续孟子》,中华书局,1991年,第2页。

与民同乐；与民同乐、"与民同之"的实质是："均役于民，使民力不乏；均赋于民，使民用常足。"不劳民，不暴敛，百姓安逸富足，从根本上解决百姓的生计，这才是孟子的本意。惟其如此，君主与百姓才能享受到真正的宴饮、歌咏之乐。林慎思此段续写，意在消除人们对孟子"与民同之"、与民同乐的误解，也是对当时君主治政的警醒。

如何对待百姓，林慎思虚拟孟子与宋臣的对话，先预设了一种抚民观：

> 《宋臣十一》：孟子问宋臣曰："子之王于民何如？"曰："抚之。"曰："何以抚邪？"曰："民未及歉，则开廪以赈之，不使民歉也；民未及寒，则散帛以给之，不使民寒也。"①

林慎思不赞同这种抚民观，借孟子之口言：

> 孟子曰："吁！子之王曾不若鲁民也。……以恩乐于民，不知民乐为惰，民惰则何取乎？"②

林慎思之意，"民未及歉，则开廪以赈之，……民未及寒，则散帛以给之"，此种抚民之道，只是小恩小惠，不仅没有从根本上解决问题，反而会导致百姓养成依赖、懒惰的不良习惯，因此不是高明的政治举措。此段续写，所涉问题，孟子从未论及，完全是林慎思自己的治政理念。

如何辨别贤愚，孟子的观点：

> 国君进贤，如不得已，将使卑逾尊，疏逾戚，可不慎与？左右皆曰贤，未可也；诸大夫皆曰贤，未可也；国人皆曰贤，然

---

① （唐）林慎思《续孟子》，中华书局，1991年，第6页。
② （唐）林慎思《续孟子》，中华书局，1991年，第6页。

后察之；见贤焉，然后用之。①

依孟子之见，辨别贤愚，一是听取舆论，但不能偏听偏信，只听身边亲信以及大夫官吏的意见，还应听取普通人、百姓的意见；二是实际考察，认为确实贤能，再用之。但是林慎思的观点显然与孟子有别：

> 《齐宣王九》：齐宣王问孟子曰："吾欲任忠去邪，用得其当，唯左右、前后、贤不肖孰辨邪？"孟子曰："用之而已矣。"王曰："恶知可用而用乎？"曰："王诚不见所以用也。夫材既伐矣，离于山谷，处于庭庑，久则圬墁以封，苔藓以周，目之于外，诚不分其松栎也；在斧以削之，斤以斫之，索其内，然后辨矣。贤不肖在王之左右诚久矣，进退以恭，言容以庄，目之于外，诚不分其贤不肖也；在禄以诱之，劳以处之，索其内，然后辨矣。王苟不用，则贤、不肖何以别乎？"②

从林慎思此段续写中可以看出，他认为辨识一个人贤愚与否，不能只是观察其人言谈举止，而应直接用之做事，与孟子重视舆论相比，林慎思更重视在实践中考察一个人的真才实学，这或许与他的基层经历有关，但显然更符合人才选拔的规律。

（3）为孟子出处进退辩护

林慎思还在续写中为孟子出处进退辩护正名。

孟子曾告诉蚳蛙应向齐王进谏，蚳蛙依言进谏，却被齐王拒绝，蚳蛙于是辞职离去。齐人就此指责孟子劝蚳蛙进言，自己却不进言。林慎思虚拟孟子自辩之辞为孟子辩护。

> 《公都子四》：孟子曰："齐人安知吾之所为乎？吾之所以

---

① 《孟子·梁惠王下》2.7。
② （唐）林慎思《续孟子》，中华书局，1991年，第5页。

疾脱蚔蛙,非他也,以昵王故耳。汝闻齐姑之欲杀人乎?尝
命其妇与焉,妇有不忍从者,呼邻女为谋而脱之。然而邻女
不亲于齐妇也,杀人未尝与也,所以为齐妇谋者,齐妇之急
也;不为己谋者,于己非急也。今蚔蛙诚犹齐妇也,齐王面
南,蚔蛙面北,吾未尝与焉,所以为蚔蛙谋者,于我能急邪?
汝信齐人言,齐人安知吾之所为乎?"①

齐姑杀人,命齐妇一同参与,齐妇不愿参与杀人,让邻女帮忙摆
脱。邻女与齐妇并不亲近,因为齐妇救求,为解齐妇之急,故设计
帮忙摆脱。齐姑杀人未让邻女参与,所以邻女无需为自己谋划。
林慎思用这段虚拟的辩护之言说明,在劝蚔蛙进言这一事件中,
孟子就如同设计帮助齐妇的邻女,之所以劝蚔蛙进言,因为蚔蛙
本人所居官职,进言是其当然之责,也是当务之急,而孟子本人无
官职在身,无进言之责,所以无需进言。林慎思续写的此段辩护
辞,生动形象地揭示了孟子劝蚔蛙进言的真意所在,而其意本自
孟子所言:"我无官守,我无言责也,则吾进退,岂不绰绰然有余
裕哉。"②

孟子曾两次至齐,最后离开齐国时,面有"不豫"之色,有怨天
尤人之状,孟子弟子颇感困惑。那么,孟子为什么要主动到齐国?
离开齐国时又为何"不豫"呢?林慎思虚拟孟子与彭更的对话揭
示孟子之意。

《彭更十三》:孟子居休,叹曰:"天富吾道,不使齐王用
吾。岂吾之过欤?"彭更曰:"夫子何为急急乎?且善医者不
自造他户,必待媒而后行;善相者不自俟他颜,必待求而后

① (唐)林慎思《续孟子》,中华书局,1991年,第3页。
② 《孟子·公孙丑下》4.5。

动。自造他户，虽善医人，不得不疑；自俟他颜，虽善相人，不得不贱矣。今夫子不为齐王用，岂不由自造自俟，而使疑且贱乎？"孟子曰："噫！汝之言蔽矣。夫路有囊金迷于夜而不止者，将入寇盗之境，非有仁人导而出之，不能免其害矣。今齐王昏昧若迷于夜也，寇盗之害将生，乱亡无日矣。吾非不仁之人，安能忍其害生，不导之而出邪？所以急急于齐王，岂以求用为心哉？然而王不用吾所导，是以叹也，讵同医、相之心而怀其利乎？"①

林慎思用虚拟的彭更之言揭示了当时人们的一种观点，善医者不会"自造他户"、"善相者不自俟他颜"，必"待媒而后行"、"待求而后动"，如此才能引起重视，受到尊敬，可是孟子却"自造"、"自适"，主动前往齐国，所以不为齐王尊重，其主张也就不为齐王接受。那么孟子为什么不待齐国请求，就主动前往？林慎思又虚拟一故事为孟子辩护：如同一个怀揣重金的夜行之人，迷路而不知，眼看就要走进强盗之境，如果没有仁人引导走出危险之境，必然被害；齐王就是这怀揣重金而夜行迷路之人，昏昧而无觉，必将给国家带来严重危害，孟子是仁人，不忍天下陷于乱亡、苍生困于水火，所以他主动至齐，希望引导齐王走出昏昧，以救危济难；孟子主动至齐，不是为个人得到齐王任用，也不像医者、相者，只为谋利。可是齐王始终不接授孟子的主张，所以孟子离开齐国时，心情自然不悦。在林慎思笔下，孟子为救世而主动至齐，是一位为解天下危难而义无反顾的仁人。

　　孟子准备离开齐国时，齐王派人用"欲中国而授孟子室，养弟子以万钟"挽留，被孟子拒绝。林慎思虚拟孟子与高子之言为孟

①（唐）林慎思《续孟子》，中华书局，1991年，第7页。

子辩白：

> 《高子五》：孟子将去齐。高子曰："王欲授夫子室，夫子
> 舍之而去，然王意于夫子不为不厚矣，夫子或缺所以，王必补
> 之，今何为不止？"孟子曰："吾尝观齐王之意也，先有执雅乐
> 之器进于王，王始重之，使奏而未尝乐也；后有执靡声之器进
> 于王，王始轻之，使奏而未尝舍也；然而执雅乐之器者，王虽
> 未弃，王终不能用矣，是执雅乐以得罪于王也。今吾以王之
> 未弃也，若受王之禄，居王之室，王终不能矣。是媒吾身以得
> 罪于王也，不亦甚乎？吾幸去，何适而不遇哉！孔子曰：'邦
> 有道，谷；邦无道，谷，耻也。'"①

林慎思借此段虚拟之言说明，孟子拒绝齐王的挽留，不是嫌齐王
的待遇不厚，而是因为孟子之道不为齐王所用，无功而食禄，君子
不为；孟子之举符合孔子提倡的士人出仕之道："邦有道，谷；邦无
道，谷，耻也。"②

　　综上可见，林慎思在对《孟子》的续写中，补孟子言之不周之
处，揭示孟子思想真意，为孟子辩白，足证林氏本人精通《孟子》之
说，对孟子思想存在的问题以及可能带来的误会也非常了解，所
以他在续写中对孟子思想的揭示、为孟子所作的辩白都切合孟子
其人其说本身，然而他也不完全赞同孟子观点，比如怎样辨识人
才，他就没有采用孟子之说。同时我们也注意到，林慎思并没有
对孟子的人性论作任何续写，其《伸蒙子》虽有如下之论：

> 毕禄先生曰："古民难化于今民乎？"伸蒙子曰："今人易
> 化。"曰："古民性朴，今民性诈，安得诈易于朴邪？"曰："朴，止

----

① （唐）林慎思《续孟子》，中华书局，1991年，第3页。
② 《论语·宪问》14.1。

也。诈，流也。止犹土也，流犹水也，水可决使东西乎？土可决使东西乎？且婴儿未有知也，性无朴乎？卅儿已有知也，性无诈乎？圣人养天下之民犹养儿也，则古民婴然未有知也，今民卅然已有知也，化已有知，孰与化未有知之难乎？"①从其"古民性朴""今民性诈"论来看，林慎思认为，并不存在一成不变的人性，古民未知，故其性朴；今民已有知，故其性诈。这些观点都与孟子相左。

　　林慎思推崇孟子，故为《孟子》作续编，既是借此表达他对孟子的看法，也是借此发表他个人的思想。林慎思借孟子政治思想的续写所发表的治政之见，实是借以警醒当时执政者，以期能救晚唐颓败于万一。黄巢入长安，"迫以伪官"，"不屈，骂贼死"，林慎思以自己的生命践行了孟子"舍生取义"的君子人格，元人吴鉴明在《续孟子序》中赞道："然生值唐乱，官不过令长，才志不见知于时，斥骂逆巢，抗首白刃，孟氏可作，顾不谓之豪杰大丈夫哉？"②明人黄尧臣也称赞："孟子谈仁义数万言，一以正人心为己任。《伸蒙子》《续孟》，其有孟氏之志乎哉？然伸蒙处黄巢之乱，以万年令骂贼死官。方其骂贼，岂不知其必死哉？义在于死，而不利于苟生也。质之孟氏，非所谓真知义利之辨者哉？"③

　　林慎思续写《孟子》，以明孟子之意，承孟子之志，践行孟子之义，是中国孟学史上值得特别书写的一位重要人物。

---

①（唐）林慎思《伸蒙子》，中华书局，1985年，第2页。
②（元）吴鉴明《续孟子序》，（唐）林慎思《续孟子》，中华书局，1991年，第2页。
③（明）黄尧臣《续孟子序》，（唐）林慎思《续孟子》，中华书局，1991年，第3页。

第十五章　唐代学人对孟子
人性论的反思

与唐代孟学崛起同步,孟子的思想学说对唐代学人产生了广泛影响。

孟子曾说:"尽信书,不如无书。"这一批判精神成为刘知几"疑古"、"惑经"之源;孟子的《春秋》观成就了刘知几的"史才论"。刘知几提出:"史才须有三长,世无其人,故史才少也。三长:谓才也,学也,识也。"①侯外庐先生指出,刘知几"才、学、识"三长的史才理论,孟子首开其端:

> 以才、学、识三者为史才所必须兼备的条件,其说是自孟子开其端绪。《孟子·离娄下》:"王者之迹熄而《诗》亡,《诗》亡然后《春秋》作。晋之《乘》,楚之《梼杌》,鲁之《春秋》,一也。其事则齐桓晋文,其文则史。孔子曰,其义则丘窃取之矣。"后来班固作《汉书·司马迁传赞》说:"然自刘向、扬雄博极群书,皆称迁有良史之材,服其善序事理,辨而不华,质而不俚,其文直,其事核,不虚美,不隐恶。"范晔为班固作传,称"固文赡而事详","然其论议,常排死节,否正

---

① 《旧唐书》,中华书局,1975年,第3173页。

直,而不叙杀身成仁之为美。"晔自序《后汉书》,说"常耻作
文士","常谓情志所托,故当以意为主,以文传意。以意为
主,则其旨必见。以文传意,则其词不流。"刘知几所说的
才,相当于孟子、班固、范晔所谓的"文"。……刘知几所说
的学,相当于孟子、班固、范晔所谓的"事",是指史事说的。
刘知几所说的识,相当于孟子所谓的"义",……刘知几继承
前人的论点,把"学"比作材料和工具,把"才"比作生产的方
法,把"识"说成是研究历史的观点和方法,但比前人说的更
清楚了,更系统了。在这三者中,刘知几实最重"识",才、学
都离不开它。①

　　孟子的养气论、大丈夫人格论对李白诗歌创作、精神品格以
及处世态度都有影响。李白在《赠张相镐二首》中有言:

　　　　昊穹降元宰,君子方经纶。

　　　　澹然养浩气,欻起持大钧。②

李白在诗中以"养浩然之气"自期。在《醉后赠从甥高镇》又云:

　　　　马上相逢揖马鞭,客中相见客中怜。

　　　　欲邀击筑悲歌饮,正值倾家无酒钱。

　　　　江东风光不借人,枉杀落花空自春。

　　　　黄金逐手快意尽,昨日破产今朝贫。

　　　　丈夫何事空喻傲? 不如烧却头上巾。③

李白咏赞大丈夫处贫贱当矢志不移。在《代寿山答孟少府移文
书》中,李白又引孟子学说表达其兼善天下之志与独善其身之意,

---

①侯外庐《中国思想通史》(四上),人民出版社,1995 年,第 286 页。
②(唐)李白著,(清)王琦注《李太白全集》,中华书局,1977 年,第 595 页。
③(唐)李白著,(清)王琦注《李太白全集》,中华书局,1977 年,第 547 页。

他说：

> 吾未可去也。吾与尔，达则兼济天下，穷则独善一身。安能餐君紫霞，荫君青松，乘君鸾鹤，驾君虬龙，一朝飞腾，为方丈、蓬莱之人耳，此则未可也。[①]

在李白豪迈的性情、傲岸不拘的品格、以天下为己任的抱负中，我们清楚地看到了孟子思想的影迹。

诗圣杜甫"穷年忧黎元"、关心民瘼的民本观，"致君尧舜上"的正君论，"愿闻甲兵休"、"安得务农息战斗，普天无吏横索钱"的反战说，等等，无疑是承继孟子仁政王道思想而来。黄彻《碧溪诗话》就说："《孟子》七篇，论君与民者居半，其余欲得君，盖以安民也。观杜陵'穷年忧黎元，叹息肠内热'，'胡为将暮年，忧世心力弱'；《宿花石戍》云：'谁能叩君门，下令减征赋'；《寄柏学士》云'几时高议排君门，各使苍生有环堵'，'宁令吾庐独破受冻死亦足'，而志在大庇天下寒士，其心广大，异夫求穴之蝼蚁辈，真得孟子所存矣。东坡问老杜何如人，或言似司马迁，但能名其诗耳。愚谓老杜似孟子，盖原其心也。"[②]黄氏此论切中肯綮。

然而，我们也看到，在唐代孟学的演进中，刘知几、李白、杜甫等中唐以前学人大多只是在精神上承继孟子思想，极少有人对孟子思想进行理论阐发，这一现象至中唐发生了改变。中唐学人在大力推尊孟子的同时，也开始反思孟子思想理论，有的还作了进一步阐释。当然多是散论，专论极少。

中唐以后学人对孟子人性论、义利观、仁政王道、圣人观、出

---

①（唐）李白著，（清）王琦注《李太白全集》，中华书局，1977年，第1225页。
②（宋）黄彻《碧溪诗话》，中华书局，1991年，第2页。

处进退之道①等都有论说,其中仁政王道之说成为共识,所以以
继承为主;而对孟子人性论、义利观、圣人观,唐代学人则以怀疑
的态度进行了深刻的反思,在反思的基础上,或继承,或改造。如
柳宗元在《吏商》一文就质疑孟子的义利观,认为孟子笼统"言义
不言利",有"谋道不谋富"之意,陈义过高,不利国计民生发展,故
而认为"孟子好道而无情,其功缓以疏,未若孔子之急民也"②。
唐懿宗时来鹄作《相孟子说》,对孟子的仁爱之说中有关"术不可
不慎"的主张表示反对。孟子曾有言:

> 矢人岂不仁于函人哉? 矢人惟恐不伤人,函人惟恐伤
> 人,巫匠亦然。故术不可不慎也。孔子曰:"里仁为美,择不
> 处仁,焉得智?"③

"术",指从事的职业、谋生的技艺。孟子把人们从事的职业、谋生
的技术与仁德培养相联系,要求人们选择谋生之术要谨慎,以避
免伤害人之仁心。来鹄批评说:"孟子之爱人也,细缘其言而不
精。"④认为孟子此言不合情理,因为致人为恶者,不是其从事的

---

① 按:柳宗元《守道论》:"孟子曰:'有官守者,不得其职则去。'然则失其道而
　 居其官者,古之人不与也。是故在上不为抗,在下不为损,矢人者不为不
　 仁,函人者不为仁,率其职,司其局,交相致以全其工也。易位而处,各安
　 其分,而道达于天下矣。且夫官所以行道也,而曰守道不如守官,盖亦丧
　 其本矣。未有守官而失道,守道而失官者也。"(详见[唐]柳宗元著,易新
　 鼎点校《柳宗元集》,中国书店,2000 年,第 47 页。)柳宗元继承孟子"官守"
　 之论,强调出仕当守道。
② (唐)柳宗元著,易新鼎点校《柳宗元集》,中国书店,2000 年,第 305 页。
③《孟子·公孙丑上》3.7。
④ (宋)李昉等辑《文苑英华》,卷三百六十,明刻本。按:《文苑英华》,中华书
　 局,1966 年版,《相孟子说》的作者署名为"刘蜕"。

职业和谋生之术，而是人心，造箭的矢人不是要杀人为利，造棺椁者也不是要以死人为利，否则，依此而论，皋陶以刑法处罚罪人，周公治丧礼以送死，难道二人也是不仁之人吗？"呜呼！术焉得慎，慎则情背也，心则可慎。"①培养仁德，当慎者为人之心。来鹄此论可谓击中孟子思想不尽完善之处。总观现存唐代学人对孟子思想的评说，可以看出，他们虽然尊孟，但并不认为孟子思想言说尽善尽美，也有"不尽"、"不周"、"不精"之处，表现出唐代学人的审慎和理性。

由于唐代学人对孟子人性论论说最多，故此我们在这里只分析他们对孟子人性论的反思与继承。

在唐代学人中，韩愈、李翱、柳宗元、皇甫湜、侯冽、杜牧等人都发表过对孟子人性论的看法。其中只有侯冽《以人性为善　犹水趋下》一文观点与孟子一致，韩愈、李翱、柳宗元、皇甫湜、杜牧五人都在反思的基础上有所取舍，故我们考察的对象以韩愈、李翱、柳宗元、皇甫湜、杜牧五人为主。

第一节　韩愈、柳宗元对孟子人性论的反思

一、韩愈对孟子人性论的反思

人性论是儒释道诸家构建其思想体系的基础，且各家都有自己的认识。魏晋以来，佛教兴盛，俘获众多士人学子，其中一个重要原因就在于佛教对人性的探讨精细入微，其"明心见性"、直指

---

①（宋）李昉等辑《文苑英华》，卷三百六十，明刻本。

人心的佛性论,为佛教的发展提供了思想保证。相反,儒家却鲜有在此用力者,即使有论说人性者,"杂佛老而言也"①。在这种背景之下,韩愈写《原性》,专门讨论人性,欲从思想上抗衡佛教。韩愈剖析儒家的人性论诸说,指陈其得失,其中涉及到孟子人性论。

韩愈所持人性论与孟子人性论相同之处是:其一,人性是人生而俱有,是人之天性。他说:"性也者,与生俱生也。"②其二,肯定人性的本质是仁义礼智信,"所以为性者五:曰仁、曰礼、曰信、曰义、曰智"③。就此来看,韩愈其实认为人性的本质是善,这与孟子人性善论并无本质之别。

然而观察现实社会,考察人的实际表现,与历史上诸家人性论比较,韩愈对孟子人性善并不完全赞成,于是他对人性的看法就与孟子有了不同。主要的不同在于,韩愈认为虽然人性的本质是仁义礼智信,但现实社会之人其性有品级之分。他提出了著名的"性之品有三"说。

> 性之品有三,而其所以为性者五;情之品有三,而其所以为情者七。曰何也?曰:性之品有上中下三。上焉者,善焉而已矣;中焉者,可导而上下也;下焉者,恶焉而已矣。④

---

① (唐)韩愈著,马其昶校注,马茂元整理《韩昌黎文集校注》,上海古籍出版社,2014年,第25页。

② (唐)韩愈著,马其昶校注,马茂元整理《韩昌黎文集校注》,上海古籍出版社,2014年,第22页。

③ (唐)韩愈著,马其昶校注,马茂元整理《韩昌黎文集校注》,上海古籍出版社,2014年,第22页。

④ (唐)韩愈著,马其昶校注,马茂元整理《韩昌黎文集校注》,上海古籍出版社,2014年,第22页。

这里的"性之品有三",是指人性有上中下三个品级之分,而不是有三个品类之性。虽然人性的本质是仁义礼智信,但是社会中具体的人,其禀赋有差别,于是对仁义礼智信的践行也就不同。性之上品者"主于一而行于四",立于仁,自然通于义礼智信四德;性之下品者违仁,也悖离义礼智信四德;性之中品者对于仁义礼智信,"一不少有焉,则少反焉,其于四也混"。情是性的表现,人有喜、怒、哀、惧、爱、恶、欲七情,人们对情的掌控能力有上中下之分,足以证明"性之品"有上中下品级之分,"上焉者之于七也,动而处其中;中焉者之于七也,有所甚,有所亡,然而求合其中者也;下焉者之于七也,亡与甚,直情而行者也"①。对七情掌控能力不同,所以人在社会的表现也就不同,故而现实社会有不同性情之人。

韩愈以"性之品有三"审视孟子人性为善论,他得出的结论是:孟子人性善论与荀子言人性恶、扬雄言人性善恶混一样,"皆举其中而遗其上下者也,得其一而失其二者也",孟子只看到了人性之一品,没有看到人性的全部,所以孟子的人性论并不完善。他说:

> 孟子之言性曰:人之性善;荀子之言性曰:人之性恶;扬子之言性曰:人之性善恶混。夫始善而进恶,与始恶而进善,与始也混而今也善恶;皆举其中而遗其上下者也,得其一而失其二者也。叔鱼之生也,其母视之,知其必以贿死;杨食我之生也,叔向之母闻其号也,知必灭其宗;越椒之生也,子文以为大戚,知若敖氏之鬼不食也:人之性果善乎?②

---

① (唐)韩愈著,马其昶校注,马茂元整理《韩昌黎文集校注》,上海古籍出版社,2014年,第22—23页。

② (唐)韩愈著,马其昶校注,马茂元整理《韩昌黎文集校注》,上海古籍出版社,2014年,第23—24页

韩愈明确批评孟子人性善论经不起历史和现实的检验,然而韩愈用叔鱼、杨食我、越椒等人生而即是其族人灭亡的灾星来证明某些人生来即恶,却非常牵强。韩愈"性之品有三"论不仅是对孟子人性论的否定,也否定了孟子"尧舜与人同"的圣凡平等论。

那么性之三品之人能够改变吗?依韩愈之见,可以改变:

> 曰:然则性之上下者,其终不可移乎?曰:上之性,就学而愈明;下之性,畏威而寡罪;是故上者可教,而下者可制也。其品则孔子谓不移也。①

性之上品者可以通过教化,"学而愈明",性之下品者可以通过控制使其"畏威而寡罪",但其品级正如孔子所言,不能移。显然,韩愈对人性分品级不移之说取自孔子。

韩愈对孟子人性论的反思,建立在比较孟子、荀子、扬雄的人性论的基础上,虽然他认为孟子没有看到人性有品级之分,因此不能很好地解释现实社会中人的种种差别,故而片面,但是他以仁义礼智信为人性的本质,说明他并没有抛弃孟子人性善的观念。韩愈以仁义礼智信为人性本质,实际肯定了人的道德本性,这就为道德教化提供了内在的人性根据;而其"下者可制"论,则为制度控制、礼法约束提供了人性依据。韩愈在其人性论中表彰性之上品之人对于七情能够"动而处其中",不视情为恶,与佛教"清静寂灭"、"灭情复性"在原则上有了根本不同,这是韩愈以儒家入世的性情论抗衡佛教出世的佛性论。然而韩愈的人性论却失落了孟子人性论中非常可贵的圣凡平等精神,于是很难对有灵者即有佛性的佛性论形成真正的抗力。

---

① (唐)韩愈著,马其昶校注,马茂元整理《韩昌黎文集校注》,上海古籍出版社,2014年,第24页。

二、柳宗元对孟子人性论的反思

柳宗元对孟子人性论的反思集中体现在《天爵论》一文。孟子在《告子上》曾言：

> 有天爵者，有人爵者。仁义忠信，乐善不倦，此天爵也；公卿大夫，此人爵也。古之人修其天爵，而人爵从之。今之人修其天爵，以要人爵；既得人爵，而弃其天爵，则惑之甚者也，终亦必亡而已矣。①

孟子认为仁义忠信就是人之"天爵"，是人之为人之所在，主张人们以仁义忠信为贵，反对为追求富贵荣华而丢弃"天爵"、失其操守。

柳宗元之所以要写《天爵论》，其原因是"仁义忠信，先儒名以为天爵，未之尽也"②。也就是说，在柳宗元看来，孟子的天爵论有未尽之处，所以他要加以弥补完善。由于孟子天爵论是其人性论本有内容，所以在弥补完善孟子天爵论时，柳宗元实际也是在继承孟子思想的基础上，弥补完善孟子人性论。

柳宗元说：

> 道德之于人，犹阴阳之于天也；仁义忠信，犹春秋冬夏也。③

天本有阴阳，春夏秋冬就是天本有阴阳之证明；道德之于人，就如阴阳之于天，乃人本有，仁义忠信就是人本有道德的证明，而且是受之于天。柳宗元以仁义忠信道德为天予而人本有，可见他是以人性为善，这是对孟子人性论的继承。柳宗元还继承孟子圣人

---

① 《孟子·告子上》11.16。
② （唐）柳宗元著，易新鼎点校《柳宗元集》，中国书店，2000年，第45页。
③ （唐）柳宗元著，易新鼎点校《柳宗元集》，中国书店，2000年，第46页。

"与人同"之说,指出圣人与人同类,所以不会有与常人不同的神能、异形。

> 古之书有记周穆王驰八骏升昆仑之墟者,后之好事为之图,宋、齐以下传之。观其状甚怪,咸若骞若翔,若龙凤麒麟,若螳螂然。其书尤不经,世多有,然不足采。世闻其骏也,因以异形求之。则其言圣人者,亦类是矣。故传伏羲曰牛首,女娲曰其形类蛇,孔子如俱头,若是者甚众。孟子曰:"何以异于人哉? 尧舜与人同耳!"①

柳宗元虽是借孟子"尧舜与人同"说批判评神化古代先贤的不经之论,但他认同孟子此说,说明柳宗元并不认为圣人先天本性与普通人有不同。《天爵论》后文所论也证明了这一点。

然而柳宗元认为孟子"天爵"论有未尽之处。在他看来,孟子"天爵"论未尽之处,是没有指明仁义忠信如何成为现实,因此不能很好地解释现实社会人们在德性上的差别,也就是未能解释清楚为何本有仁义忠信之人却有不善之行。柳宗元从人的生命构成作出了解释,并进一步提出了"志"、"明"之说:

> 夫天之贵斯人也,则付刚健纯粹于其躬,倬为至灵,大者圣神,其次贤能,所谓贵也。刚健之气,钟于人也为志,得之者,运行而可大,悠久而不息,拳拳于得善,孜孜于嗜学,则志者其一端耳。纯粹之气,注于人也为明,得之者,爽达而先觉,鉴照而无隐,盹盹于独见,渊渊于默识,则明者又其一端耳。明离为天之用,恒久为天之道,举斯二者,人伦之要尽是焉。故善言天爵者,不必在道德忠信,明与志而已矣。②

---

① (唐)柳宗元著,易新鼎点校《柳宗元集》,中国书店,2000 年,第 255 页。
② (唐)柳宗元著,易新鼎点校《柳宗元集》,中国书店,2000 年,第 45—46 页。

柳宗元认为人由气构成,其中有两种气至为重要,一是刚健之气,一是纯粹之气。得刚健之气者有志,因此能拳拳为善、孜孜好学;得纯粹之气者有"明",即有智慧,故能洞悉幽微,先知先觉,有独立之见。在人的道德践行中,"志""明"二者相辅相成。有志者,好学不倦却"迷道",是因为"明之不至";有明者,聪明睿智却"荡其性"而失其操守,是因为"志之不至"。

> 明以鉴之,志以取之,役用其道德之本,舒布其五常之质,充之而弥六合,播之而奋百代,圣贤之事也。然则圣贤之异愚也,职此而已。使仲尼之志之明可得而夺,则庸夫矣。授之于庸夫,则仲尼矣。若乃明之远迩,志之恒久,庸非天爵之有级哉?故圣人曰:"敏以求之。"明之谓也;"为之不厌",志之谓也。①

柳宗元认为正是"志""明",决定了圣贤与庸夫、愚人之别,如果仲尼无"志"、无"明",那么就是庸夫、愚人,所以导致圣人与凡人有别的不是人性,而是"志""明"。那么"志""明"从何而来,他说:

> 道德与五常,存乎人者也。克明而有恒,受于天者也。呜呼! 后之学者,尽力于所及焉。或曰:"子所谓天付之者,若开府库焉,量而与之耶?"曰:否。其各合乎气者也。庄周言天曰自然,吾取之。②

"志""明"由天赋而来,而且不是天"量而与之",所以人与人有千差万别,实因所禀天赋之刚健、纯粹之气有异。当然此"天赋"之天,并不是有意志的人格神,而是自然。柳宗元明言:"其各合乎气者也,庄周言天曰自然,吾取之",他所说的天取自庄子之自然

---

① (唐)柳宗元著,易新鼎点校《柳宗元集》,中国书店,2000 年,第 46 页。
② (唐)柳宗元著,易新鼎点校《柳宗元集》,中国书店,2000 年,第 46 页。

之天说。

柳宗元以"志""明"之别解释现实社会圣凡之分,强调意志与智慧在仁义忠信实现以及人们成就圣贤过程中的重要性,是对孟子人性论的补充和修正,然而由于他认为"志""明"源于天赋之"刚健之气"、"纯粹之气",于是圣凡虽在先天人性上无别,却因先天禀气有别,致其"志"、"明"有别,因而圣凡在先天其实又是有别的,这就陷入了命定论。就此而论,较之孟子之说,柳宗元之说又是倒退。

柳宗元主张的"志""明"之说虽与孟子不同,但是其《天爵论》最终旨趣却与孟子没有区别。

柳宗元补充孟子"天爵"说之不足,其目的也是为人们完善自身,促成人性中潜在的仁义忠信成为真正的现实,修德成仁,也就是孟子所说"乐善不倦"、"修其天爵"。而柳宗元以禀气之异论圣凡之不同,在宋代则演化为以禀气之异论人性之别。

第二节　李翱、皇甫湜、杜牧对孟子人性论的反思

一、李翱对孟子人性论的反思

李翱,字习之,陇西成纪(今甘肃秦安东)人,贞元进士,历任国子博士、礼部郎中、庐州刺史、郑州刺史、中书舍人、户部侍郎、山南东道节度使等职,两《唐书》有传。是韩愈的弟子,也是韩愈的朋友,其排佛立场与韩愈一致。著有《复性书》阐发其心性论。此文是其读《中庸》后所写,文中涉及到孟子心性论,由此可见他对孟子心性论的反思与继承。

　　首先,李翱肯定孟子心性论得之圣传,他自己作《复性书》则是承继孟子,再传儒家性命之学。依据《论语》《周易》《中庸》《孟子》,李翱认为儒家本有性命之学。此性命之学,孔子曾传于众弟子,然升堂弟子,如颜回、子路等,虽受其教,但"得之者各有浅深,不必均也",只有曾子得其正。其后孔子之孙子思传性命之学于孟子。

　　　　子思,仲尼之孙,得其祖之道,述《中庸》四十七篇,以传
　　于孟轲。轲曰:"我四十不动心。"轲之门人达者公孙丑、万章
　　之徒,盖传之矣。遭秦灭书,《中庸》之不焚者一篇存焉,于是
　　此道废缺,其教授者唯节行文章章句、威仪击剑之术相师焉。
　　性命之源,则吾弗能知其所传矣。①

李翱认为,孟子说自己"四十不动心",足证孟子得心性之学之正。秦焚书之后,《中庸》侥幸存世,但教授其书者,重在文章章句,罕有传性命之学,造成"性命之书虽存,学者却莫能明",以致"不知者谓夫子之徒,不足以穷性命之道",人们误以为儒家孔夫子及其门徒对性命之学根本就没有自己的认识,故而为"庄、列、老、释"所吸引。基于此种原因,所以作《复性书》以续传儒家性命之学。

　　　　我以吾之所知而传焉,遂书于书,以开诚明之源,而缺绝
　　废弃不扬之道,几可以传于时,命曰《复性书》,以理其心以传
　　乎其人。乌戏! 夫子复生,不废吾言矣。②

显然李翱以孟子的承继者自居。陈来认为与韩愈"博爱之谓仁"的道统说有别,李翱是"以不动心为道统之传"③。然而李翱在其

---

①（唐）李翱《李文公集》卷二,《复性书上》,《四部丛刊》本。
②（唐）李翱《李文公集》卷二,《复性书上》,《四部丛刊》本。
③陈来《宋明理学》,辽宁教育出版社,1991年,第31页。

性命之学的传承统绪中，并没有将韩愈纳入其中，说明他对韩愈的人性论是有看法的。

其次，李翱继承了孟子的人性善论、圣凡平等论。他说："人之所以为圣人者，性也。"①人之所以为能成为圣人，是其本性决定的；成就圣人的根据是人的本性，显然李翱是以人性为善。而且他据《中庸》明确说："圣人知人之性皆善，可以循之不息而至于圣也，故制礼以节之，作乐以和之。安于和乐，乐之本也；动而中礼，礼之本也。"②李翱认为就人性而言，圣人与百姓没有差别，"百姓之性与圣人之性弗差也"，也就是说，圣凡先天无别，这无疑是对孟子"人皆可以为尧舜"思想的继承。

李翱虽然继承孟子的性善论、圣凡平等论，但是对于人为不善的解释，却没有再因循孟子之见，因为孟子认为人为不善的原因是外部环境的影响、自身贪婪等导致人们"放心"所致，而李翱则将人之不善归诸"情"。

> 人之所以为圣人者，性也；人之所以惑其性者，情也。喜、怒、哀、惧、爱、恶、欲七者，皆情之所为也。情既昏，性斯匿矣，非性之过也。七者循环而交来，故性不能充也。水之浑也，其流不清；火之烟也，其光不明，非水火清明之过。沙不浑，流斯清矣；烟不郁，光斯明矣。情不作，性斯充矣，性与情不相无也。虽然，无性，则情无所生矣，是情由性而生，情不自情，因性而情；性不自性，由情以明性者，天之命也，圣人得之而不惑者也。情者，性之动也，百姓溺之而不能知其本者也。圣人者岂其无情邪？圣人者寂然不动，不往而到，不

---

①（唐）李翱《李文公集》卷二，《复性书上》，《四部丛刊》本。
②（唐）李翱《李文公集》卷二，《复性书上》，《四部丛刊》本。

言而神，不耀而光，制作参乎天地，变化合乎阴阳，虽有情也，未尝有情也。①

人都有情，喜、怒、哀、惧、爱、恶、欲就是情之所为。如果情昏，就会遮蔽人之善性，而为恶。如同火，燃烧时会产生烟雾，而烟雾会遮蔽火的光明；又如水，流动时会搅起泥沙，泥沙会使水混浊，但不能因此即认为火性无明、水性不清，烟雾散去、泥沙沉底，火性之明、水性之清自现，所谓"沙不浑，流斯清矣；烟不郁，光斯明矣"。人亦如此，无人之性，亦就无人之情，情就如同火燃烧时产生的烟雾、水流动时带起的泥沙，七情交至，情昏，就会使善性不现，"情既昏，性斯匿矣"。

如何复现善性？孟子主张"求放心""存心""寡欲"，由于李翱以情昏为不善之源，所以他所主张的复归善性之法与孟子不同，他的目的是制情、止情。在他看来，圣人之所以不同于凡人，是他们不被情所惑，而百姓则沉迷于情而不知返。李翱说：

> 问曰："凡人之性犹圣人之性欤？"曰："桀纣之性犹尧舜之性也，其所以不睹其性者，嗜欲、好恶之所昏也，非性之罪也。"曰："为不善者非性邪？"曰："非也，乃情所为也。情有善、有不善，而性无不善焉。孟子曰：'人无有不善，水无有不下。夫水搏而跃之，可使过颡，激而行之可使在山，是岂水之性哉？'其所以导引之者然也。人之性皆善，其不善亦犹是也。"问曰："尧舜岂不有情邪？"曰："圣人至诚而已矣。尧舜之举十六相，非喜也；流共工，放驩兜，殛鲧，窜三苗，非怒也；中于节而已矣。其所以皆中节者，设教于天下故也。"②

---

① (唐)李翱《李文公集》卷二，《复性书上》，《四部丛刊》本。
② (唐)李翱《李文公集》卷二，《复性书中》，《四部丛刊》本。

人皆有情，圣人亦有情，但他们能制情，使情合中。如何制情、止情？李翱的方法是"弗虑弗思，情则不生。情既不生，乃为正思"，也就是要"不动心"，然而他所说的"不动心"又与孟子"不动心"不同，因为李翱的"不动心"是"心寂"。

> 动静不息，是乃情也！……寂然不动者，是至诚也。《中庸》曰："诚则明矣。"《易》曰："天下之动，贞夫一者也。"问曰："不虑不思之时，物格于外，情应于内，如之何而可止也？以情止情，其可乎？"曰："情者，性之邪也。知其为邪，邪本无有。心寂不动，邪思自息。"[1]

李翱复性之法，是以无思无虑达到心寂，从而止情复性。李翱此说显然吸收了佛学思想，具有明显的佛学色彩。

李翱反思孟子心性论，既继承孟子之说，又融佛家之说，作出新的改变，欲以此弥补孟子等儒家心性论之不足，增强儒学的理论说服力而重振儒学。李翱人性论奠定了宋明诸儒论说心性的基本范式，对宋明心性论产生了深远影响。

二、皇甫湜对孟子人性论的反思

皇甫湜，字持正，睦州新安人，《新唐书》有传。擢进士第，为陆浑尉，仕至工部郎中。"气貌刚质，为文古雅，恃才傲物，性复偏直。"[2]与韩愈私交甚笃，韩愈的墓志铭和神道碑都是皇甫湜所撰写。韩愈尊孟，皇甫湜同样尊孟，且以当代孟子自况。在为顾况文集作序时，述及他与顾况之间的交往，有如下之言：

> 湜以童子见君扬州孝感寺。君披黄衫，白绢鞮头，眸子

---

①（唐）李翱《李文公集》卷二，《复性书中》，《四部丛刊》本。
②（宋）李昉等编《太平广记》，中华书局，1961年，第1889页。

瞭然，炯炯清立，望之真白圭振鹭也。既接欢然，以我为扬
雄、孟轲，顾恨不及见三十年于兹矣，知音之厚，曷尝忘诸！①

前辈顾况夸他就是当时的扬雄、孟子，他认为顾况此言是知音之
论。尽管皇甫湜尊孟，但对孟子的思想有自己的思考，并不完全
赞同孟子之说，如对孟子人性论的看法，就是如此。

皇甫湜写有《孟子荀子言性论》，辨析孟荀人性论之优劣。其
主要观点如下：

首先，皇甫湜明确认为孟子人性论与荀子人性论是"一偏之
论"，都有偏颇。皇甫湜的评判标准是孔子的"上智下愚不移"以
及韩愈的"性之品有三"论。

> 孟子曰：人之性善；荀卿曰：其善者伪也。是于圣人皆一
> 偏之论也。推而言之，性之品有三，下愚、中人、上智是也。
> 圣人言性之品亦有三，可上、可下、不移是也。②

他还以史实证明：

> 黄帝生而神灵，幼而徇齐；文王在母不忧，在师不烦；后
> 稷不坼不墒，克歧克嶷之，谓上智矣。齐桓公以管仲辅之则
> 理，以易牙辅之则乱；子夏出见纷华而悦，入闻仁义而乐之，
> 谓中人矣。越椒之生，熊虎之状；叔鱼之生，溪壑之心，谓下
> 愚矣。③

他指出，在人类历史上，有黄帝、文王之类生而圣灵的上智之人，
有如齐桓公、子夏之类的中人，也有如越椒、叔鱼之类生而下愚
者。并且有的人是"生而恶者"，有的人是"生而善者"，所以孟子

---

① （唐）皇甫湜《皇甫持正文集》，上海古籍出版社，2013年，第41页。
② （唐）皇甫湜《皇甫持正文集》，上海古籍出版社，2013年，第34页。
③ （唐）皇甫湜《皇甫持正文集》，上海古籍出版社，2013年，第34—35页。

人性善、荀子人性恶都有其偏颇。显然皇甫湜论证的逻辑应该是
参考了韩愈对人性的论证,因为他论证时所举例证基本都是韩愈
所用例证。

其次,皇甫湜认为孔子人性论"穷理尽性",孟荀虽是大儒,二
人的人性论却有偏颇,不是他们故意要别出新意,另立异门,是因
为他们未能"穷理尽性"。

> 故曰:孟子、荀卿之言,其于圣人,皆一偏之说也。穷理
> 尽性,惟圣人能之。宜乎微言绝而异端作,大义乖而一偏之
> 说行。孟子,大儒也;荀卿亦大儒也,是岂特开异门,故持曲
> 辨哉?盖思有所未至,明有所不周耳。①

只有圣人才能穷理尽性,孟荀于此不能及,所以思虑不周,才造成
了其人性论的偏颇。

其三,皇甫湜认为孟荀人性论所论不同,但是原始要终,二人
之说最终目的一致;二人所言虽都有偏颇,但孟子之说更胜于荀
子之说。

> 即二子之说,原其始而要其终,其于辅教化,尊仁义,亦
> 殊趋而一致,异派而同源也。何以明之?孟子以"恻隐之心,
> 人皆有之";"是非之心,人皆有之";性之生善,由水之趋下,
> 物诱于外,情动于中,然后恶之焉。是劝人汰心源,返天理者
> 也。荀卿曰:"人之生,不知尊亲长,习于教,然后知焉;人之
> 幼,不知礼让,长习于教,然后知焉。"是劝人黜嗜欲,求良善
> 者也。一则举本以推末,一则自叶而流根,故曰二子之说殊
> 趋而一致,异派而同源也。②

---

① (唐)皇甫湜《皇甫持正文集》,上海古籍出版社,2013 年,第 35 页。
② (唐)皇甫湜《皇甫持正文集》,上海古籍出版社,2013 年,第 35—36 页。

在皇甫湜看来,孟、荀人性论的最终目的都是"辅教化,尊仁义",所以"殊趋而一致";但是孟子人性善论是劝人"汰心源",返归本有天理;荀子人性恶论是劝人"黜嗜欲",从外在寻求善良。相比较而言,孟子人性论是"举本而推末",而荀子人性论是"自叶而流根"。从实践效果而言,孟子人性论也更胜于荀子人性论。

> 虽然孟子之心,以人之性皆如尧舜,未至者斯勉矣;荀卿之言,以人之性皆如桀跖,则不及者斯怠矣。《书》曰:"惟人最灵。"《记》曰:"人生而静,感于物而动。"则轲之言合经为多,益故为尤乎?①

孟子的"人性皆如尧舜"说,给人以信心,使人奋发向上;而荀子以"人性皆如桀跖",容易让不及者懈怠。考诸经典,孟子之说"合经为多",所以虽是"一偏之说",孟子人性论"为贤"。显然皇甫湜认为荀子人性论不及孟子人性论。

皇甫湜虽尊孟,但能直言孟子人性论是一偏之论,说明他对孟子并不盲从迷信,而是以理性的态度对待孟子。而他批评孟子不能穷理尽性,宋代尊孟者却反转用之,认为孟子人性论是穷理尽性之论。显然,时代不同,对孟子的认识有云泥之别。

三、杜牧对孟子人性论的反思

杜牧,字牧之,京兆万年(今陕西西安)人。晚唐著名文学家、思想家。他生活的时代是唐王朝似欲中兴而中兴梦又渐渐破灭的时代。

在中唐以来尊孟渐成风尚之时,杜牧并不像韩愈、李翱等人那样推尊孟子,但也不抵斥孟子。在其《杜秋娘诗》中,他并论

---

① (唐)皇甫湜《皇甫持正文集》,上海古籍出版社,2013年,第36页。

孔孟。

> 女子固不定，士林亦难期。
>
> 射钩后呼父，钓翁王者师。
>
> 无国要孟子，有人毁仲尼。
>
> 秦因逐客令，柄归丞相斯。
>
> 安知魏齐首，见断篑中尸。
>
> 给丧蹶张辈，廊庙冠峨危。
>
> 珥貂七叶贵，何妨戎虏支。
>
> 苏武却生返，邓通终死饥。
>
> 主张既难测，翻覆亦其宜。
>
> 地尽有何物，天外复何之？
>
> 指何为而捉，足何为而驰？
>
> 耳何为而听，目何为而窥？
>
> 己身不自晓，此外何思惟。
>
> 因倾一樽酒，题作《杜秋诗》。
>
> 愁来独长咏，聊可以自贻。①

杜牧对孔子遭人诋毁、孟子在当时不遇表示同情。然而对于孟子人性论，杜牧反思之后，则持否定态度。

杜牧对孟子人性论的反思见于《三子言性辩》，比较孟子、荀子、扬雄三人性论，杜牧更赞成荀子人性论，而反对孟子、扬雄人性论。

杜牧认为情出于性，由情见性，而人之情证明人性不善。

> 孟子言人性善，荀子言人性恶，扬子言人性善恶混。曰喜、曰哀、曰惧、曰恶、曰欲、曰爱、曰怒，夫七者情也，情出于

---

① （唐）杜牧著，陈允吉校点《樊川文集》，上海古籍出版社，2009年，第6页。

性也。夫七情中,爱、怒二者,生而能自。是二者,性之根,恶
之端也。乳儿见乳,必挐求,不得即啼,是爱与怒与儿俱生
也,夫岂知其五者焉。既壮,而五者随而生焉。或有或亡,或
厚或薄,至于爱、怒,曾不须臾与乳儿相离,而至于壮也。①

杜牧指出,人有七情,即喜、哀、惧、恶、欲、爱、怒七情。情出于性,
由情可见性。而七情之中,爱怒是"性之根",也是"恶之端"。爱、
怒是人与生俱有,婴儿求乳不得,即啼哭不止,就是其证。而其他
五情则是长大以后"随而生"。由此可见,杜牧以人性为恶。

既然人性为恶,那么,现实社会君子、中人、小人因何而来?
杜牧用韩愈性之三品论解释。

君子之性,爱怒淡然,不出于道。中人可以上下者,有爱
拘于礼,有怒惧于法。世有礼法,其有逾者,不敢恣其情;世
无礼法,亦随而炽焉。至于小人,虽有礼法,而不能制,爱则
求之,求不得即怒,怒则乱。故曰爱、怒者,性之本,恶之端,
与乳儿俱生,相随而至于壮也。②

虽然人都生而有爱、怒,但是君子爱、怒淡然,故能不违道;中人可
用礼法约束其情,所以他们不会恣意妄为;至于小人,虽有礼法,也
不能约束他们的爱、怒之情,所以只要不合其意,则怒而作乱。而这
也再次证明爱、怒是"性之本,恶之端"。杜牧不仅认为人性为恶,而
且认为人生而有上、中、下之分。显然杜牧持人性不平等论。他明
确说:"人之品类,可与上下者众,可与上下之性,爱怒居多。"③

杜牧批评了孟子论说人性的方式方法:

①(唐)杜牧著,陈允吉校点《樊川文集》,上海古籍出版社,2009 年,第 106 页。
②(唐)杜牧著,陈允吉校点《樊川文集》,上海古籍出版社,2009 年,第 106 页。
③(唐)杜牧著,陈允吉校点《樊川文集》,上海古籍出版社,2009 年,第 107 页。

凡言性情之善者，多引舜、禹；言不善者，多引丹朱、商均。夫舜、禹二君子，生人以来，如二君子者凡有几人？不可引以为喻。丹朱、商均为尧、舜子，夫生于尧、舜之世，被其化，皆为善人，况生于其室，亲为父子，蒸不能润，灼不能热，是其恶与尧、舜之善等耳。天止一日月耳，言光明者，岂可引以为喻。人之品类，可与上下者众，可与上下之性，爱怒居多。爱、怒者，恶之端也。荀言人之性恶，比于二子，荀得多矣。①

他认为孟子等持性善论者，总是以舜、禹为证，证明人性善，可是观诸现实，天下能有几人如舜、禹，所以此等论说没有说服力；反倒是丹朱、商均，虽是尧舜之子，生为圣人之子，处于圣人之世，却不能受其感化而为善，足证人性为恶。荀子看到了人性之恶，其人性恶之说符合社会现实，相比之下，孟子人性论不及荀子之说。

本章结语

韩愈、柳宗元、李翱、皇甫湜、杜牧等唐代学人对孟子人性论的认识并不一致，韩愈、柳宗元、李翱、皇甫湜四人是在认同孟子性善论的基础上提出质疑，对孟子人性论未尽之处进行弥补；而杜牧则完全否定了孟子人性论，因为他认为人性为恶。

唐代学人都认为孟子人性论有"未尽之处"，其"未尽之处"在于不能令人信服地解释现实社会人之恶，但对造成孟子人性论有缺失的原因，他们的意见又有不同。韩愈认为孟子没有认识到人

---

① （唐）杜牧著，陈允吉校点《樊川文集》，上海古籍出版社，2009年，第106—107页。

性有三品；柳宗元认为孟子没有认识到"志"与"明"，即意志与智慧，是使人性中潜在的仁义忠信得以实现的保证，而"志"与"明"则由天赋气禀决定；李翱认为孟子没有认识到情昏使性惑；皇甫湜认为孟子未能穷理尽性。

除杜牧以外，唐代学人认为与孟荀人性论都是"一偏之论"，但孟子之说更胜于荀子之说。

唐代学人反思孟子人性论，弥补其不足，其目的既是为了建构完备的儒学人性论以抗衡佛学佛性论，也是为道德教化、匡救世道人心提供内在德性依据。而他们在评说孟子人性时的一些观念影响了宋代学人对孟子人性论的阐释，如：情由性生，由情见性，天赋气禀，穷理尽性等，就在宋代学人对孟子人性论的阐释中反复出现。唐代学人对孟子人性论的反思和解读开启了宋代学人阐释孟子人性论的基本范式。

魏晋隋唐孟学结语

一、魏晋至隋孟学演进特点

其一,对孟子其人其行的认识和评价,除极个别否定者外,魏晋至隋学人以肯定和尊崇孟子者居多。肯定尊崇孟子的学人基本承袭了汉代学人的观点,称赞孟子是有才德的贤人,认为孟子继承并弘扬了孔子学说,孔子学说赖孟子"辟杨墨"而不泯,《孟子》一书是仿《论语》而作,孟子在当时不受重用是不逢其时,命运使然。不过,魏晋至隋尊崇孟子的学人对孟子的评价,却不及汉代学人评价高。汉代学人已称孟子为"亚圣",孔孟范式的雏形也已奠定,可是魏晋至隋学人只是称孟子为大德大才,他们可以言孔及孟,但周孔并尊是主流,孟荀并提是常态,有时甚至荀孟并提。魏晋至隋对孟子持否定态度的学人,目前所见,只有苏彦一人。苏彦认为《孟子》是混迹圣人经典的肤浅之作,不值得推崇。

其二,魏晋至隋学人对孟子其说的解说,虽只见诸散言碎辞,但却与当时政治、文化思潮紧密相连。由于魏晋南北朝朝代更迭频繁,且多有权臣借禅让之名行夺位之实,所以孟子的禅让之说、汤武放伐论,等等,受到关注,但他们在肯定孟子观念的同时,又有微辞。而崇信佛教的学人则对孟子的不忍、恻隐、先觉之说非常感兴趣，竭力将其与佛教的不杀生、觉悟观念相联系，认为孟子思想与佛教观念在精神上一致。尤其值得注意的是，此间研究墨学的学者鲁胜明确指出孟子言说与墨家有相同之处，在中国孟学史上首次明确提出了"孟子非墨子，其辩言正辞，则与墨同"①的观点。

其三，魏晋至隋学人对孟子基本思想——心性论、仁义道德、仁政王道，都有所继承，但是在继承中又所改造。魏晋至隋学人继承孟子性善论，肯定人人皆有仁心，仁是人性，但是却认为"性有厚薄"，所以每个人的仁性有多少厚薄之异，现实社会人性之千差万别正因此造成。孟子仁义气节、仁政王道则是魏晋至隋学人构筑其思想的理论基石，但葛洪却又主张明先仁后，傅玄则以荀子礼法弥补孟子仁政王道。魏晋南北朝佛教在其中国化的过程中，从孟子思想中借力颇多，受孟子心性论的影响，中土佛教主张"一切众生悉有佛性"，人人皆可成佛，并用孟子仁义、仁政比附佛教教义，构筑了佛教仁道政治。可以说，孟子思想对于此间儒释道思想的发展都有一定的影响。

其四，就目前文献来看，魏晋南北朝时期，关注孟子的学人主要集中在魏晋以及南朝士人之中，北朝重视儒学，所重在经学，而《孟子》并非经书，这可能导致他们对《孟子》的研读不及其他经书，因而论者较少。

总之，魏晋至隋，孟学虽潜隐，但潜隐中的孟学并没有远离这个时代，孟子其人其说依然是魏晋至隋学人倚重的重要文化资源，这个时代依然留下了孟子的印迹。

---

① 《晋书》，中华书局，1974年，第2433—2434页。

二、唐代孟学演进特点

在中国孟学史上,唐代是孟学崛起的时代。其发展呈现如下特点:

其一,阶段性演进。唐代孟学发展主要可分为两个阶段,以中唐为界,中唐以前,尚未走出魏晋至隋的潜隐式演进状态,仍然寂寥冷清;中唐以后,出现了推尊孟子的强烈呼声,孟子地位在汉代以后得到又一次提升。其提升主要表现在四个方面,一是中唐以后征引孟子其事其文者增多;二是对孟子其人的评价提升,孟子被推为道统继承人;三是《孟子》一书地位得到提升,被推举为兼经,赵匡、杨绾、皮日休等建议增其为科举考试科目,为其争取官学地位;四是注解《孟子》之作增多。共出现了五部研究《孟子》的专著,即陆善经的《孟子注》,张镒的《孟子音义》,丁公著的《孟子手音》,刘轲的《翼孟》,林慎思的《续孟子》;专著之外,还有一些单篇专论,李景俭的《孟子评》、晚唐来鹄的《相孟子说》就是专论孟子的短文。而唐代学人有关孟子其人其说的散论在他们的文集中也俯拾可见。

其二,集群式发展。唐代大力推举孟子的有赵匡、杨绾、张镒、韩愈、柳宗元、李翱、皇甫湜、皮日休等人。其中杨绾为《孟子》争取经书地位,张镒为《孟子》注音义,《旧唐书》本传记载,张镒"交游不杂,与杨绾、崔祐甫相善"①,可见张镒是杨绾的好友。韩愈对孟子的推崇在唐代最具影响力,在他引领下,尊孟成为风气。而他的朋友、门徒也多是尊孟之人,如柳宗元、李翱、皇甫湜与韩愈都交谊甚密,即使晚唐时期的皮日休,也是韩愈的忠实拥护者。而

---

① 《旧唐书》,中华书局,1975年,第3545页。

柳宗元与赵匡有师门渊源,他曾师事陆质,陆质的老师就是赵匡。可见,唐代孟学是在一批有相同学术渊源学人的推动下而崛起。

其三,现实性。韩愈推尊孟子入道统,最重要的原因是儒学日衰,而佛老日强,他要借尊孟建立儒家道统以抗衡佛学祖统。而孟子人性论之所以受韩愈等人关注,是因为他们要借弥补完善孟子人性论,构建对抗佛学佛性论的儒学人性论;并为道德教化、匡救世道人心提供内在德性依据。赵匡认为当时的科举考试不能选拔出能康济时艰的真才实学之人,故建议加入《孟子》等诸子典籍,以扩大士人的知识面,培养他们的真学问;杨绾提议将《孟子》增入"孝廉"举人的科举考试科目,则是为了选拔出真正的君子之儒;皮日休请求《孟子》入科举考试,是认为《孟子》有功于世,可补圣道,教化人心。

其四,学术理性。唐代学人推尊孟子,但是他们并不盲从孟子,而是以理性的眼光审视,于是发现孟子思想也有言之"不尽""不周""不精"之处。韩愈、李翱、柳宗元等人都认为孟子人性善论有不尽之处,因为孟子人性之说不能令人信服地解释现实社会人之恶;柳宗元认为孟子以义为上的义利观,不利民生发展,晚唐林慎思在其《续孟子》中也借续写之言表示对孟子义利观的怀疑;晚唐来鹄则直言孟子"术不可不慎"之说不合情理,是"不精之论"。

综上所述,唐代是孟学崛起的时代。中唐以后,推尊孟子的呼声愈来愈高,孟子地位获得了自汉代以来的又一次提升。唐代尊孟者尊孟的理由是:孟子之说不异于孔子,孟子是孔子的传道者;孟子辟异端,捍卫了孔子之道,孔子之道赖孟子而不泯。唐代尊孟者推尊孟子的方式则是:呼吁立《孟子》于学官,争取官方的认可;为《孟子》作注,以宣扬孟子,争取更多的认同。虽然,他们的呼吁和努力在当时落空,但宋代学人却将其变成了现实。唐代学人解说孟子人性时的一些观念,如情由性生,由情见性,天赋气禀,穷理尽性等,影响了宋代学人对孟子人性论的阐释,开启了宋代学人阐释孟子人性论的基本范式。

参考文献

（仅以本书征引为限）

一、古籍著述

（以责任者年代排序）

（春秋）《论语》，（清）阮元校刻《十三经注疏》影印本，中华书局，1980 年。

（春秋）管仲撰，梁运华校点《管子》，辽宁教育出版社，1997 年。

（春秋）晏婴著，陈涛译注《晏子春秋译注》，天津古籍出版社，1996 年。

（战国）墨翟著，（清）毕沅校注，吴旭明标点《墨子》，上海古籍出版社，1995 年。

（战国）孟轲著，（汉）赵岐注，题（宋）孙奭疏《孟子注疏》，（清）阮元校刻《十三经注疏》影印本，中华书局，1980 年。

（战国）孟轲著，杨伯峻译注《孟子译注》，中华书局，1960 年。

（战国）尸佼著，（清）汪继培辑《尸子》，中华书局，1991 年。

（战国）荀况著，（唐）杨倞注，耿芸标校《荀子》，上海古籍出版社，1996 年。

（战国）荀况著，廖名春、邹新明校点《荀子》，辽宁教育出版社，1997 年。

（战国）韩非著，张觉校注《韩非子校注》，岳麓书社，2006 年。

（战国）吕不韦等编撰，张双棣等译注《吕氏春秋译注》，吉林文史出版社，1986 年。

（汉）孔鲋《孔丛子》，中华书局，1985 年。

（汉）陆贾著，庄大钧校点《新语》，辽宁教育出版社，1998 年。

（汉）贾谊著，（明）何孟春订注，彭昊、赵勖点校《贾谊集·贾太傅新书》，岳麓书社，2010 年。

（汉）韩婴撰，许维通校释《韩诗外传集释》，中华书局，1980 年。

（汉）韩婴撰，屈守元笺疏《韩诗外传笺疏》，巴蜀书社，1996 年。

（汉）董仲舒撰，曾振宇注说《春秋繁露》，河南大学出版社，2009 年。

（汉）董仲舒撰，曾振宇、傅永聚注《春秋繁露新注》，商务印书馆，2010 年。

（汉）刘安著，（汉）高诱注《淮南子》，中华书局，1954 年。

（汉）司马迁撰，（南朝宋）裴骃集解，（唐）司马贞索隐，（唐）张守节正义《史记》，中华书局，1982 年。

（汉）桓宽著，王利器校注《盐铁论校注》，中华书局，2017 年。

（汉）刘向撰，张涛译注《列女传译注》，山东大学出版社，1990 年。

（汉）刘向集录《战国策》，上海古籍出版社，1978 年。

（汉）刘向、（汉）刘歆撰，（清）姚振宗辑录，邓骏捷校补《七略别录佚文》，上海古籍出版社，2008 年。

（汉）刘向撰，向宗鲁校证《说苑校正》，中华书局，1987 年。

（汉）扬雄《法言》，上海书店出版社，1986 年。

（汉）王充著，黄晖校释《论衡校释》，中华书局，1990 年。

（汉）班固撰，（唐）颜师古注《汉书》，中华书局，1962 年。

（汉）许慎《说文解字》，中华书局，1963 年。

（汉）应劭著，王利器校注《风俗通义校注》，中华书局，1981 年。

（汉）徐干《中论》，中华书局，1985 年。

（三国魏）曹植《曹子建集》，《四部丛刊》本。

（三国魏）何晏集解，（南朝梁）皇侃义疏《论语集解义疏》，中华书局，1985 年。

（三国吴）康僧会译撰，吴海勇注译《六度集经》，花城出版社，1998 年。

（晋）陈寿撰，（南朝宋）裴松之注《三国志》，中华书局，1959 年。

（晋）傅玄撰，刘治立评注《傅子评注》，天津古籍出版社，2010 年。

（晋）傅玄《傅子》，中华书局，1985 年。

（晋）杜预集解，（唐）孔颖达正义《春秋左传正义》，（清）阮元校刻《十三经注疏》影印本，中华书局，1980 年。

（晋）郭象注，（唐）成玄英疏，刘文典补正《庄子补正》，云南人民出版社，1980 年。

（晋）葛洪《抱朴子》，上海书店出版社，1986 年。

（南朝宋）范晔撰，（唐）李贤等注《后汉书》，中华书局，1965 年。

（南朝梁）萧统《文选》，中华书局，1977 年。

（南朝梁）释僧祐撰，李小荣校笺《弘明集校笺》，上海古籍出版社，2013 年。

（南朝梁）沈约《宋书》，中华书局，1974 年。

（南朝梁）萧子显《南齐书》，中华书局，1972 年。

（南朝梁）梁元帝《金楼子》，中华书局，1985 年。

（南朝梁）释慧皎撰，汤用彤校注，汤一玄整理《高僧传》，中华书局，1992 年。

（北齐）刘昼撰，杨明照校注，陈应鸾增订《增订刘子校注》，巴蜀书社，2008 年。

（北齐）魏收《魏书》，中华书局，1974 年。

（北齐）颜之推《颜氏家训集解》，上海古籍出版社，1980 年。

（唐）陆德明《经典释文》，中华书局，1983 年。

（唐）欧阳询《艺文类聚》，中华书局，1965 年。

（唐）李百药《北齐书》，中华书局，1972 年。

（唐）房玄龄等《晋书》，中华书局，1974 年。

（唐）令狐德棻等《周书》，中华书局，1971 年。

（唐）李泰著，贺次君辑校《括地志辑校》，中华书局，1980 年。

（唐）卢照邻《卢升之集》，中华书局，1985 年。

（唐）杨炯《杨炯集》，中华书局，1980 年。

（唐）吴兢撰，谢保成集校《贞观政要集校》，中华书局，2003 年。

（唐）张九龄《曲江集》，广东人民出版社，1986 年。

（唐）李延寿等《北史》，中华书局，1974 年。

（唐）刘知几撰，黄寿成校点《史通》，辽宁教育出版社，1997 年。

（唐）李白著，（清）汪琦注《李太白全集》，中华书局，1977 年。

（唐）杜甫著，（清）仇兆鳌注《杜诗详注》，中华书局，1979 年。

（唐）李华《李遐叔文集》，文渊阁《四库全书》影印本。

（唐）杜佑撰，王文锦等点校《通典》，中华书局，1988 年。

（唐）韩愈著，马其昶校注，马茂元整理《韩昌黎文集校注》，上海古
　　籍出版社，2014 年。

（唐）李翱《李文公集》，《四部丛刊》本。

（唐）白居易著，喻岳衡点校《白居易集》，岳麓书社，1992 年。

（唐）柳宗元撰，易新鼎点校《柳宗元集》，中国书店，2000 年。

（唐）杜牧著，陈允吉校点《樊川文集》，上海古籍出版社，2009 年。

（唐）释道宣《广弘明集》，《四部丛刊》本。

（唐）马总《意林》，文渊阁《四库全书》影印本。

（唐）皇甫湜《皇甫持正文集》，上海古籍出版社，2013年。

（唐）皮日休著，萧涤非、郑庆笃整理《皮子文薮》，上海古籍出版社，1981年。

（唐）陆龟蒙《甫里先生文集》，《四部丛刊》本。

（唐）林慎思《续孟子》，中华书局，1991年。

（唐）余知古《渚宫旧事》，中华书局，1985年。

（后晋）刘昫等《旧唐书》，中华书局，1975年。

（宋）李昉等《太平御览》，中华书局，1960年。

（宋）李昉等《太平广记》，中华书局，1961年。

（宋）姚铉《唐文粹》，《四部丛刊》本。

（宋）孙奭《孟子音义》，中华书局，1991年。

（宋）刘敞注《孟子外书四篇》，中华书局，1991年。

（宋）欧阳修、（宋）宋祁《新唐书》，中华书局，1975年。

（宋）司马光《资治通鉴》，中华书局，1956年。

（宋）程颢、（宋）程颐撰，王孝鱼点校《二程集》，中华书局，1981年。

（宋）黄彻《䂬溪诗话》，中华书局，1991年。

（宋）朱熹《四书章句集注》，中华书局，2011年。

（宋）陆九渊著，钟哲点校《陆九渊集》，中华书局，1980年。

（宋）陈淳《北溪字义》，中华书局，1983年。

（宋）袁枢《通鉴纪事本末》，中华书局，1964年。

（宋）洪迈撰，穆公校点《容斋随笔》，上海古籍出版社，2014年。

（宋）周必大《文忠集》，文渊阁《四库全书》影印本。

（宋）黎靖德编，王星贤点校《朱子语类》，中华书局，1986年。

（宋）真德秀《文章正宗》，文渊阁《四库全书》影印本。

（宋）王应麟撰，（清）翁元圻等注，栾保群、田松青校点《困学纪闻》，上海古籍出版社，2015年。

(宋)王应麟《玉海》,文渊阁《四库全书》影印本。

(宋)黄震《黄氏日抄》,文渊阁《四库全书》影印本。

(宋)卫湜《礼记集说》,文渊阁《四库全书》影印本。

(宋)郭茂倩《乐府诗集》,中华书局,1979年。

(元)马端临撰,上海师范大学古籍研究所、华东师范大学古籍研究所点校《文献通考》,中华书局,2011年。

(元)程复心《孟子年谱》,文渊阁《四库全书》影印本。

(元)胡炳文《四书通·孟子通》,文渊阁《四库全书》影印本。

(元)辛文房撰,傅璇琮等校笺《唐才子传校笺》,中华书局,1990年。

(元)脱脱等《宋史》,中华书局,1977年。

(明)陈镐《阙里志》,《四库全书存目丛书》影印本,齐鲁书社,1997年。

(明)邵宝《简端录》,文渊阁《四库全书》影印本。

(明)陶宗仪《说郛》,文渊阁《四库全书》影印本。

(明)胡应麟《少室山房笔丛》,上海书店出版社,2009年。

(清)熊伯龙《无何集》,中华书局,1979年。

(清)王夫之著,舒士彦点校《读通鉴论》,中华书局,1975年。

(清)蓝鼎元《鹿洲初集》,文渊阁《四库全书》影印本。

(清)喇沙里、(清)陈廷敬等编《日讲四书解义·孟子》,文渊阁《四库全书》影印本。

(清)阎若璩《孟子生卒年月考》,《四书释地三续》,文渊阁《四库全书》影印本。

(清)邵泰衢《史记疑问》,文渊阁《四库全书》影印本。

(清)任启运《四书约旨》,《四库全书存目丛书》影印本,齐鲁书社,1997年。

（清）牛运震撰，魏耕原、张亚玲整理点校《史记评注》，三秦出版社，2011年。

（清）戴震著，何文光整理《孟子字义疏证》，中华书局，1982年。

（清）永瑢等《四库全书总目》，中华书局，1965年。

（清）赵翼《陔余丛考》，中华书局，1963年。

（清）赵翼撰，曹光甫校点《廿二史札记》，上海古籍出版社，2011年。

（清）周广业《孟子四考》，《续修四库全书》，上海古籍出版社，1996年。

（清）崔述《孟子事实录》，中华书局，1985年。

（清）焦循撰，沈文倬点校《孟子正义》，中华书局，2017年。

（清）孙诒让《墨子间诂》，中华书局，1954年。

（清）钱大昕《潜研堂文集》，商务印书馆，1935年。

（清）钱大昕著，杨勇军整理《十驾斋养新录新注》，上海书店出版社，2011年。

（清）梁玉绳《史记志疑》，中华书局，1981年。

（清）董诰等编《全唐文》，中华书局，1983年。

（清）严可均《铁桥漫稿》，清道光十八年四录堂刻本。

（清）严可均辑《全上古三代秦汉三国六朝文》，中华书局，1958年。

（清）宋翔凤撰，梁运华点校《过庭录》，中华书局，1986年。

（清）胡秉虔《汉西京博士考》，商务印书馆，1937年。

（清）陈澧《东塾读书记》，生活·读书·新知三联书店，1998年。

（清）俞樾《群经平议》，清光绪春在堂全书本。

（清）王先谦撰，沈啸寰、王星贤点校《荀子集解》，中华书局，1988年。

（清）郭庆藩撰，王孝鱼点校《庄子集释》，中华书局，1961年。

（清）王先慎《韩非子集解》，中华书局，1978 年。

（清）皮锡瑞著，周予同注释《经学历史》，中华书局，1959 年。

（清）汪之昌《青学斋集》，中国书店，1981 年。

（清）唐晏《两汉三国学案》，中华书局，1986 年。

（清）刘师培《刘师培全集》，中共中央党校出版社，1997 年。

二、近现代著述等

（以责任者姓氏拼音排序）

A

［美］安乐哲、［美］江文思《孟子心性之学》，社会科学文献出版社，2005 年。

B

包遵信《跬步集》，四川人民出版社，1986 年。

C

曹毓英《井田制研究》，华中师范大学出版社，2005 年

柴德赓《史籍举要》，北京出版社，1982 年。

蔡元培《中国伦理学史》，河北人民出版社，1985 年。

蔡元培《蔡孑民先生言行录》，岳麓书社，2009 年。

陈顾远《孟子政治哲学》，国华书局，1947 年。

陈鼓应《老子注译及评介》，中华书局，1984 年。

陈来《宋明理学》，辽宁教育出版社，1991 年。

陈雄根、何志华《先秦两汉典籍引〈周易〉〈论语〉〈孟子〉资料汇编》，香港中文大学出版社，2007 年。

陈寅恪《金明馆丛稿初编》，上海古籍出版社，1980 年。

D

丁福保辑《历代诗话续编》，中华书局，1983 年。

董洪利《孟子研究》，江苏古籍出版社，1997年。

杜维明《中国思想史通讯》总第八辑，2005年。

F

范文澜《中国通史简编》，商务印书馆，2017年。

冯友兰《中国哲学史新编》，人民出版社，2007年。

冯友兰《中国哲学简史》，北京大学出版社，1985年。

冯友兰《三松堂学术文集》，北京大学出版社，1984年。

G

郭沫若《十批判书》，河北教育出版社，2000年。

郭齐勇编著《中国哲学史》，高等教育出版社，2006年。

郭志坤《旷世大儒——荀况》，河北人民出版社，2001年。

顾德融、朱顺龙《春秋史》，上海人民出版社，2003年。

顾颉刚编著《古史辨》，上海书店出版社，1935年。

H

胡汉民《唯物史观与伦理之研究》，民智书局，1927年。

胡适《中国哲学史大纲》，河北教育出版社，2001年。

何光群、谭斌编著《伦理学教程》，西南交通大学出版社，2015年。

洪修平《中国佛教文化历程》，江苏教育出版社，2005年。

侯外庐、赵纪彬、杜国庠《中国思想通史》，人民出版社，1957年。

湖北省荆门市博物馆编《郭店楚墓竹简》，文物出版社，1998年。

黄俊杰《孟子》，生活·读书·新知三联书店，2013年。

黄俊杰《中国孟学诠释史论》，社会科学文献出版社，2004年。

黄俊杰《孟学思想史论》，台北中研院中国文哲研究所筹备处，
　　1997年。

黄俊杰《中国经典诠释传统：(一)通论篇》，华东师范大学出版社，
　　2008年。

J

蒋国保、余秉颐、李季林《孟子外传　孟子百问》,安徽人民出版社,1997年。

姜广辉主编《郭店楚简研究》,辽宁教育出版社,2000年。

金春峰《汉代思想史》,中国社会科学出版社,1997年。

金德建《古籍丛考》,中华书局,1941年。

金景芳《论井田制度》,齐鲁书社,1982年。

K

康学伟《先秦孝道研究》,吉林人民出版社,2000年。

孔繁《荀子评传》,南京大学出版社,1997年。

L

赖永海《佛学与儒学》,浙江人民出版社,1992年。

赖永海《中国佛性论》,江苏人民出版社,2012年。

劳思光《新编中国哲学史》,广西师范大学出版社,2005年。

李峻岫《汉唐孟子学述论》,齐鲁书社,2010年。

李零《郭店楚简校读记》,北京大学出版社,2002年。

李民、杨择令、孙顺霖、史道祥编《古本竹书纪年译注》,中州古籍出版社,1990年。

李维武《王充与中国文化》,贵州人民出版社,2000年。

梁启超《饮冰室合集》,中华书局,1989年。

梁启超《梁启超讲国学》,凤凰出版社,2008年。

梁韦弦《儒家伦理学说研究》,吉林人民出版社,1994年。

刘培桂《孟子志》,山东人民出版社,2009年。

刘培桂编《孟子林庙历代石刻集》,齐鲁书社,2005年。

刘泽华《中国政治思想史(先秦卷)》,浙江人民出版社,1996年。

龙宇纯《荀子论集》,台湾学生书局,1987年。

罗根泽《诸子考索》，人民出版社，1958 年。

骆瑞鹤《荀子补正》，武汉大学出版社，1997 年。

吕思勉《经子解题》，华东师范大学出版社，1995 年。

M

蒙培元《蒙培元讲孟子》，北京大学出版社，2006 年。

《民国丛书》编辑委员会编《胡适文存》，上海书店出版社，1989 年。

牟宗三《才性与玄理》，吉林出版集团，2010 年。

P

庞朴著，刘贻群编《庞朴文集》，山东大学出版社，2005 年。

庞朴《竹帛〈五行〉篇校注及研究》，台北万卷楼图书有限公司，
　　2000 年。

Q

钱穆《先秦诸子系年》，商务印书馆，2001 年。

钱穆《国学概论》，商务印书馆，2006 年。

钱穆《两汉经学今古文平议》，商务印书馆，2015 年。

S

沈长云、杨善群《战国史与战国文明》，上海科学技术文献出版社，
　　2012 年。

宋治民《战国秦汉考古》，四川大学出版社，1993 年。

T

唐君毅《中国哲学原论》，中国社会科学出版社，2006 年。

唐长孺《魏晋南北朝史论丛》（外一种），河北教育出版社，2000 年。

田凤台《王充思想析论》，文津出版社，1988 年。

童书业《春秋史》，山东大学出版社，1987 年。

童书业《先秦七子思想研究》，齐鲁书社，1982 年。

W

王国维校，袁英光、刘寅生整理标点《水经注校》，上海人民出版社，1984年。

王国维《王国维手定观堂集林》，浙江教育出版社，2014年。

韦政通《伦理思想的突破》，水牛出版社，1987年。

韦政通《荀子与古代哲学》，台湾商务印书馆，1992年。

武锋《葛洪〈抱朴子外篇〉研究》，光明日报出版社，2010年。

吴乃恭《孟子》，吉林文史出版社，1997年。

吴在庆《杜牧集系年校注》，中华书局，2008年。

X

向世陵、冯禹《儒家的天论》，齐鲁书社，1991年。

萧公权《中国政治思想史》，新星出版社，2005年。

徐复观《两汉思想史》，华东师范大学出版社，2001年。

徐复观《中国人性论史》，华东师范大学出版社，2005年。

徐复观《徐复观论经学史二种》，上海书店出版社，2002年。

徐喜辰《井田制度研究》，吉林人民出版社，1984年。

徐旭生《中国古史的传说时代》，文物出版社，1985年。

Y

阎步克《士大夫政治演生史稿》，北京大学出版社，2015年。

杨国荣《孟子评传——走向内圣之境》，广西教育出版社，1995年。

杨宽《战国史》，上海人民出版社，2003年。

杨立华《郭象〈庄子注〉研究》，北京大学出版社，2010年。

杨燕起、陈可青等编《历代名家评〈史记〉》，北京师范大学出版社，1986年。

杨泽波《孟子评传》，南京大学出版社，1998年。

叶光辉、杨国枢《中国人的孝道:心理学的分析》,重庆大学出版社,2009 年。

于孔宝《稷下学宫与百家争鸣》,山东文艺出版社,2004 年。

袁庭栋《古人称谓》,山东画报出版社,2007 年。

Z

张岱年《中国古典哲学概念范畴要论》,中国社会科学出版社,1989 年。

张岱年《中国伦理思想研究》,上海人民出版社,1989 年。

张程《禅让:中国历史上的一种权力游戏》,线装书局,2007 年。

张国刚、乔治忠《中国学术史》,东方出版中心,2002 年。

张立文《气》,人民出版社,1990 年。

张立文主编,陆玉林著《中国学术通史》(先秦卷),人民出版社,2004 年。

张岂之主编《中国儒学思想史》,陕西人民出版社,1990 年。

张岂之主编《中国思想史》,西北大学出版社,2012 年。

张岂之主编《中国思想学说史》,广西师范大学出版社,2008 年。

章太炎《章太炎全集》,上海人民出版社,1985 年。

郑良树《诸子著作年代考》,北京图书馆出版社,2001 年。

文物出版社编《中国历史年代简表》,文物出版社,1993 年。

《中国军事史》编写组编《中国军事史》,解放军出版社,1985 年。

朱执信、胡汉民、吕思勉、胡适、季融五、廖仲恺《井田制度有无之研究》,华通书局,1930 年。

周予同《群经概论》,岳麓书社,2011 年。

周淑萍《两宋孟学研究》,人民出版社,2007 年。

三、期刊论文等

（以作者姓氏拼音排序）

白奚《孟子对孔子仁学的推进及其思想史意义》，《哲学研究》2005年第3期。

白奚《孟子非稷下先生辨》，《管子学刊》1993年第2期。

陈来《荆门竹简之〈性自命出〉篇初探》，《郭店楚简研究》，辽宁教育出版社，2000年。

陈韦铨《试论东汉赵岐〈孟子章句〉之诠释方法》，《湖南大学学报》2009年第3期。

丁为祥《从绝对意识到超越精神——孟子对墨家思想的继承、批判与超越》，《人文杂志》2007年第2期。

郜积意《赵岐〈孟子注〉章句学的运用与突破》，《孔子研究》2001年第1期。

郭沂《孟子车非孟子考：思孟关系考实》，《中国哲学史》2002年第3期。

胡汉民《中国哲学之唯物的研究》，《建设》1919年第一卷第三、四号。

金景芳《古籍四题》，《历史研究》1994年第1期。

兰翠《唐代孟学探赜》，山东大学2012年博士学位论文。

李学勤、祝敏申《盱眙壶铭与齐破燕年代》，《文物春秋》1989年第5期。

李学勤《竹简〈家语〉与汉魏孔氏家学》，《孔子研究》1987年第2期。

李景林《伦理原则与心性本体》，《中国哲学史》2006年第4期。

梁涛《荀子对思孟"五行"说的批判》，《中国文化研究》2001年第

2 期。

刘生良《孟子论辩艺术技巧探微》,《兰州大学学报》2005 年第
　　2 期。

刘文刚《孟子"夫妇有别"论小议》,《历史研究》2000 年第 3 期。

刘学智《思孟学派"智"的德性化及其影响》,《哲学研究》2012 年,
　　第 9 期。

陆建华《告子辨析》,《孔子研究》2008 年第 2 期。

庞朴《马王堆帛书解开了思孟五行说之谜——帛书〈老子〉甲本卷
　　后古佚书之一的初步研究》,《文物》1977 年第 10 期。

庞朴《孔孟之间——郭店楚简中的儒家心性说》,《郭店楚简研
　　究》,《中国哲学》第二十辑,辽宁教育出版社,2000 年。

沈一民《古代外禅的演变历程》,《历史教学》2004 年第 1 期。

孙世扬《告子辩》,《制言》1935 年第 2 期。

孙晓春《王霸义利之辩述论》,《吉林大学社会科学学报》1992 年第
　　3 期。

孙以楷《孟子对墨子思想的吸收与改造》,《齐鲁学刊》1985 年第
　　2 期。

孙以楷《孟子与道家》,《安徽大学学报》1998 年第 3 期。

王富仁《孟子国家学说的逻辑构成:从孔子到孟子》(二),《西南民
　　族大学学报》2006 年第 6 期

谢耀亭《论荀子对思孟学派的批判》,《孔子研究》2015 年第 3 期。

杨昊鸥《〈史记·孟子荀卿列传〉文体、书法疑义研究》,《暨南学
　　报》2013 年第 10 期。

杨华《孟子与齐燕战争》,《中国哲学史》2001 年第 3 期。

杨世文《经学的转折:啖助赵匡陆淳的新春秋学》,《孔子研究》
　　1996 年第 9 期

杨泽波《西方学术背景下的孟子王道主义——对有关孟子王道主义一种通行理解的批评》,《华东师范大学学报》2005 年第 4 期。

杨泽波《孟子弟子考辨》,《孔子研究》1998 年第 1 期。

易小明《德福一致的内在通道及其文化扩展》,《道德与文明》2012 年第 4 期。

虞万里《〈唐写文选集注残本〉中陆善经行事考略》,《文献》1994 年第 1 期。

张大可《论司马迁的历史观》,《兰州大学学报》1984 年第 3 期。

张节末《论孟子的情感理论与狂者气质》,《哲学研究》1997 年第 5 期。

张奇伟、[日]井之口哲也《论日本学者关于赵岐的研究》,《国际儒学研究》第十一辑 2001 年。

周桂钿《简评王充〈问孔〉、〈非韩〉、〈刺孟〉》,《湖北大学学报》1992 年第 6 期。

周淑萍《论孟子仁学的内涵与实质》,《兰州大学学报》1998 年第 3 期。

周振甫《论史家部次条列之法》,张岱年等《国学今论》,辽宁教育出版社,1991 年。

朱松美《赵岐〈孟子章句〉的诠释学意义》,《山东大学学报》2005 年第 3 期。